高等职业教育"十二五"规划精品教材

高等职业院校财经类专业系列教材

U0517085

GUOJI
HUIDUI YU
JIESUAN

国际
汇兑与结算

李 贺 赵 昂◎编著

西南财经大学出版社
Southwestern University of Finance & Economics Press

图书在版编目(CIP)数据

国际汇兑与结算/李贺,赵昂编著.—成都:西南财经大学出版社,
2015.2

ISBN 978 – 7 – 5504 – 1682 – 6

Ⅰ.①国…　Ⅱ.①李…　Ⅲ.①汇兑结算—国际结算　Ⅳ.①F830.73

中国版本图书馆 CIP 数据核字(2014)第 276432 号

国际汇兑与结算

李　贺　赵　昂　编著

责任编辑:王正好

助理编辑:廖术涵

封面设计:墨创文化

责任印制:封俊川

出版发行	西南财经大学出版社(四川省成都市光华村街55号)
网　　址	http://www.bookcj.com
电子邮件	bookcj@ foxmail.com
邮政编码	610074
电　　话	028 – 87353785　87352368
照　　排	四川胜翔数码印务设计有限公司
印　　刷	郫县犀浦印刷厂
成品尺寸	185mm × 260mm
印　　张	20
字　　数	480 千字
版　　次	2015 年 2 月第 1 版
印　　次	2015 年 2 月第 1 次印刷
印　　数	1— 2000 册
书　　号	ISBN 978 – 7 – 5504 – 1682 – 6
定　　价	35.00 元

前　言

　　2014 年上半年，我国国际收支继续呈现"双顺差"格局，其中，经常项目顺差 805 亿美元，资本和金融项目顺差 778 亿美元。国际收支总顺差 1 583 亿美元，上半年的经常项目顺差收支状况继续改善，显示我国经济增长的内生性进一步增强。国际上通常用经常项目差额占 GDP 的比重来衡量一个国家的国际收支平衡状况，2014 年上半年，我国经常项目顺差与 GDP 之比为 1.8%，处于国际认可的合理区间。

　　《国际汇兑与结算》以探讨国际间货币运动的实务问题为核心，目的是让读者具备国际金融市场和国际结算票据、方式的基本操作技能。为此，我们组织了长期从事专业教学和具有丰富实践经验的"双师型"教师，依据我国对外经济交易与往来的发展变化对专业人才的需求、涉外行业企业和相关部门职业岗位实际工作任务的需要、学科知识体系的内在联系性，将国际金融基础实务知识与国际结算实务操作结合起来编写了这本最新的《国际汇兑与结算》。

　　本书共分为二个模块、九个项目，涵盖了模块一"国际汇兑篇"，包括国际收支、外汇与汇率、外汇市场与外汇交易、汇率制度与外汇管制；模块二"国际结算篇"，包括国际结算票据、国际结算方式——汇款、国际结算方式——托收、国际结算方式——信用证、国际结算中的商业单据。每个项目内容包括：知识目标、技能目标、情意目标、教学目标、项目引例；每个任务内容插入了同步案例、实例，增强了内容的趣味性和认知性，突出了现代教育的案例教学与实操；课后安排了两部分项目训练，应知考核部分包括主要概念、基础训练（含单项选择题、多项选择题、简答题），应会考核部分包括技能案例、实践训练。

　　本教材的编写具有以下特点：

　　(1) 学科知识全面系统，内容资料充实新颖。教材内容包括了国际金融基础实务知识，如外汇与汇率、外汇市场与外汇交易等；国际结算票据、国际结算方式，如汇票、本票、支票、汇款、托收、信用证等，可使读者对国际金融和国际结算有一个完整而系统的认识。

　　(2) 突出实用性和可操作性，注重实务。教材在对国际汇兑与结算的基本概念和基本原理介绍的基础上，强调国际金融外汇与汇率、国际结算中的票据和结算方式、风险防范等，注重管理手段和操作

前　言

方法的运用，并通过同步案例、实例等各种方式体现出来，增强了学科知识的趣味性和针对性，课后配有相应的技能案例和实践训练。

（3）结构设计合理并有所创新。教材将传统体系结构进行了合理的整合，采用现代教学模式"项目引领、任务驱动"的模式，在设计与内容安排上更富于科学性且便于组织教学。在基本概念介绍的同时，为了更加细致地说明其中原理，也穿插了一些重要的国际金融理论和国际结算操作，力图做到深入浅出、通俗易懂地将基础知识融入到实践教学中，突出动手能力的培养，将知识转化为能力，达到学以致用的目标。

（4）教辅资料完备。本书各项目首先指明本项目的知识目标、技能目标、情意目标、教学目标、项目引例，帮助读者和授课教师理解本项目要阐述的背景、核心内容以及要达到的基本要求，通过案例启发导引任务。任务内容中配有同步案例、实例，帮助读者更深入地理解和掌握重点内容。各项目的最后配有应知考核和应会考核，帮助读者回顾所学的知识。此外，本书配有免费的电子教学课件、习题参考答案，力图为读者提供细致周到的教学资源增值服务，使教材的选用更具有便利性。

本书由李贺、赵昂编著，其中李贺撰写了项目一至项目三，项目五至项目九；赵昂撰写了项目四，最后由李贺定稿。本书适用于高职高专及应用型本科院校的金融学、国际经济与贸易、工商管理、财政学、证券与投资、市场营销、会计学、经济学、电子商务、商务英语等专业的学生。

本书在编写过程中参考了许多同类教材、论著和论文，特此向这些作者表示由衷的感谢，同时，本书的编写得到了西南财经大学出版社的大力支持和帮助，在此一并表示真诚的谢意。由于编写水平有限，疏漏或不当之处在所难免，敬请广大读者批评指正。

编者

2014 年 10 月于大连

目 录

模块一 国际汇兑篇

模块一　国际汇兑篇

辑一　国祀之兑誑

项目一
国际收支

■**知识目标**

理解：国际收支、国际收支平衡表、国际收支不平衡等相关概念；

熟知：国际收支平衡表的主要内容和原则，国际收支不平衡的原因及对经济的影响；

掌握：对国际收支平衡表的分析、国际收支不平衡的调节方法、国际收支理论。

■**技能目标**

学生能够运用国际收支不平衡调节手段对一国的国际收支状况进行调节并对该国所采取的政策予以评价和预测。

■**情感目标**

学生能够按照国际收支平衡表的基本方法对一国的国际收支平衡表进行简单分析。

■**教学目标**

教师要培养学生认知国际收支平衡表，具有读懂并分析国际收支平衡表、读解一国调节国际收支的各项政策及效果的能力。

【项目引例】

国际收支顺差的分析

国家外贸管理局 2013 年 7 月 31 日发布的 2013 年第二季度我国国际收支平衡表初步数据显示，我国国际收支经常项目呈现顺差 482 亿美元，而资本与金融项目逆差（含错误与遗漏，下同）。这是继 2012 年第二季度和第三季度之后，国际收支资本与金融项目再现逆差。

国家行政学院咨询部研究员陈炳才表示，上半年的资本项目逆差主要产生在 5 月和 6 月，而这种变化的产生受政策影响巨大。国家外汇管理局 5 月初步发布《关于加强外汇资金流入管理有关问题的通知》，从加强银行结售汇综合头寸管理、严查虚假贸易、加大外汇管理核查检查力度等多方面严控外汇资金流入。"监管当局严查虚假贸易，大大限制了流入境内的套利资金。由于套利资金以开贸易信用证的境外融资方式进入境内，因此这类资金的减少，体现了资本项目下流入资金的减少。"陈炳才说。

国家外汇管理局指出，1~4 月份，受全球流动性充裕、我国经济基本面保持稳定、人民币汇率升值预期增强等因素的影响，跨境资金延续了 2012 年 10 月下旬以来外汇流

3

入较多的格局，银行结售汇月均顺差约 321 亿美元。5 月份以来，受国外经济环境变化和国内相关政策调整等多种因素影响，我国外汇净流入明显放缓。其中，5 月份银行结售汇顺差 104 亿美元，6 月份银行结售汇小幅逆差 4 亿美元。

业内人士认为，这种国际收支的格局在未来可能将是常态。若回顾去年的国际收支情况，就已初步形成"经常项目顺差、资本和金融项目逆差"的国际收支平衡新格局，其中，资本与金融项目在第一季度呈现顺差，第二、三季度转为逆差，第四季度又重现顺差。

陈炳才指出，在 2013 年下半年，资本项目有可能还会出现逆差，但不必过于担心，"资本项目逆差体现了正常的资金的流入和流出，目前并不存在资金外逃的压力"。

资料来源：http://www.chinairn.com/news/20130801/135917520.html.

什么是国际收支？国际收支平衡表的内容有哪些？影响着国际收支的因素有哪些？国际收支不平衡对经济的影响有哪些？

【知识支撑】

任务一 国际收支概述

一、国际收支的起源与发展

商品经济的发展带动各国经济往来，国际收支的概念随之出现。这一概念最早出现于 17 世纪初期，为促进资本主义原始积累，在重商主义的影响下，各国十分重视对外贸易。很长一段时间里，国际收支被简单地解释为一个国家的对外贸易收支。

随着国际经济交往的内容、范围不断扩展，特别是第一次世界大战之后，国际金本位制度崩溃，原先的概念已经不适用，人们开始把国与国之间的债权债务关系，以及由于债权债务的清偿而产生的外汇收支作为国际收支的全部内容。这一转变将国际收支的统计范围建立在现金基础上，后定义为狭义的国际收支的概念，即一国在一定时期内，由于政治、经济、文化等国际经济活动而产生的、必须立即结清的外汇收支。

第二次世界大战以后，国际间的经济联系日益加强。政府无偿捐助、私人捐赠、企业之间的易货贸易、补偿贸易、记账贸易等新型国际经济交往方式层出不穷，建立在外汇收支基础上的狭义国际收支概念已经不能适应国际经济发展的形势。为了了解一国对外经济交往的全貌，国际收支的概念有了新的改变，概念的重心转移，形成了当今各国普遍采用的广义的国际收支的概念。它不仅包括涉及外汇收支的各种国际经济交易，还包括不涉及外汇收支的各种国际经济交易，如无偿援助、侨民汇款、捐赠、赔款等。建立在全部国际经济交易基础上的国际收支概念完整地反映了一国对外经济状况。

二、国际收支的概念

国际货币基金组织（International Monetary Fund，IMF）出版的《国际收支手册》[①]的第五版规定：国际收支（Balance of Payments，BOP）是指一国在一定时期内（通常为 1 年）全部对外经济往来的系统的货币记录。它包括：①一个经济体与世界其他经济体之间商品、劳务和收益交易；②一个经济体的货币黄金、特别提款权的所有权变动与其他变动，以及这个经济体对世界上其他经济体的债权、债务的变化；③无法转移以及在会计上需要对上述不能相互抵消的交易和变化加以平衡的对应记录。要正确把握这一概念的内涵，可以从三个方面进行理解。

（一）国际收支记录的是一国居民与非居民之间的经济交易

居民是一个经济概念，划分居民与非居民的主要依据是居住地和居住时间。区分居住地，并不以国籍或者法律规定为标准，而是以交易者的经济利益中心（Center of Economic Interest）所在地，即从事生产、消费等经济活动和交易的所在地作为划分标准，并且从事相关活动的期限需在 1 年以上。按照该原则，IMF 作了如下规定。

（1）企业、非营利机构和政府等法人，属所在国居民。例如，美国通用汽车公司在巴西的子公司属于巴西的居民而非美国的居民。

（2）自然人，无论其国籍如何，只要在所在国从事 1 年以上的经济活动与交易，即为所在国的居民。例如，逗留期在 1 年以上的留学生和旅游者属所在国居民。同理，移民属于工作所在国的居民。

（3）外交人员、驻外军事人员永远都是所在国的非居民，而是派出国的居民。

（4）国际机构，如联合国、IMF、世界贸易组织、世界银行等是所有国家的非居民。

（二）国际收支记录的是全部的经济交易

国际收支不是以外汇收支为基础，而是以经济交易为基础，有些交易可能不涉及货币支付，但也要折成货币进行记录。所以国际收支概念中的经济交易，指的是经济价值从一个经济实体向另一个经济实体的转移。根据转移的内容和方向，经济交易可以分成以下四类。

（1）交换。交换是一个交易者向另一个交易者提供了具有一定经济价值的实际资源，并从对方那里得到价值相等的回报。交换包括：①商品、服务与商品、服务之间的交换，如易货贸易、补偿贸易等；②金融资产与商品、服务的交换，如进出口贸易等；③金融资产与金融资产的交换，如货币资本借贷、货币或商品的直接投资、有价证券投资及无形资产（如专利权、版权）的转让买卖等。

（2）转移。转移是一个交易者向另一个交易者提供了具有一定经济价值的实际资源、资产，但是没有任何补偿。转移包括：①商品、服务由一方向另一方无偿转移，如无偿的物资捐赠、技术援助等；②金融资产由一方向另一方无偿转移，如债权国对债务国给予债务注销。

[①] 1948 年、1950 年、1961 年、1977 年、1995 年和 2008 年，随着国际交易方式的变化，国际货币基金组织分别编撰了六版《国际收支手册》。该手册是国际收支统计概念框架的国际标准，帮助各国在世界范围内系统地收集、组织国际收支的统计数据，从而提高数据的可比性。

（3）移居。移居是指一个人把住所从一个经济体搬迁到另一个经济体的行为。移居后，其原有的资产负债关系随之转移，从而使得两个经济体的对外资产、负债关系均发生变化。

（4）根据推论存在的交易。有些居民与非居民之间的交易并没有发生实际资源的流动，但是可以根据推论确定交易的存在，这也需要在国际收支中予以记录。

（三）国际收支是一个流量指标

国际收支概念中的"一定时期"的界定说明国际收支是一个流量指标。流量指标是时期指标，与存量指标不同，存量指标是时点指标。在提及国际收支时要指明属于哪一阶段，记录的是在这一阶段内一国的对外经济交易活动情况。

三、国际借贷的概念

国际借贷（International Indebtedness）是指一个国家在一定时期对外资产或对外负债的汇总记录，反映的是一国或地区对外债权债务的综合状况。国际收支与国际借贷既有联系，又有区别。两者的联系是，在非现金结算条件下，国家之间的经济交往总是先形成债权债务关系，如商品、劳务和资本的输出输入等，两国在未进行结算前，输出国形成对外债权，输入国形成对外债务，这种关系就是国际借贷关系。国际借贷关系一经结算即告消失，但在结算过程中却引起国际收支的发生，债权国会得到外汇收入，债务国会支出外汇，这就分别形成了两个国家的国际收支。可见，国际借贷是产生国际收支的直接原因。但有时，国际收支又反作用于国际借贷，因为国际收支的某些变化会引起国际借贷活动的展开。

国际收支与国际借贷的区别表现在以下方面：

（1）国际借贷表示一个国家在一定时期对外债权债务的综合情况；而国际收支则表示一个国家在一定时期对外全部经济交易的综合情况。

（2）国际借贷是个静态的概念，表示的是一种存量（余额）；而国际收支是个动态的概念，表示的是一种流量（发生额）。

（3）国际借贷只包括形成债权债务关系的经济交易，范围小；国际收支则包括一切对外发生的经济交易，范围大（如对外捐赠属国际收支范畴，但并未体现国际借贷关系）。

任务二　国际收支平衡表

一、国际收支平衡表的概念

国际收支平衡表（Balance of Payment Statement），也称国际收支差额表，是指按照一定的编制原则和格式，对一个国家在一定时期内的国际经济交易进行分类、汇总，反映和说明该国国际收支状况的统计报表。各国编制国际收支平衡表的目的是为了有利于全面了解本国的涉外经济关系，并以此进行经济分析，制定合理的对外经济政策。

二、国际收支平衡表的标准构成

国际货币基金组织的《国际收支手册》中提供了一套有关国际收支平衡表的项目

分类建议，称为标准组成部分，供各国参考。在实务中，一些国家目前仍沿用《国际收支手册》第四版的规定，一些理论研究也经常采用第四版的规定，所以在介绍国际收支平衡表的标准构成时将《国际收支手册》第五版与第四版的编制规定进行了比较（见表1-1），以便更好地理解国际收支平衡表。

表 1-1 　　　　　　　　　　　IMF 国际收支平衡表的标准构成

《国际收支手册》第五版中的规定	《国际收支手册》第四版中的规定
一、经常账户	一、经常账户
1. 货物	1. 货物
2. 服务	2. 无形贸易（含服务、收入）
3. 收入	3. 单方面转移（含经常转移与资本转移）
4. 经常转移	
二、资本与金融账户	二、资本账户
1. 资本账户 资本转移，非生产、非金融资产的收购与出售	1. 长期资本流动（含直接投资、证券投资及其他投资中偿还期限在 1 年以上的部分）
	2. 短期资本流动（含证券投资、其他投资中偿还期限在 1 年以下的部分）
2. 金融账户 直接投资 证券投资 其他投资 官方储备	三、储备账户（即官方储备）
三、错误与遗漏账户	四、错误与遗漏账户

通过表 1-1 可以看出，《国际收支手册》第五版将第四版中经常账户的无形贸易账户拆分成服务与收入两个账户；第五版首次将经常转移与资本转移区别开来，这一变化导致对原来国际收支平衡表中的资本账户的重新定义，改称为资本与金融账户；第五版经常账户中的经常转移是第四版单方面转移账户的一部分，而第四版单方面转移账户下的资本转移部分调整到了资本与金融账户的资本账户中。资本账户在第五版和第四版中的含义是不同的，第五版中资本账户包含的内容更广，按照投资标的划分得更详细、更科学，便于实务中应用。第四版中长期资本流动相当于第五版金融账户下的直接投资、证券投资，第四版中短期资本流动相当于第五版金融账户下的其他投资。而且，第五版将第四版的储备账户调整到了金融账户下。

三、国际收支平衡表的主要内容

国际收支平衡表所包括的内容十分广泛，由于世界各国的编制要求不同，往往都根据其不同的需要和具体情况来自行编制，因此，各国国际收支平衡表的内容有很大差异，详简不一，但其主要结构还是基本一致的，国际基金组织编制的国际收支平衡表通常分为经常项目、资本和金融项目、错误与遗漏三大类。

（一）经常项目（Current Account）

经常项目是本国与外国交往中经常发生的国际收支项目，它反映了一国与他国之间真实资源的转移状况，在整个国际收支中占有主要地位，往往会影响和制约国际收支的其他项目。它包括货物项目、服务项目、收入项目和经常性转移项目四个子项目。

1. 货物项目（Goods Account）

货物又称作商品贸易或有形贸易，一般包括以下几项内容：①一般商品。指居民向非居民出口或从非居民处进口的大多数可移动货物，除个别情况外，可移动货物的所有权发生了变更。②用于加工的货物。包括跨越边境运到国外加工的货物的出口以及随后的再进口。③货物修理。包括向非居民提供的或从非居民哪里得到的船舶和飞机等运输工具上的货物修理活动。④非货币黄金。非货币黄金包括不作为货币当局储备资产（货币黄金）的所有黄金的进口与出口，非货币黄金等同于其他商品。

国际货币基金组织建议，所有货物的进出口一律按离岸价格（Free On Board，FOB）计算。在实际中，很多国家为了统计方便，对出口商品按离岸价格计算，对进口商品却按到岸价格（Cost Insurance and Freight，CIF）计算，这样会影响到国际收支平衡表的精确性，甚至还会引起国家之间的贸易争端。这两种不同的价格条件，在计算进出口总值时，会产生一定的差额。例如，进口商品以 CIF 计价，其中运费和保险费属于劳务方面的支出，这样就会产生重复入账的项目，结果影响了国际收支平衡表的精确性。

2. 服务项目（Service Account）

服务又称作劳务贸易或无形贸易，主要包括以下内容：①运输。包括一国或地区的居民向另一国或地区的居民所提供的涉及客运、货运、备有机组人员的运输工具的租金和其他辅助性服务。②旅游。旅游不仅仅是一项具体的服务，而是旅游者消费的一整套服务。包括非居民旅游或因公、因私在另一国或地区停留不足一年的时间里从该国或地区所获得的货物和服务。学生和求医人员不论在外多长时间都被视为旅游者。③其他各类服务。包括运输和旅游项下没有包括的国际服务交易，如通信服务、保险服务、金融服务、专利使用费和特许经营权使用费等。

国际服务的生产和贸易不同于货物的生产和贸易。一经济体生产的货物运输到另一经济体的居民那里，其居民有可能并不知道货物的具体生产时间。而服务的生产在生产发生之前就同某一经济体的生产者与另一经济体的消费者或一组消费者事先做出的一项安排联系在一起，其生产过程中就涉及居民与非居民双方。当然，在现今经济高速发展与融合的前提下，货物和服务的界限已变得相当模糊，货物项目中可能包含有服务的成分，而服务的项目下也有出现货物的可能。

目前，劳务收支的重要性日趋突出，不少国家的劳务收支在该国的国际收支中占有举足轻重的地位，有的甚至还超出了有形贸易收支。

3. 收入项目（Income Account）

收入又称为"收益"，反映生产要素流动引起的生产要素报酬的收支。国际间流动的生产要素有劳动与资本两项，因此，收入下设"职工报酬"与"投资收入"两项内容。

（1）职工报酬。职工报酬指以现金或实物形式支付给非居民工人（季节工人、边境工人、短期工作工人和使馆工作的当地工作人员）的工资、薪金和其他福利。

（2）投资收入。投资收入包括居民因拥有国外金融资产而得到的收入，包括直接投资收入、间接投资收入和其他投资收入三部分。投资收入强调报酬的收支，因而有其特殊性，例如，在一笔债务还本付息时，本金的流动记入金融账户，而利息记入经常账户的投资收入。

4. 经常转移项目（Current Transfer Account）

经常转移。经常转移又称为"无偿转移"或"单方面转移"，主要包括所有非资本转移的转移项目，即排除以下三项所有权转移的所有转移项目：①固定资产所有权的转移；②同固定资产的收买或放弃相联系的或以其为条件的资金转移；③债权人不索取任何回报而取消的债务。

以上三项转移均属于资本转移。国际货币基金组织出版的《国际收支手册》第五版中，将转移划分为经常转移与资本转移，这种划分与国民账户体系中的处理方式和其他统计方式一致。

根据实施转移的主体不同，经常转移可分为政府转移（如无偿援助、战争赔款、政府向国际组织定期交纳的费用等）与私人转移（如侨汇、捐赠、继承、赡养费、资助性汇款、退休金等）。

（二）资本和金融项目（Capital and Financial Account）

资本和金融项目由资本项目与金融项目两部分构成。

1. 资本项目

资本项目反映了资产在居民与非居民之间的转移。其作为《国际收支手册》第五版新列示的内容，与原来第四版中的资本项目的概念是完全不同的。主要包括以下两个方面内容：

（1）资本转移。资本转移包括三项所有权转移：固定资产所有权的资产转移；同国定资产收买/放弃相联系的或以其为条件的资产转移；债权人不索取回报而取消的债权。

（2）非生产、非金融资产的收买或放弃。主要包括不是由生产创造出来的有形资产（如土地和地下资产）与无形资产（专利、版权、商标、经销权等）的收买或放弃。对于无形资产，所涵盖交易其实也涉及了经常项目与资本项目两项。经常项目的服务项下记录的是无形资产的运用所引起的收支，资本账户的资本转移项下记录的则是无形资产所有权的买卖所引起的收支。

2. 金融项目

金融项目反映的是居民与非居民之间投资与借贷的增减变化。第五版《国际收支手册》中的金融项目相当于以前第四版手册中的资本项目，以前的分类方式是分成长期资本与短期资本，由于金融创新的不断涌现和资本流动的迅猛发展，长期资本与短期资本的区分越来越困难，因此，目前金融项目的划分主要分为直接投资、证券投资、其他投资、储备资产四种。

（1）直接投资。直接投资反映某一经济体的居民单位（直接投资者）对另一经济体的居民单位（直接投资企业）的永久性权益，它包括直接投资者和直接投资企业之间的所有交易。直接投资项下包括股本资本、用于再投资的收益和其他资本。

（2）证券投资。证券投资包括股本证券和债务证券的交易。股本证券交易包括股票、参股或其他类似文件。债务证券包括长期债券、物抵押品的公司债券、中期债券等；还包括可转让的货币市场的债务工具，如短期国库券、商业票据、银行承兑汇票、可转让的大额存单等；另外，衍生金融工具也包括在内。

（3）其他投资。其他投资是指所有直接投资和证券投资未包括的金融交易，包括

9

贸易信贷、贷款、预付款、金融租赁项下的货物、货币和存款等。

（4）储备资产。储备资产包括某一经济体的货币当局认为可以用来满足国际收支和在某些情况下满足其他目的的各类资产的交易。涉及的项目包括货币化黄金、在国际货币基金组织的储备头寸、特别提款权、外汇资产以及其他债权。值得注意的是，在第五版《国际收支手册》中，同交易无关的储备资产变化不包括在国际收支平衡表中，例如储备资产的计价变化、特别提款权的分配与撤销、黄金的货币化或者非货币化及抵消上述变化的对应项目。

（三）错误与遗漏项目（Errors and Omissions Account）

国际收支平衡表由于其编制原则采用复式记账法，其借方总额与贷方总额相抵之后的总净值应该为零。但实际上，一国国际收支平衡表会不可避免地出现数字金额借贷方不平衡的现象，一般认为这种金额差异是由于统计资料有误差遗漏而形成的。出现错误与遗漏的原因主要有：

（1）编制国际收支平衡表的原始统计资料来自各个方面，在原始资料的形成过程中，不可避免地会出现某些当事人故意改变、伪造某些项目数字的做法，造成了原始资料的失实或不完全。例如走私、资本外逃等。

（2）统计数字的重复计算和漏算，原始统计资料来自四面八方，有的来自海关统计，有的来自银行报表，还有的来自官方主管机构的统计报表，这就难免发生统计口径不一致而造成重复计算与漏算。例如，一个美国人从墨西哥以现金购买了价值1万美元的物品（在途中却未能通过海关官员的检查），结果这1万美元落到了墨西哥的银行系统中，并被按惯例计入储备变动项目，但是这笔交易的另外一面却中断了。政府当局怀疑这些货物是违法物品，但在没有可靠的证据下，它不能记录下这笔交易。

（3）有的统计数字本身就是估算的。有关单位提供的统计数字也不是百分之百的准确无误，有的仅仅是估算数字。

因此，为了使国际收支平衡表的借贷双方实现平衡，便人为地设立了"错误与遗漏"项目。

四、国际收支平衡表的编制原则

（一）编制原理

国际收支平衡表是按照国际会计的通行准则——复式簿记原理来系统地记录每笔国际经济交易，以"有借必有贷，借贷必相等"的原则在两个或两个以上的有关账户中作相互联系的登记。这样，每一笔国际经济交易都会产生对相关金额的一项借方记录和一项贷方记录，而且从理论上讲，国际收支平衡表的借方总额和贷方总额是相等的，净差额为零。

（二）记账法则

在国际收支平衡表中，不论是实际资产还是金融资产，贷方记录用正号"+"表示，借方记录用负号"-"表示。对于资产，贷记（+）代表资产持有量的减少，借记（-）则代表资产持有量的增加；相反，对于负债，贷记（+）代表增加，借记（-）代表减少。当转移为之平衡的账户是借方时，根据复式簿记的原理，转移记为贷方；当转移为之平衡的账户是贷方时，转移记为借方。

根据复式记账法的常规，制表经济体记入贷方的账户是：①表明出口的实际资源；

②反映一经济体的对外资产减少或一经济体的对外负债增加的金融账户。相反，制表的经济体记入借方的账户是：①反映进口的实际资源；②反映一经济体的对外资产增加或一经济体的对外负债减少的金融账户。更具体地说：①进口商品属于借方项目，出口商品属于贷方项目；②非居民为本国居民提供服务或从本国取得收入属于借方项目，本国居民为非居民提供服务或从外国取得收入属于贷方项目；③本国居民对非居民的单方面转移属于借方项目，本国居民收到国外的单方面转移属于贷方项目；④本国居民获得外国资产或对外国投资属于借方项目，外国居民获得本国资产或对本国投资属于贷方项目；⑤本国居民偿还非居民债务属于借方项目，非居民偿还本国居民债务属于贷方项目；⑥官方储备增加属于借方项目，官方储备减少属于贷方项目。

（三）计价原则

国际收支平衡表采用统一计价的原则，对各类国际收支平衡表账户实行统一计价是保持连贯性地编制汇总各项交易的前提。在记录每笔交易时，使用成交的实际市场价格作为交易计价的基础。市场价格的定义为：在自愿基础上买方从卖方手中获取某件物品而支付的货币金额。但是，在易货贸易、税收支付、企业的分支机构与母公司的交易、附属企业的交易、转移等交易中，市场价格可能不存在。在这种情况下，习惯的做法是利用同等条件下形成的已知市场价格来推算。经常转移和优惠的政府贷款等非商业性交易的计价，也要假定这类资源是以市场价格卖出的，以市场价格来计价。在市场价格不存在的情况下，应按其生产要素所决定的成本计算或按照销售资源可能得到的款项来计算。对于不在市场上交易的金融项目（主要是不同形式的贷款），则以它的面值作为市场价格来计算。

另外，在国际贸易中，由于交易方式多种多样，交易价格千差万别，为统一口径，减少重复计算，IMF 规定国际收支中的进出口一律采用离岸价格来计算。因此，如果实际交易是以到岸价格成交的，则要将其调整为离岸价格，其中所包含的保险费和运输费列入经常账户中的服务账户。

（四）记载时间原则

在进行国际经济交易过程中，与之有关的时间概念很多，如商务谈判、签订合同、发货、结算等。为了使各国所编制的国际收支平衡表具有可比性，IMF 规定按照权责发生制的原则指导交易的记载时间。所以，一旦经济价值产生、改变、变换、转移和消失，即按照所有权变更的时间作为交易的记录时间。根据这一原则，国际收支平衡表中记录的各种经济交易包括：一是在编制报表时期内全部结清的经济交易；二是已经到期必须结清的经济交易，无论该交易是否已经结清，比如到期应支付的利息，不论实际是否已经支付，都要记录；三是已经发生，但需跨年度结清的经济交易，例如采用预付款或延期付款方式结算的贸易。对于跨越两个编表时期才结清的交易项目，因为所有权已经发生转移，所以应根据实际发生时间进行记录。

（五）国际收支平衡表记账实例

以 A 国为例，以下列举六笔交易来说明国际收支平衡表账户的记账方法。

（1）A 国一企业出口价值 100 万美元的设备，将出口款项存入该企业在海外银行的存款账户。

解析：出口行为意味着本国拥有的资源减少，应记入贷方；出口伴随着资本流出所形成的海外资产增加——该企业在海外银行的存款增加，属于金融账户中的其他投资账户，应记入借方。这笔交易应记录如下：

　　借：资本与金融账户——金融账户——其他投资　　　　　　100 万美元

　　　贷：经常账户——货物——出口　　　　　　　　　　　　100 万美元

　　（2）A 国居民到外国旅游花费了 30 万美元，这笔费用从该居民的海外存款账户中扣除。

　　解析：一国居民到国外旅游属于服务的进口，意味着本国拥有的资源增加，应记入借方；进口伴随着资本流入所形成的海外资产减少——该居民在海外银行的存款相应减少，这属于金融账户中的其他投资账户，应记入贷方。这笔交易可记录如下：

　　借：经常账户——服务——进口　　　　　　　　　　　　　30 万美元

　　　贷：资本与金融账户——金融账户——其他投资　　　　　30 万美元

　　（3）外商以价值 1 000 万美元的设备投入 A 国，兴办合资企业。

　　解析：该外商的投资行为属于直接投资，外国居民对本国投资应记入贷方；由于投入的是设备，应视为商品的进口，意味着本国拥有的资源增加，应记入借方。这笔交易可记录如下：

　　借：经常账户——货物——进口　　　　　　　　　　　　1 000 万美元

　　　贷：资本与金融账户——金融账户——直接投资　　　　1 000 万美元

　　（4）A 国政府动用外汇储备 40 万美元向外国提供无偿援助，另提供相当于 60 万美元的粮食、药品援助。

　　解析：A 国政府向外国提供无偿援助属于单方面转移性质，本国居民对非居民的单方面转移应记入借方。甲国的无偿援助分为两部分，一部分是以外汇储备提供的资金援助，官方储备减少应记入贷方；另一部分是以粮食、药品等提供的物资援助，可视为商品出口，应记入贷方。这笔交易可记录如下：

　　借：经常账户——经常转移　　　　　　　　　　　　　　　100 万美元

　　　贷：资本与金融账户——金融账户——官方储备　　　　　40 万美元

　　　　　经常账户——货物——出口　　　　　　　　　　　　60 万美元

　　（5）A 国某企业在海外投资所得利润 150 万美元，其中 75 万美元用于当地的再投资，50 万美元购买当地商品运回国内，25 万美元汇回国内结汇。

　　解析：投资收入是引起外汇收入的经济交易，属于经常账户的收入账户，本国居民从外国取得的收入应记入贷方。该企业将投资收入的一部分在当地进行再投资，属于直接投资，本国居民对外国投资应记入借方；企业购买当地商品属于商品进口，应记入借方；企业将剩余资金汇回国内结汇，就是把外汇卖给政府，会导致本国的官方储备增加，官方储备增加应记入借方。这笔交易可记录如下：

　　借：资本与金融账户——金融账户——直接投资　　　　　　75 万美元

　　　　经常账户——货物——进口　　　　　　　　　　　　　50 万美元

　　　　资本与金融账户——金融账户——官方储备　　　　　　25 万美元

　　　贷：经常账户——收入　　　　　　　　　　　　　　　 150 万美元

　　（6）甲国居民动用其在海外存款 40 万美元，用于购买外国某公司的股票。

　　解析：购买外国公司的股票属于证券投资行为，本国居民通过证券投资获得外国资产应记入借方；由于投资动用了海外存款，造成对外资产的减少，这属于金融账户中的其他投资账户，应记入贷方。这笔交易应记录如下：

借：资本与金融账户——金融账户——证券投资　　　　　40 万美元

　　贷：资本与金融账户——金融账户——其他投资　　　　　40 万美元

将上述各笔交易记入 A 国国际收支平衡表中（见表 1-2）。

表 1-2　　　　　　　　A 国由六笔交易构成的国际收支平衡表①　　　　　单位：万美元

项目	借方（-）	贷方（+）	差额
一、经常账户	1 180	310	-870
1. 货物	$1\ 000_3+50_5$	100_1+60_4	-890
2. 服务	30_2		-30
3. 收入		150_5	+150
4. 经常转移	100_4		-100
二、资本与金融账户	240	1 110	+870
1. 资本账户			
2. 金融账户	240	1 110	+870
直接投资	75_5	$1\ 000_3$	+925
证券投资	40_6		-40
其他投资	100_1	30_2+40_6	-30
官方储备	25_5	40_4	+15
三、错误与遗漏账户			
合计	1 420	1 420	0

五、国际收支平衡表的分析

（一）国际收支平衡表是重要的经济分析工具

国际收支平衡表不仅综合记载了一国在一定时期内与世界各国的经济往来情况和在世界经济中的地位及其消长对比情况，而且还集中反映了该国的经济类型和经济结构，因此，国际收支平衡表是经济分析的重要工具。分析国际收支平衡表，对编表国家或非编表国家都具有重要的意义。

对于编表国家来说，通过对国际收支平衡表的分析，能够全面掌握本国对外经济交易的综合情况，找出造成国际收支顺、逆差的原因，以便于采取正确的调节措施。而且，它能使本国政府充分掌握其外汇资金来源和运用方面的资料，特别是官方的储备变动情况，以便于编制切实可行的外汇预算计划。而且它能使一国全面地了解本国的国际经济地位，制定出与本国国力相适应的贸易、投资、经济援助、借贷等方面的对外经济政策。

对于非编表国家来说，它同样具有重要的意义和作用。这是因为：随着世界经济一体化的不断发展，各国在经济、政治等各方面的联系日益密切，一个国家不仅要了

---

① 表中各数字的下角标表示该数字来自于第几笔交易。

解自己，而且要了解外国的政治经济实力与对外经济政策的动向，以及世界经济发展的趋势。通过对别国国际收支平衡表的分析，有助于预测编表国家的国际收支、货币汇率及其对外经济政策动向，也有助于了解各国的经济实力和预测世界经济与世界贸易的发展趋势。

(二) 国际收支平衡表的几个差额

分析国际收支平衡表必须首先了解国际收支平衡表的结构，即弄清国际收支平衡表的项目构成及其相互关系。国际收支平衡表是由经常项目、资本与金融项目和错误与遗漏项目所构成，每一项目下又分为若干小项目。国际收支平衡表的每个项目都有借方、贷方和差额三栏数字，分别反映一定时期内各项对外经济活动的发生额。由于国际收支平衡表是采用复式簿记法入账，因此，借贷双方总额总是相等的，但其中的某些项目或账户可能出现盈余或赤字，需由其他项目或账户的赤字或盈余来抵消，这就形成了不同的项目差额。按照人们的传统习惯和国际货币基金组织的做法，项目差额主要有以下四种：

1. 贸易收支差额

贸易收支差额是指一国进出口收支差额。尽管贸易项目仅仅是国际收支的一个组成部分，不能代表国际收支的整体，但是，对于某些国家来说，贸易收支在全部国际收支中所占比重相当大，以至于经常性地把贸易收支作为国际收支的近似代表。此外，贸易收支在国际收支中还有它的特殊重要性。商品的进出口情况综合反映了一国的产业结构、产品质量和劳动生产率状况，反映了该国产业在国际上的竞争能力。因此，即使对于发达国家这种资本项目比重相当大的国家，仍然非常重视贸易收支的差额。

2. 经常项目差额

经常项目包括贸易收支、服务收支、收入和经常性转移收支，前两项构成经常项目收支的主体。虽然经常项目的收支也不能代表全部国际收支，但它综合反映了一个国家的进出口状况（包括服务贸易），因而被各国广为使用，并被当作制订国际收支政策和产业政策的重要依据。同时，国际经济协调组织也经常采用这一指标对成员国经济进行衡量，例如国际货币基金组织就特别重视各国经常项目的收支状况。

3. 资本和金融项目差额

资本和金融项目差额反映的是该项目下直接投资、证券投资和其他投资交易（包括贸易信贷、贷款和存款）及储备资产交易的差额（假设资本转移净额为零），它记录了世界其他国家对本国的投资净额或贷款/借款净额。

资本和金融项目具有两个方面的分析作用：第一，通过资本和金融项目规模可以看出一个国家资本市场的开放程度和金融市场的发达程度，一般而言，资本市场越开放，金融市场越发达，资本与金融项目的流量总额就越大。第二，资本与金融项目和经常项目之间具有融资关系，所以，资本与金融项目的余额可以折射出一国经常项目的状况。根据复式簿记法原则，在国际收支中一笔贸易流量通常对应一笔金融流量，可以说，经常项目中实际资源的流动与资本和金融项目中资产所有权的流动是一个活动的两个方面。因此，如果不考虑错误与遗漏，经常项目的余额与资本和金融项目的余额必然数量相等，符号相反。也就是说，经常项目的余额与资本和金融项目的余额之和等于零。

4. 综合项目差额或总差额

综合项目差额是指经常项目加上资本和金融项目中的资本转移、直接投资、证券投资、其他投资后的余额，也就是将国际收支项目中官方储备剔除后的余额。由于综合项目差额必然导致官方储备的反方向变动，所以，可用它来衡量国际收支对一国储备带来的压力。

当一国实行固定汇率制时，综合项目差额的分析意义更为重要。因为，国际收支的各种行为将导致外国货币与本国货币在外汇市场上的供求变动，从而影响到两个币种比价的稳定性。为了保持外汇市场汇率的稳定，政府必须利用官方储备介入市场以实现供求平衡。所以，综合项目差额在政府有义务维护固定汇率制时是极其重要的。而在浮动汇率制度下，政府原则上可以不动用官方储备而听任汇率变动，或是动用官方储备调节市场的任务有所弹性，相应的，这一差额的分析意义略有弱化。

（三）国际收支平衡表的分析方法

在对一国国际收支进行分析时，一定要把这三种分析方法结合起来一起分析，才能对一国经济进行全面、正确深入的分析。国际收支平衡表的分析方法主要有以下几种：

1. 静态分析法

静态分析法是指对某国在某一时期（一年、一季或一个月）的国际收支平衡表进行分析的方法。具体讲就是计算和分析国际收支平衡表中的各个项目及其差额，分析各个差额形成的原因及其对国际收支总差额的影响，从而找出总差额形成的原因。当然，由于各个项目差额的产生原因是多方面的，在分析其差额的形成原因时，只利用单一资料不能全面地掌握和认识实际情况，还应该结合其他有关资料，进行综合分析。静态分析的方法和应注意的问题有：

（1）贸易收支。一国贸易收支出现顺差或逆差，主要受多个方面的因素影响，它包括经济周期的更替、财政与货币政策变化所决定的总供给与总需求的对比关系，气候与自然条件的变化，国际市场的供求关系，本国产品的国际竞争力，本国货币的汇率水平等。结合这些方面的资料进行分析，有助于找出编表国家贸易收支差额形成的原因。

（2）服务收支。服务收支反映着编表国家有关行业的发达程度与消长状况。如运费收支的状况直接反映了一国运输能力的强弱，一般发展中国家总是支出的，而一些经济发达的国家由于拥有强大的商船队而收入颇丰；还有银行和保险业务收支状况则反映了一个国家金融机构的完善状况。对本国来说分析这些状况可以为寻找改进对策提供依据；对别国来说，分析这些状况则为选择由哪个国家提供相关业务的服务提供了依据。

（3）单方面转移收入中的重点是研究官方转移收入。第二次世界大战后，国际援助相对来说在不断增加，这种援助包括军事援助和经济援助两种，其中又分低息贷款和无偿援助两部分。在分析这个项目时除考虑其数额大小外，还要分析这种援助的背景、影响及其后果，并对趋势作一分析。

（4）资本与金融项目中涉及许多子项目，比如直接投资、间接投资、国际借贷和延期付款信用等，一般来说前三项处于主要地位。直接投资状况反映了一国资本国际竞争能力的高低（对发达国家而言）或一国投资利润前景的好坏（对发展中国家而言）。国际借款状况反映了一国借用国际市场资本条件的优劣，从而反映了该国的国际信誉高低。二战后，短期资本在国际间移动的规模与频繁程度都是空前的，它对有关国家的国际收支与货币汇率的变化都有主要影响。因而研究、分析短期资本在国际间移动的流量、方向与方式，对研究国际金融动态和发展趋势具有重要意义。

（5）分析官方储备项目，重点分析国际储备资产变动的方向，因为这些反映了一国对付各种意外冲击能力的变化。错误与遗漏项目，主要分析其数额大小的变化。因为错误与遗漏的规模一方面反映了一国国际收支平衡表虚假性的大小，规模越大，国际收支平衡表对该国国际经济活动的反映就越不准确；另一方面在某种程度上它也反映了一国经济开放的程度，一般来说经济越开放，错误与遗漏的规模就越大。

2. 动态分析法

动态分析是指分析某国若干连续时期的国际收支平衡表。一国一定时期的国际收支状况，是过去一定时期该国经济结构状态、经济发展进程及经济政策导向的综合结果。而经济结构、经济发展以及经济政策并不是一成不变的，它随着时间的变化、环境的变化而不断变化着。因此，一国的国际收支也处在一个连续不断的运动过程之中。无论对顺差还是逆差，都不能仅仅从静止的角度来考察，还必须考察其发展变化的情况。

3. 比较分析法

比较分析中的纵向比较是指对一国若干连续时期的国际收支平衡表进行比较分析。这一点可以结合前面所说的动态分析考虑。比较分析中的横向比较是指对不同国家在相同时期的国际收支平衡表进行比较分析。随着国际间政治、经济和军事关系的变化，一国与其他有关国家的国际收支会相应发生变化。因此，必须对相关国家的国际收支平衡表进行横向的比较分析。当然，由于每个国家的国际收支平衡表的项目设置与编制方法都不尽相同，可能在统计口径上横向比较会出现偏差，对于这一问题，可以利用国际货币基金组织公布的有关国际收支统计资料，由于这些有关资料均是经过重新整理后编制的，在统计口径上达到一致，因此国与国之间的数据具有可比性。

【同步案例 1-1】

某年巴西国际收支平衡表有如下数据（单位：亿美元）

商品输出 FOB	60.93
商品输入 FOB	-61.54
劳务收入	9.44
劳务支出	-30.69
私人单方面转移	0.11
政府单方面转移	0.17
直接投资	13.41
证券投资	——
其他长期投资净额	27.56
其他短期投资净额	0.03
误差和遗漏	
特别提款权的价值变动	-0.67
对外官方债务	
外汇储备变化	-22.30

请分析：

（1）错误与遗漏项目的数额是多少？

（2）该国的国际收支是顺差还是逆差，金额是多少？

（3）表中是通过哪些措施取得平衡的？

（4）外汇储备变化数为-22.30亿美元，是指外汇储备增加了还是减少了？

分析提示：

（1）错误与遗漏项目的数额是3.55亿美元。

（2）该国的国际收支是顺差，金额是18.75亿元。

（3）表中是通过动用外汇储备弥补逆差取得平衡的。

（4）外汇储备的变化数为-22.30亿美元，是指外汇储备增加了。

任务三　国际收支不平衡调节

一、国际收支不平衡的概念

在国际收支平衡表中，经常项目与资本项目及平衡项目的借贷双方在账面上总是平衡的，这种平衡是会计意义上的概念。但是，本项目所讲的"平衡"与"不平衡"并非会计意义上的，而是指实际经济意义上的。国际经济交易反映到国际收支平衡表上有若干项目，各个项目都有各自的特点，按其交易的性质可分为自主性交易（Autonomous Transactions）和补偿性交易（Compensatory Transactions）。所谓自主性交易是指个人或企业为某种自主性目的（比如追逐利润、追求市场、旅游、汇款赡养亲友等）而进行的交易，由于其具有自主性质，必然经常地出现差额；补偿性交易是为了弥补自主性交易差额或缺口而进行的各种交易活动，如分期付款、商业信用、动用官方储备等。有了这样的区别后，我们就能较准确地判断国际收支是平衡还是不平衡。如果基于自主性交易就能维持平衡，则该国的国际收支是平衡的，如果自主性交易收支不能相抵，必须用补偿性交易来轧平，这样达到的平衡是形式上的平衡，被动的平衡，其实质就是国际收支的不平衡。

这种识别国际收支不平衡的方法，从理论上看是很有道理的，但在概念上很难准确区别自主性交易与补偿性交易，在统计上也很难加以区别。因为一笔交易从不同的角度看可以是不同的归类。例如，一国货币当局以提高利率来吸引外资，就投资者而言属自主性交易，就货币当局而言却属调节性交易，若投资者系该国居民，则同一笔交易既可归入自主性项目，也可列入调节性项目。因此，按交易动机识别国际收支的平衡与不平衡仅仅是提供了一种思维方式，迄今为止，还无法将这一思维付诸实践。

按照人们的传统习惯和国际货币基金组织的做法，国际收支平衡是指国际收支平衡表中横线以上项目的平衡，即综合项目的平衡。横线以下的项目即平衡项目是弥补国际收支赤字或反映国际收支盈余的项目，也就是官方储备项目。国际收支的逆差表现为国际储备的减少，国际收支的顺差表现为国际储备的增加，一般来说，国际收支平衡表中横线以上项目会出现差额或缺口，这时就出现了国际收支的不平衡。

二、国际收支不平衡的原因

国际收支不平衡的现象是经常的、绝对的，而平衡却是偶然的、相对的，因此，国际收支的调节无时不在进行着。为了顺利而有效地调节国际收支，首先必须研究国际收支不平衡的原因，然后才能采取与之相适应的措施来进行调节。各国发生国际收支不平衡的原因繁多而复杂，这些原因中既有一般的原因，又有特殊的原因。

（一）一般原因

西方经济学家按发生国际收支不平衡一般原因的不同，将国际收支不平衡分为以下五种类型：

1. 周期性不平衡（Cyclical Disequilibrium）

周期性不平衡是一国经济周期波动引起该国国民收入、价格水平、生产和就业发生变化而导致的国际收支不平衡。周期性不平衡是世界各国国际收支不平衡常见的原因。因为，在经济发展过程中，各国经济不同程度地处于周期波动之中，周而复始出现繁荣、衰退、萧条、复苏，而经济周期的不同阶段对国际收支会产生不同的影响。在经济衰退阶段，国民收入减少，总需求下降，物价下跌，会促使出口增长，进口减少，从而出现顺差；而在经济繁荣阶段，国民收入增加，总需求上升，物价上涨，则使进口增加，出口减少，从而出现逆差。

2. 货币性不平衡（Monetary Disequilibrium）

货币性不平衡是指一国货币增长速度、商品成本和物价水平与其他国家相比发生较大变化而引起的国际收支不平衡。这种不平衡主要是由于国内通货膨胀或通货紧缩引起的，一般直观地表现为价格水平的不一致，故又称价格性的不平衡（Price Disequilibrium）。例如，一国发生通货膨胀，其出口商品成本必然上升，使用外国货币计价的本国出口商品的价格就会上涨，就会削弱本国商品在国际市场上的竞争能力，客观上起着抑制出口的作用。相反，由于国内商品物价普遍上升，相比较而言，进口商品就显得便宜，鼓励了外国商品的进口，从而出现贸易收支的逆差。不过在这里还得注意的是，通货膨胀还会引起该国货币汇率一定程度的贬值，但一般来说此时汇率贬值的幅度要比物价上涨的幅度小得多，因而其影响也小得多。它只能缓和但不会改变通货膨胀对国际收支的影响。货币性不平衡可以是短期的，也可以是中期的或长期的。

3. 结构性不平衡（Structural Disequilibrium）

结构性不平衡是指当国际分工的结构（或世界市场）发生变化时，一国经济结构的变动不能适应这种变化而产生的国际收支不平衡。

世界各国由于地理环境、资源分布、技术水平、劳动生产率差异等经济条件和历史条件不同，形成了各自的经济布局和产业结构，从而形成了各自的进出口商品和地区结构，各国的产业、外贸结构综合成国际分工结构。若在原有的国际分工结构下，一国的进出口尚能平衡，但在某一时期，若世界市场对该国的出口需求或对该国进口的供给发生变化，则该国势必要改变其经济结构以适应这种国际变化，即原有的相对平衡和经济秩序受到了冲击。若该国经济结构不能灵活调整以适应国际分工结构的变化，则会产生国际收支的结构性不平衡。

改变结构性不平衡需要重新组织生产，并对生产要素的使用进行重新组合，以适应需求和供给的新结构，否则这种不平衡现象难以克服，而生产的重新组合阻力较大，进展缓慢，因此结构性不平衡具有长期性，扭转起来相当困难。结构性不平衡在发展中国家尤其普遍，因为发展中国家进出口商品具有以下两个特点：其一，产品出口需求的收入弹性低，而产品进口需求的收入弹性高，所以出口难以大幅度增加，而进口则能大幅度增加；其二，产品出口需求的价格弹性大，而产品进口需求的价格弹性小，于是进口价格上涨快于出口价格上涨，贸易条件恶化。

4. 收入性不平衡（Income Disequilibrium）

收入性不平衡是指由于各种经济条件的恶化引起国民收入的较大变动而引起的国际收支不平衡。国民收入变动的原因很多，一种是经济周期波动所致，这属于周期性不平衡；另外一种是因经济增长率的变化而产生的，在这里是指这种不平衡，它具有长期性。一般来说，国民收入大幅度增加，全社会消费水平就会提高，社会总需求也会扩大，在开放型经济下，社会总需求的扩大，通常不一定会表现为价格上涨，而表现为增加进口，减少出口，从而导致国际收支出现逆差；反之当经济增长率较低时，国民收入减少时，国际收支就会出现顺差。

5. 临时性不平衡（Temporary Disequilibrium）

临时性不平衡是指短期的由非确定或偶然因素引起的国际收支不平衡。例如，伊拉克入侵科威特，国际社会对伊拉克实行全面经济制裁，世界各国一度曾中止与伊拉克的一切经济往来，伊拉克的石油不能输出，引起出口收入剧减，贸易收入恶化；相反，由于国际市场石油短缺，石油输出国扩大了石油输出，从而使这些国家的国际收支得到了改善。这种性质的国际不平衡，程度一般较轻，持续时间也不长，带有可逆性，因此，可以认为是一种正常现象。

（二）特殊原因

西方经济学家把引起国际收支不平衡的原因分为五种类型，但这些原因并不都适合所有国家。实际上，不同类型的国家如发达国家、发展中国家和计划经济国家的国际收支不平衡的原因是各有差异的。

发达国家国际收支不平衡的原因和特点表现为：第一，商品、劳务、资本输入过多或不足的直接原因主要是国际竞争力、利润率和未经抵补的利息率的变化。第二，资本项目在国际收支中的地位日趋重要，资本输出、输入频繁且不稳定。第三，由于高度一体化的全球国际金融市场上资金对有资信的国家来说是充裕的，因而较易发生的是国际储备过多（而不是不足）的情形。

发展中国家国际收支不平衡的原因和特点是：第一，一些商品劳务输入不足与另一些输入过多并存；商品、劳务的输出时而不足、时而过多，尤其是世界经济结构全面而深刻的变化，使他们面临出口构成严重不合理的情况。第二，资本净输入过多与不足相交替，但国际储备的水平经常处于适度水平线以下。第三，国际收支不平衡常常表现为过度逆差。

社会主义计划经济国家国际收支不平衡的原因和特点是：第一，出口构成不合理，而且大部分出口因缺乏国际竞争力而常常输出不足，小部分出口因支付逆差所需而常常输出过多。第二，处于对外开放过程中的国家国际收支不平衡往往表现为：先是经常项目过度逆差、外资输入过多，然后是外汇储备不足、进口不足、外资输入不足。第三，由于货币不可自由兑换，因而能否通过进口来平衡货币供应和货币需求、总供给和总需求，以抑制或消除通货膨胀，必定受制于本国的外汇储备水平或对外借贷能力。

19

三、国际收支不平衡对经济的影响

国际收支是一国对外经济关系的综合反映，随着各国经济日趋国际化，对外经济与对内经济关系日益密切，相应的，国际收支不平衡对一国经济的影响范围越来越广，程度也越来越深。持续的、大规模的国际收支逆差对一国经济的影响表现为以下几个方面：

（1）持续性顺差会使一国所持有的外国货币资金增加，或者在国际金融市场上发生抢购本国货币的情况，这就必然产生对本国货币需求量的增加，由于市场法则的作用，本国货币对外国货币的汇价就会上涨，不利于本国商品的出口，从而对本国经济的增长产生不良影响。

（2）持续性顺差会导致一国通货膨胀压力加大。因为如果国际贸易出现顺差，那么就意味着国内大量商品被用于出口，可能导致国内市场商品供应短缺，带来通货膨胀的压力。另外，出口公司将会出售大量外汇兑换本币收购出口产品从而增加了国内市场货币投放量，带来通货膨胀压力。如果资本项目出现顺差，大量的资本流入，该国政府就必须投放本国货币来购买这些外汇，从而也会增加该国的货币流通量，带来通货膨胀压力。

（3）一国国际收支持续顺差容易引起国际摩擦，而不利于国际经济关系的发展，因为一国国际收支出现顺差也就意味着世界其他一些国家因其顺差而国际收支出现逆差，从而影响这些国家的经济发展，他们要求顺差国调整国内政策，以调节过大的顺差，这就必然导致国际摩擦，例如20世纪80年代以来越演越烈的欧、美、日贸易摩擦就是因为欧共体国家、美国、日本之间国际收支状况不对称之故。

可见，一国国际收支持续不平衡时，无论是顺差还是逆差，都会给该国经济带来危害，政府必须采取适当的调节，以使该国的国内经济和国际经济得到健康的发展。

四、国际收支不平衡的评价

评价一个国家的国际收支不平衡必须采取客观的、辩证的态度，具体要注意以下几点：

（1）国际收支平衡是各国追求的目标，不平衡从理论上讲对一国经济是不利的，但是国际收支平衡是相对的，不平衡才是绝对的；换句话说，各国出现国际收支不平衡是一种正常现象，长期处于平衡状态是不可能的。

（2）相比较而言，在各国政策制定者的心目中，出现顺差要比出现逆差来得好，以至于有些人认为逆差才算是国际收支不平衡，顺差不算是不平衡，这是因为顺差不会对国内经济立即产生或带来不良影响，顺差的调节要比逆差的调节容易得多，而且在目前的国际金融环境下始终存在着国际收支调节的不对称，即国际组织（如国际货币基金组织）一直把国际不平衡的主要责任推到逆差国，因此为调节各国的国际收支，国际组织常常要求逆差国采取各种各样的紧缩性经济政策，即便是牺牲该逆差国经济增长也在所不惜。但是，正如前面所分析的，一国如果长期保持巨额的国际收支顺差对本国经济发展也是不利的，比如日本目前正在"享受"长期高额顺差的苦果：日元升值，国内企业纷纷亏损、倒闭，国内生产空洞化，失业问题日趋严重，经济增长停止不前等。另外，世界各国都是顺差是不可能的，总有一部分国家出现顺差，另一部分国家出现逆差，这也就是说某些国家出现逆差是不可避免的。

（3）相比较追求国际收支量上的平衡而言，各国政府更重视追求国际收支结构上的平衡。换句话说，国际收支结构的好坏对一国经济的影响要比国际收支量上是否平衡的影响更大。这里的国际收支结构是指国际收支各项目差额的结构，最主要的又是经常项目差额与资本与金融项目差额（不包括官方储备）的结构。一般有四种情况：①经常项目和资本与金融项目都出现顺差，这时不仅国际收支量上出现顺差，而且结构也较好，因而一般认为是最好的一种情况。②经常项目与资本与金融项目都出现逆差，这是最坏的一种情况。③经常项目出现顺差、资本与金融项目出现逆差，此时不管最后国际收支是顺差还是逆差，都不失为一种好的国际收支状况，因为它结构较好：经常项目出现顺差表明该国商品、劳务的国际竞争能力很强，出口多于进口，国家外汇储备增加；资本项目出现逆差，反映出一国资本的国际竞争能力很强，对外投资大于资本流入。④经常项目出现逆差、资本与金融项目出现顺差，此时即使最后国际收支能够达到平衡或顺差，都不是一种好的状态，因为这种国际收支结构不好。

（4）对于某些国家来说，在特殊时期，上述第四种情况的国际收支状况可能是一种政策性的选择，即为了达到一定的政策目标，政府采取的一种策略。比如发展中国家在经济起飞时期，由于经济基础较薄弱，商品、劳务的国际竞争力较差，经常项目出现赤字，但该国政府为了能在较短的时间里改变这种状况，采取各种优惠政策吸引外资，从而出现了经常项目逆差、资本与金融项目顺差的状况，其目的是为了在较短的时间里达到经常项目顺差、资本与金融项目逆差的国际收支结构。

综上所述，对一国国际收支的不平衡必须采取具体的、全面的、辩证的分析方法，同时我们也可明确各国采取各种措施来调节国际收支不平衡，其目标是改变一国过长时间、过大规模的逆差或顺差状况，而不是彻底消除不平衡，因为这是不现实的。

五、国际收支不平衡的调节

一国国际收支持续出现不平衡，不管是顺差还是逆差，对其经济的协调、健康发展都非常不利，因此，各国政府都非常关心对国际收支不平衡的调节问题。国际收支的调节大体可分为两类，一类是自动调节，另一类是人为的政策调节。

（一）国际金本位制下的自动调节机制

在国际间普遍实行金本位制的条件下，一个国家的国际收支可通过物价的涨落和黄金的输出输入自动恢复平衡。这一自动调节规律称为"物价—现金流动机制"（Price Specie-Flow Mechanism）。它是在 1752 年由英国经济学家大卫·休谟（Hume David）提出的，所以又叫"休谟机制"。

物价—现金流动机制自动调节国际收支的具体过程如下：一国的国际收支如果出现逆差，则外汇供不应求，外汇汇率上升，若外汇汇率上升超过了黄金输送点，则本国商人不再用本币购买外汇付给商人，而是直接用黄金支付给外国出口商，这样黄金就大量流出。黄金外流导致本国银行准备金降低，从而使流通中货币量减少，物价下跌，而物价下跌使得出口成本降低，本国商品的出口竞争力增强，出口增加，进口减少，直至国际收支改善。这样，国际收支的不平衡完全能够自发调节，用不着任何人为的干预。如果一国国际收支出现顺差，其自动调节过程完全一样，只是各经济变量的变动方向相反而已。物价—现金流动机制对国际收支的自动调节过程如图 1-1 所示。

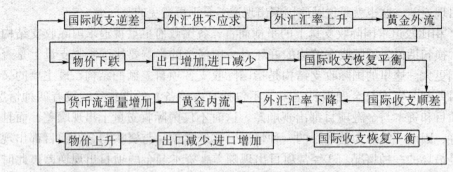

图 1-1　物价—现金流动机制

休谟的物价—现金流动机制在理论分析上存在着一系列缺陷：第一，他是以货币数量论为依据的，因而得出物价仅因货币数量变化而变化；第二，在金币流通的情形下，黄金流动不一定会引起物价变动，因为金属货币可以自发调节到必要的数量；第三，其强调相对价格的变动，而忽视了产量和就业的变动；第四，黄金流动同恢复国际收支平衡自动联系起来，金融当局没有进行干预的余地。正是因为休谟忽略了上述四方面的情况因而过高估计了物价—现金流动机制对国际收支不平衡的调节作用。

（二）纸币流通条件下的国际收支自动调节机制

在信用货币流通的制度下，纸币流通使国际间货币流动失去直接清偿性，国际间的货币交换必须通过汇率来实现，因此，物价—现金流动机制已不复存在。虽然如此，在出现国际收支失衡时，仍然会存在某些调节机制，具有使国际收支自动恢复均衡的作用。根据起作用的变量不同，可将自动调节机制分为四类：利率调节机制、价格调节机制、收入调节机制和汇率调节机制。

1. 利率的自动调节机制

利率的自动调节机制是指一国国际收支不平衡会影响利率的水平，而利率水平的变动反过来又会对国际收支不平衡起到一定的调节作用，主要从经常账户和资本账户两个方面进行调节。

一国国际收支出现逆差，即表明该国银行所持有的外国货币存款或其他外国资产减少，负债增加，因此产生了银行信用紧缩，使国内金融市场的银根趋于紧张，利率水平逐渐上升。而利率的上升表明本国金融资产的收益率上升，从而对本国金融资产的需求相对上升，对外国金融资产的需求相对降低，资本内流增加、外流减少，资本项目逆差逐渐减少，甚至出现顺差。另一方面，利率上升使国内投资成本上升，消费机会成本上升，因而国内总需求下降，对国外商品的进口需求也随之减少，出口增加，这样，贸易逆差也会减少，整个国际收支趋于平衡。反之，国际收支盈余会通过货币供应量的上升和利率水平的下降，导致本国资本外流增加，外国资本流入减少，国内总需求上升，使其国际收支盈余减少甚至消除。利率机制对国际收支的自动调节过程如图 1-2 所示。

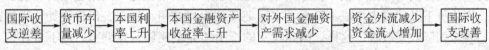

图 1-2　利率机制的自动调节过程

2. 价格的自动调节机制

价格的变动在国际收支自动调节机制中也发挥着重要的作用。当一国的国际收支出现逆差时，由于外汇支付手段的减少，容易导致国内信用紧缩，货币供应量的下降会使公众所持有的现金余额低于其意愿水平，该国居民就会缩减对商品和劳务的开支，从而引起价格水平的下降。本国商品相对价格的下降，会提高本国商品的国际竞争力，从而使本国的出口增加，进口减少，该国国际收支状况得以改善。反之，当一国的国际收支出现顺差时，由于外汇支付手段的增多，容易导致国内信用膨胀、利率下降、投资与消费相应上升、国内需求量扩大，从而对货币形成一种膨胀性压力，使国内物价与出口商品价格随之上升，从而削弱出口商品的国际竞争能力，导致出口减少而进口增加，使原来的国际收支顺差逐渐消除。价格机制对国际收支的自动调节过程如图1-3所示。

图1-3　价格机制的自动调节过程

3. 收入的自动调节机制

收入的自动调节机制是指在一国国际收支不平衡时，该国的国民收入、社会总需求会发生变动，而这些变动反过来又会减弱国际收支的不平衡。当一国国际收支出现逆差时，会使其外汇支出增加，引起国内信用紧缩、利率上升，总需求下降，国民收入也随之减少，国民收入的减少必然使进口需求下降，贸易逆差逐渐缩小，国际收支不平衡也会得到缓和。反之，当一国国际收支出现顺差时，会使其外汇收入增加，从而产生信用膨胀、利率下降，总需求上升，国民收入也随之增加，因而导致进口需求上升，贸易顺差减少，国际收支恢复平衡。收入机制对国际收支的自动调节过程如图1-4所示。

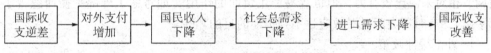

图1-4　收入机制的自动调节过程

4. 汇率的自动调节机制

汇率的自动调节机制是指在浮动汇率制度下，汇率的自发变动在很大程度上具有自动调节国际收支的功能。当一国出现国际收支失衡时，必然会对外汇市场产生压力，促使外汇汇率变动。如果该国政府允许汇率自发变动，而不进行干预，则国际收支的失衡就有可能会被外汇汇率的变动所消除，从而使该国国际收支自动恢复均衡。当一国国际收支出现逆差时，外汇市场上本外币供求关系发生变化，外汇需求大于外汇供给，导致外汇汇率上升，本币汇率下降，出口商品以外币计算的价格下跌，而进口商品以本币计算的价格上升，于是刺激了出口，抑制了进口，贸易收支逆差逐渐减少，国际收支不平衡得到缓和。反之，当一国国际收支顺差时，外汇供给大于外汇需求，本币汇率上升，进口商品以本币计算的价格下跌，而出口商品以外币计算的价格上涨，因此，出口减少、进口增加，贸易顺差减少，国际收支不平衡得到缓和。汇率机制对国际收支的自动调节过程如图 1-5 所示。

图 1-5　汇率机制的自动调节过程

在纸币流通条件下，国际收支自动调节机制的正常运行具有很大的局限性，往往难以有效地发挥作用，因为它要受到各方面因素的影响和制约。

（1）国际收支的自动调节只有在纯粹的自由经济中才能产生作用。政府的某些宏观经济政策会干扰自动调节过程，使其作用下降、扭曲或根本不起作用。自西方国家盛行凯恩斯主义以来，大多数国家都不同程度地加强了对经济的干预。

（2）自动调节机制只有在进出口商品的供给和需求弹性较大时，才能发挥其调节的功能。如果进出口商品供给、需求弹性较小，就无法减少进口、扩大出口，或扩大进口、减少出口，改变入超或出超状况。

（3）自动调节机制要求国内总需求和资本流动对利率升降有较敏感的反应。如果对利率变动的反应迟钝，那么，即使是信用有所扩张或紧缩，也难以引起资本的流入或流出和社会总需求的变化。对利率反映的灵敏程度与利率结构相关联，也与一国金融市场业务的发展情况息息相关。

由于自动调节机制充分发挥作用要满足上述三个条件，而在当前经济条件下，这些条件不可能完全存在，从而导致了国际收支自动调节机制往往不能有效地发挥作用。因此，当国际收支不平衡时，各国政府往往根据各自的利益采取不同的经济政策，使国际收支恢复平衡。

（三）国际收支的政策调节

国际收支的政策调节是指国际收支不平衡的国家通过改变其宏观经济政策和加强国际间的经济合作，主动地对本国的国际收支进行调节，以使其恢复平衡。人为的政策调节相对来说比较有力，但也容易产生负面的作用（如考虑了外部平衡而忽视了内部平衡），有时还会因时滞效应达不到预期的目的。

1. 外汇缓冲政策

外汇缓冲政策是指一国运用所持有的一定数量的国际储备，主要是黄金和外汇，作为外汇稳定或平准基金（Exchange Stabilization Fund），来抵消市场超额外汇供给或需求，从而改善其国际收支状况。它是解决一次性或季节性、临时性国际收支不平衡简便而有利的政策措施。

一国国际收支不平衡往往会导致该国国际储备的增减，进而影响国内经济和金融。因此，当一国国际收支发生逆差或顺差时，中央银行可利用外汇平准基金，在外汇市场上买卖外汇，调节外汇供求，使国际收支不平衡产生的消极影响止于国际储备，避免汇率上下剧烈动荡，而保持国内经济和金融的稳定。但是动用国际储备，实施外汇缓冲政策不能用于解决持续性的长期国际收支逆差，因为一国储备毕竟有限，长期性逆差势必会耗竭一国所拥有的国际储备而难以达到缓冲的最终政策，特别是当一国货币币值不稳定，使人们对该国货币的信心动摇，因而引起大规模资金外逃时，外汇缓冲政策更难达到预期效果。

2. 财政政策

财政政策主要是采取缩减或扩大财政开支和调整税率的方式，以调节国际收支的顺差或逆差。

如果国际收支发生逆差，那么第一，可削减政府财政预算、压缩财政支出，由于支出乘数的作用，国民收入减少，国内社会总需求下降，物价下跌，出口商品的国际竞争力增强，进口需求减少，从而改善国际收支逆差；第二，提高税率，国内投资利润下降，个人可支配收入减少，导致国内投资和消费需求降低，在税赋乘数作用下，国民收入倍减，迫使国内物价下降，扩大商品出口，减少进口，从而缩小逆差。

可见，通过财政政策来调节国际收支不平衡主要是通过调节社会总需求、国民收入的水平来起作用的，这一过程的最中心环节是社会企业和个人的"需求伸缩"，它在不同的体制背景下作用的机制和反应的快捷程度是不一致的，这取决于其产权制约关系的状况。

3. 货币政策

货币政策主要是通过调整利率来达到政策实施目标的。调整利率是指调整中央银行贴现率，进而影响市场利率，以抑制或刺激需求，影响本国的商品进出口，达到国际收支平衡的目的。当国际收支产生逆差时，政府可实行紧缩的货币政策，即提高中央银行贴现率，使市场利率上升，以抑制社会总需求，迫使物价下跌，出口增加，进口减少，资本也大量流入本国，从而逆差逐渐消除，国际收支恢复平衡。相反，国际收支产生顺差，则可实行扩张的货币政策，即通过降低中央银行贴现率来刺激社会总需求，迫使物价上升，出口减少，进口增加，资本外流，从而顺差逐渐减少，国际收支恢复平衡。

但是，利率政策对国际收支不平衡的调节存在着一些局限性：其一，利率的高低只是影响国际资本流向的因素之一，国际资本流向很大程度上还要受国际投资环境政治因素的影响，如一国政治经济局势较为稳定，地理位置受国际政治动荡事件的影响小，则在这里投资较安全，可能成为国际游资的避难所。此外，国际资本流向还与外汇市场动向有关，汇率市场、游资金融转向投机目的以获取更高利润，因此一国金融市场动荡，即使利率较高也难以吸引资本流入；其二，国内投资、消费要对利率升降有敏感反应，而且对进口商品的需求弹性、国外供给弹性要有足够大，利率的调整才能起到调节国际收支不平衡的效果。反之，若国内投资、消费对利率反应迟钝，利率提高时，国内投资、消费不能因此减少，则进口需求也不会减少，出口也难以提高。国际收支逆差也难以改善；其三，提高利率短期内有可能吸引资本流入本国，起到暂时改善国际收支的作用，但从国内经济角度看，由于利率上升，经济紧缩，势必削弱本国的出口竞争力，从而不利于从根本上改善国际收支。相反，为了促进出口而活跃经济必须降低利率，这又会导致资本外流，势必加剧国际收支不平衡，因此利率政策调节国际收支不平衡容易产生内外均衡的矛盾。

4. 汇率政策

汇率政策是指通过调整汇率来调节国际收支的不平衡。这里所谓的"调整汇率"是指一国货币金融当局公开宣布的货币法定升值与法定贬值，而不包括金融市场上一般性的汇率变动。

汇率调整政策是通过改变外汇的供需关系，并经由进出口商品的价格变化，资本融进融出的实际收益（或成本）的变化等渠道来实现对国际收支不平衡的调节。当国际收支出现逆差时实行货币贬值，当国际收支出现顺差时实行货币升值。

汇率调整政策同上述财政政策、货币政策相比较而言，对国际收支的调节无论是表现在经常项目、资本项目或是储备项目上都更为直接、更为迅速。因为，汇率是各国间货币交换和经济贸易的尺度，同国际收支的贸易往来、资本往来的"敏感系数"较大；同时，汇率调整对一国经济发展也会带来多方面的副作用。比如说，贬值容易给一国带来通货膨胀压力，从而陷入"贬值→通货膨胀→贬值"的恶性循环。它还可能导致其他国家采取报复性措施，从而不利于国际关系的发展等。

因此，一般只有当财政、货币政策不能调节国际收支不平衡时，才使用汇率手段。

同时，汇率调整政策有时对国际收支不平衡的调节不一定能起到立竿见影的效果，因为其调节效果还取决于现实的经济和非经济因素：第一，汇率变动对贸易收支的调节受进出口商品价格弹性和时间滞后的影响，这在前面已经分析过，这里不再重复；第二，汇率变动对资本收支的影响不一定有效，其影响要看外汇市场情况而定。如果一国汇率下跌引起一般人预测汇率还会继续下跌，则国内资金将会外逃，资本收支将会恶化，并且资本输出入主要还是要看一国的利率政策、融资环境等，这些都无法随汇率的变化而变化；第三，汇率变动对国际收支的调节还受制于各国对国际经济的管制和干预程度。这些管制和干预包括贸易壁垒的设置、外汇管制政策的松严等。

【同步案例 1-2】

日元的贬值带来的影响

2013 年以来，日元兑美元汇率明显转弱，在日本政府和央行的联合干预下，日元贬值之势并未停歇。美元对日元已攻破 92 整数关口。欧元对日元也触及三年来的高位。日本央行行长人选已接近确定，在新行长上任后，日本央行推动货币宽松的力度势必还会进一步加大。分析人士指出，以目前市场环境来看，日元继续贬值的可能性很大，日元的走低将进一步有利于日本的出口，并带动日股走强。一些东亚和东南亚国家均感到日元贬值带来的压力。纷纷表示必要时本币将追随日元贬值。日元贬值为何会给其他亚洲国家带来压力呢？

多年来，东亚和东南亚各国形成了与日本大致相同的产业结构和进出口结构，在电子产品、汽车、钢铁等产品的出口领域与日本竞争激烈。日元贬值后，以外币（如美元）表示的日本商品价格便会大幅下降，提升了日本产品在国际市场上的竞争力，极力地促进了日本产品对欧美等国家的出口，夺取了韩国等东南亚国家的海外市场，据韩国的有关部门统计，以往日元每贬值 10%，韩国将减少出口 27 亿美元，占全年出口总额的 9%，进口也将减少 8 亿美元，同理，亚洲其他国家的进出口贸易都将受到影响。

资料来源：http://sh.gtja.com/sh/cms_gjcj/cms_11809252.html.

5. 直接管制政策

财政、货币和汇率政策的实施有两个特点，一是这些政策发生的效应要通过市场机制方能实现，二是这些政策的实施不能立即收到效果，其发挥效应的过程较长。因此，在某种情况下，各国还必须采取直接的管制政策来干预国际收支。

直接管制政策包括外汇管制和贸易管制两个方面：

（1）外汇管制方面主要是通过对外汇的买卖直接加以管制以控制外汇市场的供求，从而维持本国货币对外汇率的稳定。如对外汇实行统购统销，保证外汇统一使用和管理，从而影响本国商品及劳务的进出口和资本流动，调节国际收支不平衡。

（2）贸易管制方面的主要内容是奖出限入。在奖出方面常见的措施有：①出口信贷；②出口信贷国家担保制；③出口补贴。而在限入方面，主要是实行提高关税、进口配额制和进口许可证制，此外，还有许多非关税壁垒的限制措施。

实施直接管制措施调节国际收支不平衡见效快，同时选择性强，对局部性的国际收支不平衡可以采取有针对性的措施直接加以调节，不必涉及整体经济。例如，国际收支不平衡是由于出口减少造成的，就可直接施以鼓励出口的各种措施加以调节。但直接管制会导致一系列行政弊端，如行政费用过大，官僚、贿赂之风盛行等，同时它往往会激起相应国家的报复，以致使其效果大大减弱，甚至起反作用，所以，在实施直接管制以调节国际收支不平衡时，各国一般都比较谨慎。

6. 国际借贷

国际借贷就是通过国际金融市场、国际金融机构和政府间贷款的方式，弥补国际收支不平衡。国际收支逆差严重而又发生支付危机的国家，常常采取国际借贷的方式暂缓国际收支危机。但在这种情况下的借贷条件一般比较苛刻，这又势必增加将来还本付息的负担，使国际收支状况恶化，因此运用国际借贷方法调节国际收支不平衡仅仅是一种权宜之计。

7. 国际经济、金融合作

当国际收支不平衡时，各国根据本国的利益采取的调节政策和管制政策措施，有可能引起国家之间的利益冲突和矛盾。因此，除了实施上述调节措施以外，有关国家还试图通过加强国际经济、金融合作的方式，从根本上解决国际收支不平衡的问题。其主要形式有：

（1）国际间债务清算自由化。第二次世界大战后成立的国际货币基金组织（IMF）和欧洲支付同盟（European Payment Union，EPU）的主要任务是促使各国放松外汇管制，使国际间的债权债务关系在这些组织内顺利地得到清算，从而达到国际收支平衡。

（2）国际贸易自由化。为了调节国际收支，必须使商品在国际间自由流动，排除任何人为的阻碍，使国际贸易得以顺利进行，为此或订立国际间的一些协定，或推行经济一体化，如欧洲共同市场（European Common Market）、拉丁美洲自由贸易区（Latin American Free Trade Association）、石油输出国组织（Organization of Petroleum Exporting Countries，OPEC）等等。

（3）协调经济关系。随着20世纪80年代全球性国际收支不平衡的加剧，西方主要工业国日益感到开展国际磋商对话、协调彼此经济政策以减少摩擦，共同调节国际收支不平衡的必要性和重要性。如自1985年起一年一次的西方七国财长会议，就是协调各国经济政策的途径之一，通过西方七国财长会议的协调，近几年来，在纠正全球性国际收支不平衡方面已取得了一些积极成果。

（四）选择国际收支调节方式的一般原则

国际收支不平衡的调节方式有很多，但是每一种调节方式都有自己的特点，对国际收支不平衡调节的侧重点也不同，因此在具体调节一国国际收支不平衡时选择适当调节措施是非常重要的，一般来说应遵循三个原则：

1. 按照国际收支不平衡产生的原因来选择调节方式

国际收支不平衡产生的原因是多方面的，根据其产生原因的不同选择适当的调节方式可以有的放矢、事半功倍。例如，一国国际收支不平衡是经济周期波动所致，说明这种不平衡是短期的，因而可以用本国的国际储备或通过从国外获得短期贷款来弥补，以达到平衡的目的，但这种方式用于持续性巨额逆差的调整不能收到预期效果。如果国际收支不平衡是由于货币性因素引起的，则可采取汇率调整方法。如果国际收支不平衡是因为总需求大于总供给而出现的收入性不平衡时，则可实行调节国内支出的措施，如实行财政金融的紧缩性政策。如果发生结构性的不平衡，则可采取直接管制和经济结构调整方式来调节。

2. 选择国际收支调节方式应尽量不与国内经济发生冲突

国际收支是一国宏观经济的有机组成部分，调整国际收支势必对国内经济产生直接影响。一般来说，要达到内外均衡是很困难的，往往调节国际收支的措施对国内经济会产生不利影响，而谋求国内均衡的政策又会导致国际收支不平衡。因此，必须按其轻重缓急，在不同的时期和经济发展的不同阶段分别作出抉择。当然最一般的原则是尽量采用国内平衡与国际收支平衡相配合的政策。

3. 选择调节国际收支的方式应尽可能减少来自他国的阻力

在选择调节国际收支的方式时，各国都以自身的利益为出发点，各国利益的不同必然使调节国际收支的对策对不同国家产生不同的影响，有利于一国的调节国际收支的措施往往有害于其他国家，从而导致这些国家采取一些报复措施，其后果不仅影响了国际收支调节的效果，而且还不利于国际经济关系的发展，因此，在选择调节国际收支的方式时，应尽量避免损人过甚的措施，最大限度地减轻来自他国的阻力。

任务四　国际收支理论

一、重商主义（学派）的理论

重商主义是在西方封建社会的晚期和资本主义的初期，为适应资本原始积累的需要而产生的一种代表商业资产阶级利益的经济学说。

重商主义认为金银或货币是财富的唯一形态，一切经济活动的目的就是获得金银。在他们看来，除了开采金银矿藏之外，只有对外贸易才是货币财富的真正源泉。因为国内商业虽然有益处，只不过是使一部分人获利而另一部分人亏损，并不能增加国内的货币量。而只有对外贸易才能使一国的金银增多，国家才能富裕。重商主义由此得出结论：国家为了致富，必须发展对外贸易，而在对外贸易中，又必须遵守多卖少买、多收入少支出的原则，以求得对外贸易的顺差。贸易顺差这个名词是重商主义提出来的。为了达到这个目的，国家必须积极干预经济生活。在如何保持贸易顺差、增加货币的问题上，重商主义的观点是不同的。因而就有早期重商主义和晚期重商主义之分。

早期重商主义为扩大货币存量，将多卖少买这一公式绝对化，尤其强调少买或不买。他们认为，一切购买都会使货币减少，一切销售都会使货币增加，尽量少买或不买，就可以少花钱而将货币积累起来，使国家致富。反之，货币就会离手，财富就会流出，国家趋于贫困。因此，他们主张采取行政手段，吸收和保存国内的金银，同时禁止货币输出。当时许多国家，如英国、西班牙和葡萄牙等，就根据早期重商主义学派的主张，颁布了各种法令，甚至规定严厉的刑法，禁止货币输出国外。其同时规定，外国商人必须将出售所得货币，全部用于购买当地商品。早期重商主义的学说被称为货币差额论。

如果说早期重商主义是以守财奴的眼光看待货币，晚期重商主义则是用资本家的眼光来看货币。他们懂得货币搁置不用是不会产生货币的，必须使货币运动，将货币投入流通，才能取得更多的货币。因此他们主张，国家不应禁止货币输出，而应允许将货币输出国外以便扩大对国外商品的购买。但他们要求在对外贸易中，必须保持贸易顺差的原则，其目的是最终使更多的货币流向本国。重商学派的代表人物托马斯·孟曾用播种来比喻货币增殖，他说，农夫在播种的时候，把许多好谷粒抛在地上，假如只以此时的农夫行为来判断，我们会说他是一个疯子。但到了秋天，我们会看到他所得到的报酬是很丰富的。因此，晚期重商主义学说也被称为贸易差额论。为鼓励输出，实现出超，晚期重商主义者主张国家必须实行保护关税的政策。例如输出商品时，国家全部或部分退还资本家原先缴纳的税款，当进口商品经过本国加工后重新输出时，国家则退还这些商品在输入时所交付的关税。另外重商主义主张发展制造业，因为工业品的出口价格远远大于原料。

二、休谟的国际收支调节理论

大卫·休谟是英国哲学家、历史学家和经济学家，他也是英国古典经济学的主要代表人物之一。他把货币数量学说应用到国际收支的分析，提出了著名的"价格—现金流动机制"。他认为，只要世界各国相互保持贸易关系，则一国对外贸易差额将自动调节。它以英国为例来说明这种国际价格机制的自动调节作用。假设英国的货币一夜之间消失了五分之四，那么一切商品的价格将会相应下降。在这样的价格条件下，还有哪个国家能在国际市场上与英国竞争，或以与英国同样的价格从事海运和出售工业品呢？于是用不了多长时间，英国就会弥补他所损失的货币量并赶上邻国的水平。一旦达到这个目的，英国就会立即丧失其廉价商品和廉价劳动的有利条件，外国货币也就不再流入英国。相反，如果英国的货币在一夜之间增加1倍，则劳动和商品的价格将相应提高，这样哪个国家能买得起英国货物呢？英国无法阻止外国商品进口，无法限制本国货币外流，直到英国的货币量下降到与邻国相等为止。

在休谟时代，国际收支顺差和黄金流入引起货币供应量增加是不成问题的。因为在那个时代，货币、黄金和储备基本上是同一回事，也就是说，国际收支直接表现为货币储备量的变动。至于休谟关于货币供应量增大最终会使物价上升的论点是以货币数量说为基础的。但休谟的这种从货币量变动到国内物价变动再到贸易差额变动的推理，需要有一个基本的既定条件，这就是进出口弹性条件。休谟没有就此进行深入的分析，这个问题留待了后来的马歇尔、勒纳及罗宾逊夫人来解决。

三、弹性论

弹性论是运用新古典学派的创始人——马歇尔的弹性理论，用以分析汇率变动在国际收支中的调节作用。该理论的前提条件是：其他一切条件不变（收入不变、偏好

29

不变、其他商品价格不变），只考虑汇率变化对进出口商品的影响；贸易商品的供给弹性无限大；没有资本移动，国际收支等于贸易收支；贬值前贸易收支处于平衡状态。

在这些假设条件下，弹性论认为，汇率变动引起进出口商品价格的变动，价格的变动引起进出口数量的变动，从而导致国际收支的变化。如一国国际收支出现逆差，该国可采取货币贬值的办法扩大出口额、减少进口额，但贬值的效果取决于一国进出口商品的需求弹性。

所谓需求弹性是指需求量对价格的反应程度。各种商品在商品价格变动后，需求量的变化是不一样的。需求量的变动幅度小于价格的变动幅度，称为需求弹性小于1，反之则称为需求弹性大于1，需求量的变动幅度如等于价格变动的幅度，则为需求弹性等于1。在汇率发生变动后，如进出口商品的需求弹性不同，对贸易收支的影响也不同。

假设以 Dx 代表出口商品的需求弹性，Dm 代表进口商品的需求弹性，货币贬值后可能出现三种情况：

（1）｜$Dx+Dm$｜>1，即出口商品的需求弹性和进口商品的需求弹性之和大于1，在这种情况下，外汇收入的增加量和外汇支出的减少量之和大于由于出口价格下跌而减少的外汇收入量和由于进口价格上涨而增加的外汇支出量之和，贬值可以改善贸易收支。

（2）｜$Dx+Dm$｜<1，即出口商品的需求弹性和进口商品的需求弹性之和小于1，在这种情况下，外汇收入的增加量和外汇支出的减少量之和小于由于出口价格下跌而减少的外汇收入量和由于进口价格上涨而增加的外汇支出量之和，贬值反而恶化贸易收支。

（3）｜$Dx+Dm$｜<1，即出口商品的需求弹性和进口商品的需求弹性之和等于1，在这种情况下，外汇收入的增加量和外汇支出的减少量之和等于由于出口价格下跌而减少的外汇收入量和由于进口价格上涨而增加的外汇支出量之和，贬值对贸易收支没有影响。

由此可见，汇率调整改善贸易收支是有条件的，是受进出口商品需求弹性的制约的。只有当｜$Dx+Dm$｜>1时，国际收支失衡现象才会在汇率调整后得到纠正，因此该条件被称为外汇市场稳定条件，也称"马歇尔—勒纳条件"。

弹性论在国际收支理论中具有一定的实际意义和参考价值。但该理论是一种局部均衡，它以一切条件不变为前提，只考虑汇率变动对进出口贸易的影响，忽略了其他因素，故有一定的局限性。

四、吸收论

吸收论是米德和亚历山大在第二次世界大战后初期提出来的。它以凯恩斯宏观经济理论为基础，分析开放经济条件下，国民收入各变量和总量对国际收支的影响。该理论认为，由于国内商品和劳务的消费大于生产，因此必须输入国外的商品和劳务加以弥补，故出现国际收支逆差。

凯恩斯的国民收入均衡公式是：

国民收入＝消费+投资

总收入＝总支出

但凯恩斯是以封闭经济作为考察对象，如果把对外贸易包括在内，则国民收入的均衡公式为：

$$Y=C+I+G（X-M）\tag{1-1}$$

移项：

$$X-M=Y-（C+I+G）\tag{1-2}$$

亚历山大将 $X-M$ 用 B 表示，$C+I+G$ 用 A 表示，则：

$$B=Y-A\tag{1-3}$$

其中，B 为国际收支差额，Y 为国民收入，A 为总支出或总吸收。

该公式表明国民收入减去国内总支出等于国际收支差额。国际收支顺差意味着总收入大于总吸收，逆差意味着总收入小于总支出。所以一国国际收支最终要通过改变收入或吸收来调节，或增加收入或减少支出。因此吸收论的政策主张是：增加产量 Y 或减少支出 A。约翰逊分别称之为支出转向政策和支出减少政策。

支出转向（转换）政策具体分为两种：一是货币贬值，二是贸易控制（包括关税、补贴和数量限制等）。贬值的目的是通过相对价格的变动把国内支出转向国内产品，贸易控制一般针对进口，目的是把国内支出从进口转向国内产品。有时也用于刺激出口，目的是把外国支出转向本国产品。

而支出减少政策通常采用的是货币限制、预算限制甚至直接控制等方式，这些政策往往会减少收入和就业。如果一国不仅有国际收支逆差，而且还有通货膨胀的压力，那么这些政策就有额外的吸引力。但是一国如果处于通货膨胀状态，这一政策就有相应的缺点。

吸收论把国际收支的调节同国内经济联系起来，说明通过国内经济的调整，可以起到调节国际收支的作用。但是，该理论仅把进出口贸易作为研究对象，在国际资本流动因素日趋重要的今天，这种理论在国际收支分析中就显得有一定的局限性。

五、货币论

弹性论和吸收论都强调商品市场流量均衡在国际收支调整中的作用，而货币论则强调货币市场存量均衡的作用。货币论的历史渊源是大卫·休谟的价格—现金流动机制。其揭示了金本位制下国际收支通过货币供求的存量失衡，引起货币量和物价水平的调整而自动均衡的机制。20 世纪 60 年代后期，蒙代尔、约翰逊和弗兰克尔等人将封闭条件下的货币主义原理引申到开放经济中来，从而发展了国际收支货币论。

货币论认为，国际储备的变动是货币市场均衡的结果。货币需求是收入和利率的函数。

$$M_d=f（Y，r）\tag{1-4}$$

一国货币的供给分成两部分：①国内创造部分（D），这是通过银行体系所创造的信用。②国外部分（R），这是经国际收支所获得的盈余，即国际储备。

$$M_s=D+R\tag{1-5}$$

假定在长期中，货币需求等于货币供给，即

$$M_d=M_s\tag{1-6}$$

由此可以导出最基本的方程式：

$$R=M_d-D\tag{1-7}$$

该式表明，国际收支差额，无论是顺差还是逆差，不过是货币需求与国内货币供应量之间的差额。如果 $M_d > D$，即货币需求大于国内的货币供给，则 $R > 0$，国际收支会出现顺差。这是因为，在 $M_d > D$ 的条件下，货币需求在国内得不到满足的部分会通过对外借款或增加出口、减少进口等渠道得到调整。如果 $M_d < D$，则 $R < 0$，国际收支出现逆差。因为此时国内多余的货币会通过对外投资或增加进口、减少出口加以调整。如果 $M_d = D$，则 $R = 0$，国际收支平衡。

该理论的政策主张是：①所有国际收支不平衡都可以由国内货币政策来解决，而不需要改变汇率。②一国国际收支赤字的根源在于国内信贷扩张过大，因此应实行紧缩货币政策，使货币增长与经济增长保持一致的速度。③在货币供给不变的情况下，收入增长和价格上升通过提高货币需求，将会带来国际收支盈余，而利率上升则将通过降低货币需求，导致国际收支逆差。

货币论的独创之处是它将国际收支失衡与货币余额的增减联系起来，并强调了货币政策的重要性。但货币论把货币因素列为国际收支的唯一决定性因素，而忽略了其他实物性因素对国际收支的影响，显然是不全面的。

应知考核

■ **主要概念**

国际收支 国际借贷 国际收支平衡表 经常项目 经常项目差额 贸易收支差额 资本和金融项目差额 国际收支不平衡 周期性不平衡 货币性不平衡 结构性不平衡 收入性不平衡 临时性不平衡 马歇尔—勒纳条件 外汇缓冲政策 自主性交易 补偿性交易

■ **基础训练**

一、单选题

1. 国际收支平衡表按照（　　）原理进行统计记录。

    A. 单式记账 　　　　　　　　　　B. 复式记账

    C. 增减记账 　　　　　　　　　　D. 收付记账

2. 国际收支平衡表中的金融账户包括一国的（　　）。

    A. 投资捐赠 　　　　　　　　　　B. 专利买卖

    C. 对外借贷的收支 　　　　　　　D. 对外投资的收支

3. 下列四项中，（　　）不属于经常项目。

    A. 旅游收支 　　　　　　　　　　B. 侨民汇款

    C. 通讯运输 　　　　　　　　　　D. 直接投资

4. 一国国际收支失衡是指（　　）收支失衡。

    A. 自主性交易 　　　　　　　　　B. 补偿性交易

    C. 事前交易 　　　　　　　　　　D. 事后交易

5. 一国国际收支失衡调节的利率机制是通过影响（　　）来发挥其作用的。

    A. 货币供应量 　　　　　　　　　B. 国民收入

    C. 利率 　　　　　　　　　　　　D. 相对价格水平

6. 价格—现金流动机制是（ ）货币制度下的国际收支的自动调节理论。

    A. 金币本位制   B. 金汇兑本位制

    C. 金块本位制   D. 纸币本位制

7. 一国货币升值对其进出口产生的影响是（ ）。

    A. 出口增加，进口减少   B. 出口减少，进口增加

    C. 出口增加，进口增加   D. 出口减少，进口减少

8. 一国货币贬值对其进出口产生的影响是（ ）。

    A. 出口增加，进口减少   B. 出口减少，进口增加

    C. 出口增加，进口增加   D. 出口减少，进口减少

9. 马歇尔—勒纳的条件是指（ ）。

    A. 一国进出口需求弹性的绝对值之和大于1

    B. 一国进出口需求弹性的绝对值之和等于1

    C. 一国进出口需求弹性的绝对值之和小于1

    D. 一国进出口供求弹性的绝对值之和大于1

10. 下列交易中，（ ）应记入本国国际收支平衡表。

    A. 本国某企业到国外设立分公司

    B. 本国某银行购买外国国库券后因货币贬值而发生损失

    C. 某外国居民来本国长期工作获得的工资收入

    D. 本国在外国投资建厂，该厂产品在当地市场的销售收入

二、多选题

1. 国际收支统计所指的"居民"是指在一国经济领土上具有经济利益，且居住期限在一年以上的法人和自然人，它包括（ ）。

    A. 该国政府及其职能部门   B. 外国设在该国的企业

    C. 外国政府驻该国大使馆   D. 外国到该国留学人员

2. 国际收支记录的经济交易包括（ ）。

    A. 海外投资利润转移   B. 政府间军事援助

    C. 商品贸易收支   D. 他国爱心捐赠

3. 国际收支经常项目包含的经济交易有（ ）。

    A. 商品贸易   B. 证券投资

    C. 投资收益收支   D. 政府单方面转移收支

4. 国际收支金融账户包含的经济交易有（ ）。

    A. 海外直接投资   B. 国际证券投资

    C. 资本转移   D. 非生产非金融资产购买与放弃

5. 根据国际收入平衡表的记账原则，属于贷方项目的是（ ）。

    A. 进口货物   B. 居民向非居民提供服务

    C. 非居民从本国取得收入   D. 非居民偿还居民债务

三、简答题

1. 简述国际收支的概念，如何理解国际收支的特征？

2. 简述国际收支平衡表的主要内容。

3. 简述国际收支平衡表的分析方法。

4. 简述国际收支不平衡对经济的影响。

5. 简述国际收支不平衡的原因有哪些？如何对国际收支不平衡进行调节？

应会考核

技能案例

【案例背景】

2014 年一季度，我国经常项目顺差 442 亿元人民币，其中，按照国际收支统计口径计算（下同），货物贸易顺差 2 471 亿元人民币，服务贸易逆差 2 009 亿元人民币，收益顺差 211 亿元人民币，经常转移逆差 232 亿元人民币。资本和金融项目（含净误差与遗漏，下同）顺差 7 235 亿元人民币，其中，直接投资净流入 3 130 亿元人民币。国际储备资产增加 7 677 亿元人民币，其中，外汇储备资产（不含汇率、价格等非交易价值变动影响，下同）增加 7 698 亿元人民币，特别提款权及在基金组织的储备头寸减少 21 亿元人民币。

按美元计价，2014 年一季度，我国经常项目顺差 72 亿美元，其中，货物贸易顺差 404 亿美元，服务贸易逆差 328 亿美元，收益顺差 35 亿美元，经常转移逆差 38 亿美元。资本和金融项目顺差 1 183 亿美元，其中，直接投资净流入 512 亿美元。国际储备资产增加 1 255 亿美元，其中，外汇储备资产增加 1 258 亿美元，特别提款权及在基金组织的储备头寸减少 3 亿美元。

资料来源：http://www.jjckb.cn/2014-04/25/content_502135.htm.

【技能思考】

1. 顺差是否属于国际收支失衡？

2. 顺差越多越有利于一国国内经济的稳定与发展，这一说法对吗？为什么？

实践训练

【实训项目】

编制国际收支平衡表

【实训情境设计】

某国 2013 年对外经济活动的资料如下：

（1）A 国从该国进口 180 万美元的纺织品。该国将此笔货款存入美联储银行；

（2）该国从 B 国购入价值 3 600 万美元的机器设备，由该国驻 B 国的银行机构以美元支票付款；

（3）该国向 C 国提供 8 万美元的工业品援助；

（4）该国动用外汇储备 60 万美元，分别从 A 国和 D 国进口小麦；

（5）E 国保险公司承保（2）、（4）项商品，该国支付保险费 2.5 万美元；

（6）该国租用 F 国的船只运送（2）、（4）两项商品，运费 12 万美元，付款方式同（2）；

(7) 外国游客在该国旅游，收入为 15 万美元；

(8) 该国在海外的侨胞汇回本国 25 万美元；

(9) 该国对外承包建筑工程 30 万美元，分别存入所在国银行；

(10) 外国在该国直接投资 1 500 万美元；

(11) 该国向 G 国出口 25 万美元商品，以清偿对 G 国银行的贷款；

(12) 该国在国外发行价值 100 万美元的 10 年期债券，该笔款项存入国外银行；

(13) 该国向国际货币基金组织借入短期资金 30 万美元，以增加外汇储备；

(14) 据年底核查，该国外汇储备实际增加了 75 万美元。

【实训任务】

针对上述几笔国际经济交易，作出会计分录，编制国际收支平衡表，并分析平衡关系，解释该年的国际收支状况。通过实训使学生能够运用所学知识和理论，结合我国的实际情况对国际收支的状况进行分析。

（一）编制草表

国际收支平衡表（草表）   单位：万美元

借方		贷方	
贸易进口		贸易出口	
非贸易输入		非贸易输出	
无偿转移支出		无偿转移收入	
资本项目		资本项目	
金融项目		金融项目	
储备资产的增加		储备资产的减少	
误差与遗漏		误差与遗漏	
合计		合计	

（二）编制国际收支平衡表

	借方	贷方	差额
一、经常项目收支合计			
（1）贸易收支			
（2）非贸易收支			
（3）无偿转移收支			
二、资本与金融项目合计			
（1）资本项目			
（2）金融项目			
三、误差与遗漏			
四、储备资产的增加			

项目二
外汇与汇率

■知识目标

理解：狭义外汇的概念和特征、汇率的概念；

熟知：外汇和汇率的种类、汇率的标价方法、汇率决定理论；

掌握：影响汇率变动的因素、汇率变动对经济的影响。

■技能目标

学生能够运用所学的知识按照不同的汇率标价方法对外汇汇率进行换算。

■情感目标

学生能够按照所学的基本理论来分析一国汇率变动的主要影响因素以及汇率变动对经济的影响。

■教学目标

教师要培养学生认知当前国际金融行情，分析研究当前人民币的走势，预测人民币的可自由兑换情况。

【项目引例】

人民币即期汇率强劲反弹

2014年5月在周二、周三（5月27、28日）连续两个交易日显著走贬之后，周四（5月29日）人民币兑美元（6.254 5，0.000 0，0.00%）即期汇价在中间价再创阶段新低的背景下，一举扭转跌势，出现单日157个基点的强劲反弹。

中国外汇交易中心公布，2014年5月29日银行间外汇市场上人民币兑美元汇率中间价报6.170 5，较28日小跌11个基点，再创2013年9月9日以来的逾八个月新低。

而当日即期市场上，人民币兑美元即期汇价低开高走，一举扭转了前两个交易日的急速下跌势头。人民币即期汇价早盘曾低开48个基点于6.260 4，但随即在美元的逐波卖压下大幅反弹，尾盘收于6.239 9，全天下跌157个基点或0.25%。

分析人士表示，近期美元指数（80.330 0，−0.010 0，−0.01%）阶段性反弹，叠加年中企业分红购汇冲击，使得人民币汇率一度走软，但考虑到宏观基本面等人民币汇率主要影响因素并未发生显著变化，后市人民币汇率有望重新回到区间震荡的运行格局。

资料来源：http://finance.china.com.cn/money/forex/whzx/20140530/2437057.shtml.

什么是外汇？如何进行报价？汇率变动受哪些因素的影响？汇率变动对经济的影响有哪些？

【知识支撑】

任务一 外汇

一、外汇的概念

（一）动态的外汇

在国际金融领域，"外汇"是一个最基本的概念，它已成为各国从事国际经济活动不可缺少的媒介。"外汇"是"国际汇兑"（Foreign Exchange）的简称，"汇"指资金转移，"兑"指货币兑换。国际经济交易和国际支付，必然会产生国际债权债务关系，由于各国货币制度的不同，所以国际债权债务的清偿需要用本国货币与外国货币兑换。这种兑换由银行来办理，往往不必用现金支付，而是由银行之间通过不同国家货币的买卖来进行结算，银行的这种国际清偿业务就叫国际汇兑。很显然，这是一个动态的概念，是指一种汇兑行为，就是把一个国家的货币兑换成另一个国家的货币，然后以汇付或托收方式，借助于各种信用流通工具对国际间债权债务关系进行非现金结算的专门性经营活动。比如我国某进出口公司从美国进口一批机器设备，双方约定用美元支付，而我方公司只有人民币存款，为了解决支付问题，该公司用人民币向中国银行购买相应金额的美元汇票，寄给美国出口商，美国出口商收到汇票后，即可向当地银行兑取美元。这样一个过程就是国际汇兑，也就是外汇最原始的概念。

（二）静态的外汇

随着世界经济的发展，国际经济活动日益活跃，国际汇兑业务也越来越广泛，"国际汇兑"由一个过程的概念演变为国际汇兑过程中国际支付手段这样一个静态概念，从而形成了目前外汇的一般静态定义：即外币或用外币表示的用于国际结算的支付凭证。在这个一般定义的基础上，各国政府、各个国际组织由于具体情况的差异，出自不同使用者不同的需要，对外汇的概括又略有不同。静态的外汇概念又有广义和狭义之分。

广义的外汇是指国际货币基金组织和各国外汇管理法令中的外汇。国际货币基金组织（IMF）对外汇的解释是："外汇是货币行政当局（中央银行、货币机构、外汇平准基金及财政部）以银行存款、财政部库券、长短期政府债券等形式所持有的在国际收支逆差时可使用的债权。"从这个解释中，可看出国际货币基金组织特别强调外汇应具备平衡国际收支逆差的能力及中央政府持有性。我国政府根据我国国情，对外汇也有特殊的规定，2008年8月1日实施的新修订的《中华人民共和国外汇管理条例》中第三条明确规定，我国的外汇是指下列以外币表示的可以用作国际清偿的支付手段和资产：①外国货币，包括纸币、铸币；②外币支付凭证，包括票据、银行存款凭证、邮政储蓄凭证等；③外币有价证券，包括政府债券、公司债券、股票等；④特别提款权、欧洲货币单位（即欧元）；⑤其他外币资产，其中"其他外汇资金"主要是指各种外币投资收益，比如股息、利息、债息、红利等。

　　狭义的外汇是我们通常所说的外汇，它是指以外币表示的用于国际结算的支付手段，狭义的外汇一般应具备三个基本特征：

　　（1）以外币表示的国外资产

　　用本国货币表示的信用工具和有价证券不能视为外汇。美元为国际支付中常用的货币，但对美国人来说，凡是用美元对外进行的收付都不算是动用了外汇。而只有对美国以外的人来说，美元才算是外汇。

　　（2）可以兑换成其他支付手段的外币资产

　　外国货币不一定是外汇。因为外汇必须具备可兑换性，一般来说，只有能自由兑换成其他国家的货币，同时能不受限制地存入该国商业银行的普通账户才算作外汇。例如美元可以自由兑换成日元、英镑、欧元等其他货币，因而美元对其他国家的人来说是一种外汇；而我国 2013 年人民币首次超过瑞典克朗、港元，进入全球十大交易最频繁货币榜单，成为世界第九大交易货币，日均交易额占全球交易总量的 2.2%，我国的人民币国际化还停留在经常项目下的自由兑换，并没有实现资本项目下的自由兑换，人民币无法自由兑换，将会使中国贸易伙伴持有人民币的成本增加，他们无法通过在资本市场上交易人民币来获得利率收益，假如人民币贬值，也无法及时抛出。这就减少了人民币吸引国外投资和境外资本回流的能力，使人民币还不能成为真正意义上的国际货币，所以我国人民币尽管对其他国家来说也是一种外币，却不能称作是外汇。

　　（3）在国际上能得到偿还的货币债权

　　空头支票、拒付的汇票等均不能视为外汇。因为如果是这样，国际汇兑的过程也就无法进行，同时在多边结算制度下，在国际上得不到偿还的债权显然不能用作本国对第三国债务的清偿。

二、外汇的种类

　　（一）根据是否可自由兑换划分

　　1. 自由外汇

　　自由外汇是指无需货币发行国批准，可以随时动用、自由兑换为其他货币或可以向第三国办理支付的外汇。发达国家的货币一般都是自由外汇。可自由兑换的货币有美元、英镑、欧元、日元、瑞士法郎、加拿大元等。可自由兑换的货币有两个条件：一是该货币被广泛用于对国际交易进行支付；二是在主要外汇市场上普遍进行交易。

　　2. 有限自由兑换外汇

　　有限自由兑换外汇是指未经货币发行国批准，不能自由兑换成其他货币或对第三国进行支付的外汇。国际货币基金组织规定凡对国际性经常往来的付款和资金转移有一定限制的货币均属于有限自由兑换货币。目前我国人民币在经常项目下已经可以自由兑换，但在资本项目下还不能自由兑换。

　　3. 记账外汇

　　记账外汇又称协定外汇或清算外汇，是指未经货币发行国批准，不能自由兑换成其他货币或对第三国进行支付的外汇。它是经两国政府协商在双方银行各自开立专门账户记载使用的外汇，记账外汇只能用于贸易协定国双方之间的贸易收付结算，不能转给第三者使用。

（二）按外汇的来源或用途划分

1. 贸易外汇

贸易外汇是指通过出口商品而取得的外汇和用于进口商品的外汇。与进出口商品相关的保险费、运费、装卸费、储藏费等作为贸易从属外汇。

2. 非贸易外汇

非贸易外汇是指一切非来源于出口贸易和非用于进口商品的外汇，包括旅游外汇、劳务外汇、侨汇、资本流动性质的外汇。

（三）按外汇买卖交割期限划分

1. 即期外汇

即期外汇，又称现汇。是指外汇买卖成交后，在当日或在两个营业日内办理交割的外汇。所谓交割是指本币的所有者与外币所有者互相交换其本币的所有权和外币的所有权的行为，即外汇买卖中的实际支付。即期外汇是外汇市场上最常见、最普遍的一种形式。

2. 远期外汇

远期外汇，又称期汇。是指买卖双方不需即时交割，而仅仅签订一纸买卖合同，预定将来在某一时间（在两个营业日以后）进行交割的外汇。远期外汇通常是由国际贸易结算中的远期付款条件引起的。买卖远期外汇的目的，主要是为了避免或减少由于汇率变动所造成的风险损失。远期外汇的交割期限从1个月到1年不等，通常是3~6个月。

三、外汇的作用

外汇一方面是国际经济交往的必然产物，同时它又在国际贸易中起着媒介作用，推动着国际经贸关系的进一步发展，而且外汇在国际政治往来、科学文化交流等领域中也起着非常重要的纽带作用。

（一）外汇作为国际结算的计价手段和支付工具，转移国际间的购买力，使国与国之间的货币流通成为可能，方便了国际结算

国际间各种形式的经济交往形成了国际间的债权债务关系，国际间债权债务的清算需要一定的支付手段。以贵金属货币充当国际支付手段时，国际间经济交往要靠相互运送大量贵金属来进行，这给国际经济交往带来许多麻烦和不便，妨碍了国际经济交往的扩大和发展。以外汇作为国际支付手段和支付工具进行国际清偿，不仅节省了运送贵金属的费用，而且缩短了支付时间，大大方便了国际支付。

（二）外汇的出现促进了国际贸易的发展

以外汇清算国际上的债权、债务关系，不仅大大节约了输送现金的费用，可以避免风险，重要的是通过各种信用工具的运送，使国际贸易中进出口商之间的信用授受成为可能，因而促进了国际间商品交换的发展，具有安全、便利、节省费用和节省时间的特点，因此加速了国际贸易的发展进程，扩大了国际贸易范围。

（三）外汇能调节资金在国际间的流动，调节国际间资金供求的不平衡，加速世界经济一体化的进程

各种外汇票据在国际贸易中的运用，使国际间的资金融通范围扩大，同时随着各国开放度不断加强，剩余资本借助外汇实现了全球范围的流动，因此外汇加快了资本流动

的速度，扩大了资本流动的规模，促进了世界经济一体化进程的加快。同时，世界各国经济发展的不平衡，导致了资金余缺状况不同，存在着调节资金余缺的客观需要。一般而言，发达国家存在着资金过剩，而发展中国家则资金短缺，外汇可以加速资金在国际间流动，有助于国际投资和资本转移，使国际资本供求关系得到调节。

（四）外汇可以充当国际储备手段

一国需要一定的国际储备，以应付各种国际支付的需要。在黄金充当国际支付手段时期，各国的国际储备主要是黄金。随着黄金的非货币化，外汇作为国际支付手段，在国际结算中被广泛采用，因此外汇成为各国一项十分重要的储备资产。若一国存在国际收支逆差，就可以动用外汇储备来弥补；若一国的外汇储备多，则代表该国国际清偿能力强。外汇在国际支付中的重要作用，决定着它是重要的国际储备手段；外汇在充当国际储备手段时，不像黄金那样必须存放在金库中，成为一种不能带来收益的暂时闲置资产。它广泛地以银行存款和以安全性好、流动性强的有价证券为存在形式，给持有国带来收益。

四、国际标准化货币符号

为了能够准确而简易地表示各国货币的名称，便于开展国际贸易、金融业务和计算机数据通信，国际标准化组织规定了货币的标准代码。该标准代码为三字符货币代码，前两个字符代表该种货币所属的国家或地区，第三个字符代表货币单位。表2-1是常用国家和地区的货币名称符号代码表，为了便于识别和记忆，我们将代码表进行了简化。

表2-1　　　　　　　　常用国家和地区的货币名称符号代码表

国家或地区	货币名称	国际标准三字符货币代码	惯用缩写
China（中国）	Renminbi Yuan（人民币）	CNY	RMB ¥
Hong Kong（香港）	Hong Kong Dollar（港元）	HKD	HK $
Japan（日本）	Yen（日元）	JPY	JP¥
Korea（韩国）	Won（韩元）	KRW	W
Singapore（新加坡）	Singapore Dollar（新加坡元）	SGD	S $
Viet Nam（越南）	Dong（盾）	VND	D
Thailand（泰国）	Baht（泰铢）	THB	B
Malaysia（马来西亚）	Malaysia Ringgit（林吉特）	MYR	Mal$
European Union（欧盟）	Euro（欧元）	EUR	€
United Kingdom（英国）	Pound Sterling（英镑）	GBP	£
Switzerland（瑞士）	Swiss Franc（瑞士法郎）	CHF	SF
United States（美国）	US Dollar（美元）	USD	US$
Canada（加拿大）	Canadian Dollar（加拿大元）	CAD	Can$
Mexico（墨西哥）	Mexican Peso（墨西哥比索）	MXN	MEX

表2-1（续）

国家或地区	货币名称	国际标准三字符货币代码	惯用缩写
Australia（澳大利亚）	Australian Dollar（澳大利亚元）	AUD	A$
New Zealand（新西兰）	New Zealand Dollar（新西兰元）	NZD	NZ$

任务二　汇率

一、汇率的概念

汇率（Exchange Rate）是指一个国家的货币用另一个国家的货币所表示的价格，也就是用一个国家的货币兑换成另一个国家的货币时买进、卖出的价格，换句话说，汇率就是两种不同货币之间的交换比率或比价，故又称为"汇价""兑换率"。

外汇作为一种特殊的商品，可以在外汇市场上买卖，这就是外汇交易，进行交易的外汇必须有价格，因此汇率又被称为"汇价"。由于外汇市场上的供求经常变化，汇率也经常发生波动，因此，汇率又被称为"外汇行市"。在一些国家，本币兑换外币的汇率通常在银行挂牌对外公布，这时，汇率又被称为"外汇牌价"。

从汇率的定义可以看到，汇率是一个"价格"的概念，它跟一般商品的价格有许多类似之处，不过它是各国的特殊商品——货币的价格，因而这种"价格"也具有一些特殊之处。首先，汇率作为两国货币之间的交换比例，客观上使一国货币等于若干量的其他国家货币，从而使一国货币的价值（或所代表的价值）通过另一国货币表现出来。而在一国范围内，货币是没有价格的，因为价格无非是价值的货币表现，货币不能通过自身来表现自己的价值。其次，汇率作为一种特殊价格指标，通过对其他价格变量的作用而对一国经济社会具有特殊的影响力。作为货币的特殊价格，作为本国货币与外国货币之间价值联系的桥梁，汇率在本国物价和外国物价之间起着一种纽带作用，它首先会对国际贸易产生重要影响，同时也对本国的生产结构产生影响，因为汇率的高低会影响资源在出口部门和其他部门之间的分配。除此之外，汇率也会在货币领域引起反应。汇率这种既能影响经济社会的实体部门，同时又能影响货币部门的特殊影响力，是其他各种价格指标所不具备的。

二、汇率的标价方法

确定两种货币之间的比价，首先应确定用哪个国家的货币作为标准。由于确定的标准不同，产生了不同的标价方法。无论采用哪种标价方法，我们把数量固定不变的货币称为标准货币或基准货币，数量不断改变的货币称为报价货币或从价货币。

（一）直接标价法

直接标价法（Direct Quotation），又称为应付标价法（Giving Quotation），是以一定单位（1个，100个或10 000个外币单位）的外国货币为标准，折算成若干单位的本国货币来表示，即以本国货币表示外国货币的价格。当今世界上，绝大多数国家均使用直接标价法。

在直接标价法下，汇率具有以下两大特征：第一，标准货币是外币，报价货币是本币；第二，外汇汇率的升（贬）值与报价货币数额的多少呈同方向变化。外国货币的数额保持固定不变，本国货币的数额随着外国货币或本国货币币值的变化以及外币供求条件的变化而变动。如果一定单位的外国货币升值或本国货币贬值，则报价货币的数额增加；反之，如果一定单位的外国货币贬值或本国货币升值，则报价货币的数额减少。

（二）间接标价法

间接标价法（Indirect Quotation），又称为应收标价法（Receiving Quotation），是以一定单位的本国货币为标准，折算成若干单位的外国货币来表示，即以外国货币表示本国货币的价格。当今世界上，实行间接标价法的国家和地区较少，主要是英国、美国、欧元区、新西兰、加拿大、澳大利亚等少数国家和地区。

在间接标价法下，汇率具有以下两大特征：第一，标准货币是本币，报价货币是外币；第二，外汇汇率的升（贬）值与报价货币数额的多少呈反方向变化。本国货币的数额保持固定不变，外国货币的数额随着本国货币或外国货币币值的变化以及外汇供求条件的变化而变动。如果外国货币升值或本国货币贬值，则报价货币的数额减少；反之，如果外国货币贬值或本国货币升值，则报价货币的数额增加。

这里有两点需要注意：第一，我们在判断直接标价法和间接标价法时，一定要明确来源于哪一个外汇市场。例如，某日在纽约市场 1 美元＝1.654 5 瑞士法郎为间接标价法，对于同样的汇价，若在苏黎世市场则变为直接标价法，若在香港市场，则既不是直接标价法，也不是间接标价法。第二，对于同一外汇市场，直接标价法和间接标价法互为倒数。例如，某日在纽约市场 1 美元＝1.654 5 瑞士法郎为间接标价法，而 1 瑞士法郎＝1/1.654 5 美元，则为直接标价法。

（三）美元标价法和非美元标价法

美元标价法（US Dollar Quotation），是以一定单位的美元为标准，折算成若干单位的其他货币来表示。非美元标价法是以非美元货币为标准，折算成若干单位的美元来表示。在国际外汇市场上，除英镑、澳大利亚元、新西兰元、欧元、南非兰特等几种货币采用非美元标价法以外，其余大多数货币均采用美元标价法。这一惯例已被全世界的市场参与者所接受。

直接标价法和间接标价法都是针对本国货币和外国货币之间的关系而言的。相对于某个国家或某个外汇市场而言，本币以外其他各种货币之间的比价则无法用直接或间接标价法来表示。事实上，第二次世界大战以后，特别是欧洲货币市场兴起以来，国际金融市场之间外汇交易量迅速增长，为便于在国际上进行外汇业务交易，银行间的报价，一般都以美元为标准来表示各国货币的价格，至今已成习惯。世界各金融中心的国际银行所公布的外汇牌价，一般都是美元对其他主要货币的汇率。非美元货币之间的汇率则将各自对美元的汇率作为基础，进行套算。

【同步案例2-1】

2013 年 6 月 6 日，我国 A 公司按当时汇率 USD1＝EUR0.795 3 向德国 B 商人报出销售花生的美元价和欧元价任其选择，B 商人决定按美元计价成交，并与 A 公司签订了数量为 1 000 吨的合同，价值为 750 万美元。但到了同年 9 月 6 日，美元与欧元的汇率却变为 USD1=EUR0.801 2, 于是 B 商人提出改按 6 月 6 日所报欧元价计算并以增加 0.5% 的货价作为交换条件。你认为我国 A 公司能否同意 B 商人的要求？为什么？

分析提示：我国 A 公司不能同意。因为如果按照 2013 年 6 月 6 日的汇率 USD1＝EUR0.795 3，则 750 美元的货款等于 596.52 欧元，增加 0.5% 的货价后等于 599.50 万欧元，而如果按照 9 月 6 日的 USD1＝EUR0.801 2，则 750 万美元等于 600.90 万欧元，所以，仍然按照原合同号规定的支付方法比较有利。

（四）双向标价法

外汇市场上的报价一般为双向报价，即由报价方同时报出自己的买入价和卖出价，由客户自行决定买卖方向。买入价和卖出价的价差越小，对于投资者来说意味着成本越小。银行间交易的报价点差正常为 2~3 点，银行（或交易商）向客户的报价点差依各家情况差别较大，目前国外保证金交易的报价点差基本在 3~5 点，香港在 6~8 点，国内银行实盘交易在 10~50 点不等。

三、汇率的种类

外汇汇率的种类很多，有各种不同的划分方法，特别是在实际业务中，分类更加复杂，主要有以下几种分类：

（一）从汇率制定的角度，分为基本汇率和套算汇率

（1）基本汇率（Basic Rate）或基准汇率，是指一国货币对关键货币的比率。所谓关键货币（Key Money），是指在国际交往中使用最多、在外汇储备中所占比重最大，在国际上普遍接受的可自由兑换的货币。美元作为国际上主要的结算货币和储备货币，成为外汇市场的关键货币。因而，目前大多数国家都把本国货币与美元的汇率作为基本汇率。基本汇率是确定一国货币与其他国家货币汇率的基础。

（2）套算汇率（Cross Rate）又称为交叉汇率，是通过两种不同货币与关键货币的汇率间接地计算出两种不同货币之间的汇率。套算汇率的计算方法有两种，即"同项相乘法"和"交叉相除法"。"同项相乘法"适用于关键货币不同的套算汇率的计算，"交叉相除法"适用于关键货币相同的套算汇率的计算，我们将举例予以说明。

套算汇率的具体套算方法可分为三种情况，简述如下：

1. 两种汇率的中心货币相同时，采用交叉相除法

【实例 2-1】已知外汇市场的即期汇率为 GBP1 = USD 1.505 0/60，AUD1 = USD1.381 0/20，试求英镑兑澳元的套算汇率？

解：把汇率改成如下形式：GBP/USD = 1.505 0/60

$$AUD/USD = 1.381\ 0/20$$

进行运算，得到　　　$GBP/AUD = \dfrac{GBP}{USD} \div \dfrac{AUD}{USD}$

根据"交叉相除法"的原则进行计算，即小÷大＝小，大÷小＝大，得到

英镑的买入价为：1.505 0÷1.382 0=1.089 0

英镑的卖出价为：1.506 0÷1.381 0=1.090 5

即 GBP1 = AUD1.089 0/905

2. 两种汇率的中心货币不同时，采用同边相乘法

【实例 2-2】已知外汇市场的即期汇率为 GBP1 = USD1.433 3/38，USD1 =

HKD7.753 2/40，试求英镑兑港元的套算汇率？

解：把汇率改成如下形式：GBP/USD＝1.433 3/38

USD/HKD＝7.753 2/40

进行运算，得到 $$GBP/HKD = \frac{GBP}{USD} \times \frac{USD}{HKD}$$

根据"同项相乘法"的原则进行计算，即小×小＝小，大×大＝大，得到

英镑的买入价为：1.433 3×7.753 2＝11.112 7

英镑的卖出价为：1.433 8×7.754 0＝11.117 7

即 GBP1＝HKD11.112 7/77

3. 按中间汇率求套算汇率

【实例2-3】某日电讯行市：1 GBP＝1.770 1 USD，1 USD＝109.71 JPY

则英镑对日元的套算汇率为：1 GBP＝1.770 1×109.71 JPY＝194.197 6 JPY

（二）从银行买卖外汇的角度，分为买入汇率、卖出汇率、中间汇率、现钞汇率

（1）买入汇率（Buying Rate）又称为买入汇价或买价，是银行从同业或客户买入外汇时所使用的汇率。

（2）卖出汇率（Selling Rate）又称为卖出价或卖价，是银行向同业或客户卖出外汇时所使用的汇率。

买入汇率和卖出汇率都是从银行（报价银行）的角度出发的，外汇银行买卖外汇的目的是为了追求利润，因而，他们总是以低价买入某种货币，然后高价卖出，即外汇银行在经营外汇的过程中始终遵循贱买贵卖原则。买入汇率和卖出汇率二者之间的差额就是银行买卖外汇的收益。在直接标价法时，外币折合本币数额较少的那个汇率是买入汇率，外币折合本币数额较多的那个汇率是卖出汇率；在间接标价法时，本币折合外币数额较多的那个汇率是买入汇率，本币折合外币数额较少的那个汇率是卖出汇率；在既不是直接标价法，也不是间接标价法时，标准货币折合报价货币数额较少的那个汇率是标准货币买入汇率（报价货币卖出汇率），标准货币折合报价货币数额较多的那个汇率是标准货币卖出汇率（报价货币买入汇率）。

例如，在香港外汇市场上某银行给出的美元对港元的即期汇率为USD1＝HKD7.752 0/32，是直接标价法，则美元作为外汇，美元买入价为7.752 0，美元卖出价为7.753 2，每买卖1美元银行可获得0.001 2港元的收益；若在纽约外汇市场上某银行给出的美元对港元的即期汇率仍为USD1＝HKD7.752 0/32，则是间接标价法，港元作为外汇，港元买入价为7.753 2，港元卖出价为7.752 0，每买卖价值1美元的港元，银行可获得0.001 2港元的收益；若在伦敦外汇市场上某银行给出的美元对港元的即期汇率仍为USD1＝HKD7.752 0/32，则既不是直接标价法也不是间接标价法，美元和港元均为外汇，外汇银行根据贱买贵卖原则买卖外汇，银行若买入1美元，支付给客户7.752 0港元，银行若卖出1美元，收入7.753 2港元，因此，美元的买入价为7.752 0，美元的卖出价为7.753 2。由于银行买入美元而支付港元，也可以看作是银行卖出港元而买入美元，因此，在这里，美元的买入价，就是港元的卖出价。同样道理，美元的卖出价，就是港元的买入价。

按照汇率标价惯例，无论何种汇率的标价方法，总是数字较小的在前面，数字较大的在后面，为了方便记忆，我们总结出买入汇率和卖出汇率的判断方法为：直接标价法，"前买后卖"（即买入价在前，卖出价在后）；间接标价法，"前卖后买"（即卖

45

出价在前，买入价在后）；标准货币，"前买后卖"（即标准货币的买入价在前，卖出价在后）；报价货币，"前卖后买"（即报价货币的卖出价在前，买入价在后）。

（3）中间汇率（Middle Rate），也称中间价，是银行外汇的买入汇率与卖出汇率的平均数，即买入汇率加卖出汇率之和除以2。中间汇率不是外汇买卖的执行价格，常用于对汇率的分析。报刊、电视报道汇率时也常用中间汇率。

（4）现钞汇率（Bank Notes Rate）又称为现钞买入价，是指银行从客户那里购买外币现钞时所使用的汇率。现钞买入价一般低于现汇买入价，而现钞卖出价与现汇卖出价相同。前述的买入汇率、卖出汇率是指银行购买或出卖外币支付凭证的价格。银行在买入外币支付凭证后，通过划账，资金很快就存入外国银行，开始生息或可调拨使用。一般国家都规定，不允许外国货币在本国流通。银行收兑进来的外国现钞，除少量部分用来满足外国人回国或本国人出国的兑换需要外，余下部分积累到一定的数量后，必须运送到各外币现钞发行国去或存入其发行国银行及有关外国银行才能使用或获取利息，这样就产生了外币现钞的保管、运送、保险等费用及利息损失，银行要将这些费用及利息损失转嫁给出卖外币现钞的顾客，所以银行买入外币现钞的汇率要低于现汇买入汇率（见表2-2）。

表 2-2　　　　　　　　　　　　中国银行人民币外汇牌价

（交易单位：人民币/100 外币）

货币名称	现汇买入价	现钞买入价	现汇卖出价	现钞卖出价	中行折算价	发布日期	发布时间
澳大利亚元	581.32	563.38	585.4	585.4	577.1	2014-06-09	12：01：30
巴西里亚尔		266.64		291.64	277.5	2014-06-09	12：01：30
加拿大元	568.32	550.77	572.88	572.88	562.15	2014-06-09	12：01：30
瑞士法郎	695.26	673.79	700.84	700.84	697.64	2014-06-09	12：01：30
丹麦克朗	113.61	110.11	114.53	114.53	113.97	2014-06-09	12：01：30
欧元	847.81	821.63	854.61	854.61	838.99	2014-06-09	12：01：30
英镑	1 044.32	1 012.07	1 052.7	1 052.7	1 033.38	2014-06-09	12：01：30
港币	80.3	79.66	80.6	80.6	79.31	2014-06-09	12：01：30
印尼卢比		0.051 2		0.054 8	0.052 9	2014-06-09	12：01：30
日元	6.062	5.874 9	6.104 6	6.104 6	6.027 6	2014-06-09	12：01：30
韩国元		0.591 6		0.641 6	0.612 7	2014-06-09	12：01：30
澳门元	78.06	75.43	78.35	80.87	78.08	2014-06-09	12：01：30
林吉特	194.4		195.76		194.04	2014-06-09	12：01：30
挪威克朗	104.47	101.25	105.31	105.31	104.77	2014-06-09	12：01：30
新西兰元	529.16	512.83	532.88	536.06	525.81	2014-06-09	12：01：30
菲律宾比索	14.25	13.81	14.37	14.81	14.32	2014-06-09	12：01：30
卢布	18.02	17.51	18.16	18.76	18.09	2014-06-09	12：01：30
瑞典克朗	93.73	90.84	94.49	94.49	93.99	2014-06-09	12：01：30
新加坡元	496.67	481.33	500.65	500.65	498.68	2014-06-09	12：01：30
泰国铢	19.18	18.59	19.34	19.93	19.24	2014-06-09	12：01：30
新台币		20.09		21.53	20.79	2014-06-09	12：01：30
美元	622.53	617.54	625.03	625.03	614.85	2014-06-09	12：01：30

（三）按国际货币制度的演变，分为固定汇率和浮动汇率

固定汇率（Fixed Rate）是指一国货币同另一国货币的汇率保持基本固定，汇率的波动限制在一定幅度以内。固定汇率是在金本位制和布雷顿森林货币制度下各国货币汇率安排的主要形式。在金本位制下，货币的含金量是决定汇率的基础，黄金输送点是汇率波动的界限，在这种制度下，各国货币的汇率变动幅度很小，基本上是固定的，故称固定汇率；二战后到20世纪70年代初，在布雷顿森林货币制度下，因国际货币基金组织的成员国货币与美元挂钩，规定它的平价，外汇汇率的波动幅度也规定在一定的界限以内（上下1%），因而也是一种固定汇率。

浮动汇率（Floating Rate）指一个国家不规定本国货币的固定比价，也没有任何汇率波动幅度的上下限，而是听任汇率随外汇市场的供求关系自由波动，浮动汇率是自20世纪70年代初布雷顿森林货币制度崩溃以来各国汇率安排的主要形式，但是各国所实行的浮动汇率在具体内容上还是有区别的，进一步划分如下：

1. 按一国政府是否对外汇市场进行干预分为管理浮动和自由浮动两种

管理浮动（Managed Floating）是一国在实行浮动汇率的前提下，出于一定经济目的，或明或暗地干预甚至操纵外汇市场汇率变动的汇率安排方式，这种受干预的浮动汇率又称为"肮脏浮动"（Dirty Floating）；自由浮动（Free Floating）是一国政府对外汇市场不进行任何干预，完全由外汇市场的供求关系决定汇率变动的汇率安排方式，又称为"清洁浮动"（Clean Floating）。管理浮动汇率是目前浮动汇率的主要形式，几乎没有一个国家能真正实行自由浮动，即便是美国、日本、德国也会不时地对外汇市场进行干预。

2. 按一国货币价值是否与其他国家保持某种特殊联系分为单独浮动、联合浮动和钉住浮动三种

单独浮动（Independent Float）即本国货币价值不与他国货币发生固定联系，其汇率根据外汇市场的供求变化单独浮动，如美元、日元、瑞士法郎、加拿大元等均采用单独浮动。

联合浮动（Joint Float）又称蛇形浮动（The Snake System），它是指某些国家出于保护和发展本国经济的需要，组成某种形式的经济联合体，在联合体内各成员国之间订出固定汇率，规定上下波动界限，而对成员国以外其他国家的货币汇率则采取共同浮动的办法。1999年1月欧元启动前，欧洲经济共同体成员国的货币一直实行联合浮动。

钉住浮动（Pegged Float）指一国货币与另一国货币挂钩或与另几国货币所组成的"篮子货币"挂钩（即定出它们之间的固定汇率），然后随所挂钩的货币汇率的波动而波动。钉住浮动是在当前国际外汇市场动荡不定的情况下，发展中国家汇率安排的主要方式。

（四）按汇率是否适用于不同的来源与用途，分为单一汇率和多种汇率或复汇率

单一汇率（Single Rate）指一国货币对某种货币仅有一种汇率，各种收支都按这种汇率结算。

多种汇率（Multiple Rate）指一国货币对某一外国货币的比价因用途及交易种类的不同而规定有两种或两种以上的汇率，也叫复汇率。

一国实行多种汇率的主要目的是为了某些特殊的经济利益，比如鼓励出口、限制

资本流入等。这种汇率安排方式在发展中国家，尤其是在较落后的发展中国家还具有一定的普遍性，不过由于各国具体情况不同，采用的复汇率在性质上也有些差异。

（五）按外汇资金用途和性质分为贸易汇率和金融汇率并存的复汇率

贸易汇率（Commercial Rate）是指用于进出口贸易及其从属费用方面支付结算的汇率。金融汇率（Financial Rate）是指用于资本移动、旅游和其他非贸易收支方面支付结算的汇率。一般来说，一国在实行这种复汇率时，金融外汇汇率要比贸易外汇汇率高一些，这样，一方面可以达到鼓励出口、改善贸易收支的目的，另一方面也可以控制国际资本流动对本国国际收支和经济发展所带来的冲击。

（六）按各种汇率决定的不同方式实行官方汇率和市场汇率并存的复汇率

官方汇率（Official Rate）是指由国家机构（财政部、中央银行或外汇管理机构）规定的汇率。

市场汇率（Market Rate）是指在外汇自由市场上自发形成的汇率。实行官方汇率与市场汇率并存的国家主要是一些外汇管制相对较松，外汇市场又不是特别完善的国家。这些国家规定官方汇率或者只起中心汇率的作用，或者用于特定项目的支付结算，或者只是有行无市，同时也允许外汇自由买卖，因而存在着外汇买卖自由市场，这个市场决定了该国的另一个汇率，即市场汇率。市场汇率往往是该国货币的实际汇率。

（七）按外汇交易支付工具和付款时间，分为电汇汇率、信汇汇率和票汇汇率

电汇汇率（T/T Rate）是银行以电讯方式买卖外汇时所采用的汇率。由于电汇具有收付迅速安全、交易费用相对较高的特点，一方面，电汇汇率要比信汇汇率、票汇汇率高；另一方面，在当前信息社会，在国际业务中基本上以电汇业务支付结算，因而电汇汇率是基础汇率，其他汇率都是以电汇汇率为基础来计算，西方外汇市场上所显示的汇率，多为银行的电汇汇率。

信汇汇率（M/T Rate）是指以信函方式通知收付款时采用的汇率。信汇业务具有收付时间慢、安全性低、交易费用低的特点，因此一般来说，信汇汇率相对于电汇汇率要低一些。

票汇汇率（D/D Rate）是指兑换各种外汇汇票、支票和其他各种票据时所采用的汇率。票汇汇率根据票汇支付期限的不同，又可分为即期票汇汇率和远期票汇汇率。即期票汇汇率是银行买卖即期外汇的汇率，较电汇汇率低，大致同信汇汇率相当；远期票汇汇率是银行买卖远期票汇的汇率。由于远期票汇交付时间比较长，所以其汇率比即期票汇汇率还要低。

（八）按外汇交割期限不同，分为即期汇率和远期汇率

即期汇率（Spot Rate）指买卖双方成交后，于当时或两个工作日之内进行外汇交割时所采用的汇率；而远期汇率（Forward Rate）是指买卖双方成交后，在约定的日期办理交割时采用的汇率。

（九）按银行营业时间划分，分为开盘汇率和收盘汇率

开盘汇率（Opening Rate）又称开盘价，是外汇银行在一个营业日开始进行外汇买卖时使用的汇率。

收盘汇率（Closing Rate），又称收盘价，是外汇银行在一个营业日外汇交易终了时使用的汇率。

（十）按银行外汇业务往来的对象划分为同业汇率和商人汇率

同业汇率（Inter-bank Rate）是外汇银行与外汇银行同业之间买卖外汇的汇率。同业汇率的形成与变化由外汇市场供求关系决定，因此同业汇率就是外汇市场汇率。同业汇率以市场的银行电汇汇率为基础，买卖之间的差价很小。

商人汇率（Merchant Rate）是银行与商人即客户之间买卖外汇的汇率。商人汇率是根据同业汇率适当增大一些差价决定的，一般要高于银行同业汇率，因为银行要赚取一定的外汇买卖收益作为银行的经营收入。

任务三 影响汇率变动的因素

汇率是一个国家的特殊商品——货币的价格，其变动的基本特点与一般商品的价格变动一样，以两国货币之间的价值比率为基础，随着供求波动而相应升降，因此，认识汇率变动原因的关键在于把握影响供求关系背后的因素，这些因素通过影响外汇市场的供求关系来影响一国的货币汇率。

一、外汇市场供求关系决定汇价的过程

外汇市场决定汇率的过程是这样的：市场汇率是外汇需求等于供给时的均衡水平，当外汇的需求增加而供给不变时，外汇汇率上升；当外汇需求不变而供给增加时，外汇汇率下跌。

现在假定，外汇市场上只有一种外币美元。外汇的需求主要取决于进口商品和对外投资者对美元的需求。外汇的供给则取决于出口商和在本国投资的外国人对美元的供应。这种供求关系对汇率的影响过程可由图 2-1 来表示。

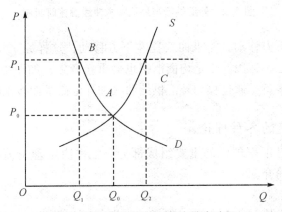

图 2-1 供求关系对汇率的影响过程

图中纵轴 P 表示在直接标价法下外汇（美元）的汇率，横轴 Q 表示一国所有国际经济交易的外汇收入总额和外汇支出总额，即外币美元的数量。曲线 S 是外汇美元的供给曲线，表示在外汇市场上，每一时期外汇持有人在各种可能的汇价上要用外汇购买本币的数量，外汇供给曲线斜率为正，反映了外汇汇率越高，本国商品的国际竞争力越强，外国资本在本国的竞争力也越强，从而在外汇市场上的外汇供应就越多；曲

线 D 是外汇美元的需求曲线，表示在外汇市场上，每一时期本币持有人在各种可能的汇价上要用本币购买外币的数量，外汇需求曲线斜率为负，反映了外汇汇率越高，外汇需求就越少。

现设均衡汇率为 P_0，均衡数量为 Q_0，均衡点为 A 点。若现在汇价偏离 P_0，而在 P_1 点，超过 P_0，于是外汇市场外汇需求量就下降为 Q_1，外汇供给量将增加到 Q_2，这样就形成外汇供过于求，于是就出现数量为（Q_2-Q_1）的顺差，但这只是暂时的现象，需求少，供给多，必然导致汇率下降，一直降到均衡点 A，汇价为 P_0 时，供给量和需求量相等，从而达到了市场均衡，同样当汇价偏离 P_0 而较低时，也会因市场的作用回到均衡水平。

假若在某个时期某个因素发生变化使得外汇供给曲线和外汇需求曲线发生了偏移（见图 2-2）：

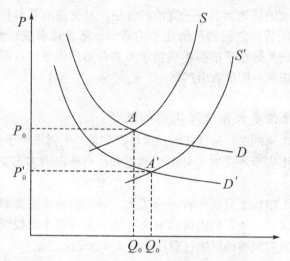

图 2-2　外汇供给与外汇需求曲线偏移解析图

供给曲线往右下方移动，需求曲线往左下方移动，这样原来均衡的汇率水平在新的外汇供求关系中已不适用，于是均衡汇率也会重新产生，如图中 $P_0{}'$。可见，在图中影响汇率变动的因素就是通过移动外汇供给曲线和外汇需求曲线来体现的。

二、汇率决定的各种理论

汇率决定理论是汇率理论的重要组成部分。汇率决定理论流派纷呈、日益复杂，此处择其主要进行简介。

（一）国际借贷说

在第一次世界大战前的金本位制度盛行时期，国际借贷说是阐述汇率变动原因的主要理论。国际借贷理论认为国际间的商品劳务进出口、资本输出入以及其他形式的国际收支活动会引起国际借贷的发生，国际借贷又引起外汇供求的变动，进而引起外汇汇率的变动，因而国际借贷关系是决定汇率变动的主要因素。国际借贷理论进而认为，国际借贷按流动性强弱可分为固定借贷与流动借贷，前者是尚未进入实际支付阶段的借贷，后者是已经进入支付阶段的借贷。只有流动借贷才对外汇供求进而对汇率产生影响。当流动债权（外汇应收）大于流动债务（外汇应付）时，外汇供大于求，外汇汇率下跌；当流动债权小于流动债务时，外汇供小于求，外汇汇率上升；只有当流动债权等于流动债务时，外汇供求也相等，外汇汇率保持稳定。这一理论中的国际借贷关系实际是指国际收支，因此国际借贷说又称国际收支说。

（二）购买力平价理论

购买力平价理论是第一次世界大战之后最有影响力的汇率决定理论之一。该理论的基本思想是：人们之所以需要其他国家的货币，是因为这些货币在其发行国具有购买商品和服务的能力，这样，两国货币的兑换比率就主要应该由两国货币的购买力之比决定。

购买力平价理论有绝对购买力平价和相对购买力平价两种形式。

绝对购买力平价理论以开放经济条件下的"一价定律"为基础。所谓"一价定律"，是指在不考虑交易成本的条件下，以同一货币衡量的不同国家的某种可贸易商品的价格应该是相同的。例如，一件衬衫在中国卖 140 元人民币，在美国卖 15 美元，如果当时人民币与美元的兑换比率是 1 美元 = 7 元人民币，则该商品在中国的价格高于在美国的价格，价格差的存在提供了套利的可能性，即贸易商可以在美国以 15 美元的价格买入衬衫，将之运到中国，以 140 元人民币的价格卖出，如果不考虑运费等交易成本，则其一件衬衫将赚 5 美元的差价。但这种持续的套利行为将产生对美元需求的增加，美元升值，人民币贬值，直至一价定律成立。将开放经济条件下的一价定律用公示表示，即为：

$$Ra = Pa \div Pb \tag{2-1}$$

其中，Ra 代表本国货币兑换外国货币的汇率，Pa 代表本国物价指数，Pb 代表外国物价指数。这便是绝对购买力平价理论，它表明当所有商品都满足一价定律，且在两国物价指数的编制中各种可贸易商品所占比重相等的情况下，两国货币在某一时点上的汇率水平取决于两国物价指数（即货币购买力，因为物价指数的倒数就是货币购买力）之比。

相对购买力平价理论则认为，交易成本的存在使一价定律并不能完全存在，同时在各国物价指数的编制中，不同国家所选取的样本商品及其所占的权重也不相同。在此情况下，该理论提出，一定时期两国汇率水平的变动是两国之间相对通货膨胀率决定的，通货膨胀率较高的国家货币应该贬值，反之则应该升值。

购买力平价理论提出后影响很大，也受到了很高的评价。应该说，该理论从货币的基本功能——充当交易媒介（对商品和劳务的购买力）角度出发研究了汇率的决定问题，抓住了汇率决定的主要方面，为纸币制度下的汇率决定提供了理论依据，为两国间长期均衡汇率的发展趋势提供了分析思路。

但是，购买力平价理论也存在局限性。首先，该理论将物价水平视为决定汇率的唯一重要因素，而在现实中，决定汇率的因素既多又复杂。其次，在不同国家，因生产效率、收入水平和消费偏好的差异而存在的不可贸易品的价格差异，不可能通过套利行为促使价格趋同，因而总会存在汇率与购买力平价的背离。即使是可贸易品交易，由于消费者偏好的存在及变动，当这些产品在不同国家生产时，并不总是可以完全相互替代，也不一定存在套利的机会。最后，由于各国之间存在诸多差异，难以在技术层面实现统计和计算口径的一致，购买力平价的精确计算较为困难，故影响了其可操作性。

（三）汇兑心理说

汇兑心理说强调人们的心理因素对汇率决定的影响，其理论基础是边际效用价值论。该理论的核心观点是：人们之所以需要外国货币，除了需要用外国货币购买商品外，还有满足债务支付、进行投资或投机、资本逃避等需求，正是这种需求使外国货币具有了价值。因此，外国货币的价值取决于人们对外国货币所作出的主观评价，而这种主观评价的高低又依托于使用外国货币的边际效用。由于每个经济主体使用外国货币会有不同的边际效应，他们对外币的主观评价也就不同，而不同的主观评价产生了外汇的供给与需求，供求双方通过市场达到均衡，均衡点就是外汇汇率。

（四）利率平价理论

利率平价理论侧重于分析利率与汇率的关系。该理论关注了金融市场参与者出于避险或盈利目的而进行的套利交易活动。所谓套利交易，是指套利者利用两国货币市场的利率差异，通过外汇买卖将资金从低利率国家转移投放至高利率国家，以赚取利差收益的交易行为。套利行为产生于市场的非均衡，但随着套利交易的持续进行以及市场供求机制的作用，汇率与利率的均衡关系或者说利率平价关系会得以重新恢复。该理论提出，套利性的短期资本流动会驱使高利率国家的货币在远期外汇市场上贴水，而低利率国家货币将在远期外汇市场上升水，并且升贴水率等于两国间的利率差。

利率平价理论是对汇率决定理论的重大发展，该理论对于分析远期汇率的决定以及即期汇率与远期汇率之间的关系具有重要价值，在当今金融全球化的背景下具有较强的适用性。由于该理论成立的重要前提是资本自由流动，且不考虑交易成本，但这种状态在现实中并不完全存在，因此，其结果并不完全应验。而且，该理论片面强调利差对汇率的决定作用，而忽视了汇率是对经济基本面因素的综合反映和预期。

（五）货币分析说

货币分析说是从货币数量的角度阐释汇率决定问题的。该理论假定国内外资产之间具有完全的可替代性，认为本国与外国之间实际国民收入水平、利率水平以及货币供给水平通过对各自物价水平的影响而决定了两国间的汇率水平。该理论提出，当本国货币供给相对于国外货币供给增长更多时，将导致本国价格水平等比例上升，进而在购买力平价机制的作用下，本国货币汇率将等比例下跌；当本国实际国民收入相对于国外实际国民收入增长更多时，将导致本国货币需求增加，在货币供给不变的情况下，国内价格水平下降，在购买力平价机制的作用下，本国货币汇率相应上升；当本国利率水平相对于国外利率水平提高更多时，会导致国内货币需求下降，价格上升，在购买力平价机制的作用下，本国货币汇率将下跌。

（六）资产组合平衡理论

较之其他汇率决定理论，资产组合平衡理论偏重于短期汇率决定的分析。该理论的核心思想是，一国的资产总量分布于本国货币、国内债券和国外债券之上，投资者会根据不同资产的收益率、风险及自身的风险偏好确定其最优的资产组合。在资产总量一定的情况下，均衡汇率就是投资者做出资产组合最佳选择时的汇率。一国货币供给量的变化、财政赤字增减导致国债发行规模的变化等因素都会导致原有的资产市场失衡，进而引起投资者调整其持有的国内外资产组合，引起资金在各国间的流动，影响外汇供求，汇率发生相应变动。汇率的变动又将使投资者重新评价并调整其所持资产，直至资产市场重新恢复均衡，此时的汇率即为新的均衡汇率。

资产组合平衡理论的贡献在于运用一般均衡分析综合考虑多种变量、多个市场影响汇率变化的因素，纠正了本国资产与外国资产完全可替代的理论假设，使理论更加贴近实际。

三、影响汇率变动的因素

由于影响汇率变动的因素是多方面的，各种因素相互联系、相互制约，甚至相互抵消，同一因素在不同时期、不同国家可能会起到不同的作用，因此汇率变动是一个极为错综复杂的问题。总体上说，一国的宏观经济状况和经济实力是决定该国货币汇率变动的基本因素。

（一）影响汇率变动的长期因素

1. 国际收支状况

国际收支状况是一国对外经济活动的综合反映，是影响汇率变动的直接因素，起主导作用。一国国际收支通过直接决定外汇的供求状况而影响着本国货币的汇率。一国国际收支顺差，意味着外汇的供给增加，则外汇汇率下跌，本币对外升值；反之，一国国际收支逆差，说明该国的外汇收入小于外汇支出，对外汇的需求大于外汇的供给，则外汇汇率上涨，本币对外贬值。

在国际间资本流动的规模不大时，国际收支的经常账户差额，尤其是贸易收支差额是影响汇率变动的最重要因素。然而，随着国际间资本流动的加速发展，国际收支的资本与金融账户对汇率的影响已经越来越重要，仅仅是贸易额的变动已不能决定汇率变动的基本走势。

2. 通货膨胀率的差异或相对通货膨胀率

一国出现通货膨胀是因为该国发行的货币超过了经济发展所需要的实际货币量，从而造成物价上涨，则货币所代表的商品价值量减少。在纸币流通制度下，货币之间的折算基础是各自内含的价值量，这就意味着汇率实质上就是两国货币所代表的价值量之比。如果一国发生通货膨胀，则其货币的对内价值量降低，货币购买力降低，其对外价值即汇率则必然也随之下降。因为汇率涉及两种货币的价值比较，所以必须考察两国的通货膨胀相对比率。一般来说，相对通货膨胀率高的国家货币汇率会下跌，则通货膨胀率低的国家货币会升值。如果两国发生了等幅的通货膨胀，则两者会相互抵消，两国货币的名义汇率可以不受影响。

通货膨胀对汇率的影响不是直接地、明显地表现出来的，要经过一段时间才能显现出来，一般会通过两个渠道。一是通过影响进出口贸易。当一国出现通货膨胀时，该国国内物价水平普遍上升。如果汇率不变，则出口商品价格上升，国际竞争力下降，该国的出口受到抑制。同时，由于外国商品价格显得相对便宜而使该国进口增加，因此该国的经常账户易出现逆差，从而导致本币汇率下跌。二是通过影响实际利率。一国发生通货膨胀，必然使该国实际利率（名义利率减去通货膨胀率）降低，用该国货币所表示的各种金融资产的实际收益下降，导致资本外流，资本和金融账户出现逆差，从而引起本币贬值。

3. 经济增长率差异

一国经济状况的好坏是影响汇率变动的根本原因。国内外经济增长率差异可以通过多个方面作用于汇率。就国际收支经常项目而言，一方面，一国经济增长率较高，意味着该国的收入相对增加，从而进口需求增加；另一方面，高的经济增长意味着劳动生产率的提高，本国产品的竞争能力增强，有利于出口。两方面的净影响要看两方面作用的力量对比。就资本和金融项目而言，一国经济增长率高，国内对资本的需求就比较大，国外投资者也愿意将资本投入到高速增长、前景看好的经济中去，于是资本流入，本币有升值趋势。总的来说，高的经济增长率会对本国币值起支持作用，而且这种影响持续时间较长。

这里提到的经济增长率是相对经济增长率，只有当一国的经济增长率快于别国时，该国汇率才可能会出现升值；相反，当该国增长率慢于其他国家经济增长率时，则该国货币有可能贬值。

（二）影响汇率变动的短期因素

1. 利率差异

利率作为金融资产的价格，它不仅是反映一国经济金融状况的基本指标，同时能体现一国筹资成本和投资利润，是影响一国汇率变动的重要因素。各国利率的相对差异会引起资金的流动，进而通过影响一国的资本和金融账户来影响汇率。而利率的升降也会带来国内经济的紧缩和扩张，同样可以影响国际收支。

一般地，一国利率水平提高，会引起资本流入该国以获取高额利润，流入的外资必须兑换成本币，从而造成在外汇市场上对该国货币需求上升，该国货币的汇率就会上浮，同时利率水平的提高会使该国国内储蓄增加，消费减少，使该国物价水平有所下降，从而使出口增加，进口减少，有利于国际收支逆差的减少。这样，利率水平的上升还可以通过国际收支出现顺差使汇率上浮。

作为常用的货币政策工具之一，利率常被货币当局用来影响汇率。这里需要强调的是，利率因素对汇率的影响是短期的。一国仅靠高利率来维持汇率坚挺，其效果有限。因为这很容易引起本币的高估，而这种高估一旦被投机者所认识，就可能引发更严重的本币贬值风潮。另外，在汇率波动幅度很大的时候，尤其是金融危机期间，仅凭利率工具是无法力挽狂澜的。例如，1992 年下半年的欧洲货币危机期间，英镑汇率狂跌不止，为遏止英镑下跌的势头，英格兰银行竟然在一天之内两次宣布提高利率，将利率由 10% 提高到 15%，但英镑的跌势已定，纵然提高利率也无力回天。

2. 各国汇率政策和对市场的干预

为了维持汇率的稳定，或使汇率变动服务于经济政策目的，政府常会对外汇市场进行干预。我们将政府对外汇市场的干预归为短期因素，原因是，政府干预外汇是出于某种目的或经济发展战略需求。通常，一国政府或货币当局干预外汇市场的措施有四种：一是直接在外汇市场上买卖外汇，这种方式对汇率的影响最明显；二是调整国内财政和货币等政策；三是在国际范围内公开发表具有导向性的言论以影响市场心理；四是与国际金融组织和有关国家配合进行直接和间接干预。这些措施虽然无法从根本上改变汇率的长期走势，但对汇率的短期走势将产生一定的影响。

3. 投机活动与市场心理预期

自 1973 年实行浮动汇率制以来，外汇市场的投机活动愈演愈烈，投机者以投机基金、跨国公司为主，他们往往拥有雄厚的实力，可以在外汇市场上推波助澜，使汇率的变动远远偏离其均衡水平。投机活动对汇率变化的影响是双向的。一方面，投机风潮会使外汇汇率跌宕起伏，加剧了市场的不稳定；另一方面，当外汇市场汇率高涨或暴跌时，投机性套利活动会起到平抑行市的稳定作用。

市场心理预期是影响汇率变动的一个重要因素。在国际金融市场上，有大量的短期性资金，这些资金对世界各国的政治、经济、军事等因素都具有高度的敏感性，在预期因素的支配下，转瞬间就会发生大规模的转移。当人们预期某种货币将贬值，市场上马上就会出现抛售这种货币的行为，使这种货币立即贬值。

心理预期是影响汇率变动的一个很复杂的因素，具有很大的脆弱性和易变性，让人很难把握。

影响一国汇率变动的因素很多，除了上述几种因素之外，还有国际性经济、政治或军事突发事件等。在不同时期，各种因素对汇率变动的影响有轻重缓急之分，它们的影响有时相互抵消，有时相互促进。只有将各项因素进行综合、全面的考察，才能得出比较正确的判断。

任务四　汇率变动对经济的影响

受经济政策等多种因素影响的汇率，其变动及其作用从来就不是被动的，它反过来会对一国的经济、政策甚至整个世界经济产生重大影响。掌握汇率变动对经济的影响与掌握影响汇率变动的原因同样重要。掌握这两种影响并采取相应对策，对保持一国汇率与经济的稳定是相当重要的。

一、汇率变动对一国国内经济的影响

汇率变动对一国国内经济有重要影响。汇率变动首先会在短期内引起进出口商品的国内价格发生变化，继而波及整个国内物价发生变化，从而影响整个经济结构发生变化，导致汇率变动对经济发生长期影响。

（一）汇率变动会对进口商品的国内价格产生影响

本国货币汇率上升，会使进口商品的国内价格降低，本国进口的消费资料和原材料的国内价格就随之降低。本国货币汇率下降，会使进口商品的国内价格提高，本国进口的消费品和原材料因本币汇率下跌而不得不提高售价以减少亏损。

（二）汇率变动会对出口商品的国内价格产生影响

外国货币汇率上升，会使出口商品的国内价格提高。因为以本币所表示的外汇汇率上涨，即外币购买力提高。外国进口商会增加对本国出口商品的需求，若出口商品的供应数量不能相应增长，则出口商品的国内价格必然会有较大幅度的增长。外国货币汇率下降，会使出口商品的国内价格下降。因为外汇购买力下降，会引起对本国出口商品需求的减少，从而引起出口商品价格的下降。

（三）汇率变动会对国内其他商品的价格产生影响

汇率变动不仅影响进出口商品的国内价格，也影响着国内其他商品的价格。外币汇率的上升即本币汇率下降，导致进口商品和出口商品在国内的售价提高，必然要导致国内其他商品价格的提高，从而会推动整个物价的上涨。外币汇率下降或本币汇率上升，导致进口商品和出口商品在国内的价格降低、必然会促进国内整个物价水平下降。如本币汇率上升，进口商品国内价格降低，以进口原料生产的本国商品价格由于生产成本的降低而下降。

当然，由于经济运行的复杂性、汇率变动对国内物价的影响及程度有时不是那么直接和明显，因此还要视商品的生产等许多条件而定，但是、无论如何，汇率的变动总会引起国内物价的变动，而一国国内物价发生变化必然会程度不同地对国民经济各部门产生影响，发生作用。

二、汇率变动对一国对外经济的影响

汇率变动对一国的对外经济影响很大，集中表现在以下方面。

（一）汇率变动影响一国的对外贸易

汇率稳定，有利于进出口贸易的成本及利润的计算，有利于进出口贸易的安排。汇率变动频繁，会增加对外贸易的风险，影响对外贸易的正常进行。如果本币贬值，外汇汇率上升，而国内物价尚未变动或变动不大，则外币对本国商品、劳务的购买力增强，一般会增加对本国商品的需求，从而可以扩大本国商品的出口规模。在这种情况下，本国出口商收入的外币折合成本币的数额会增加，出口商有可能降低价格出售，以加强竞争，扩大销路。所以，一般来说，本币对外贬值具有扩大本国商品出口的作用，同时，本币汇率下降，以本币表示的进口商品的价格将会提高，就会影响进口商品在本国的销售，从而起到抑制进口的作用。相反，本币汇率上涨，会起到抑制出口、刺激进口的作用。

（二）汇率变动影响一国的资本流动

当以本币表示的外币汇率上涨时，则意味着本币价值或本币汇率的下跌，本国资本为防止货币贬值的损失，常常调往国外，同时汇率下跌有利于吸引外国资本流入。相反，如果以本币表示的外币汇率下降，本币币值上升，则会对资本流动产生与上述情况不同的影响，即会引起在国外的本国资本回流和不利于外国资本流入。

（三）汇率变动影响一国的国际收支

国际收支状况是影响汇率变动的重要因素。反过来，汇率变动对国际收支也有重要影响。如上所述，本币汇率下跌，有利于增加出口、吸引外国资本流入，可以抑制进口和外国资本流出，从而有利于国际收支逆差的缩小；本币汇率上涨，有利于刺激进口和外国资本流出，不利于出口和外国资本流入，从而有助于国际收支顺差的减少。不仅如此，汇率变动会引起物价变动，物价变动会影响整个国内经济及贸易项目的外汇收支，从而影响整个国际收支。

（四）汇率变动影响一国的通货膨胀程度

正如通货膨胀是影响汇率变动的因素一样，汇率变动反过来也要影响通货膨胀。一国货币汇率变动，总是要间接地影响到一国货币的对内价值，影响到一国的通货膨胀程度。一国货币汇率下跌会使出口商品增加和进口商品减少，从而使国内市场的商品供应相对减少；一国汇率下跌会使资本流入增加，从而使本币供应相应增加，这两种情况都会导致国内通货膨胀压力加大。相反，一国货币汇率上涨，则有利于减轻该国通货膨胀的压力。

三、汇率变动对外汇储备的影响

外汇储备是一国国际储备的重要组成部分，它对平衡一国国际收支、稳定汇率有重要的作用。汇率变动，不论是储备货币本身价值的变化，还是本国货币汇率的变化，都会对一国的外汇储备产生影响。增加或减少外汇储备所代表的实际价值，将会增强或削弱外汇储备的作用。

（一）储备货币的汇率变动影响一国外汇储备的实际价值

储备货币汇率上升，会使该种储备货币的实际价值增加，储备货币汇率下降，会使该种货币的实际价值减少。外汇储备实际是一种国际购买力的储备。因为当今的任何国际储备货币，无论是美元、德国马克还是英镑都不能与黄金兑换，只能与其他外汇兑换来实现自己的国际购买力。储备货币实际上仍是一种价值符号，它的实际价值只能由它在国际市场上的实际购买力来决定。如果外汇储备代表的实际价值随货币汇率的下跌而日益减少，就会使得有该种储备货币的国家遭受损失，而储备货币发行国因该货币的贬值而减少了债务负担，从而获得巨大利益。

当然，储备货币汇率下跌同样会危及发达国家，使发达国家的外汇储备也遭受损失，但是与不发达国家相比，发达国家遭受的损失相对要小，因为在各国的国际储备中，发达国家的黄金储备所占比重要比发展中国家所占的比重大，即发展中国家外汇储备所占比重比发达国家占的比重大。例如，20 世纪 80 年代末期，发达国家的黄金储备占整个黄金储备的比重是 84.8%，而发展中国家只占 15.2%；发达国家的外汇储备占其整个国际储备的比重是 93%，而发展中国家外汇储备则要占其整个国际储备的98%左右。

（二）本币汇率变动会直接影响到本国外汇储备数额的增减

一般来讲，一国货币汇率稳定，则外国投资者能够稳定地获得利息和红利收入，有利于国际资本的投入，从而有利于促进该国外汇储备的增长；反之，本币汇率不稳，则会引起资本外流，使该国外汇储备减少，同时，当一国由于本币汇率贬值使其出口额增加并大于进口额时，则该国外汇收入增加，外汇储备相对增加；反之，情况相反。

（三）汇率变动会影响到某些国际储备货币的地位与作用

一国选择储备货币总是要以储备货币汇率长期较为稳定为前提。如果某种储备货币发行国国际收支长期恶化，货币不断贬值，汇率不断下跌，则该储备货币的地位和作用就会不断削弱，甚至会失去其储备货币的地位。例如，第二次世界大战以后，英国的经济与金融由于受到战争的影响而衰落，英镑不断贬值，汇率下跌，在国际支付中的使用量急剧缩减，英镑的国际储备货币的地位也因此大大削弱了。

四、汇率变动对经济影响的制约条件

汇率变动会对一国的对外及国内经济产生重要的作用。但汇率变动对一国经济产生的影响程度和范围要受到该国政治、经济等条件的制约。这些条件主要表现在以下几方面：

（一）一国的对外开放程度

凡对外开放程度较高，本国经济发展对外依赖性较大，与国际金融市场联系密切，进出口贸易占国民生产总值比重较大的国家，汇率变动对其经济的影响就较大；反之，则较小。

（二）一国的出口商品结构

汇率变动对出口商品结构单一的国家的经济影响较大，对出口商品结构多样化的国家的经济影响较小。

（三）一国的货币可兑换性

如果一国的货币可自由兑换，在国际支付中使用较多，经常与其他货币发生兑换关系，汇率变动对其经济的影响就较大，否则影响就较小。

此外，由于各国对经济的干预手段和外汇管制等情况不同，汇率变动对各国经济产生的影响也不同。分析汇率变动对一国经济的影响应当注意分析一国的具体经济条件。

任务五　汇率决定理论

汇率理论主要研究汇率的决定以及汇率制度的选择。汇率问题是国际金融的核心问题，汇率理论也是国际金融理论的重要组成部分。

一、汇率决定理论

（一）购买力平价理论

购买力平价理论是一个古老的、也是最基础的汇率决定理论，是由瑞典经济学家卡塞尔在 20 世纪初提出的。第二次世界大战后，该理论又有了新的发展。

1. 卡塞尔的购买力平价理论

（1）绝对购买力平价理论。这种理论认为，两种货币的内在购买力之比决定两国货币的汇率。即：

$$e = P/P^* \tag{2-2}$$

其中，e 为汇率，P 和 P^* 分别为国内物价水平和国外物价水平。

卡塞尔关于购买力平价的思路是这样的：首先，他考虑一国为什么需要外国货币。他认为这是因为需要外币在外国市场购买外国人生产的商品与劳务。对货币的需要既然与购买商品相联系，所以货币的价格取决于它对商品的购买力，因此，两国货币的兑换比率由两国货币各自具有的购买力的比率来决定。购买力比率就是购买力平价。一国汇率变动的原因在于购买力的变动，而购买力变动的原因在于物价变动，这样汇率的变动归根到底是由两国物价水平的比率的变动所决定。

那么，用来定义绝对购买力平价的价格水平究竟是指什么价格水平？卡塞尔指出，只有一个国家在市场上出售的全部商品的总价格水平，才能代表购买的商品与劳务的价格水平。而哪一种价格水平最能符合计算绝对购买力平价的需要呢？最符合逻辑的应是国内生产总值的价格水平，即 GDP。但在卡塞尔时代，国民经济核算中还没有出现 GDP 这一概念。所以卡塞尔的表述是：在总价格水平的计算中，应排除进口品，但应包括出口品，即本国生产的商品和劳务。他的想法已接近 GDP 的概念。

（2）相对购买力平价理论。卡塞尔除了提出绝对购买力平价理论以外，还提出了相对购买力平价理论。

$$\Delta e = \Delta P - \Delta P^* \tag{2-3}$$

即汇率的变动等与两国物价水平变动率之差，与绝对购买力平价相比，相对购买力平价更具有应用价值。

2. 购买力平价理论的新发展——成本平价

第二次世界大战后，购买力平价理论的发展主要在成本平价方面。前面讨论的购买力平价，不管是绝对平价还是相对平价，都是一种价格平价，而在价格平价中，一方面价格会影响汇率，另一方面也应看到汇率会影响国内物价。所以只从价格讨论汇率的决定是不够准确的。相比之下，成本受汇率变动的影响要小得多，以成本平价来讨论汇率决定，是比较适宜的。

此外，价格平价中包含了利润，而利润是一个易变的因素，因而价格本身也是易变的。如果以成本平价来估算汇率，则可以排除利润这个易变因素，更好地体现长期的价格趋势，反映长期的价格变动，而不是短期的价格变动。

（二）利率平价理论

利率平价理论由英国经济学家凯恩斯于 1923 年在其《货币改革论》一书中首先提出，后经一些西方经济学家发展而成。该学说主要研究国际货币市场上利差与即期汇率和远期汇率的关系。

1. 利率平价理论的主要观点

由于各国间存在利率差异，投资者为获得较高收益，就将其资金从利率低的国家转移到利率高的国家。如甲国的利率水平高于乙国，投资者就会把资金从乙国调到甲国。为避免汇率风险，投资者一般按远期汇率把在甲国的投资收益变为乙国货币，并将此收益与在乙国投资所得收益进行比较，从而确定投资者的投资方向。两国投资收益存在的差异导致了资本在国际间的移动，直到通过汇率的调整，两国的投资收益相等时，国际间的资本移动才会停止。

2. 利率平价理论的基本表达式

现假定，本国投资者在国内用一单位本币投资可获得本利和 $1+i_d$，若换成外币在国外投资可获得本利和 $(1+i_f)/E$，为避免外汇风险，该投资者可利用远期外汇市场进行套期保值，将在国外投资的本利和换成本币：

$$(1+i_f)\ F\ /\ E \tag{2-4}$$

套利活动将使国内投资和国外投资的本利和趋于一致，即：

$$1+i_d=(1+i_f)\ F\ /\ E \tag{2-5}$$

整理得：$1+i_d/1+i_f=F/\ E \tag{2-6}$

等式两边同减 1，则：

$$i_d-i_f/1+i_f=(F-E)\ /\ E \tag{2-7}$$

$(F-E)\ /\ E$ 即为远期外汇的升贴水率 P，则（2-7）式变为

$$P=i_d-i_f/1+i_f \tag{2-8}$$

将（2-8）式变形，得：

$$P+P\ i_f=i_d-i_f \tag{2-9}$$

因两个较小的分数相乘其积更小，故 P 和 i_f 可忽略不计，则（2-9）式可变为：

$$P=i_d-i_f \tag{2-10}$$

（2-6）式和（2-10）式称为利率平价。其概念是：汇率的远期升贴水率等与两国货币的利率之差。如果本国利率高于外国利率，则本币在远期将贴水，如果本国利率低于外国利率，则本币将在远期升水。

3. 当代利率平价理论的发展

现代理论评价在理论上可以成立，但从实践的角度看，有以下缺陷：

第一，利率平价理论存在的前提条件是资金完全套利，而且资本完全自由流动。

第二，套利本身受机会成本和外汇风险成本的影响，所以套利资金的供给弹性并非无限大。

第三，利率平价理论忽视了市场投机这一重要因素。市场可能受到投机者行为的影响，一直与实际汇率与均衡的利率平价出现偏差。

针对这些缺陷，现代利率平价理论的研究者提出了两点修正：

（1）资金有限供给下的利率平价 $P = i \ (1 + 1/E_s) \ -i*$。如果套利资金的供给弹性无穷大，则 $P = i - i*$。原利率平价公式成立。而现实中供给弹性不会无穷大，而且供给弹性的正负取决于利率的高低，从而引起资金从本国流向外国或相反，因此套利资金的供给弹性将直接影响实际汇率偏离利率平价的程度。

（2）投机与套利的市场均衡。传统的利率平价理论忽略了投机者行为对远期汇率和利率平价的影响，实际上外汇市场的交易者包括投机者和商品交易者（后者的行为与套利者相似）。因此，发展的利率平价理论把投机者的行为同套利者的行为结合，认为均衡的远期汇率是由投机者与套利者行为共同决定的。

投机者与套利者的行为不同。投机者只有从预期的变化中能够得到足够补偿风险的利润时，他们才进行投机，通常是非抵补行为。而套利者在各国之间转移资金，是为了获得利差，是一种抵补套利。交易者一般是指进出口商，在即期和远期市场上交易，力求避免风险，实际上是套期保值者，行为与套利者相似，而与投机者不同。

4. 对利率平价理论的评价

利率平价理论的主要贡献在于：它从理论上说明了远期汇率取决于两国货币的相对收益，即以利差作为汇率变动的主要原因。对于实际操纵外汇市场，预测远期汇率趋势，制订和调整汇率政策等都有着重要的意义。

利率平价说在理论上可以成立，但从实践的角度看有以下两个缺陷：①利率平价理论是以国际间资本流动不受任何限制为前提的，即要求存在一个一体化的货币市场。这一条件过于严格，无疑会影响其理论和模型的应用性。②该学说的另一前提是各国间的资产可以完全替代。实际上，以各国货币标价的资产的风险程度是不同的，预期收益率也不同。因此不同资产之间不能完全替代。这就使得利率平价难以成立。

（三）国际收支说

国际收支说的学术渊源是国际借贷说。国际借贷说是英国的戈逊于 1861 年提出的，在第一次世界大战前颇为流行。他认为，汇率决定于外汇的供给与需求，当外汇的供给大于需求时，外汇汇率下降，当需求大于供给时，外汇汇率上升。外汇的供求是由国际借贷引起的，而国际借贷的产生源于一国的外汇收入和支付，所以戈逊的学说也被称为国际收支说。现代国际收支学说由美国学者阿尔盖在 1981 年提出，该理论的特点是把国际收支的均衡条件应用于外汇供求流量分析。

国际收支的均衡条件是经常项目差额等于资本流入额。如果用 CA 表示经常项目差额，KA 表示资本项目差额，这一均衡条件是：

$$CA + KA = 0 \qquad\qquad (2-11)$$

经常项目收支为商品和劳务的进出口额，其中出口（X）是外国国民收入（Y_f）、相对价格（P_d/eP_f）决定的，其中 P_d 为国内价格水平，P_f 为国外价格水平，e 为现汇汇率。用公式表示为：

$$X = f(Y_f, P_d, P_f, e) \tag{2-12}$$

而进口（M）是由本国国民收入（Y）和相对价格（P_d/eP）决定的，即：

$$M = f(Y, P_d, P_f, e) \tag{2-13}$$

一国资本项目收支，则主要取决于本国利率（i_d）与外国利率（i_f）差额，即人们对未来现汇汇率变化的预期，用公式表示为：

$$KA = KA(i_d, i_f, e_e - e/e) \tag{2-14}$$

式中 e_e 为未来现汇汇率的预期值。

当 $CA(Y, Y_f, P_d, P_f, e) = -KA(i_d, i_f, e_e - e/e)$ 时，一国国际收支处于均衡状态，由此所决定的汇率水平就是均衡汇率。由此，均衡汇率可表示为：

$$e = h(Y, Y_f, P_d, P_f, i_d, i_f, e_e) \tag{2-15}$$

该式表明，影响均衡汇率变动的因素有国内外的国民收入、国内外价格水平、国内外利息率以及人们对未来汇率的预期。

当本国国民收入增加时，进口会随之增加，国际收支会出现赤字，从而导致外汇市场外汇需求大于供给，本币贬值。当外国国民收入增加时，本国出口增加，国际收支会出现盈余，外汇市场上的外汇供给大于需求，外币贬值。当本国物价上升或外国物价下降时，本国出口减少、进口增加，国际收支出现赤字，外汇的需求大于供给，本币贬值，反之亦然。当本国利率上升或外国利率下降时，国外资本流入增加，从而导致外汇的供给大于需求，或本币的需求大于供给，本币升值，反之亦然。如果对未来外汇汇率看涨，人们就会大量买进外汇，外汇就会升值。

国际收支说在运用供求分析的基础上，将影响国际收支的各种因素纳入汇率的均衡分析，至今这一理论仍为人们所广泛运用。

（四）资产市场说

资产市场说是 20 世纪 70 年代中期以后发展起来的一种重要的汇率决定理论。该理论是在国际资本流动获得高度发展的背景下产生的，因此特别重视金融资产市场均衡对汇率变动的影响。资产市场说的一个重要分析方法是一般均衡分析，它较之传统理论的最大突破在于它将商品市场、货币市场和证券市场结合起来进行汇率决定的分析。在这些市场中，国内外市场有一个替代程度的问题，而在一国的三种市场之间，则有一个受到冲击后进行均衡调整的速度问题，由此引出了各种资产市场说的模型（见图 2-3）。

资产市场说 ｛ 货币论：国内外资产具有完全的替代性 ｛ 国际货币主义模型：弹性价格 ／ 汇率超薄模型：粘性价格 ｝ 资产组合平衡论：国内外资产不具备完全的替代性

图 2-3 资产市场说的两个理论学说

1. 货币论

这一理论强调货币市场对汇率变动的要求。一国货币市场失衡后，国内商品市场和证券市场会受到冲击。在国内外市场紧密联系的情况下，国际商品套购机制和套利机制就会发生作用。在商品套购和套利过程中，汇率就会发生变化，以符合货币市场恢复均衡的要求。

（1）国际货币主义汇率模型（弹性价格模型）。这一模型实际上是国际收支货币论在浮动汇率制下的变体，代表人物是弗兰克尔。

（2）超调模型（粘性价格模型）。汇率超调模型是多恩布什于1976年提出的。这一模型认为，商品市场和货币市场的调整速度是不同的，商品市场的调整速度相对资产市场要缓慢得多。当货币市场失衡后，由于商品市场反应迟缓，资产市场的迅速调整使汇率做出超调反应，而偏离长期均衡值，这是短期汇率容易波动的原因。

具体分析如下：货币市场失衡（货币供应量增加）后，由于短期内价格具有粘性，实际货币供应量就会增加，这势必造成利率下降。利率的下降会引起资金外流，本币汇率下降。但随着利率的下降，会刺激需求，同时本币贬值会促进出口，从而带动总需求的上升。总需求的上升最终将带来价格的上升。在价格上升的过程中，实际货币供应量相应地逐渐下降，带来利息率的回升，结果资本内流、本币升值。

2. 资产组合平衡论

前面介绍的两个模型假定国内外资产具有完全替代性。但在现实中，却存在种种导致国内外资产不完全替代的因素。基于这一认识，在资产组合论的基础上，产生了资产组合平衡模型。它是由布朗逊于1975年提出的。该理论认为国内外货币资产之间是不可替代的。投资者根据对收益率和风险性的考察，将财富分配于各种可供选择的资产，确定自己的资产组合。一旦资产组合达到稳定状态，汇率也就相应被决定了。

资产组合平衡模型将本国居民持有的财富（W）划分为三种形式：本国货币（M）、本国债券（B）和外币资产（F）。即：

$$W = M + B + F \tag{2-16}$$

对于财富总额，私人部门是如何在本国货币、本国债券与国外资产之间进行分配的呢？这显然取决于各类资产的预期收益率的高低。私人部门资产组合中各种资产的比例分配将随国内外各种资产的预期收益率的变动而发生调整。在进行国内外资产之间的调整过程中，本国资产和外国资产之间的替换会引起外汇供求流量的变化，从而带来外汇汇率的变化：

（1）货币供应量增加。随着货币供应量的增加，投资者将会拿出新增的一部分货币来购买本币资产和外币资产，以便重新平衡他们的资产组合，这将导致外汇汇率上升和国内利率的下降。

（2）本币资产供应量增加。政府增发债券后，对汇率的影响有两重性：一方面，本币资产的增加，提高了财富总额，由此使得对外币资产的需求量增加，这将促使外汇汇率上升。另一方面，由于债券供给增加，导致债券价格下降，利率上升，这又会诱使外币资产需求相对削弱，从而使外币汇率下跌。所以影响是不确定的。

（3）外币资产供应增加。当一国经常项目出现盈余后，私人部门持有的国外净资产就会增加，这就使外国资产在财富中的比例过大。在重新平衡其资产组合时，人们就会用超额的外国资产来换本国货币和债券，结果外汇汇率下降。

从上面我们介绍的几种汇率决定理论可以看出，各种理论的侧重点不同。购买力平价理论是从开放经济下，各国商品市场存在联系的角度对汇率决定进行研究，认为汇率是由货币的购买力对比决定的。利率平价是从开放经济下各国金融市场之间存在联系的角度对汇率决定问题进行研究，认为汇率的变动是由利率差异决定的。国际收支说是由国际借贷说发展而来，它是从外汇市场的供给与需求流量的变动角度认识汇率的决定问题，认为汇率是由国际收支状况决定的，它是凯恩斯主义的国际收支理论在浮动汇率制下的变形。资产市场说是把商品市场、货币市场和证券市场结合起来进行汇率决定分析。20 世纪 70 年代以来，资产市场说取代了汇率的国际收支流量分析，成为汇率的主流。

二、汇率制度选择理论

从汇率制度上看，西方汇率理论基本上可以分为三个类别：固定汇率制、浮动汇率制和两极汇率制。

（一）固定汇率理论

支持固定汇率的代表人物是蒙代尔、特里芬、金德伯格、拉弗等。

1. 固定汇率使各国经济趋于协调

蒙代尔认为，在浮动汇率制下，大多数国家的货币由于币值经常变动而影响了它们在世界范围内执行支付功能，因而当某国遇到经济困难时，它不能以向外国发行货币的方式，吸引外国资本和吸收商品劳务资源来调节本国经济。但如果在固定汇率下，上述问题就可以解决。这是因为在固定汇率下，该国可以利用储备来购买价格相对便宜的外国产品，来弥补本国由于产出下降而产生的超额需求，从而可以抑制国内物价的上涨。相反，当一国实际产出增加，供过于求导致物价下跌时，可以通过增加出口来缓和。因此固定汇率能够保证损失由各国共同承担，而额外利益则由各国共同分摊。

2. 固定汇率保持经济的均衡状态

拉弗认为，在浮动汇率制下，私人部门不能改变名义货币存量，而在固定汇率制下，本国货币价格是不变的，名义货币存量将随国际收支的变化而变化。由于这个区别，国内货币存量的变化，在浮动汇率下会引起经济衰退和失业的增加，而在固定汇率制下则保持经济的均衡状态。

具体的传导过程是这样的，如果政府在经济处于均衡状态下减少名义货币存量，利率会上升、投资下降，进而引起产量和就业的减少，对进口需求的减少。如果一国实行的是浮动汇率制，进口减少会导致本币升值，而本币升值又会使出口减少，产量和就业会进一步下降。如果一国实行固定汇率制，货币存量的减少会导致利率上升和物价下降，由于汇率固定，本国物价下降会导致出口商品价格下降，出口数量增加，从而外汇收入增加，于是中央银行会把外汇转变为本国货币，引起国内名义货币量的增加。因此，在固定汇率制下，名义货币存量的减少可以通过国际收支效应得到补偿，使经济重新恢复到均衡状态。

（二）浮动汇率理论

浮动汇率理论的代表人物是弗里德曼和米德。

1. 浮动汇率制有利于国际收支的调整

弗里德曼指出，用汇率浮动调整国际收支有以下优点：

（1）浮动汇率能持续地对任何时候出现的国际收支变动进行及时的调整，不会产生国际收支累积性困难。

（2）浮动汇率制制下，可以通过改变货币的相对价格，对国际收支进行长期的结构调整。

（3）汇率的频繁变动会吸引私人投资者对国际收支逆差的国家给予短期的资助。

（4）浮动汇率只涉及货币价格的变动，因而简单易行。

2. 防止通货膨胀的国际传递

根据货币主义理论，在浮动汇率条件下，一国货币量增加后，该国国内市场的均衡以及该国内部经济与外部经济的均衡可以通过汇率的自由变动进行调整。但在固定汇率条件下，情况则不同，通货膨胀可以通过价格调整和国际收支差额效应，从一国"传递"到另一国。

3. 浮动汇率有利于经济的稳定

这是因为浮动汇率可使国际收支始终处于均衡状态，因而政府可以把宏观经济政策的调整直接放在使国内经济稳定的目标上。此外，浮动汇率可以使本国经济免受外国经济扩张和收缩的影响。当外国经济扩张或收缩时，本国的物价水平会随之上升或下降，从而使本国贸易项目出现逆差或顺差。在这种情况下，本国货币也会随之贬值或升值，以此补偿由外国经济扩张或收缩对相对价格水平的影响，恢复贸易项目的平衡。结果，外国经济的扩张和收缩对本国经济不产生任何影响。

（三）两极汇率理论

近些年来关于汇率制度选择的争论异常激烈，争论的焦点是原有的钉住汇率制是否应该放弃。20世纪90年代以后出现的两极汇率理论就是在这场争论中出现的一种新的理论。

1. 两极汇率制度的概念

两极汇率制度（Bipolar Regime）的一极是使用另一国货币作为法币，或采用货币联盟、货币局；另一极是完全的独立浮动。在这两极之间被称为中间的汇率制度，包括传统的固定钉住制、钉住平行汇率带、爬行钉住等，也被称为软钉住（Soft Peg）。两极汇率制度最初由 Eichengreen（1994）、Obstfeld 和 Roff（1995）提出的。该观点也被称为中间汇率制度消失假说（The Hypothesis of Vanishing Intermediate Regime）以及两角解式（Corner Solution）。该假说最初讨论的是欧洲汇率机制。在1992—1993年的欧洲汇率危机中，意大利和英国被迫把其货币贬值并最终退出汇率机制，而后来欧盟又把汇率的浮动范围大幅度地扩大了。这场危机显示了以前设计的方案——渐进的欧洲货币经济和货币联盟——不是最佳方式。Obstfeld 和 Rogoff（1995）总结道，在浮动汇率和采用单一货币之间没有什么舒服的中间地带。1997年亚洲危机后，消失的中间汇率制度假说开始用于新兴市场。

2. 采用两极汇率制度的原因

（1）中间汇率制易于导致货币冲击和货币危机的发生。在自由浮动汇率制度下，政府不存在维护汇率稳定的义务。因此，这一汇率制度安排不会发生货币危机。就固定汇率制而言，由于美元化制度与货币联盟不存在本国法定货币，所以在这两种货币制度安排下，同样不存在发生货币危机的可能性。货币局制度尽管拥有本国法定货币，但法律赋予了政府维持汇率稳定的义务，因此这一制度具有较高的可信度。

（2）开放经济条件下的三元悖论。三元悖论也被称为不可能三角，即一个经济体在汇率稳定、独立的货币政策和国际资本流动上，最多可以同时实现其中的两个目标（至少要牺牲其中的一个目标）。这一基本经济原理使得每个经济体只能在下述三种汇率体制中选择一种：第一，浮动汇率制。它容许资本自由流动，并且不要求决策者采取诸如提高利率的措施去捍卫汇率，从而使政府能够运用货币政策去实现经济目标。然而它不可避免地要在币值波动方面付出代价。第二，固定汇率制。它在维持币值稳定和资本自由流动的同时牺牲了货币政策的独立性，因为这种利率必须成为稳定汇率的主要工具。第三，中间汇率制。它相对调和了汇率稳定与货币政策独立性的矛盾，但是却不得不在资本自由流动方面有所放弃，并且承担由此而来的其他一切代价。

（3）中间汇率制度使企业忽视汇率风险的防范。当一国政府建立了某种汇率目标后，国内银行和企业低估了未来该国货币贬值的可能性，债务人认为没有必要使用远期或期货来保值，因而大量引入未保值的外币债务。当货币贬值发生时，国内资本收入不能偿还外债，破产相继发生，这又会给经济带来恶劣影响。

应知考核

■ **主要概念**

自由外汇 贸易外汇 远期外汇 即期外汇 汇率 直接标价法 间接标价法 美元标价法 基本汇率 套算汇率 买入汇率 卖出汇率 中间汇率 固定汇率 浮动汇率 单独浮动 联合浮动 钉住浮动 贸易汇率 金融汇率 复汇率 官方汇率 市场汇率 外汇 即期汇率 远期汇率

■ **基础训练**

一、单选题

1. 外汇是（　　）。

    A. 外国货币

    B. 可用于结清一国债权债务的外币

    C. 外国的钞票

    D. 用于国际间债权债务结算的支付手段

2. 以下（　　）是错误的。

    A. 外汇是一种金融资产

    B. 外汇必须以外币表示

    C. 用作外汇的货币不一定具有充分的可兑性

    D. 用作外汇的货币必须具有充分的可兑性

3. 动态外汇是指（　　）。

    A. 外汇的产生   B. 外汇的转移

    C. 国际清算活动和行为   D. 外汇储备

4. 汇率按外汇资金性质和用途划分为（　　）。

    A. 商业汇率和银行间汇率   B. 复汇率和单汇率

    C. 市场汇率和官定汇率   D. 金融汇率与贸易汇率

5. 在直接标价法下，等号后的数字越大说明相对于本币而言，外汇比本币（　　）。

    A. 越贵   B. 越贱

    C. 平价   D. 下降

6. 购买力平价理论表明，决定两国货币汇率的因素是（　　）。
　　A. 含金量　　　　　　　　　　　B. 价值量
　　C. 购买力　　　　　　　　　　　D. 物价水平

7. 新闻报道和经济分析常使用的汇率是（　　）。
　　A. 买入汇率　　　　　　　　　　B. 卖出汇率
　　C. 中间汇率　　　　　　　　　　D. 固定汇率

8. 两种货币通过各自对第三国的汇率而算得的汇率叫（　　）。
　　A. 基本汇率　　　　　　　　　　B. 单一汇率
　　C. 套算汇率　　　　　　　　　　D. 中间汇率

9. 以下（　　）属于外汇。
　　A. 特别提款权　　　　　　　　　B. 外国纸币
　　C. 英国政府债券　　　　　　　　D. 欧元

10. 外汇成交后，在未来约定的某一天进行交割所采用的汇率是（　　）。
　　A. 浮动汇率　　　　　　　　　　B. 远期汇率
　　C. 市场汇率　　　　　　　　　　D. 买入汇率

二、多选题

1. 对于大多数基本汇率，美元都是作为基准货币，例外的货币有（　　）。
　　A. 欧元　　　　　　　　　　　　B. 英镑
　　C. 日元　　　　　　　　　　　　D. 澳元

2. 在下列国家中，汇率表示方法采用间接标价法的有（　　）。
　　A. 美国　　　　　　　　　　　　B. 日本
　　C. 英国　　　　　　　　　　　　D. 法国

3. 影响汇率变动的因素主要有（　　）。
　　A. 国际收支　　　　　　　　　　B. 通货膨胀率差异
　　C. 利率差异　　　　　　　　　　D. 经济增长差异

4. 按外汇交易支付方式和付款时间，汇率可划分为（　　）。
　　A. 票汇汇率　　　　　　　　　　B. 套算汇率
　　C. 电汇汇率　　　　　　　　　　D. 信汇汇率

5. 按国际货币制度的演变，汇率可分为（　　）。
　　A. 浮动汇率　　　　　　　　　　B. 金融汇率
　　C. 收盘汇率　　　　　　　　　　D. 固定汇率

三、简答题

1. 简述狭义外汇的概念和特征。
2. 简述影响汇率变动的因素。
3. 简述汇率变动对经济的影响。
4. 简述购买力平价理论。
5. 简述利率平价理论。

四、计算题

假定某日下列市场报价为：纽约外汇市场即期汇率为 USD/CHF = 1.534 9/89，伦敦外汇市场为 GBP/USD = 1.634 0/70，苏黎世外汇市场为 GBP/CHF = 2.502 8/48。

如果不考虑其他费用，某瑞士商人以 100 万瑞士法郎进行套利，可以获多少套汇利润？

应会考核

■ 技能案例

【案例背景】

在隔夜美元指数大涨推动下，2014 年 6 月 3 日国内外汇市场人民币兑美元中间价设于 6.171，较前一交易日下跌 15 个基点，创近 9 个月来新低。市场分析人士指出，货币政策倾向于定向宽松，加上美元近期显著走强，导致近阶段人民币汇率延续弱势运行。

6 月 1 日国家统计局公布的 5 月中国制造业采购经理指数（PMI）为 50.8%，比上月上升 0.4 个百分点，已连续 3 个月回升，预示我国制造业继续稳中向好，而反映制造业外贸情况的新出口订单指数和进口指数分别为 49.3% 和 49%，均位于临界点之下，说明出口型企业仍面临压力。

汇丰中国宏观经济师马晓萍认为，人民币实际有效汇率贬值将有助于我国外贸出口进一步好转，预计今年净出口对 GDP 的增长贡献有望转正。兴业银行首席经济学家鲁政委测算，如果今年我国要达到 7.5% 的出口同比增速，那么人民币名义有效汇率应贬值 6.36%。

人民币兑美元贬值，对此前借人民币升值趋势套利的热钱形成了阻力。根据跨境监测数据，5 月流入中国的"热钱"延续了 4 月跌势，且跌幅进一步放大，就印证了这一点。

相比年初市场一致预期人民币年内可能升值"破六"的情况，眼下对于人民币汇率走势不再是一致看涨，澳新银行、瑞银、汇丰都预测，到年底人民币较年初将出现约 1.5% 的贬值。值得关注的是，人民币汇率浮动幅度扩大，减少了热钱套利的风险，但也增加了企业进出口利润的不确定性，因此需要外贸企业积极适应，加快培育竞争新优势，扩大进出口贸易人民币使用，也需要金融机构开发更多适合进出口企业需求、定价合理的汇率避险产品，帮助企业提高对汇率风险的承受和规避能力，增强服务实体经济的能力。

资料来源：http://forex.eastmoney.com/news/1129,20140603389496426.html.

【技能思考】

请分析人民币的升值与贬值会给中国企业的出口利润带来什么影响？

■ 实践训练

【实训项目】

汇率的换算

【实训情境设计】

中国银行外汇牌价

日期：2013 年 7 月 27 日 （人民币元/100 外币）

货币名称	现汇买入价	现钞买入价	现汇卖出价	中行折算价
英镑	939.68	910.67	947.23	949.25
港元	78.87	78.24	79.17	79.56
美元	611.82	606.92	614.28	617.20

【实训任务】

根据该牌价进行交易，请回答下列问题：

（1）一位出国旅游者到中国银行兑换 3 000 元港币现钞。需要付出多少人民币现钞？

（2）一位客户欲将 1 000 英镑现钞兑换等值的人民币，该客户能兑换多少人民币？

（3）一家出口企业到中国银行以 10 000 美元即期结汇，可兑换多少等值人民币？

（4）中国银行港币/人民币、美元/人民币买卖差价是多少点？

项目三
外汇市场与外汇交易

■ **知识目标**

理解：外汇市场的概念与特征、种类以及外汇市场的结构；

熟知：即期外汇、远期外汇价、套汇、套利、择期、掉期、外汇期货、外汇期的基本原理；

掌握：即期、远期、掉期、择期、套利、套汇、外汇期货、外汇期权交易的相关业务计算。

■ **技能目标**

学生能够熟悉外汇交易中的惯例和规则、初步认识外汇交易中的技巧和战略，能够进行外汇交易的报价和计算，并能进行实际交易的操作。

■ **情意目标**

学生能够按照不同的交易种类和交易程序进行简单的外汇交易，能够运用不同地区汇率的差异进行套算。

■ **教学目标**

教师要培养学生熟悉外汇交易的程序、具有进行基本的外汇交易的能力及分析外汇交易盈亏状况的能力。

【项目引例】

俄罗斯加速"去美元化"

俄罗斯"去美元化"进程加速，探讨多年的中俄石油人民币结算或在近期有所动作。

当地时间 2014 年 5 月 13 日，俄罗斯国际广播电台"俄罗斯之声"援引俄媒消息源报道，俄财政部准备通过一项计划，拟大力提升本币卢布在俄出口贸易中的影响力，减少以美元为支付货币的交易。

据报道，4 月 25 日，俄罗斯第一副总理 Igor Shuvalov 召开会议，专门探讨减少外贸交易使用美元的比例，进而彻底"去美元"。俄大型能源公司、金融机构及政府部门参加此次会议，以应对欧美因乌克兰事件对俄罗斯的制裁。事实上，俄罗斯试图"去美元化"已有多年，随着乌克兰局势的不断升级，俄罗斯受到欧美联合对俄采取的一系列制裁，俄罗斯试图挑战美元以及"石油美元"则更显示出其紧迫性。

69

俄罗斯财政部副部长 Alexey Moiseev 在接受采访时表示，目前正在探讨一种名为"货币置换行政令"的法律机制，强制俄罗斯企业让卢布交易在特定商品交易中达到一定比例。他表示，卢布交易的比例有可能高达 100%。

尽管在上述会议中并未具体提到石油美元，但俄罗斯之声报道称，目前中国和伊朗已经表示支持俄此轮去美元化。

乌克兰事件升级后，中俄之间经贸合作升级明显，"去美元化"成为一个显著的趋势。

4 月中旬，彭博从消息人士处获悉，俄罗斯天然气工业股份有限公司（Gazprom）正在考虑发行人民币债券。美银美林数据显示，自俄罗斯增兵进驻克里米亚以来，Gazprom 旗下融资机构 OAO Gazprombank 2017 年到期的 10 亿元人民币债券收益率攀升了 75 个基点。同期点心债的平均收益率下降了 5 个基点。

除人民币债券外，"俄罗斯之声"预计，普京 5 月 20 日将访华，中俄签署以卢布和人民币结算的油气协议也有可能。俄罗斯副总理德沃尔科维奇曾表示，中俄双方签约后，将向中国每年供应 380 亿立方米的天然气。

除中国外，俄罗斯也在试图推动和其他国家石油贸易本币化。俄汽与科威特和埃及就扩大液化天然气供应举行了会谈，与印度的"大单"成交在即，同时还与伊朗达成了石油换商品的协议。

据路透社报道，在上述贸易协议中将不会用美元进行结算。比如，伊朗以最多每日 50 万桶石油换取俄罗斯的设备和商品。如果俄罗斯决定届时支付给伊朗卢布，则将对"石油卢布"起到有力的支持。

今年 3 月下旬，普京提出，俄罗斯可以效法中日，建立自己的国家支付结算系统，设法减少对西方的经济依赖。

资料来源：http://finance.stockstar.com/MT2014051500000429.shtml.

什么是外汇市场？在外汇市场上如何进行外汇交易？如何进行盈亏分析？

【知识支撑】

任务一　外汇市场

一、外汇市场的概念与特征

（一）外汇市场的概念

国际间的一切经济往来总伴随着货币的清偿和支付，为实现国际清偿和货币支付，就需要进行国际间的货币兑换或外汇买卖活动，外汇市场（Foreign Exchange Market）就是适应外汇买卖和票据兑换的需要而产生的。所谓外汇市场是指进行货币买卖、兑换的市场，是由经营外汇业务的银行、各种金融机构、外汇需求者、外汇供给者、买卖中介机构以及个人进行外汇买卖、调剂外汇供求的交易场所。随着各国经济国际化的发展，各国逐步放松外汇管制，实行开放的外汇政策，使外汇市场也获得了巨大的发展，外汇市场已由伦敦、纽约、苏黎世、巴黎扩展到全世界，外汇交易量不断增长。外汇市场是世界上最大和最具流动性的市场，据国际清算银行统计显示，2010 年外汇交易额飙升至创纪录的水平，尽管外汇市场日益集中在少数银行和交易中心。国际清算银行（BIS）表示，目前的日平均交易额为 4 万亿美元，高于该行 2007 年上次进行市场调查时的 3.3 万亿美元。

（二）外汇市场的特征

1. 外汇市场全球一体化

首先，外汇市场分布呈全球化格局，以全球最主要的外汇市场为例：美洲有纽约、多伦多；欧洲有伦敦、巴黎、法兰克福、苏黎世、米兰、布鲁塞尔、阿姆斯特丹；亚洲有东京、香港、新加坡。其次，外汇市场高度一体化，全球市场连成一体，各市场在交易规则、方式上趋同，具有较大的同质性。各市场在交易价格上相互影响，如西欧外汇市场每日的开盘价格都参照香港和新加坡外汇市场的价格来确定，当一个市场发生动荡，往往会影响到其他市场，引起连锁反应，市场汇率表现为价格均等化。

2. 外汇市场全天候运行

从全球范围看，外汇市场是一个 24 小时全天候运行的昼夜市场，如图 3-1 所示。每天的交易，澳洲的惠灵顿、悉尼最先开盘，接着是亚洲的东京、香港、新加坡，然后是欧洲的法兰克福、苏黎世、巴黎和伦敦，到欧洲时间下午 2 点，美洲大陆的纽约开盘，当纽约收市时，惠灵顿又开始了新一天的交易。在欧洲时间的下午，此时伦敦和纽约的两大市场均在营业，是大额交易的最佳时间，大的外汇交易商及各国的中央银行一般选择这一时段进行交易。

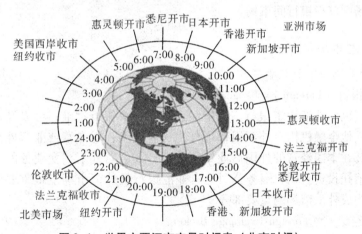

图 3-1　世界主要汇市交易时间表（北京时间）

二、外汇市场的种类

（一）根据有无固定场所，分为有形市场与无形市场

1. 有形市场（Visible Market）

有形市场指有具体交易场所的市场。外汇市场的出现与证券市场相关。外汇市场产生之初，多在证券交易所交易大厅的一角设立外汇交易场所，称外汇交易所。外汇买卖各方在每个营业日的约定时间集中在此从事外汇交易。早期的外汇市场以有形市场为主，因该类市场最早出现在欧洲大陆，故又称"大陆式市场"。

2. 无形市场（Invisible Market）

无形市场指没有固定交易场所，所有外汇买卖均通过联结于市场参与者之间的电话、电传、电报及其他通讯工具的抽象交易网络进行。目前，无形市场是外汇市场的主要组织形式，因其最早产生于英国、美国，故又称"英美式市场"。

与有形市场相比，无形市场具有以下优势：①市场运作成本低。有形市场的建立与运作，依赖于相应的投入与费用支出，如交易场地的购置费（租金）、设备的购置费、员工的薪金等；无形市场则无需此类投入。②市场交易效率高。无形市场中的交易双方不必直接见面，仅凭交易网络便可达成交易，从而使外汇买卖的时效性大大增强。③有利于市场一体化。在无形市场，外汇交易不受空间限制，通过网络将各区域的外汇买卖连成一体，有助于市场的统一。

（二）根据外汇交易主体的不同，分为银行间市场和客户市场

1. 银行间市场（Inter-bank Market）

银行间市场亦称"同业市场"。由外汇银行之间相互买卖外汇而形成的市场。银行间市场是现今外汇市场的主体，其交易量占整个外汇市场交易量的 90% 以上，又称作"外汇批发市场"。

2. 客户市场（Customer Market）

客户市场指外汇银行与一般顾客（进出口商、个人等）进行交易的市场。客户市场的交易量占外汇市场交易总量的比重不足 10%，又称作"外汇零售市场"。

此外，外汇市场还有广义与狭义之分。广义外汇市场包括银行间市场与客户市场，狭义外汇市场则仅指银行间市场。

三、外汇市场的结构

（一）外汇市场的参与者

1. 外汇银行（Foreign Exchange Banks）

外汇银行也称外汇指定银行，是指经过本国中央银行批准，可以经营外汇业务的商业银行或其他金融机构。外汇银行可分为三种类型：①专营或兼营外汇业务的本国商业银行；②在本国经营的外国商业银行分行；③经营外汇买卖业务的本国其他金融机构，比如信托投资公司、财务公司等。外汇银行是外汇市场上最重要的参加者，它的外汇交易构成外汇市场的重要部分。

2. 外汇经纪人（Foreign Exchange Broker）

外汇经纪人是指介于外汇银行之间、外汇银行和外汇其他参加者之间进行联系、接洽外汇买卖的经纪人公司或个人。外汇经纪人作为外汇买卖双方的中间联络人，本身并不承担外汇盈亏风险，他们熟悉外汇供求情况和市场行情，有现成的外汇业务网络，而且具有丰富的外汇买卖经验，因此，一般客户愿意委托他们代理外汇买卖业务。在西方国家，外汇经纪人一般需经过所在国家中央银行的批准才能取得私营业务的资格。有的国家还规定外汇买卖必须通过经纪人和外汇银行进行，可见，外汇经纪人在外汇交易中的作用是十分重要的。

3. 外汇交易商（Exchange Dealer）

外汇交易商是指经营票据买卖业务、买卖外国汇票的公司或个人，多数是信托公司、银行的兼营机构或票据贴现公司。他们利用自己的资金，根据外汇市场上的行市，

赚取买卖中的差价。外汇交易商可以自己直接买卖外汇，也可以通过经纪人交易。

4. 进出口商及其外汇供求者

进出口商从事进出口贸易活动，是外汇市场上外汇的主要的和实际的需求者与供给者。出口商出口商品后需要把收入的外汇卖出，而进口商进口商品则需要买进对外支付的外汇，这些都要通过外汇市场的外汇交易来进行。其他外汇供求者系指运费、旅费、留学费、汇款、外国有价证券买卖、外债本息收付、政府及民间私人借贷以及其他原因引起的外汇供给者和需求者，包括劳务外汇收入者、国外投资受益者、接受国外援助者、收到侨汇者、接受外国贷款者、对本国进行直接投资的外国企业和在国外发行有价证券者。

5. 外汇投机者（Exchange Speculator）

外汇投机者在外汇市场上兴风作浪，预测汇价的涨跌，以买空或卖空的形式，根据汇价的变动低买高卖，赚取差价。这些人往往是活跃外汇交易的重要力量，但过度投机常会带来汇价的大起大落。

6. 中央银行（Central Bank）

中央银行在外汇市场上一般不进行直接的、经常性的买卖，它们主要通过经纪人和商业银行进行交易，目的是防止国际上对本国货币的过度需求或过度抛售，以维护本国货币的汇价稳定，并执行本国的货币政策。在实际过程中，外汇市场上的投机者经常希望有汇价波动，或者进行投机以造成汇价波动，而中央银行总是希望保持汇价的相对稳定，因此这两股力量在外汇市场上的此消彼长往往是影响汇价的重要因素。

（二）外汇交易的层次

一般地，外汇交易可以分为三个层次，即外汇银行与顾客之间的交易，外汇银行之间的交易和外汇银行与中央银行之间的交易。

1. 银行与顾客之间的外汇交易

顾客向银行买卖外汇，往往是出于国际结算中收付货款的需要，故主要是本币与外币之间的兑换。在与顾客的外汇交易中，银行一方面从顾客手中买入外汇，另一方面又将外汇卖给顾客，实际上是在外汇的最初供给者与最终需求者之间起中介作用，赚取外汇的买卖差价。

2. 银行间外汇交易

银行在为顾客提供外汇买卖中介服务时，经常出现营业日内外汇买入额与卖出额不平衡的情况。如果某一币种的购入额多于出售额，则银行该币种外汇头寸即出现"多头"（long position）或"超买"（overbought）；如果某一币种购入额低于出售额，则银行该币种外汇头寸即出现"空头"（short position）或"超卖"（oversold）。"多头"和"空头"统称"敞口头寸"（open position）。为了规避汇率变动的风险，银行必须遵循"买卖平衡"的原则，主动参与银行间市场的交易以轧平各币种的头寸，将多头抛出，空头补进。这种头寸抛补业务又称外汇头寸调整交易。银行进行外汇交易，也可出于投机获利的目的。银行同业间交易汇集了外汇市场的供求流量，由此决定着汇率的高低。在外汇市场上，实力雄厚的大银行凭借其先进的电信设备，高素质的外汇交易员及广泛的代理行关系处于"造市者"地位。这些银行对某种货币的买卖报价可以直接影响该种货币的汇率。

3. 外汇银行与中央银行之间的交易

中央银行对外汇市场的干预，是通过与外汇银行之间的交易进行的。当某种外币汇率上涨高于期望值时，中央银行就会向外汇银行出售该种货币，促使汇率下跌；反之，当某种外币汇率下跌低于期望值时，中央银行就会从外汇银行处购入该种外币，使其汇率上升。

四、世界主要外汇市场概况

外汇市场作为国际金融市场的重要组成部分，分布在世界各个国际金融中心。目前，世界上大约有 30 多个国际外汇市场，其中最重要的有伦敦、纽约、欧洲大陆外汇交易市场、新加坡、香港等，它们各具特色，并分别位于不同的国家和地区，下面分别予以介绍。

（一）伦敦外汇市场

伦敦外汇市场是无形外汇市场，完全通过电话电报或网络完成交易，有 250 多家外汇指定银行（包括英国的商人银行、清算银行和外国银行设在伦敦的分行），90 多家外汇经纪商，其中有些经纪人还在香港和新加坡设有分支机构。

19 世纪以来，由于伦敦在国际金融和贸易方而所处的中心地位，英镑作为国际结算中的主要支付货币和伦敦票据兑换业务的发展，促成了伦敦外汇市场的形成，并成为世界最重要的外汇市场。两次世界大战后，随着英国经济实力的日渐衰落，英镑作为国际支付货币的地位逐渐下降和外汇管制的加强，使伦敦外汇市场的作用受到影响。1951 年 12 月 11 日，英国政府重新开放外汇市场，英格兰银行根据国际货币基金组织的有关规定，将英镑对某些特定外币的汇价订出最高最低价，这些外汇指定银行可随市场供求情况在这一幅度内自由定价成交，并依照外汇管制条例规定，进行远期外汇买卖。英国政府于 1979 年 10 月全部取消外汇管制，这对伦敦金融市场也产生了重大影响。

伦敦外汇市场的外汇交易为即期交易和远期交易，对每笔交易金额，并无具体规定和限制，伦敦外汇市场上外币套汇业务十分活跃，自从欧洲货币市场发展以来，伦敦外汇市场上的外汇买卖与"欧洲货币"的存放有着密切联系。欧洲投资银行曾积极地在伦敦市场发行大量欧洲德国马克债券，使伦敦外汇市场的国际性更加突出。

尽管英镑作为国际贸易支付手段和国际储备货币的地位已被美元代替，但由于伦敦外汇市场交易类型齐全，交易结构完备，设有十分现代化的电讯网络设备，加上伦敦横跨欧亚美洲三个时区，得天独厚，使伦敦外汇市场的交易规模长期以来居世界各大外汇市场之首。2001 年 4 月国际清算银行的调查报告显示，伦敦仍是全球外汇交易量最大的金融中心，日平均交易量 5 040 亿英镑，占全球日平均交易量的 1/3。

（二）纽约外汇市场

第二次世界大战后，随着美国经济实力的增强和对外贸易、资本输出的迅速发展，美元取代英镑成为关键货币，加之美国实行的外汇开放政策，纽约国际金融市场的地位不断提高，交易量占国际外汇交易量的 18%，仅次于伦敦，是世界最重要的外汇市场之一。

纽约外汇市场是最复杂的，同时也是最具特色的外汇市场，具体表现为：

（1）由于美国对经营外汇业务不加限制，政府不专门指定外汇专业银行，因此，几乎所有的美国银行和金融机构都可以经营外汇业务，如商业银行、储蓄银行、投资银行、人寿保险公司和外汇经纪人等，其中又以商业银行为主。目前，纽约外汇市场主要包括180多家美国商业银行，200多家外国银行在纽约的分支机构、代理行以及代表处。

（2）纽约外汇市场交易活跃，但和进出口贸易相关的外汇交易量较小，因为在美国的进出口中大多数以美元计价结算，当美国从国外进口商品、劳务时，支付的是美元，美元和外币的兑换发生在出口国；当美国出口商品和劳务时，收的是美元，美元和外币的兑换由进口商进行，发生在进口国。在纽约外汇市场上，外汇交易的相当部分和金融期货市场密切相关，美国的企业除了因进行金融期货交易而同外汇市场发生关系外，其他外汇业务较少。

（3）纽约是世界美元交易的清算中心。世界各地的美元买卖，包括欧洲货币市场和亚洲美元市场的交易，最终都必须在美国，特别是纽约商业银行的账户上收付、划拨和结算，2003年占全球90%以上的美元交易最后都通过纽约的银行间清算系统进行结算。纽约外汇市场的大商业银行，通过在海外分支机构及其广泛的国际联系，承担着国际结算和资本流动的主要结算任务。

（三）东京外汇市场

历史上，日本曾是实行外汇严格管制的国家，外汇交易受到多方限制，外汇市场的产生和发展都较其他发达的资本主义国家缓慢。20世纪50年代后，日本逐渐放松了外汇管制，1964年日本加入了国际货币基金组织并成为其"第八条会员国"（Article Ⅷ Member），日元成为可兑换货币，东京外汇市场原则上不再实行外汇管制，外汇交易也逐步实行自由化，推动东京外汇市场业务量的迅速增长。但是，由于历史延续的原因和日本一向以实行保护贸易政策著称，对于外贸一直采取一些限制性条款，使得东京外汇市场与其他国际金融中心的外汇市场相比，交易限制还是比较严格的。

进入20世纪80年代后，在国际金融自由化浪潮的冲击下，日本政府采取了一系列金融自由化措施，如1980年修改了战后初期制定的《外贸和外汇管理方法》，修改后的新外汇管理法放宽了银行外汇业务的限制，使所有银行都可以在国内经营一般外汇业务。1985年东京外汇市场更是迎来了交易货币、交易种类多样化的质的飞跃，从此东京外汇市场达到了与纽约外汇市场并列的自由程度，成为国际性的外汇交易市场。

东京外汇市场作为一个新兴的主要国际外汇市场，具有一些有别于其他国际外汇市场的特点：

（1）交易规模不断扩大。1998年东京外汇市场平均每天交易额为1 487亿美元，仅次于伦敦、纽约，居当年世界第三位。不过其规模扩大速度之后已大为减缓，2001年法兰克福外汇交易量超过东京成为世界第三大外汇交易中心。进入20世纪90年代以后，日本国内投资环境恶化，投资者投资时趋于谨慎化，这样就使外汇购买和套期保值的外汇买卖日趋萎缩，导致外汇市场对顾客包括企业法人、进出口商社、人寿财产保险公司、投资信托公司、信托银行等的交易比例下降，由20世纪80年代末期的占30%，降至目前的20%左右。

（2）货币选择权交易大幅度增加。东京外汇市场吸取了有关货币选择权交易的诀窍，致力培养人才，其结果使银行间的交易增加。另外，外汇市场的外汇风险套期交易手段从远期预约逐步过渡到选择权上，这样就使顾客的交易量增加了。

（3）货币选择权市场的特色：①东京外汇交易量的变化。1984年东京市场引进货币选择权交易，特别是1987年左右，介绍了利用货币选择权的复合商品，外汇交易量按最新统计表明：货币选择权交易占通过东京外汇市场经纪人中介交易的10%左右；②交易货币的币种主要是美元和日元，美元和日元的交易接近70%，如果论美元和日元的交易量，东京外汇市场足以凌驾于伦敦、纽约之上；③市场汇率差价交易尤为活跃。银行间的交易一部分主要是市场参加者通过直接交易及经纪人提出货币选择权的价格，以获取货币选择权，所以汇率本身的差价交易就显得极为活跃。

（四）欧洲大陆外汇交易市场

欧洲大陆外汇交易市场由法兰克福市场、苏黎世市场、巴黎市场和一些欧元区成员国的小规模的市场组成。主要是德国的法兰克福市场和苏黎世市场。

法兰克福是德国中央银行——德国联邦银行所在地。由于德国经济实力雄厚，且长期以来实行自由兑换制度，法兰克福在欧洲市场上的地位仅次于伦敦。欧元诞生后，作为欧洲银行所在地的法兰克福成为欧元发行和交易的主要场所，2001年法兰克福取代东京成为世界第三大外汇交易市场。

苏黎世市场是世界著名的国际金融中心，瑞士法郎是世界上最稳定的货币之一。在欧洲支付同盟时期，瑞士法郎是当时唯一可以将货币自由兑换成美元的货币，这就使苏黎世外汇市场在国际外汇交易中一直处于比较重要的地位。苏黎世外汇市场的构成主要有：瑞士银行公司（Swiss Bank Corporation）、瑞士信贷银行（Credit Swisse）、瑞士联合银行（Union Bank of Switzerland）、经营国际金融业务的银行、外国银行分支机构、国际清算银行（Bank for International Settlement）、瑞士国家银行（Schweizerische National Bank）。

苏黎世外汇市场也是无形市场，而且不通过外汇经纪人或外汇中间商，这与伦敦、纽约外汇市场不同。该外汇市场采用直接标价法标价。美元在苏黎世外汇市场上具有特殊的重要地位，这反映在市场上外汇买卖的对象不是瑞士法郎而大部分是美元，市场汇率也以美元对瑞士法郎的汇率为主要汇率，其他货币对瑞士法郎的汇率是通过其他外汇市场对美元的汇率套算出来的。

苏黎世外汇市场可以进行现汇交易和期货交易，同时也兼做套汇业务。现汇交易汇率是根据市场当天汇率行情而定，当天业务的开盘价是参照纽约和远东前一天的收盘价，结合银行各种外汇头寸确定的。期货交易的汇率是按远期与即期汇率的差率来表示的。

（五）新加坡外汇市场

新加坡外汇市场是20世纪70年代随着新加坡成为一个新型国际金融市场而发展起来的。新加坡外汇市场地理位置适中，时区差距优越，上午可与香港、东京、悉尼进行交易，下午可与伦敦、苏黎世、法兰克福等欧洲市场进行交易，中午还可同中东的巴林交易，晚上则同纽约进行交易，使其成为亚太地区乃至全球的重要外汇市场。1978年6月，新加坡取消了外汇管制，促进了新加坡外汇市场的进一步发展。

新加坡外汇市场由经营外汇业务的本国银行、经批准可经营外汇业务的外国银行和外汇经纪人组成，其中外资银行的资产、存放款业务和净收益都远远超过本国银行。

新加坡外汇市场是无形市场，外汇经纪人在外汇交易中起着重要作用，大部分交易都由他们办理，并通过他们的国际联络网把新加坡和世界各个金融中心联系起来。

在市场上交易的币种不受限制，但以美元为主，约占交易额的 85%。大部分交易都是即期交易，掉期交易及远期交易合计占交易额的 1/3（1977 年）。汇率均以美元报价，非美元货币间的汇率通过套算求得。1974 年 5 月前即期交易在签约日即进行清算，以后改为依据国际惯例，两日内清算。

（六）香港外汇市场

香港外汇市场是 20 世纪 70 年代以后发展起来的亚太地区的重要国际性外汇市场。20 世纪 70 年代以来亚洲美元市场的兴起，使香港金融业务获得了新的发展，1973 年，香港取消了外汇管制，国际资本大量流入，经营外汇业务的金融机构不断增加，外汇市场越来越活跃，2002 年以成交额计是全球第七大外汇市场。

香港外汇市场和伦敦、纽约外汇市场一样是一个无形市场，没有固定的交易场所或正式的组织，是一个由从事外汇交易的银行、其他金融机构以及外汇经纪人组成，电话、电传等通讯工具联结起来的网络。20 世纪 70 年代以后，随着该市场的国际化以及港币和英镑脱钩同美元挂钩，美元逐步取代英镑成为市场上交易的主要外币。香港外汇市场上的交易可以划分为两大类：一类是港币和外币的兑换，其中以和美元的兑换为主。因为香港的进出口贸易多以美元计价结算，对美元的供求远远高于其他外币。加之港币在国际支付中使用不多，即使人们需要其他外币，一般也要先以港币换取美元，再以美元兑换所需外币。另一类是美元兑换其他外币的交易。

五、世界主要外汇交易系统

随着国际金融的一体化，各金融中心的联系越来越紧密，为了满足广大外汇交易者的需要，通讯与信息系统越来越灵敏。目前，运用最广泛的有以下三种系统：路透社终端、美联社终端和德励财经终端。这三大系统在服务内容和方式上大同小异，下面仅就路透社终端进行介绍。

路透社终端由英国路透新闻社推出，路透社利用分散于全球各地和金融中心的新闻记者，广泛采集有关政治、经济、金融、贸易等信息，并通过卫星、交易机等先进的通讯工具，以最快捷的速度向用户提供服务。

全世界参加路透社交易系统的银行达数千家，每家银行都有一个指定的代号，例如中国银行总行的代号是 BCDD。交易员若想与某家银行进行交易，在键盘上输入对方银行的代号，叫通后即可询价，并可以讨价还价。双方的交易过程全部显示在终端机的荧屏上，交易完毕后即可通过打印机打印出来，作为交易双方的文字记录和交易合同。路透社终端提供的服务主要包括：

（1）即时信息服务。路透社记者将即时的政治、金融、商品等信息汇集到路透社编辑中心，然后再输送到各地的终端。用户只需输入代号，即可在屏幕上阅读信息。

（2）即时汇率行情。路透社终端的即时汇率版面，为交易员即时显示世界各大银行外汇买卖的参考价。

（3）走势分析。路透社系统中，有许多专业的分析家负责每天撰写汇市评论和走势分析，然后输入路透社电脑中心，用户需要时可调出作参考。

（4）外汇买卖和技术图表分析。通过路透社交易机，交易员可以与系统内任何一家银行买卖外汇。路透社为用户提供各种货币的技术图表，以帮助用户分析。

任务二 外汇交易

一、外汇交易的概念

外汇交易是指在外汇市场上进行的买卖外汇的活动。外汇交易主要是由于对外贸易和投资需要用不同的货币实行结算和支付而产生的。外汇交易所体现的外币运动，实质上反映了国际间有形贸易、无形贸易和资本投资中的商品运动和资本运动。在各国实行浮动汇率时期，外汇交易还具有满足贸易者和投资者避免汇率波动风险的作用。同时由于对未来的某一时期汇率变动趋势及幅度的预测不同，许多外汇交易又具有投机的性质。

二、外汇交易的程序

（一）询价

询价方首先要自报家门，以便让报价行知道交易对手是谁，并决定其交易对策。询价的内容主要包括交易的币种、交易金额、交割期限等。为节省时间、提高效率，询价方应采用简洁明了的规范化语言进行询价，如：What is your spot USD JPY, pls?

（二）报价

外汇银行的交易员接到询价后，应迅速报出所询问的有关货币的现汇或期汇的买入价和卖出价，如20/30。迅速报价，体现了外汇银行的业务水平及交易效率，也使询价方无暇寻找其他交易对象，增大了成交的可能性。与此同时，外汇银行的交易员还应根据其自身的头寸情况和买卖意图报出一个具有竞争力的价格，现举例予以说明。

【实例3-1】假设某外汇银行的英镑处于多头寸状况，假设国际外汇市场上英镑兑美元的报价为：GBP1＝USD1.354 5/65，该外汇银行为了将本行多余的英镑头寸抛出，应如何报价？

解析：该外汇银行为了将本行多余的英镑抛出，就应该压低英镑的报价如GBP1＝USD1.353 5/55，这一报价中英镑的买入价、卖出价显然比市场报价低，这样一方面阻止了客户到该银行卖出英镑，另一方面也吸引了客户到该银行购买英镑，进而达到了抛出英镑的目的。当然，报价银行的交易员在报出具有竞争力买卖价格后，还要根据本行外汇头寸的变化情况，灵活而及时地调整报价。

（三）成交

询价者接到报价后，应立即做出反应，或者成交，或者放弃，而不应该与报价方讨价还价。当询价者表示愿意以报出的价格买入或卖出某个期限的一定数额的某种货币，报价银行应对此交易承诺。一旦报价银行的外汇交易员说"成交了"，外汇交易合同即成立，双方都应遵守各自的承诺，不得反悔、更改或取消。

（四）证实

交易得到承诺后，为防止错漏和误解，双方当事人不管多么繁忙都会不厌其烦地将交易的所有细节以书面形式相互确认一遍。

交易结束后，若发现原证实有错误或遗漏，交易员应尽快与交易对手重新证实，其内容必须得到交易双方的同意方可生效。

（五）交割

交割是外汇交易的最后环节，也是最重要的环节。交易双方需按对方的要求将卖出的货币及时准确地汇入对方指定的银行存款账户中，以了结债权债务关系。

三、即期外汇业务

（一）即期外汇业务的概念

即期外汇交易（Spot Exchange Transaction）亦称现汇交易，是买卖双方约定于成交后的两个营业日内办理交割的外汇交易方式。在国际外汇市场上，即期外汇交易的交割日定于成交后的两个营业日内，是因为全球外汇市场需要 24 小时才能运行一周，这样，各市场因时差问题给交割带来的障碍就可得到消除。目前全球两大电子即时汇率报价系统（路透社、美联社）所报出的汇率都是即期汇率。

即期外汇业务是外汇市场中业务量最大的外汇业务，特别是从 1973 年各国普遍实行浮动汇率以来，汇率波动极为频繁，进出口商为了加速资金周转和避免汇率波动的风险，经常选择即期外汇业务。经营外汇业务的银行，为了及时平衡外汇头寸，也大量采用即期业务，使即期外汇业务的规模迅速扩大。

（二）即期外汇业务的种类

即期外汇业务可分为电汇、信汇和票汇三种。

1. 电汇（Telegraphic Transfer，T/T）

电汇即汇款人向当地外汇银行交付本国货币，由该银行用电报或电传通知国外分行或代理行立即付出外币。反之，当客户收到国外电汇时，可向付款银行卖出外汇，立即取得本国货币。

在浮动汇率制下，由于汇率不稳，经常大幅度波动，而电汇收付外汇的时间较短，一定程度上可减少汇率波动的风险，因此，出口商在贸易合同中经常要求进口商以电汇付款。在实践中，出口商经常要求进口商开出带有电报索汇条款的信用证：即开证行允许议付行在议付后，以电报通知开证行，说明各种单证与信用证要求相符；开证行在接到上述电报后有义务立即将货款用电汇发交议付行。由于电报和电传比邮寄快，因此附带电报索汇条款的信用证能使出口商尽快收回货款，加速其资本周转，减少外汇风险，这就是电汇在出口结算中的具体运用。此外，商业银行在平衡外汇买卖，调发外汇时，投机者在进行外汇投机时，也都使用电汇。电汇的凭证就是外汇银行开出的具有密押（Test Key）的电报付款委托书。

用电汇买卖外汇，银行间资金划拨转移速度很快，银行在国内收进本国货币，在国外付出外汇的时间相隔不过一两天。由于银行不能利用顾客的付款，而国际电报费又较贵，所以电汇汇率最高。目前，电汇汇率已成为外汇市场的基本汇率，其他汇率都以电汇汇率作为计算标准。西方外汇市场和报纸公布的汇率多系银行电汇买卖价。

2. 信汇（Mail transfer，M/T）

信汇是指汇款人向当地银行交付本国货币，由银行开具付款委托书，用航空邮寄交国外分行或代理行，办理付出外汇业务。采用信汇方式，由于邮程需要的时间比电汇长，银行有机会利用这笔资金，所以信汇汇率低于电汇汇率，其差额相当于邮程利息。

在进出口贸易合同中，如果规定凭商业汇票"见票即付"，则由议付行把商业汇票和各种单据用信函寄往国外收款，进口商银行见汇票后，用信汇（航邮）向议付行拨付外汇，这就是信汇方式在进出口结算中的运用。进口商有时为了推迟支付贷款的时间，常在信用证中加注"单到国内，信汇付款"条款。这不仅可避免本身的资金积压，还可在国内验单后付款，保证进口商品的质量。

信汇凭证是信汇付款委托书，其内容与电报委托书内容相同，只是汇出行在信汇委托书上不加注密押，而以负责人签字代替。

3. 票汇（Demand Draft, D/D）

票汇是指汇出行应汇款人的申请，开立以汇入行为付款人的汇票，列明收款人的姓名、汇款金额等，交由汇款人自行寄送给收款人或亲自携带出国，以凭票取款的一种汇款方式。票汇的凭证即银行汇票。

票汇有两个特点：一是汇入行无须通知收款人取款，而由收款人上门自取；二是收款人通过背书可以转让汇票，因而到银行领取汇款的，有可能并不是汇票上列明的收款人本人，而是其他人。这样票汇牵涉的当事人可能就多于电汇和信汇这两种方式。

在国际贸易实务中，进出口商的佣金、回扣、寄售货款、小型样品与样机、展品出售和索赔等款项的支付，常常采取票汇方式汇付。

即期外汇凭证除付款委托书、银行汇票外，还有商业汇票、支票、旅行支票等。

采用信汇和票汇业务时，银行收到顾客交来的款项以后，经过两国间邮程所需的时间，才在国外付出外汇。在此期间内，银行利用了顾客的汇款，有利息收益。由于银行间竞争的关系，银行为了获得客户，必须把这部分收益转给客户，其结果是信汇和票汇的汇率低于电汇汇率，差额大致相当于邮程期间的利息，如下例：

【实例3-2】在香港市场上，美元对港元的电汇汇率为 lUSD = 7.790 0 - 7.794 0 HKD，香港银行拆放利息为8%（年率），美国到香港的邮程为10天，那么美元对港元的票汇汇率应是多少？

解析：先考虑买入价，当银行买进1美元，需付出7.790 0港元，10天后才能记入在美国代理行的美元存款账户，扣除两天电汇交割时间，银行就要把因垫款所损失的8天拆息转嫁给信汇或票汇的卖主，所以信汇与票汇的买价为：

7.790 0×（1-8%×8/365）= 7.776 3

再考虑卖出价，当银行卖出1美元，立即收到7.794 0港元，而美国代理行要到10天后才能付给买主，扣除2天的电汇交割时间，美国代理行利用客户资金得到8天的额外利息。为了竞争的需要，银行必须将这笔额外的利息收入转让给（还给）买主，所以银行信汇或票汇的卖价为：

7.794 0×（1-8%×8/365）= 7.780 3

所以，香港市场上票汇或信汇的汇率为：

l USD = 7.776 3 - 7.780 3 HKD

（三）即期外汇交易的交割日期

交割日又称为结算日或起息日，是进行资金交割的日期。即期外汇交易的交割有以下三种类型。

1. 标准交割日

标准交割日又称即期交割，指在成交后第二个营业日进行交割，国际外汇市场上，除特殊说明，一般采取即期交割，这已成为惯例。这是因为，国际货币的收付除了要考虑时差因素的影响外，还需要对交易的细节进行逐一核对，并发出转账凭证等。当然，随着现代化通信技术和结算技术的发展，即期交割的时间有缩短的趋势。

2. 次日交割

次日交割又称翌日交割，指在成交后第一个营业日进行交割。如在香港市场上，港元对日元、新加坡元、马来西亚林吉特是在次日交割。

3. 当日交割

当日交割是指在买卖成交当日进行交割。例如在香港市场上，港元对美元的即期交易就是在当日交割的。

即期外汇交易交割日确定的原则可以简要概括为："节假日顺延，顺延不跨月。"具体来讲就是，在交割日内如果遇上任何一国（货币发行国）银行节假日，外汇交割时间向后顺延，若顺延跨到下个月，则交割日往前推回到当月最后一个营业日。这里需要注意的是，按照国际惯例，如果某一方节假日是在成交后的第一个营业日，则以报价行的交割日为准。例如，一笔星期一在伦敦市场报价成交的英镑兑美元的即期交易，若星期二是英国节假日，则交割日为星期四，若星期二是美国节假日，则交割日仍为星期三。

（四）即期外汇交易的汇价

即期汇率是外汇市场最基本的汇率，其他交易的汇率都是以即期汇率为基础计算出来的。全球各外汇市场一般采用美元标价法，在路透社、美联社等主要系统报出的即期行情中，除了英镑等少数货币对美元汇率是完整报出基准货币、报价货币名称之外，其他汇率均只报出报价货币名称。

（五）即期汇率的套算

由于国际外汇市场的报价大都采用美元标价法，因此就产生了其他国家货币之间的汇率需要通过美元进行套算的问题。

【实例3-3】美元为基准货币

例：1美元=1.268 0/1.269 0瑞士法郎

1美元=7.792 0/7.794 0港币

现需要计算瑞士法郎对港币的汇率，计算方法为：

解析：瑞士法郎的买入汇率为：7.792 0/1.269 0=6.140 3港币

瑞士法郎的卖出汇率为：7.794 0/1.268 0=6.146 7港币

即1瑞士法郎=6.140 3/6.146 7港币

【实例3-4】美元为标价货币

例：1英镑=1.508 0/1.509 0美元

1加元=0.728 0/0.728 5美元

现计算英镑对加元的汇率，计算方法为：

解析：英镑的买入汇率为：1.508 0/0.728 5=2.070 0加元

英镑的卖出汇率为：1.509 0/0.728 0=2.072 8加元

即1英镑=2.070 0/2.072 8加元

【实例3-5】美元既为标准货币，也为标价货币

例：1英镑= 1.508 0/1.509 0美元

1美元=1.268 0/1.269 0瑞士法郎

现计算英镑对瑞士法郎的汇率，计算方法为：

解析：英镑的买入汇率为：1.508 0 * 1.268 0 = 1.912 1 瑞士法郎

英镑的卖出汇率为：1.509 0 * 1.269 0 = 1.914 9 瑞士法郎

即 1 英镑 = 1.912 1/1.914 9 瑞士法郎

四、远期外汇业务

(一) 远期外汇交易的概念

远期外汇交易（Forward Exchange Transaction）又称期汇业务，是一种买卖外汇双方先签订合同，规定买卖外汇的数量、汇率和将来交割外汇的时间，到了规定的交割日期买卖双方再按合同规定，卖方交付外汇，买方交付本币现款的外汇交易。通过远期外汇交易买卖的外汇称为远期外汇或期汇。远期外汇结算到期日以 1 星期、2 星期、1 月期、2 月期、3 月期、6 月期居多，有的可达 1 年或 1 年以上。

(二) 远期外汇交易的交割日

确定远期外汇交易交割日非常重要，因为相隔一天的远期点数可能有很大的差异，短期合约更是如此。远期外汇交易交割日的确定法则可以概括为"日对日，月对月，节假日顺延，顺延不跨月"。

(1)"日对日"是指远期外汇交易交割日是以即期外汇交易交割日为基准的。例如，即期外汇交易的成交日是 2 月 2 日，即期交割日为 2 月 4 日，则一个月远期外汇交易的交割日为 3 月 4 日（若即期交割日为 2 月 3 日，则一个月远期外汇交易的交割日为 3 月 3 日），但 3 月 4 日必须是有效的营业日，是相关币种国家共同的营业日。

(2)"月对月"是指"双底"惯例，即如果即期外汇交易交割日是该月的最后一个营业日，那么远期外汇交易交割日为合约到期月份的最后一个营业日。例如，2012年 1 月 31 日为即期外汇交易交割日，那么 1 个月远期外汇交易的交割日就是 2012 年 2 月 29 日（2 月份的最后一个共同的营业日）。

(3)"节假日顺延"是指在远期交割日内如果遇上任何一国（货币发行国）银行节假日，外汇交割时间向后顺延。

(4)"顺延不跨月"是指若顺延跨到下个月，则交割日往前推回到当月最后一个营业日。例如，2 个月远期外汇交易的成交日是 5 月 28 日，即期交割日为 5 月 30 日，2 个月远期外汇交易交割日为 7 月 30 日，若 7 月 30 日、7 月 31 日均不是营业日，则交割日不能顺延，否则就跨过 7 月份了。因此，这笔远期外汇交易的交割应为 7 月 29 日，若 7 月 29 日仍为节假日，则退回到 7 月 28 日，以此类推。

最后需要说明一点，上述四条原则在确定远期外汇交易交割日时一定要兼顾，否则就会出现错误。

(三) 远期汇率的报价

1. 完整汇率报价方式

该报价方式又称为直接报价方式，是直接报出完整的不同期限远期外汇的买入价和卖出价。银行对客户的远期外汇报价通常使用这种方法。例如：某日美元对日元的 1 个月远期汇价为：USD1 = JPY 105. 15/25。

2. 汇水报价方式

该报价方式只标出远期汇率与即期汇率的差额，不直接标出远期汇率的买入价和卖出价。远期汇率与即期汇率的差额，称为汇水或远期差价（Forward Margin）。远期差价在外汇市场上是以升水（Premium）、贴水（Discount）和平价（Parity）来表示的。升水表示远期外汇比即期外汇贵，贴水表示远期外汇比即期外汇贱，平价表示两者相等。

由于汇率标价方法不同，计算远期汇率的公式也不相同，如下所示。

在直接标价法下：远期汇率＝即期汇率＋升水额

远期汇率＝即期汇率−贴水额

在间接标价法下：远期汇率＝即期汇率−升水额

远期汇率＝即期汇率＋贴水额

【实例 3-6】某日在纽约外汇市场上，即期汇率为 GBP1＝USD1.353 5/55，若一个月远期英镑升水 10/20，则英镑一个月远期汇率为多少？

解析：在纽约市场即期汇率 GBP1＝USD1.353 5/55 为直接标价法，一个月远期英镑升水，所以，远期汇率＝即期汇率＋升水额，即 GBP1＝USD1.353 5＋0.001 0/1.355 5＋0.002 0＝1.354 5/75。

3. "点数"报价的方式

在实际远期外汇交易中，银行只报出远期汇率升、贴水的点数，而且并不说明是升水还是贴水。我们已经知道，实际的远期汇率可通过即期汇率加上或减去升、贴水得出，但上面报价中的数字并未标明是升水还是贴水，因此，我们必须首先进行判断，然后才能对升、贴水进行加减。

在外汇市场上，表示远期汇率点数的有前后两栏数字，分别代表了买价和卖价。判断升、贴水的方法是：当买价大于卖价时，即为贴水；当卖价大于买价时，即为升水。但是，在不同的标价法下，买价和卖价的位置不同。在直接标价法下，前面是买价，后面是卖价；在间接标价法下，前面是卖价，后面是买价。下面我们举例予以说明。

【实例 3-7】某日在纽约外汇市场上，即期汇率为 USD1＝JPY100.48/58，若三个月远期差价为：10/20，则美元三个月远期汇率为多少？

解析：首先判断标价方法。在纽约外汇市场上，即期汇率为 USD1＝JPY100.48/58，为间接标价法。然后，判断升水、贴水。间接标价法下，前面的数字是卖价，后面的数字是买价，这里买价大于卖价，所以是贴水。最后，根据公式进行计算。在间接标价法下，远期汇率等于即期汇率加上贴水额。即 USD1＝JPY100.48＋0.001 0/100.58＋0.002 0＝JPY100.58/78。

最后需要说明一点，实际上无论是何种标价方法（直接标价法、间接标价法、美元标价法与非美元标价法），只要远期差价点数顺序是前小后大，就用加法；只要远期差价点数的顺序是前大后小，就用减法，即"前小后大往上加，前大后小往下减"。同时，远期差价点数"前小后大"说明标准货币升水，报价货币贴水；远期差价点数"前大后小"说明标准货币贴水，报价货币升水。

（四）远期汇率升水或贴水原因

国际政治经济形势的变化、货币所在国实施的经济政策、中央银行对外汇市场的干预措施以及外汇市场的投机程度等诸多因素，都会不同程度影响货币的远期汇率。但是，在正常情况下，两国货币短期利率的差异和两国货币远期外汇市场的供求关系是导致远期汇率升水或贴水的主要原因。

1. 两国货币短期利率的差异

两国货币短期利率的差异是两国货币的远期汇率在即期汇率的基础上升水或贴水的基本原因。通常情况下，低利率的货币远期汇率表现为升水，高利率货币表现为贴水（其原理参见第三章利率平价理论）。计算升水额或贴水额的近似公式为

$$标准货币的升（贴）水额=即期汇价×两国年利差×\frac{月数}{12}$$

若求报价货币的升贴水额，需要先进行汇率变形，把报价货币变为标准货币，再代入上述公式进行计算。

【实例3-8】伦敦货币市场的年利率为9.5%，纽约货币市场的年利率是7%，伦敦外汇市场即期汇率是GBP1＝USD1.800 0。求3个月英镑的远期汇率和3个月美元的远期汇率。

解析：3个月英镑的贴水额=1.800 0×（9.5%-7%）×3/12=0.011 3美元，所以3个月英镑的远期汇率＝即期汇率-远期贴水额=1.800 0-0.011 3=1.788 7美元。

3个月美元的升水额＝$\frac{1}{1.800 0}$×（9.5%-7%）×3/12=0.003 5英镑，所以3个月美元的远期汇率＝即期汇率+远期升水额=0.555 6+0.003 5=0.559 1英镑。

本题中，3个月美元的远期汇率也可以通过直接计算3个月英镑的远期汇率倒数获得。

2. 两国货币远期外汇市场的供求关系

以两国货币的短期利率差所决定的远期汇率升贴水额只是剔除供求因素影响的纯理论数值，实际的远期外汇市场的升贴水数还要受到供求关系的影响。从长期和均衡的观点来看，远期外汇市场的远期汇率升贴水额总是围绕着由两国货币短期利差所决定的升贴水额上下波动。在供求均衡的情况下，两者才会一致。外汇市场的供求关系决定的标准货币远期汇水的折年率计算公式为：

$$标准货币升（贴）水额的折年率=\frac{升（贴）水额×12}{即期汇价×月数}×100\%$$

【实例3-9】若某日即期外汇市场汇价为：GBP1＝USD2.250 0，3个月远期汇率为GBP1＝USD2.275 0，纽约市场年利率为7%，伦敦市场年利率为5.5%，问投资者应该在英国投资还是在美国投资？

解析：英镑升水折年率＝$\frac{升水额×12}{即期汇价×月数}×100\%=\frac{0.025 0×12}{2.250 0×3}×100\%=4.4\%$

美、英两国的年利差为：7%-5.5%=1.5%。

投资者应该选择在英国投资，因为在英国投资与在美国投资相比，尽管一年有1.5%的利息损失，但是英镑（低利率货币）的升水折年率为4.4%，不仅弥补了所有利息损失，还有剩余。

通过上述例子，我们不难得出结论：若升贴水折年率大于两国年利差，则投资者在低利率货币国投资有利可图。

（五）远期外汇交易的作用

按照人们从事远期外汇交易的不同目的，远期外汇交易的作用可概括为：套期保

值和外汇投机。就套期保值而言，我们将一般公司企业和外汇银行加以区别对待，因此，远期外汇交易的作用可概括为如下三个方面。

1. 公司企业利用远期外汇交易进行套期保值

套期保值（Hedging），是指未来有外汇收入或支出的公司企业卖出或买入相等于该笔金额的远期外汇，交割期限与该笔外汇收入或支出的期限一致，使该笔外汇以本币表示的价值免受汇率波动的影响，从而达到保值的目的。

在国际贸易、国际投资等国际经济交易中，由于从合同签订到实际结算之间总存在着一段时间，在这段时间内，汇率有可能向不利方向变化，从而使持有外汇的一方蒙受损失。为了避免这种风险，进出口商等会在签订合同时，就向银行买入或卖出远期外汇，当合同到期时，即按已商定的远期汇率买卖所需外汇。

【实例3-10】某美国出口商向英国进口商出售一批汽车，价值1 000万英镑，三个月后收汇。假定外汇市场的行情为：即期汇率GBP1＝USD1.452 0/30，三个月远期差价为30/50，问美国出口商如何利用远期外汇交易进行套期保值？

解析：根据已知条件，三个月远期汇率为GBP1＝USD1.455 0/80

美国出口商三个月后将有1 000万英镑的外汇收入，为防止三个月后英镑贬值，美国出口商在签订合同时就应向银行卖出三个月期1 000万英镑远期外汇予以套期保值，即美国出口商签订合同时就明确知道三个月后将收入1 000×1.455 0＝1 455万美元。

当然，若三个月后英镑升值，由于美国出口商在签订合同时就向银行卖出三个月期1 000万英镑远期外汇予以套期保值，因而也无法获得汇率有利变动的好处。

【实例3-11】某香港公司以6%的年利率借到了1 000万英镑，期限三个月。假定外汇市场的行情为：即期汇率GBP1＝HKD12.562 0/30，三个月远期差价为20/50，问该香港公司如何利用远期外汇交易进行套期保值？

解析：根据已知条件，三个月远期汇率为GBP1＝HKD12.564 0/80

香港公司三个月后将支付的本利和为1 000×（1+6%×3/12）＝1 015万英镑

香港公司为防止三个月后英镑升值，在签订合同时就向银行买入三个月期1 015万英镑远期外汇予以套期保值，即香港公司在签订合同时就明确知道三个月后将支付1 015×12.568 0＝12 756.52万港元。

当然，若三个月后英镑贬值，由于香港公司在签订合同时就向银行买入三个月期1 015万英镑远期外汇予以套期保值，因而也无法获得汇率有利变动的好处。

2. 外汇银行利用远期外汇交易平衡其外汇头寸

当面临汇率风险的客户与外汇银行进行远期外汇交易时，实际是将汇率变动的风险转嫁给了外汇银行。而银行在它所做的同种货币的同种期限的所有远期外汇交易不能买卖相抵时，就产生了外汇净头寸，面临风险损失。为避免这种损失，银行需要将多头抛出、空头补进，轧平各种币种各种期限的头寸。

【实例3-12】某银行某日开盘时卖给某企业1个月期100万英镑的远期外汇，买进相应的1个月期远期美元。假设开盘时的汇率行情如下：

即期汇率为GBP1＝USD1.452 0，1个月远期汇率为GBP1＝USD1.453 0

该银行在卖出1个月远期100万英镑后，若认为其英镑远期头寸不足，应该补回100万英镑的远期外汇，以平衡美元头寸。由于外汇市场的行情处于不断的变化之中，银行在平衡外汇头寸过程中，有可能要承担汇率变化的风险。假设该银行在当日接近

收盘时补进 1 个月远期 100 万英镑。假设收盘时的汇率行情如下

即期汇率 GBP1＝USD1.455 0，1 个月远期汇率为 GBP1＝USD1.456 0

这样该银行就要损失（1.456 0−1.453 0）×100＝0.3 万美元。

因此，在银行实际业务处理过程中，为避免汇率风险，银行在卖出远期外汇的同时，往往要买进相同数额、相同币种的即期外汇。在本例中，银行在开盘时卖给某企业 1 个月期 100 万英镑的远期外汇的同时，以 GBP1＝USD1.452 0 的即期汇率买进 100 万即期英镑；到收盘时该银行在补进 1 个月远期 100 万英镑的同时，可按 GBP1＝USD1.455 0 的即期汇率卖出 100 万即期英镑。这样，尽管银行补进卖出的 3 个月远期英镑要损失 0.3 万美元，但即期交易中获得 0.3 万美元的收益可以抵消远期外汇市场上的损失。

综上所述，银行在进行外汇买卖过程中，当某种货币出现空头寸或多头寸时，可以利用即期外汇买卖和远期外汇买卖相配合，来弥补暂时货币头寸余缺。

3. 利用远期外汇交易进行投机

外汇投机（Exchange Speculation）是指外汇市场参与者根据对汇率变动的预测，有意保留（或持有）外汇的空头或多头，希望利用汇率变动牟取利润的行为。外汇市场的投机绝不是完全意义上的贬义词，现代外汇投机是外汇交易的重要组成部分，没有适度的投机也不能使外汇市场日交易量达到 1 万亿美元以上。从某种意义上来说，投机活动在引起国际汇率不稳定的同时，也迫使一些国家健全金融市场机制。有的观点认为，20 世纪 70 年代以来的金融工具创新使投机活动加剧，但 1997 年亚洲金融危机中，国际投机家们并没有利用复杂的金融工具，而是采用最常规的交易——即期交易。这就说明，任何一项交易业务既可用于实际的需要，也可以用于投机。远期外汇交易也是如此。

当预测某种货币的汇率将上涨时，即在远期市场买进该种货币，等到合约期满再在即期市场卖出该种货币，这种交易行为称之为"买空"。相反，当预测某种货币的汇率将下跌时，即在远期市场卖出该种货币，等到合约期满，再在即期市场买进该种货币，这种交易行为称之为"卖空"。"买空"和"卖空"交易是利用贱买贵卖的原理牟取远期市场与即期市场的汇差。当然，如果预测失误，会给交易者带来损失。

远期外汇投机与即期外汇投机相比，其突出表现为："以小博大"和"买空卖空"。"以小博大"是指远期外汇投机不涉及现金和外汇的即期支付，仅需少量的保证金，无需付现，一般都是到期轧抵，计算盈亏，支付差额，并且大多数远期外汇投机在到期前就已经平仓了，因而远期外汇投机不必持有巨额资金也可作巨额交易。"买空"或"做多头"是指投机者预测某种货币的汇率会上升，则买入远期的该种货币，此时他并没有立即支付现金，也没有取得相应的外汇，只是订立了一个买卖合约，承担了在未来某一日按一定价格交付某种货币而收取另一种货币的权利和义务。与此相反，"卖空"或"做空头"是指投机者预测某种货币的汇率会下跌，则卖出远期的该种货币。

【实例 3-13】在纽约外汇市场上，英镑兑美元 3 个月远期汇率为 GBP1＝USD1.456 0，某美国外汇投机商预测 3 个月后英镑的即期汇率为 GBP1＝USD1.466 0，问：①若预测正确，在不考虑其他费用的前提下，该投机商买入 3 个月远期 100 万英镑，可获多少投机利润？②若签完远期合约 1 个月后，英镑兑美元 2 个月远期汇率为 GBP1＝USD

1.467 0，该投机商研究认为，英镑汇率继续上涨的可能性不大，那么该投机商应如何操作？

解析：①该投机商按远期合约买入 100 万英镑（价格为 GBP1＝USD1.456 0），然后在即期外汇市场上卖出，可获投机利润 1 万美元。

②该投机商可以卖出 2 个月远期 100 万英镑，关闭其远期外汇头寸提前锁定其收益，为 100×（1.467 0-1.456 0）＝1.1 万美元，而不管以后市场汇率如何变动。但是，这 1.1 万美元的投资收益需要等到远期合约到期后，通过交割这两个远期合约来实现。

当然，投机能否成功，取决于对汇率走势的预测是否正确。预测正确，就可以获利，预测错误，就会蒙受损失。

任务三　择期交易与掉期交易

一、择期交易

（一）择期交易的概念和特点

择期交易（Optional Date Forward），是指外汇买卖双方在签订远期合同时，事先确定交易的币种、数量、汇率和期限，但交割可在这一期限内选择进行的一种远期外汇交易方式。交割日的期限范围如果从成交日至到期日的整个期间，就叫完全择期交易，如果定于该期间中某两个具体日期之间或具体的月份，就叫部分择期交易。择期交易是远期外汇交易方式的一种，而任务二中所介绍的远期外汇交易主要是指固定交割日的远期外汇交易。

在国际贸易中，很多时候较难肯定付款或收款的确切日期，进出口商与银行进行一般的远期外汇交易（固定交割日的远期外汇交易）不能适应这种情况的发生。而择期交易具有较大的灵活性，客户可以在规定的交割期限范围内，按预定的汇率和金额自由选择日期进行交割，这就恰恰满足了这种需要。由于银行与客户进行择期交易，并将择期主动权授予客户，银行自身就要承担更多的风险和有关成本，因而银行在确定择期汇率时都是按选择期内对客户最不利的汇率确定的。

（二）择期交易的定价

根据远期汇率等于即期汇率加减升贴水的原则，对客户最不利的汇率就是选择期的第一天或最后一天（这两天都必须是有效营业日）的汇率。择期交易期限越长，买卖差价越大，因而客户应尽可能地缩短择期期限，以降低其交易成本，获得更有利的远期汇率。根据在择期内对客户最不利和对银行最有利的原理，银行交易员归纳出以下原则。

若银行买入标准货币，卖出报价货币，如果标准货币升水，按择期第一天的远期汇率计算，如果标准货币贴水，按择期内最后一天的远期汇率计算；反之，若银行卖出标准货币，买入报价货币时，如果标准货币升水，按择期内最后一天的远期汇率计算，如果标准货币贴水，按择期第一天的远期汇率计算。

【实例 3-14】在纽约外汇市场，某日的即期汇率为 GBP1＝USD1.453 0/40，1 个月的远期差价为 15/30，两个月的远期差价为 20/50，问：①若客户向银行购买期限 1 个月内的远期英镑，银行应采用哪个汇率？②若客户向银行出售期限 1 个月至 2 个月的

87

远期英镑，银行应采用哪个汇率？

解析：①1个月的远期汇率为 GBP1＝USD1.454 5/70，英镑为标准货币，银行卖出标准货币，且标准货币升水，所以采取择期内最后一天的远期汇率对银行最有利，即 GBP1＝USD1.457 0。

②2个月的远期汇率为 GBP1＝USD1.455 0/90，英镑为标准货币，银行买入标准货币，且标准货币升水，所以采取择期第一天的远期汇率对银行最有利，即 GBP1＝USD1.454 5。

（三）掉期成本

掉期交易作为资金调度的工具，或作为套期保值的手段，交易者在交易过程中将承受损益，即掉期成本。在抵补套利的实例中，当远期英镑升水时，套利者买入远期英镑（或卖出远期美元）所支出的美元增加（或所收进的英镑减少）。美元支出额的增加（或英镑收进额的减少）就是套利者保值的成本，也就是掉期成本，站在银行的角度，则是利率差的收益。

为了同利率比较，需要计算掉期成本年率：

掉期成本年率＝（升贴水数/即期汇率）×（12/远期月数）×100%

在套利日，如果掉期成本年率大于或等于两货币市场的利率差，说明抵补套利者的保值成本太高，无利可图；如果掉期成本小于两货币市场之利率差，说明利差没有完全被掉期成本抵消，尚有套利利润。在国际金融市场融资时，常用以上公式判断筹资方式的成本高低。

二、掉期交易

（一）掉期交易的概念

掉期交易（Swap Transaction）也称调期交易或时间套汇，是指在外汇市场上，交易者在买进或卖出一种货币的同时，卖出或买入交割期限不同的等额的同种货币的交易。掉期交易改变的不是交易者手中持有的外汇数额，只是改变交易者的货币期限，这也正是"掉期"的含义所在。掉期交易实际上由两笔外汇交易组成，两笔外汇交易的币种相同、金额相等、买卖方向相反、交割期限不同。

掉期交易最初是在银行同业之间进行外汇交易的过程中发展起来的，目的是为了使某种货币的净头寸在某一特定日期为零，以避免外汇风险，后来逐渐发展成具有独立运用价值的外汇交易活动。

（二）掉期交易的类型

1. 按交易对象划分，掉期交易分为纯粹掉期和制造掉期

（1）纯粹掉期是指交易者与同一交易对手同时进行两笔币种相同、数额相等、方向相反、交割期限不同的外汇交易。例如：交易者甲向交易者乙卖出即期100万美元，同时又向交易者乙买入1个月远期100万美元。纯粹掉期是最常见的掉期交易。

（2）制造掉期，又称分散掉期，是指交易者分别与不同交易对手，同时进行两笔币种相同、数额相等、方向相反、交割期限不同的外汇交易。例如：交易者甲向交易者乙卖出即期100万美元，同时又向交易者丙买入1个月远期100万美元，则站在交易者甲的立场上看，其做了制造掉期。

2. 按掉期的期限划分，掉期可分为一日掉期、即期对远期掉期和远期对远期掉期

（1）一日掉期（One Day Swap）是指两笔币种相同、数额相等、交割日相差一天、方向相反的外汇掉期。一日掉期主要用于银行同业的隔夜资金拆借，其目的在于避免银行进行短期资金拆借时因外汇多头或空头的存在而遭受汇率变动的风险。一日掉期包括三种情形：①隔夜交易（Over-Night，O/N），即在交易日做一笔当日交割的买入（或卖出）交易，同时作一笔第一个营业日交割的卖出（或买入）的交易；②隔日交易（Tom-Next，T/N），在交易日后的第一个营业日做买入（或卖出）的交割，第二个营业日作相反的交割；③即期对次日（Spot-Next，S/N），即在即期交割日买进（或卖出），至下一个营业日做相反交易。

（2）即期对远期掉期（Spot Forward Swap）是指买进（或卖出）一种货币的现汇的同时，卖出（或买进）数额相等的该种货币的期汇。它是最常见的掉期交易，主要用于套期保值、货币的转换和外汇头寸的调整。例如：花旗银行在3个月内需要100万英镑，它便与劳合银行签订一个掉期协议，买入即期100万英镑同时卖出3个月远期100万英镑，这样，花旗银行既满足了当前对英镑的需求，又避免了3个月后若英镑贬值带来的损失。

（3）远期对远期的掉期交易，是指同时买卖币种相同、金额相等但交割期限不同的远期外汇。例如：一家日本银行一个月后将有1 000万美元的支出，而三个月后又将有1 000万美元的收入。为此，该银行做一笔一个月对三个月的掉期，即买入一个月的远期1 000万美元，同时卖出三个月的远期1 000万美元，以达到套期保值的目的。

（三）掉期交易的作用

掉期交易主要是为了调整外汇资金头寸，规避风险，以达到保值的目的，并非纯粹为了盈利。当然，我们也可以利用有利的汇率机会套期图利。下面我们简要介绍掉期交易的主要作用。

1. 进出口商、国际投资者和借贷者利用掉期交易进行套期保值和套期图利

进出口商经常出现有不同期限的外汇应收款和应付款并存的情况，他们通常利用掉期业务套期保值，并利用有利的汇率机会套期图利。国际投资者和借贷者在对外投资和借贷时，需要购买或出售即期外汇，为了避免在收回投资或偿还借款时外汇汇率波动所带来的风险，他们可以利用掉期交易进行套期保值。

【实例3-15】某美国公司2个月后将收到100万英镑的应收款，同时4个月后将向外支付100万英镑。假定外汇市场行情为：2个月期GBP1＝USD1.450 0/50，4个月期GBP1＝USD1.400 0/50，该公司为固定成本，避免外汇风险，应如何进行掉期交易？

解析：该公司应买入4个月远期100万英镑，按照远期合约应支付140.5万美元；同时卖出2个月远期100万英镑，按照远期合约应收入145万美元，盈利4.5万美元。通过掉期业务，该公司既盈利4.5万元，又避免了外汇风险。

当然，若4个月期GBP1＝USD1.500 0/50，通过上述掉期业务，该公司将付出掉期成本5.5万元。此后无论市场行情如何波动，该公司均无汇率风险。

2. 利用掉期交易进行远期外汇合约的展期和提前

【实例3-16】美国某公司3个月后将有一笔500万欧元的货款收入，为避免欧元贬值，该公司卖出三个月远期500万欧元，但是3个月到期时，由于种种原因，该货款没有收到，预计货款将推迟2个月收到，为了固定成本和避免风险，并了结远期合约，问该公司应如何进行掉期交易？

解析：该公司买入即期500万欧元，了结原3个月的远期合约，同时卖出2个月远期500万欧元。该公司通过掉期交易对原远期合约进行展期，达到了保值目的。若欧元贴水，该公司要付出掉期成本；若欧元升水，该公司在这笔交易中反而有利。

当然，若该公司提前1个月收到货款，原签订的远期合约还有1个月到期，那么该公司就可做一笔掉期交易，把原合约的到期日提前。具体操作为：卖出即期500万欧元，同时买入1个月远期500万欧元，后者用来了结原远期合约。

（四）择期交易的报价原则

在择期交易中，询价方有权选择交割日，由于报价银行必须承担汇率波动风险及资金调度的成本，故报价银行必须报出对自己有利的价格，即报价银行在买入基准货币时，报出较低的汇率；在卖出基准货币时，报出较高的汇率。报价银行对于择期交易的远期汇率报价遵循以下原则：

（1）报价银行买入基准货币，若基准货币升水，按选择期内第一天的汇率报价；若基准货币贴水，则按选择期内最后一天的汇率报价。

（2）报价银行卖出基准货币，若基准货币升水，按选择期内最后一天的汇率报价；若基准货币贴水，则按选择期内第一天的汇率报价。

任务四　套汇交易

一、套汇交易的概念

套汇（Arbitrage）又称地点套汇（Arbitrage in space），它指套汇者利用不同外汇市场之间出现的汇率差异同时或者几乎同时在低价市场买进，在高价市场出售，从中套取差价利润的一种外汇业务。由于空间的分割，不同外汇市场对影响汇率诸因素的反应速度和反应程度不完全一样，因而在不同的外汇市场上，同一种货币的汇率有时可能出现较大差异，这就为异地套汇提供了条件。套汇业务有两种形式，即直接套汇和间接套汇：

二、直接套汇

直接套汇（Direct Arbitrage），又称双边套汇（Bilateral Arbitrage）或两角套汇（Two-Point Arbitrage），是指利用同一时刻两个外汇市场某种货币的汇率差异，同时在两个外汇市场低价买入，高价卖出该种货币，从中赚取利润的外汇交易方式。这种套汇在国际上极为常见。

如果两个外汇市场采用同一标价法，则在比较同种货币的两地汇率时要通过折算，将其中一个市场的标价法换算成另一种标价法。如果两个外汇市场一个采用直接标价法，另一个采用间接标价法，则套汇时可从两个市场对某种货币的汇率牌价中直接计算汇率差异。

【实例3-17】某日的即期外汇行情：纽约外汇市场报价为 USD1＝JPY105.50/60，东京外汇市场报价为 USD1＝JPY105.30/40，假设套汇者用1 000万美元进行直接套汇，应如何操作？

解析：显然，日元在纽约便宜，在东京贵，根据"贱买贵卖"的原理，套汇者应在纽约外汇市场贱买日元（贵卖美元），同时在东京外汇市场贵卖日元（贱买美元）。

套汇者在纽约外汇市场卖出1 000万美元买入日元，收入1 000×105.50=105 500万日元。同时，套汇者在东京外汇市场卖出105 500万日元买入美元，收入105 500÷105.40=1 000.95万美元，在不考虑交易成本的情况下，套汇收益为1 000.95-1 000=0.95万美元。

三、间接套汇

间接套汇（Indirect Arbitrage），又称三角套汇（Three-Point Arbitrage）或多边套汇（Multilateral Arbitrage）是指利用同一时刻三个或三个以上外汇市场之间出现的汇率差异，同时在这些市场贱买贵卖有关货币，从中赚取利润的外汇交易方式。间接套汇和直接套汇在本质上是一致的，即"贱买贵卖"，区别在于直接套汇利用两个市场完成交易，可以直接看出某种货币在不同市场上到底是贵还是贱；而间接套汇则利用三个或三个以上市场完成交易，并且不能直接看出某种货币在不同市场上到底是贵还是贱。

通过直接套汇的例子，我们不难发现，套汇的实质是从一种货币出发，经过一系列同时进行的交易回到该种货币，而且是增大了的货币。我们可以利用套汇的实质进行间接套汇的计算。

【实例3-18】某日的外汇市场的即期外汇行情如下：

纽约外汇市场为USD1=HKD7.756 0/70；

香港外汇市场为GBP1=HKD12.956 0/70；

伦敦外汇市场为GBP1=USD1.662 5/35。

若套汇者拥有100万英镑，应如何进行间接套汇，且获毛利多少（不考虑换汇成本）？

解析：套汇者拥有100万英镑，因而套汇者应从英镑出发，依据套汇的实质从英镑出发可以有两条路径回到英镑，即①GBP→USD→HKD→GBP；②GBP→HKD→USD→GBP。为了简化分析我们假设套汇者有1英镑，经过一系列同时进行的交易回到英镑，如果大于1英镑，我们就找到了正确的路径。我们首先计算①路径，过程如下：

伦敦外汇市场卖英镑买美元：1×1.662 5=1.662 5（美元）；

纽约外汇市场卖美元买港元：1.662 5×7.756 0（港元）；

香港外汇市场卖港元买英镑：1.662 5×7.757 0÷12.957 0=0.995（英镑）。

说明依据该条路径套汇会出现亏损，则用②路径套汇一般说来就会获利了。其过程如下：

香港外汇市场卖英镑买港元：$\dfrac{1}{1.663\ 5}$（港元）；

纽约外汇市场卖港元买美元：$\dfrac{1}{1.663\ 5×7.757\ 0}$（美元）；

香港外汇市场卖美元买英镑：$\dfrac{1}{1.663\ 5×7.757\ 0}×12.956\ 0=1.00\ 4$（英镑）。

套汇收益为：100×（1.004-1）=0.4万英镑。

最后需要说明一点，若要进行套汇交易获利，必须满足以下条件：

（1）套汇者必须是在低价市场买入某种货币，同时又在高价市场卖出该种货币，买卖同时进行。

（2）由于现代通信技术发达，不同外汇市场之间的汇率差异日趋缩小，套汇的机会十分短暂，套汇者必须拥有先进的技术设备和广泛的信息网络及分支代理机构，全面了解世界各地外汇市场的行情，并对行情的变化做出迅速的反应，才能及时地把握套汇机会。

（3）套汇者必须进行巨额交易。不同外汇市场某种货币的汇率差额十分小，考虑到交易成本，只有进行大宗买卖才有利可图。

一般说来，只有大商业银行才能满足以上条件。因此，从事套汇交易的大多数是资金雄厚的大商业银行。

任务五　套利交易

套利（Interest Arbitrage）又称利息套汇，是指套利者利用金融市场两种货币短期利率的差异与这两种货币远期升（贴）水率之间的不一致进行有利的资金转移，从中套取利率差或汇率差利润的一种外汇买卖。根据是否对外汇风险进行防范，套利交易可分为抵补套利和非抵补套利。

一、抵补套利

抵补套利又称抛补套利（Covered Interest Arbitrage），是指套利者把资金从低利率货币市场调往高利率货币市场的同时，在外汇市场上卖出高利率远期货币，以避免汇率风险。抛补套利是套利者比较常用的投资方法。抛补套利根据抛补的数额，又具体分为本利全抛和抛本不抛利。本利全抛是指本金和利息都进行相反方向的远期外汇交易，抛本不抛利是指本金进行相反方向的远期外汇交易，利息任由市场汇率的波动。在没有明确说明的情况下，抛补套利是指本利全抛。

【实例3-19】在纽约外汇市场某日即期汇率为 GBP1＝USD1.730 0/20，一年期远期英镑汇水为 20/10，纽约货币市场年利率为11%，伦敦货币市场年利率为13%，问：①投资者拥有200万美元，进行抛补套利（投资一年），试计算其收益为多少？②投资者拥有200万美元，进行抛本不抛利（投资一年），假设一年后的即期汇率为 GBP1＝USD1.726 0/90 试计算其收益为多少？

解析：①计算远期市场汇价为：GBP1＝USD1.730 0－0.002 0/1.732 0－0.001 0＝USD1.728 0/310；

套利者在即期市场卖出美元买入英镑＝200/1.732 0＝115.473 万英镑；

将买入的英镑存入伦敦货币市场的本利收入＝115.473（1+13%）＝130.485 万英镑；

在远期市场卖出一年期的英镑（本利和）买进美元＝130.485×1.728 0＝225.478 万美元；

若200万美元存放在纽约货币市场一年期的本利收入＝200（1+11%）＝222 万美元；

抛补套利收益＝225.478－222＝3.478 万美元。

②计算远期市场汇价为：GBP1＝USD1.730 0－0.002 0/1.732 0－0.001 0＝

USD1.728 0/310；

　　套利者在即期市场卖出美元买入英镑=200/1.732 0=115.473 万英镑；

　　将买入的英镑存入伦敦货币市场的利息收入=115.473×13%=15.012 万英镑；

　　在远期市场卖出一年期的英镑（本金）买进美元=115.473×1.728 0=199.537 万美元；

　　在一年后即期市场卖出英镑利息收入买进美元=15.012×1.726 0=25.910 万美元；

　　若200万美元存放在纽约货币市场一年期的本利收入=200（1+11%）=222 万美元；

　　抛本不抛利套利收益=199.537+25.910-222=3.447 万美元。

　　通过以上分析可知：通过抛补套利（本利全抛），投资者一开始就可以明确地知道将来获利多少，而且，这种获利不存在任何汇率风险，而抛本不抛利则仅仅是利息收入承受汇率风险。

　　最后需要强调一点，由于通常情况下，低利率的货币远期汇率表现为升水，高利率货币表现为贴水（其原理参见利率平价理论）。所以，抛补套利交易是否获取收益取决于两国货币的年利差和货币升（贴）水折年率的关系，只有在两国货币的年利差大于货币升（贴）水折年率时，套利才有利可图。

　　因而，一旦满足这一条件，套利活动就会发生，但是这种套利活动不会无休止地进行下去。在套利过程中，一方面在外汇市场上，套利者总是要买进即期高利率货币，卖出即期低利率货币，同时为了避免汇率变动的风险做掉期交易，卖出远期高利率货币，买进远期低利率货币，这样必然导致高利率货币远期贴水，低利率货币远期升水，并且升贴水额不断增大；另一方面在货币市场上，短期资金不断从利率低的国家流向利率高的国家，也会缩小两国间的利率差异。在这两方面共同的作用下，当升（贴）水折年率增大到等于两地年利差时，套利活动就停止。

二、非抵补套利

　　非抵补套利又称非抛补套利（Uncovered Interest Arbitrage），是指单纯把资金从利率低的货币市场转向利率高的货币市场，但不同时进行相反方向的远期外汇交易，从中谋取利率差额收入。非抛补套利由于未轧平外汇头寸，因而要承担未来汇率波动的风险。

　　【实例3-20】美国货币市场的年利率为8%，英国货币市场的年利率为6%，某日即期汇率为 GBP1=USD1.600 0，英国一位套利者以1 000 万英镑进行非抛补套利交易（投资6个月），假设6个月后的即期汇率分别为如下三种情况：①GBP1=USD1.600 0；②英镑升值2.5%；③英镑升值0.5%。试计算在以上三种情况下，6个月后的收益分别为多少？

　　解析：①投资者将资金存入英国货币市场6个月后可获本利收入=1 000×（1+6%×6/12）=1 030万英镑；

　　②在即期市场卖出英镑买入美元=1 000×1.600 0=1 600 万美元；

　　③将美元投资在美国货币市场本利收入=1 600×（1+8%×6/12）=1 664 万美元；

　　④若6个月后汇率没变，则投资者可多获利=1 664/1.600 0-1 030=10 万英镑；

　　⑤若6个月后英镑升值2.5%，则6个月后的即期汇率为：GBP1=USD1.600 0（1+2.5%）=USD1.640 0，则6个月后收益=1 664/1.64-1 030=-15.36 万英镑；

　　⑥若6个月后英镑升值0.5%，则6个月后的即期汇率为：GBP1=USD1.600 0（1+0.5%）=USD1.608 0，则6个月后收益=1 664/1.608-1 030=4.83 万英镑。

　　通过以上分析可知：只要英镑升值率小于利差，投资者非抛补套利就有收益，否则就有损失。

这里，为了简化分析，我们假定存、贷款利率相等，因而计算最终收益时，直接扣除低利率货币在本国存款的本利和。

任务六 外汇期货交易

一、外汇期货交易概念

外汇期货交易（Foreign Exchange Futures）也称货币期货交易，是指期货交易双方在期货交易所以公开喊价方式成交后，承诺在未来某一特定日期，以当前所约定的汇率交付某种特定标准数量的外汇。外汇期货交易并不是实际外汇的交易，其买卖的是标准化的外汇期货合约。

外汇期货是产生最早且最重要的一种金融期货。1972年5月，美国芝加哥商品交易所成立"国际货币市场"（International Monetary Market，IMM），首次开办了外汇期货交易业务，其主要目的是运用商品期货交易技巧，为外汇市场参与者提供一种套期保值或转移风险的工具。从此，世界上许多国际金融中心相继开设了此类交易。1982年9月，英国伦敦国际金融期货交易所（London International Financial Future Exchange，LIFFE）成立并正式营业，至今已开办了英镑、欧元、瑞士法郎、日元等主要国际货币期货。目前，IMM外汇期货的成交量占全球成交量的99%以上。绝大多数外汇期货交易的目的不是为了获得货币在未来某日的实际交割，而是为了对汇率变动做类似于远期外汇交易所能提供的套期保值。

二、外汇期货合约的内容

外汇期货合约是标准化合约，以下结合表3-1说明合约的主要内容。

表3-1   IMM 外币期货标准化合约内容

	英镑	欧元	瑞士法郎	日元	加元	澳元
货币符号	GBP	EUR	CHF	JPY	CAD	AUD
交易单位	62 500	125 000	125 000	12 500 000	100 000	100 000
最小变动点	2 点 0.000 2	1 点 0.000 1	1 点 0.000 1	1 点 0.000 001	1 点 0.000 1	1 点 0.000 1
最小变动值（$）	12.50	12.50	12.50	12.50	10.00	10
初始保证金（$）	1 620	2 430	1 688	2 835	642	1 317
追加保证金（$）	1 200	1 800	1 250	2 100	475	975
交割月份	3、6、9、12月及"交割月份"					
最后交易日	从交割月份的第三个星期三向回数的第二个营业日					
交割日期	交割月份的第三个星期三					
交割地点	清算所指定的货币发行国银行					

（一）交易货币的种类和交易数量标准化

只有少数发达国家的货币才有期货交易，如芝加哥商品交易所所属的国际货币市场上交易的是美元对加元、日元、英镑、欧元、澳元等货币的期货。每种货币合约的交易数量都是固定的，不同货币的合约金额也不相等。以 IMM 市场为例，英镑 6.25 万、日元 1 250 万、瑞士法郎 12.5 万、加元 10 万等。

（二）统一的价格表示方法

期货价格（Exercise Price）又称履约价格，是期货合约中规定的期货交易的价格，即未来结算所使用的价格。期货到期时，期货交易的双方都有义务按期货价格履行期货合约。为了便于交易，在 IMM 市场上，所有的货币价格均以美元表示，如 1 英镑＝1.234 5 美元，1 瑞士法郎＝0.607 2 美元等。这里需要注意一点，外汇期货价格就像股票、即期汇率一样，随着外汇期货市场供求的变化，每时每刻也都在变化。

（三）最小变动价格

最小变动价格是指外汇期货合约在买卖合约时产生的最低升降单位，最小变动价格＝最低变动点×一份合约数额，每次报价都以最小价格的倍数变动，并且实行每日限价。例如，在 IMM 市场，英镑的最小变动点是 2 个点，最小变动价格＝最低变动点×一份合约数额＝0.000 2×62 500＝12.5 美元。

（四）到期月份

对于到期月份（Expiration Months），不同的交易所有不同的规定，如 IMM 市场的外汇期货到期月份为 3、6、9、12 月份。

（五）交割日、最后交易日

每种货币都要在到期月份的固定日期进行交割，不同的交易所有不同的规定，如芝加哥商品交易所的 IMM 市场的交割日为到期月份的第三个星期三。最后交易日是外汇期货可以进行交易的最后一天，不同的交易所有不同的规定，如 IMM 市场的最后交易日为到期月份的第三个星期三之前第二个营业日。

（六）期货的性质

期货的性质即"买入"期货和"卖出"期货。

不同的交易者根据自己对市场汇率走势的预期和购买外汇期货合约的意图，决定买入或卖出外汇期货合约。

三、外汇期货市场的构成

（一）期货交易所

期货交易所是非盈利性机构，它为期货交易者提供交易的场地，本身并不参加交易。为了使交易活动能够顺利地进行，期货交易所有着严密的管理方式、健全的组织、完善的设施和高效率的办事速度，交易所还具有监督和管理职能，对交易活动起着重要的约束作用。交易所要向会员收取费用，包括交易所会费、契约交易费等，以弥补交易所的开支。它一般采用会员制，公司在取得交易席位后，就成为交易所会员，有资格进入交易所进行外汇期货交易。

（二）清算所

清算所（Clearing House）是期货交易所下设的职能机构，其基本工作是负责交易双方最后的业务清算以及征收并保管外汇期货交易必需的保证金。在期货交易中，交

95

易者买进或卖出期货合约时并不进行现金结算，而且交易者往往可能有多笔交易，最后由清算所办理结算。

（三）佣金商

佣金商（Commission Merchants）是代理金融、商业机构和一般公众进行外汇期货交易并收取佣金的个人或组织。佣金商必须是经注册的期货交易所的会员，他们的主要任务是代表那些没有交易所会员资格的客户下达买卖指令、维护客户的利益、提供市场信息、处理账目和管理资金，以及对客户进行业务培训等。

（四）场内交易员

场内交易员是指在交易所内实际进行交易的人员。他们既为自己也为那些场外交易者进行买卖。他们接受客户的委托订单，并执行客户发出的指令。

四、外汇期货的交易过程

外汇期货交易都是在专营或兼营外汇期货的交易所进行的，任何企业和个人都可通过外汇期货经纪人或交易商买卖外汇期货。

客户欲进行外汇期货交易，首先必须选定代理自己交易的佣金商，开设账户存入保证金。然后，客户即可委托佣金商办理外汇期货合约的买卖。在每一笔交易之前客户要向佣金商发出委托指令，说明他愿意买入或卖出外汇期货、成交的价格、合约的种类和数量等，指令是以订单的形式发出的。佣金商接到客户订单后，便将此指令用电话或其他通信设备通知交易厅内的经纪人，由他执行订单。成交后，交易厅内交易员一方面把交易结果通知佣金商和客户，另一方面将成交的订单交给清算所，进行记录并最后结算。每个交易日末，清算所将计算出每一个清算会员的外汇头寸（买入与卖出的差额）。

外汇期货的交易程序如图3-2（以芝加哥为例）所示。

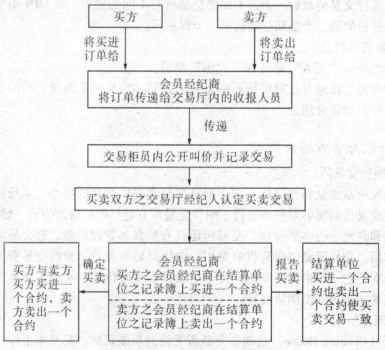

图 3-2　外汇期货交易程序图（以芝加哥为例）

五、外汇期货交易的特点

(一) 外汇期货交易的是标准化的合约

这种合约除价格外，在交易币种、标准化合约额、交易时间、交割日期等方面都有明确、具体的规定。交易数量用合约来表示，买卖的最小单位是一份合约，每份合约的金额交易所都有规定，并且交易的金额是标准化合约额的整数倍。

(二) 交易方式采取双向竞价拍卖方式

外汇期货交易在交易所内公开喊价 (Out Cry)，竞价成交，同时场上的价格又随时公开报道，进行交易的人可以根据场上价格变化，随时调整他们的要价、出价。

(三) 外汇期货市场实行会员制

只有会员单位才可以在交易所内从事期货交易。而非会员只能通过会员单位代理买卖。由于期货交易只限于会员之间，而交易所会员同时又是清算所的成员，都交纳了一定的保证金，因而交易的风险很小。

(四) 期货交易的买方和卖方都以交易所下属的清算所为成交对方

清算所既充当期货合约购买方的卖方，又充当期货合约出售方的买方，因此，买卖双方无须知道对手是谁，也不必考虑对方的资信如何。由于期货合约包括双向买卖，所以，一方的盈利恰好就是另一方的亏损。

(五) 期货交易实行保证金制度和每日结算制度

为确保每一份期货合约生效后，当事人双方不至于因为期货价格发生不利变动而违约，期货交易所要求交易双方都要交纳保证金。保证金的多少因交易货币、市场不同而有所差异，即使同一市场、同一货币也会因市场变化情况不同而有所改变，具体由清算所和交易所共同决定，一般为合约总值的 3%~10%。保证金一般要求以现金形式存入清算所账户。保证金一般包括初始保证金和维持保证金。初始保证金是客户在每一笔交易开始时必须交纳的保证金，而维持保证金是指开立合同后如果发生亏损，致使保证金数额减少，直到客户必须补进保证金时的最低保证金限额。

外汇期货交易每天由清算所结算盈亏，获利可以提走，而亏损超过最低保证金时，要立即予以补足，否则，期货交易所可以进行强行平仓，这种方法称为"逐日盯市"，即每个交易日市场收盘以后，清算所将会对每个持有期货合约者确定当日的盈亏，这些盈亏都反映在保证金的账户上。由于期货合约实行每日结算制度，而期货的初始保证金一般都高于期货价格每日涨跌的最大可能值，因而保证金制度大大保证了期货交易所更为安全、正常地运行。当然，若有些国家只有初始保证金而没有维持保证金，则只要保证金低于初始保证金就要进行补足，否则，期货交易所可以进行强行平仓。

(六) 价格波动有规定幅度

期货交易的外币都规定了当日价格波动的最低限额和最高限额。只要价格达到限额，当天的交易即告终止。这主要是为了避免期货参与者在单一交易日内承担过高的风险，并防止期货市场发生联手操纵的不法行为。

(七) 外汇期货合约的流动性

外汇期货合同最后进行实际交割的只占合同总数的 1%~3%，其余绝大部分外汇期货合同都通过对冲 (Offset) 的方式予以了结。

（八）外汇期货价格和现汇价格具有平行性和收敛性

平行性是指外汇期货价格与现汇价格变动方向相同，变动幅度也大体一致。一般说来，外汇期货价格与现汇价格之间往往不完全相等，其间差额被称为基点差。收敛性是指当外汇期货合同临近到期时，基点差随外汇期货合同所规定交割日的接近而缩小，在交割日到期的外汇期货合同中，外汇期货合同所代表的汇率与现汇市场上的该种汇率重合相等，基点差为零。

六、外汇期货交易的功能

外汇期货交易的功能是由其交易的特点决定的，其主要功能包括如下三个方面。

（一）价格发现

由于外汇期货市场汇集了大量的外汇供求者，并通过公开竞价成交，将众多影响汇率的因素反映在一个统一的交易市场上，这样形成的价格基本上比较真实，全面反映了市场的供求状况，是买卖双方对价格水平比较一致的看法，因此，外汇期货交易起到了汇率晴雨表的作用。

（二）投机功能

由于外汇期货交易的保证金制度，使其具有较强的杠杆作用，能够"以小博大"，并且外汇期货合约是标准化的合约，能够随时在交易所进行买卖，具有很高的流动性，因而外汇期货交易具有很强的投机功能。当投机者预测外汇期货价格将会上升时，他们会先买入外汇期货合约，待外汇期货价格上升后再卖出外汇期货合约，从中赚取差价。当投机者预测外汇期货价格将会下降时，他们会先卖出外汇期货合约，待外汇期货价格下降后再买入外汇期货合约，从中赚取差价。如果投机者预测的汇率走势和实际走势相一致，投机者就会获利，否则，就会蒙受损失。

【实例3-21】某外汇投机商3月1日预测瑞士法郎的期货价格将上升，于是他当天购入10份12月份交割的瑞士法郎合约，成交价为1瑞士法郎=0.611 6美元，到了4月8日，瑞士法郎的期货价格果然上升，于是他迅速卖出10份12月份交割的瑞士法郎合约，成交价为1瑞士法郎=0.621 6美元，问该外汇投机商投机获利多少？利润率是多少？（一份瑞士法郎期货合约的价值为125 000瑞士法郎，在IMM市场每份瑞士法郎期货合约的初始保证金是1 688美元）

解析：盈利为125 000×10×（0.621 6-0.611 6）=12 500（美元）；

利润率为 $\frac{12\ 500}{16\ 880} \times 100\% = 74.05\%$。

（三）套期保值功能

套期保值（Hedge）又称对冲，是指交易者目前或预期未来将有现货头寸，并暴露于汇率变动的风险之中，在期货市场做一笔与现货头寸等量而买卖方向相反的交易，以补偿或对冲因汇率波动可能带来的损失。外汇期货套期保值可分为买入套期保值和卖出套期保值两种类型。

1. 买入套期保值

买入套期保值（Long Hedge），又称多头外汇期货套期保值，是指交易者的某种外汇将来在现货市场处于空头地位，或预测其外汇汇率将上升，于是在外汇期货市场买进，进行套期保值。买入套期保值主要适用于将来有外汇支出者和外汇债务人，防止外币升值加大自己的未来支付成本。

【实例3-22】某美国进口商在3月1日从瑞士进口价值CHF240 000的商品，三个月后，即6月1日需向瑞士出口商支付CHF240 000的货款。假设3月1日的即期汇率为USD1＝CHF1.651 1，6月份SF期货价格为CHF1＝USD0.605 7，6月1日的即期汇率为USD1＝CHF1.647 1，6月份SF期货价格为CHF1＝USD0.607 1，问美国进口商如何利用期货交易防范汇率风险？（一份瑞士法郎期货合约的标准金额为CHF125 000）

解析：

现货市场	期货市场
3月1日即期汇率为USD1＝CHF1.651 1，假设买进CHF240 000，需要支付240 000/1.651 1＝145 357.64 美元	3月1日美国进口商买入六月CHF期货合约2份，支出2×125 000×0.605 7＝151 425 美元
6月1日即期汇率为USD1＝CHF1.647 1，实际买进CHF240 000，需要支付240 000/1.647 1＝145 710.64 美元	6月1日美国进口商卖出六月CHF期货合约2份，收入2×125 000×0.607 1＝151 715 美元
亏损：145 710.64－145 357.64＝353 美元	盈利：151 715－151 425＝350 美元

从上例中，我们可以清楚地看到买入套期保值的操作方法。下面我们进一步分析，利用外汇期货交易防范汇率风险的基本原理。当经济单位或个人预期将来处于某种外汇空头状态时，就可以在成交日（如本例中3月1日）先买入外汇期货合约，等到将来交割日（如本例中6月1日）支付外汇时，可在即期市场上买入该笔外汇，同时在外汇期货市场上卖出外汇期货合约，以冲销原来的外汇期货头寸，这样即期市场的亏损或盈利就会被外汇期货市场上的盈利或亏损所抵消，从而实现套期保值的作用。具体分析如下：如果外汇即期价格降低，则交易者在即期市场处于亏损状态，但由于外汇期货价格和现汇价格的平行性，外汇期货价格也会下跌，则交易者在外汇期货市场就会盈利，盈利与亏损相抵，使交易者达到套期保值的目的；如果外汇即期价格上升，则交易者在即期市场处于盈利状态，但由于外汇期货价格和现汇价格的平行性，外汇期货价格也会上升，则交易者在外汇期货市场就会亏损，盈利与亏损相抵，从而使交易者达到套期保值的目的。同样道理，当经济单位或个人预期将来处于某种外汇多头状态时，交易者就可以在成交日卖出外汇期货合约，交割日买入外汇期货合约，达到套期保值的目的。

这里有两点需要注意：①我们利用外汇期货交易套期保值时，汇率有利变动的额外好处当然也无法获得；②我们利用外汇期货交易套期保值时，一般来说，只能部分保值，而不能完全保值。

2. 卖出套期保值

卖出套期保值（Short Hedge），又称空头外汇期货套期保值，是指交易者的某种外汇将来在现货市场处于多头地位，或预测其外汇汇率将下跌，于是在外汇期货市场卖出，进行套期保值。卖出套期保值主要适用于将来有外汇收入者和外汇债权人，防止外币贬值减少自己的未来收入。

【实例3-23】在3月1日，美国一出口商向加拿大出口一批货物，价值490 000加元，以加元结算，3个月后（即6月1日）收回货款，美国出口商利用外汇期货交易来防范汇率风险，假设：3月1日的即期汇率为 USD1=CAD1.177 9，6月份期货价格为 CAD1=USD0.849 0；6月1日的即期汇率为 USD1=CAD1.182 0，6月份期货价格为 CAD1=USD0.846 0；问：美国出口商如何利用外汇期货交易防范汇率风险？（一份加元期货合约的标准价值为 CAD100 000）

解析：

现货市场	期货市场
3月1日即期汇率为 USD1=CAD1.177 9，假设收入 CAD490 000 490 000/1.177 9=415 994.57 美元	3月1日美国该出口商卖出六月 CAD 期货5份 5×100 000×0.849 0=424 500 美元
6月1日即期汇率为 USD1=CAD1.182 0，实际收入 CAD 490 000 490 000/1.182 0=414 551.61 美元	6月1日美国该出口商买入六月 CAD 期货5份 5×100 000×0.846 0=423 000 美元
亏损：415 994.57-414 551.61=1 442.9 美元	盈利：424 500-423 000=1 500 美元

任务七　外汇期权交易

一、外汇期权概念

期权（Options）是一种以一定的费用（期权费）获得在一定的时刻或时期内拥有买入或卖出某种货币（或股票）的权利的合约。外汇期权（Foreign Currency Option），又称货币期权，是指期权持有者（即购买者）通过事先付给期权签署者（通常为银行）一定比例的费用（期权费），即可在期权有效期内履行或放弃（按协定汇率和金额）买卖某种货币的一种权利，期权签署者获得期权费后，须承担汇率风险。外汇期权交易以外汇期权合约为交易对象，合约买方拥有权利，可根据汇率变动来决定是否行使权利，而合约卖方仅有义务。

二、外汇期权的种类

（一）看涨期权、看跌期权和双向期权

按期权所赋予的权权划分，可分为看涨期权、看跌期权和双向期权。

（1）看涨期权（Call Option）又称买权，是指期权合约的买方有权在有效期内按约定汇率从期权合约卖方处购进特定数量的货币。这种期权之所以称为看涨期权，一般是进口商或投资者预测某种货币有上涨之趋势，购买期权以避免汇率风险。

（2）看跌期权（Put Option）又称卖权，是指期权买方有权在合约的有效期内按约定汇率卖给期权卖方特定数量的货币。这类期权之所以称为看跌期权，一般是出口商或有外汇收入的投资者，在预测某种货币有下跌趋势时，为避免收入减少，按约定汇率卖出外汇以规避风险。

（3）双向期权（Double Option）又称双重期权，是指期权合约的买方有权在有效期内按约定汇率从期权合约卖方处购进或出售特定数量的货币。双向期权实际上是看涨期权和看跌期权的合二为一。当期权合约的买方预测汇率未来将有较大波动，并且波动方向难以确定时，便会购买双向期权，因为不管汇率是大幅上升或下跌，对其均有利。而期权卖方之所以出售双向期权是因为他预测汇率未来波动幅度不会太大，而双向期权的期权费要高于买权或卖权的期权费，故期权卖方愿意承担汇率波动的风险。

（二）美式期权和欧式期权

按期权的执行时间划分，可分为美式期权和欧式期权。

（1）美式期权（American-style Option），是指自期权合约成立之日算起，到期日的截止时间之前，买方可以在此期间内任一时点，随时要求卖方依合约的内容行使外汇期权。

（2）欧式期权（European-style Option），是指期权买方于到期日之前，不得要求期权卖方履行合约，仅能于到期日的截止时间，要求期权卖方履行合约。美式期权的买方可于有效期内选择有利的时点履行合约，比欧式期权更具有灵活性，对于卖方而言，所承担的汇率风险更大，所以美式期权的期权费比欧式期权高。

（三）溢价期权、平价期权和损价期权

按约定价格与市场价格条件关系划分，可分为溢价期权、平价期权和损价期权。

（1）溢价期权（In the Money Option），是指执行期权对期权持有者来说是经济的期权，即看涨期权的执行价格低于即期汇率，或看跌期权的执行价格高于即期汇率。

（2）平价期权（At the Money Option），是指执行期权对期权持有者来说是无所谓经济与否的期权，即期权的执行价格与即期汇率相等。

（3）损价期权（Out of the Money Option），是指执行期权对期权持有者来说是不经济的期权，即看涨期权的执行价格高于即期汇率，或看跌期权的执行价格低于即期汇率。

（四）场内期权和场外期权

按交易地点划分，可分为场内期权和场外期权。

（1）场内期权（In the Counter Market），是指在外汇交易中心与期货交易所中所进行交易的外汇期权。通常情况下，外汇期权交易是在交易所内进行的，交易的期权都是合约化的。

（2）场外期权（Over the Counter Market），是指在外汇交易中心与期货交易所之外所进行交易的外汇期权。场外期权主要是适合个别客户的需要，其合约不像交易所那样标准化，通常通过协商达成，且根据客户的需要可以对期权进行特制，较为灵活。目前场外期权合约也在向标准化发展，其目的是为了提高效率，节约时间。

三、外汇期权合约的内容

外汇场外期权交易与远期外汇交易相似，外汇场内期权交易与外汇期货交易相似。外汇场内期权交易买卖的外汇期权合约是标准化的，除"期权费"之外，其他条件均是标准化的，便于期权买卖双方在交易所内公开竞价，并有助于外汇期权二级市场的活跃。下面我们简述一下场内外汇期权合约的内容。

（一）交易货币的种类和交易数量

只有少数发达国家的货币才有期权交易，以 IMM 市场为例，只有美元对加元、英镑、欧元、澳元等货币的期权。每种货币合约的交易数量都是固定的，其中，不同货币的合同标准金额也是不一致的。

101

（二）汇率表示方法

为便于期权交易，所有的汇率均以美元表示，即美元标价法。

（三）协议价格及其最小变动值

协议价格（Contract Price）又称履约价格或行使价格，是指在期权合约中规定买卖双方行使期权买卖外汇的交割汇率。日元期权价格以万分之一美元表示，即每日元标价单位为 USD0.000 1；其他外汇期权则以百分之一美元表示，即标价单位为 USD0.01。不同货币期权的协议价格，其变动的最小幅度都是固定的。

（四）到期月份

对于到期月份，不同的交易所有不同的规定。有的交易所只进行少数几种到期月份的期权交易，通常为每年的3月、6月、9月和12月份的期权交易，有的交易所进行多种到期月份的期权交易。

（五）到期日

到期日又称期满日或最后交易日，指期权买方有权执行的最后一天。各交易所对此也有固定的规定，如芝加哥期权交易所的到期日为到期月份第三个星期三之前的星期六。

（六）期权费及其表示方式

期权费（Premium）又称权力金或保险费，它是期权买卖的价格，在订约时由买方支付给卖方，以取得履约选择权。期权费既构成了买方的成本，同时又是卖方承担汇率变动风险所得到的补偿。期权费一旦支付，无论买方是否执行合同，都不能收回，即期权费无追索权。

期权费通常按协议价格的百分比表示或直接报出每单位外汇的美元数。如协议价格为 EUR1 = USD1.020 0 的看涨期权，其期权费可以是3%或1欧元 = 0.030 6 美元。

（七）保证金

卖方在买方要求履约时有依据履约价格进行交割的义务，而为了确保契约义务的履行，卖方须在订约时交纳保证金。卖方交纳的保证金存于清算所的保证金账户内，一般随市价的涨跌进行必要的追加。

四、外汇期权交易的功能

像其他外汇交易的功能一样，外汇期权交易的功能也有保值和投机两个方面。

（一）外汇期权套期保值

由于外汇市场汇率经常发生剧烈波动，外汇期权交易常被跨国公司和进出口商作为规避汇率风险的套期保值手段。外汇期权对合约买方而言是非常灵活的。如果汇率对其有利，他即可行使期权，按约定汇率买进或卖出外汇；如果汇率对其不利，他则可放弃期权。对于期权合约卖方，只要合约买方需要实现其权利，合约卖方都必须按合约约定价格和数量出售或购买外汇。因而，外汇期权套期保值比外汇期货交易和远期外汇交易套期保值更为彻底，外汇期货交易、远期外汇交易只能保现在值，不能保未来值，而外汇期权交易既能保现在值又能保未来值。也就是说，外汇期权交易既能套期保值，又能获得汇率有利变动的好处。

1. 买入看涨期权

涉外公司未来要向外支付一笔外汇，如果担心外汇汇率上涨，便可以提前买入看涨期权以避免汇率风险。

【实例3-24】美国进口商从英国进口一批货物，三个月后将支付625万英镑。当时的有关外汇行情如下：即期汇价为 GBP1 = USD1.400 0，协议价格为 GBP1 = USD1.430 0，期权费为 GBP1 = USD0.022 0，佣金占合同金额0.5%，采用欧式期权。美国进口商担心英镑升值，利用外汇期权交易套期保值。问：①美国进口商应购买何种外汇期权？②三个月后假设市场汇价分别为 GBP1 = USD1.450 0 和 GBP1 = USD1.410 0 两种情况，该美国进口商各需多少美元才能支付货款？

解析：①美国进口商三个月后将有外汇支付，应购买看涨期权，以实现套期保值。

②当 GBP1 = USD1.450 0 时，英镑市场汇价高于协议价格，应行使期权，支付美元总额为 1.430 0×625+625×0.022 0+625×0.5%×1.400 0 = 911.86 万美元；当 GBP1 = USD1.410 0 时，英镑市场汇价低于协议价格，应放弃期权，支付美元总额为 1.410 0×625+625×0.022 0+625×0.5%×1.400 0 = 899.38 万美元。

这里我们进行简要的分析：当 GBP1 = USD1.450 0 时，此时英镑升值，由于其提前购买了看涨期权，可以按协议价格购买英镑，起到了套期保值的目的，此时保的是现在值，即接近于按成交日即期汇率计算的支付额；当 GBP1 = USD1.410 0 时，此时英镑恰好贬值，美国进口商尽管提前购买了看涨期权，但可以放弃期权，获得汇率有利变动的好处，此时保的是未来值，即接近于按交割日即期汇率计算的支付额。

2. 买入看跌期权

涉外公司未来要收到一笔外汇，如果担心外汇汇率下跌，便可以提前买入看跌期权以避免汇率风险。

【实例3-25】美国某外贸公司向英国出口商品，1月20日装船发货，三个月后将收入150万英镑，担心到期结汇时英镑对美元汇价下跌减少美元创汇收入，以外汇期权交易保值。已知：1月20日即期汇价 GBP1 = USD1.486 5，协定价格 GBP1 = USD1.495 0，保险费为 GBP1 = USD0.021 2，佣金占合同金额0.5%，采用欧式期权。

问：①美国进口商应购买何种外汇期权？②3个月后在英镑对美元汇价分别为 GBP1 = USD1.400 0 与 GBP1 = USD1.600 0 的两种情况下，该公司各收入多少美元？

解析：①美国出口商三个月后将有外汇收入，应购买看跌期权，以实现套期保值。

②在 GBP1 = USD1.400 0 的情况下，英镑协议价格高于市场汇价，应行使期权，收入的美元总额为 150×1.495 0-（150×0.021 2+150×0.5%×1.486 5）= 220.29 万美元。

在 GBP1 = USD1.600 0 的情况下，因市场汇价对该公司有利，该公司可以放弃期权，让其自动过期失效，按市场价格卖出 150 万英镑，买入美元，所得美元总收入为 150×1.600 0-（150×0.021 2+ 50×0.5%×1.486 5）= 236.04 万美元。

(二) 外汇期权投机

由于外汇期权交易的灵活性，外汇期权投机的策略非常丰富，这里我们只介绍一个简单的例子。

【实例3-26】我国某公司根据近期内国际政治经济形势预测1个月内美元对日元汇价会有较大波动，但变动方向难以确定，因此决定购买100个日元双向期权合同做外汇投机交易。

已知：即期汇价 USD1 = JPY110.00，协定价格 JPY1 = USD0.008 929，期权费 JPY1 = USD0.000 268，佣金占合同金额0.5%。(1个日元期权合同的标准金额为 1 250 万日元)

问：在市场汇价分别为 USD1＝JPY100.00 和 USD1＝JPY125.00 两种情况下，该公司的外汇投机各获利多少？

解析：①在 USD1＝JPY100.00 的情况下，该公司可按协定价格行使买入期权，可盈利 $125\,000 \times (0.01-0.008\,929) - 125\,000 \times 0.000\,268 - \dfrac{125\,000 \times 0.5\%}{110} = 137.5$ 万美元－33.5 万美元－5.68 万美元＝98.32 万美元。

②在 USD1＝JPY125.00 的情况下，该公司可按协定价格行使卖出期权，可盈利 $125\,000 \times \left(0.008\,929 - \dfrac{1}{125}\right) - 125\,000 \times 0.000\,268 - \dfrac{125\,000 \times 0.5\%}{110} = 116.13$ 万美元－33.5 万美元－5.68 万美元＝76.95 万美元。

这里我们进行简要的分析：投机者预测 1 个月内美元对日元汇价会有较大波动，但变动方向难以确定，因此决定购买日元双向期权合同做外汇投机交易。这样，只要日元汇率大幅波动，投机者就可以利用其中一种期权获取利润。当日元汇率大幅上升时，投机者可以从买权交易中获得利润，并放弃行使卖权；当日元汇率大幅下降时，投机者可以从卖权交易中获得利润，并放弃行使买权。

五、影响外汇期权价格变动的因素

期权合约买卖双方的权利与义务是不对等的。正是这种不对等使得期权合约卖方在卖出期权合约时要向期权合约买方收取取得选择权的代价，即期权费。期权费在期权交易中扮演着重要角色，期权费一般由以下因素决定。

（一）期权的协议价格

买权的协议价格越低，对买方越有利，卖方蒙受损失的可能性越大，要求较高的期权费作为补偿；反之，买权的协议价格越高，买方获利的机会越小，所愿意支出的期权费越小。因而，买权的期权费与协议价格呈反向变动。卖权约定价格越高，买方获利越大，卖方所要求的期权费也越高；反之，卖权的协议价格越低，买方获利的机会越小，所愿意支出的期权费越小。因而，卖权的期权费与期权协议价格是同向变动的。

（二）合约的有效期

合约的有效期越长，期权费越高。因为期权合约的有效期越长，期权买方从汇率变动中牟取利益的机会愈多，而期权卖方承担的汇率风险越大，需要收取较高的期权费作为补偿。

（三）预期汇率的波动幅度

如果在有效期内作为标的物的货币价格越不稳定，期权卖方承担的风险越大。预期波动幅度较大时，期权费越高；当汇率相对稳定时，期权费较低。

（四）期权供求状况

一般而言，外汇期权市场上的供求关系对期权费也有直接影响。期权买方多卖方少，期权费自然收得高些；期权卖方多买方少，期权费就会便宜一些。

（五）利率差别

由于较高利率货币有贬值趋势，所以，当本国利率相对于外国利率上升时，外汇汇率会趋于升值，人们会增加对外汇买权的需求，外汇买权的价格就会上升，而外汇卖权的价格则会下降。反之，则恰好相反。

（六）远期汇率

通常远期汇率较高，交易者对未来汇率行情趋于看好，就会买入外汇买权，以便日后外汇汇率确实上升时，获得收益。这样，通过期权市场供求力量的相互作用，外汇看涨期权的价格，会随着远期汇率的升高而上涨，而外汇看跌期权的价格则会下降。

应知考核

■主要概念

外汇市场　外汇经纪人　外汇交易商　外汇投机者　即期外汇业务　交割日
远期外汇业务　套期保值　外汇投机　套汇　套利　择期外汇交易　掉期交易

■基础训练

一、单选题

1. 在其他条件不变的情况下，远期汇率与即期汇率的差异决定于两种货币的（　　）。

　　A. 利率差异　　　　　　　　　　B. 绝对购买力差异

　　C. 含金量差异　　　　　　　　　D. 相对购买力平价差异

2. 原则上，即期外汇交易的交割期限为（　　）。

　　A. 一个营业日　　　　　　　　　B. 两个营业日

　　C. 三个营业日　　　　　　　　　D. 一周的工作日

3. 在直接标价法下，升水时的远期汇率等于（　　）。

　　A. 即期汇率+升水　　　　　　　B. 即期汇率-升水

　　C. 中间汇率+升水　　　　　　　D. 中间汇率-升水

4. 当一国利率水平低于其他国家时，外汇市场上本、外币资金供求的变化会导致本国货币的汇率（　　）。

　　A. 上升　　　　　　　　　　　　B. 下降

　　C. 不升不降　　　　　　　　　　D. 升降无常

5. 有远期外汇收入的出口商与银行订立远期外汇合同，是为了（　　）。

　　A. 防止因外汇汇率上涨而造成的损失

　　B. 获得因外汇汇率上涨而带来的收益

　　C. 防止因外汇汇率下跌而造成的损失

　　D. 获得因外汇汇率下跌而带来的收益

6. 远期外汇业务的期限通常为（　　）。

　　A. 1 年　　　　　　　　　　　　B. 6 个月

　　C. 3 个月　　　　　　　　　　　D. 1 个月

7. 当远期外汇比即期外汇便宜时，则两者之间的差额称为（　　）。

　　A. 升水　　　　　　　　　　　　B. 贴水

　　C. 平价　　　　　　　　　　　　D. 中间价

8. 通常情况下，远期汇率与即期汇率的差价表现为贴水的是（　　）。

A. 低利率国家的货币   B. 高利率国家的货币

C. 实行浮动汇率制国家的货币   D. 实行钉住汇率制国家的货币

9. 套汇交易赚取利润所依据的是不同市场的（   ）。

     A. 汇率差异   B. 利率差异

     C. 汇率及利率差异   D. 通货膨胀率差异

10. 组成掉期交易的两笔外汇业务的（   ）。

     A. 交割日期相同   B. 金额相同

     C. 交割汇率相同   D. 买卖方向相同

二、多选题

1. 远期对远期的掉期交易所涉及的两笔外汇业务的（   ）。

     A. 金额相同   B. 汇率相同

     C. 汇率不同   D. 交割期不同

2. 在外汇市场上，远期外汇的卖出者主要有（   ）。

     A. 进口商   B. 持有外币债权的债权人

     C. 负有外币债务的债务人   D. 对远期汇率看跌的投机商

3. 在外汇市场上，远期外汇的购买者主要有（   ）。

     A. 进口商   B. 出口商

     C. 负有外币债务的债务人   D. 对远期汇率看涨的投机商

4. 在外汇市场上，远期汇率的标价方法主要有（   ）。

     A. 直接标出远期外汇的实际汇率

     B. 标出远期汇率与即期汇率的中间汇率

     C. 标出远期汇率与即期汇率的差额

     D. 标出即期汇率与远期汇率的差额

5. 远期外汇交易的特点是（   ）。

     A. 买卖双方有直接合同责任关系

     B. 不收手续费

     C. 实行双向报价

     D. 最后要进行交割

三、简答题

1. 举例说明进出口商如何运用远期外汇交易进行套期保值。

2. 简述远期汇率、即期汇率与利息率三者之间的关系。

3. 简述外汇市场的结构。

4. 简述远期外汇业务的作用。

5. 简述择期交易的报价原则。

四、计算题

1. 某日伦敦外汇市场上即期汇率为 1 英镑等于 1. 695 5/1. 696 5 美元，3 个月远期贴水 50/ 60 点，求 3 个月远期汇率。

2. 假定某日下列市场报价为：纽约外汇市场即期汇率为 USD/ CHF = 1.534 9/89，伦敦外汇市场 GBP/ USD = 1.634 0/70，苏黎世外汇市场 GBP/CHF = 2.502 8/48。如果不考虑其他费用，某瑞士商人以 100 万瑞士法郎进行套利，可以获多少套汇利润？

3. 某日纽约外汇市场汇价：

	即期汇率	远期汇率
美元/瑞士法郎	1. 603 0-40	贴水 135-140

我公司向美国出口机床，如即期付款每台报价 2 000 美元，现美国进口商要求我以瑞士法郎报价，并于货物发运后 3 个月付款，问：我公司应报多少瑞士法郎？

4. 我出口公司某商品原报价为每吨 1 150 英镑。该笔业务从成交到收汇需 6 个月。某日，该公司应客户要求，改报丹麦克朗。假设当日伦敦市场的汇价为：

	即期汇率	6 个月远期	年率%
丹麦	9. 454 5-75	贴水 14. 12-15. 86	3. 17

该公司应报多少丹麦克朗？

5. 假定某日下列市场报价为：纽约外汇市场即期汇率为 USD/CHF = 1. 534 9/89，伦敦外汇市场 GBP/ USD = 1. 634 0/70，苏黎世外汇市场 GBP/CHF = 2. 502 8/ 48。如果不考虑其他费用，某瑞士商人以 100 万瑞士法郎进行套利，可以获多少套汇利润？

应会考核

技能案例

【案例背景】

东京外汇市场 6 个月的美元期汇汇价为：1 美元 = 132 日元，某交易者预测 6 个月后美元汇率会上涨，于是按此汇率买进 500 万美元，到交割日即期市场美元汇率果真上涨到 1 美元 = 142 日元，则此客户支付 66 000 万日元，收进 500 万美元，按现汇价卖出 500 万美元，收进 71 000 万日元，赚取利润 5 000 万日元。如果到交割日，美元不仅没有上涨，反而下跌至 1 美元 = 122 日元，则投机者损失 5 000 万日元。

【技能思考】

请用远期外汇交易以及投机的相关内容对本案例进行分析，应如何进行预测以避免损失的发生。

实践训练

【实训项目】

外汇交易

【实训情境设计】

各银行的报价

银行	EUR/USD	USD/JPY
A	1. 456 0/70	125. 50/80
B	1. 456 3/73	125. 50/75

银行	EUR/USD	USD/JPY
C	1. 455 8/70	125. 45/65
D	1. 456 5/75	125. 55/90
E	1. 456 1/75	125. 60/90

【实训任务】

根据上述几家银行报出的 EUR/USD 和 USD/JPY 的汇率，请回答下列问题：

1. 应向哪家银行卖出欧元，买进美元？

2. 应向哪家银行卖出美元，买进日元？

3. 假如你想卖出欧元，买进日元，用对你最有利的汇率计算 EUR/JPY 的交叉汇率。

项目四
汇率制度与外汇管制

■知识目标

理解：汇率制度的概念；外汇管制的概念；

熟知：外汇管制的目的、机构及对象；我国的外汇管理体制、人民币汇率制度；

掌握：汇率制度的分类与选择；外汇管制的办法与措施；外汇管制的经济分析。

■技能目标

学生能够掌握汇率制度的主要分类和选择以及外汇管制的方法，能够对金融市场中的外汇交易进行合理的货币选择。

■情意目标

学生能够在金融市场上运用汇率制度和外汇管制制度指导金融实践。

■教学目标

教师要培养学生分析研究当前中国人民币的走势和预测人民币可自由兑换情况的能力。

【项目引例】

斯里兰卡央行放松外汇管制

2014 年 5 月 28 日，斯里兰卡中央银行宣布开始执行一系列放松外汇管制的措施，这些措施有望进一步提升其在全球市场上的竞争力。

1. 允许外国投资者投资斯里兰卡公司债券。除公开上市发行的债券外，允许外国投资者通过证券投资账户（SIA）投资非上市债券。

2. 进一步放宽获取电子货币资金转账卡的资格。移民冻结账户、证券投资账户和外交账户持有者可以申请转账卡。

3. 发行外国旅行卡。允许有执照的商业银行向客户发行旅行卡。

4. 为居民外汇收入提供更多便利。外汇收入账户（FEEA）持有人可以依据合同用账户现有资金进行外币支付。允许有执照的商业银行向 FEEA 持有人提供外币贷款。

5. 取消对特别对外投资存款账户（SFIDA）的最低限额要求。

6. 留学生在获得学生签证前可以拿到生活费用汇款。计划在斯里兰卡境外完成学业的留学生，可向有执照的商业银行申请开设外国银行账户，以方便交易。

7. 斯里兰卡境外供应商可向斯里兰卡境内进口商提供信贷支持。取消供应商对进口商贷款的时间限制。

8. 取消对企业开立信用证的限制。

资料来源：http://finance.sina.com.cn/roll/20140605/191119327192.shtml.

什么是外汇管制？为什么要进行外汇管制？外汇管制的办法与措施有哪些？

【知识支撑】

任务一　汇率制度

一、汇率制度的概念

汇率制度（Exchange Rate Regime or Exchange Rate System），又称汇率安排（Exchange Rate Arrange），是指一国货币当局对本国汇率变动的基本方式所做出的一系列安排或规定。第二次世界大战以后，主要发达国家的汇率制度经历了两个阶段：第一阶段是从 1945 年到 1973 年春，建立的是固定汇率制度；第二阶段是 1973 年春以后，建立的是浮动汇率制度。发展中国家仍实行不同形式的固定汇率制度。

二、汇率制度的分类

按照汇率波动有无平价以及汇率波动幅度的大小，将汇率制度分为固定汇率制度和浮动汇率制度。

（一）固定汇率制度

固定汇率制度（Fixed Rate System）是指两国货币的比价基本固定，现实汇率只能围绕平价在很小的范围内上下波动的汇率制度。如在外汇市场上两国汇率的波动超过规定的幅度时，有关国家的货币当局有义务站出来干涉维持。从历史发展来看，固定汇率制度又可分为金本位制度下的固定汇率制度和纸币流通条件下的固定汇率制度。

1. 不同本位制度下的固定汇率制度

金本位制度是以黄金作为本位货币的制度。金本位制度下的固定汇率制度，是以各国货币的含金量为基础、汇率的波动受黄金输送点限制的汇率制度，它是典型的固定汇率制度。19 世纪后期至第一次世界大战前，是金本位制度下的固定汇率制度的全盛时期。此后，随着金本位制度的彻底崩溃，以金本位制度为基础的固定汇率制度也随之消亡。

金本位制度崩溃之后，各国普遍实行了纸币流通制度。1945 年下半年至 1973 年初，广泛流行纸币流通条件下的固定汇率制度。该制度是建立在 1944 年 7 月通过的布雷顿森林协定的基础之上的，因而又被称为布雷顿森林体系下的固定汇率制度。这一固定汇率制度可概括为"双挂钩、一固定、上下限、政府干预"的体系。

"双挂钩"包括：一是美元与黄金挂钩，根据国际货币基金组织的规定，成员国确认美国规定的 35 美元兑换 1 盎司黄金的官价，而美国政府则承担准许外国政府或中央银行按照黄金官价用美元向美国兑换黄金的义务；二是其他国家的货币与美元挂钩，其他各国或规定本国货币的含金量，或直接规定本国货币对美元的汇率。例如 1946 年 12 月 18 日，1 英镑的法定含金量为 3.581 34 克纯金，而 1 美元的法定含金量则为

0.888 671克纯金，则英镑对美元的平价为3.581 34/0.888 671＝4.03，即英镑对美元的货币平价为1英镑＝4.03美元。

"一固定"是指本国货币的平价一经国际货币基金组织确认就基本固定，不得随意变动，只有当成员国的国际收支发生根本性不平衡时，才可变动其货币平价。平价的变动幅度在10%以内时，成员国有权自行调整，不必经过国际货币基金组织批准；平价的变动幅度在10%~20%时，须经国际货币基金组织的批准。国际货币基金组织同意与否须在72小时内做出决定；平价的变动幅度超过20%时，国际货币基金组织批准与否没有时间限制。未经批准而擅自调整其货币平价的成员国，则有可能被剥夺利用国际货币基金组织资金的权力，甚至可能被强制退出国际货币基金组织。

"上下限"是指外汇市场上现实汇率的变动幅度不得超过平价上下各1%，如英镑对美元的货币平价为1英镑＝4.03美元，则外汇市场上英镑对美元汇率波动的上下限4.03×（1+1%）或4.03×（1−1%），即允许英镑对美元的汇率在3.989 7~4.070 3之间波动。1971年12月，国际货币基金组织又将现实汇率围绕平价波动的幅度扩大到上下各2.25%。

"政府干预"是指外汇市场上的现实汇率围绕平价波动，当波动幅度超过规定的界限时，各有关国家的政府有义务采用各种干预措施，使汇率的波动幅度控制在平价规定的范围内。当时政府干预汇率的措施主要有：运用货币政策调整利率；动用外汇平准基金，进行公开市场操作；进行国际借贷或直接输出入黄金；实行外汇管制；变动本币的平价，宣布本币法定贬值或法定升值等。

2. 不同本位制度下固定汇率制度的比较

金本位制度下的固定汇率与纸币流通条件下的固定汇率，其共同之处主要有两点：①各国的货币都与黄金有联系，两国货币之间的汇率的确定以平价为基础；②现实汇率围绕平价在一定的范围内波动。

但两者也有着本质的区别：①汇率决定的基础不同。金本位制度下的固定汇率以两国货币的实际含金量为基础，是自发形成的；而纸币流通条件下的固定汇率，以两国货币的名义含金量为基础，是通过布雷顿森林协定人为地建立起来的。②汇率的调整机制不同。金本位制度下的固定汇率围绕铸币平价波动，其波动幅度由黄金输送点决定。通过黄金自由输出入来自动调整，使汇率稳定在黄金输送点的上下限范围内；而纸币流通条件下的固定汇率，汇率的波动幅度是人为规定的，也是人为维持的，通过各国政府的干预，使汇率稳定在一定的范围内。③汇率的稳定程度不同。金本位制度下各国货币的含金量一般不会变动，事实上，现实汇率也仅在铸币平价的上下6%左右波动，幅度很小，基本上是固定的；而纸币流通条件下各国货币的平价只要有必要（国际收支发生根本性不平衡时）就可以调整，汇率的稳定和维持又是在各国政府的干预下得以实现的。因此，严格地说，纸币流通条件下的固定汇率制度只能说是可调整的钉住汇率制度（Adjustable Pegging System）。

3. 维持固定汇率制度所采取的措施

各国货币当局为维持国际货币基金组织所规定的汇率波动幅度，通常会采取以下措施。

（1）提高贴现率

贴现率是利息率的一种，是各国中央银行用以调节经济与汇价的一种手段。如前所述，在美国外汇市场如果英镑的价格上涨，接近 4.070 3 美元的上限水平，美国货币当局则可提高贴现率，贴现率一提高，其他利率如存款利率，也随之提高，国际游资为追求较高的利息收入，会将原有资金调成美元，存入美国，从而增加对美元的需求，引起美元对外汇价的提高。如果英镑价格下跌至下限水平 3.989 7 美元，则美国货币当局就降低贴现率，其结果则相反。

（2）动用黄金外汇储备

一国黄金外汇储备不仅是国际交往中的周转金，而且也是维持该国货币汇率稳定的后备力量。如伦敦市场的英镑汇率下跌，低于官定下限 3.989 7 美元时，则英国动用美元外汇储备，在市场投放美元，从而缓和需求，促进英镑汇率上涨；反之，则收购美元，充实本国美元储备，减少市场供应，促使英镑汇率下降。

（3）外汇管制

若一国黄金外汇储备的规模有限，一旦遇到本币汇率剧烈下跌，就无力在市场上大量投放外汇以买进本币，因此，还会借助于外汇管制的手段，直接限制某些外汇支出。

（4）举借外债或签订货币互换协定

哪种外币在本国外汇市场短缺，则向哪国借用短缺货币投放市场，以平抑汇率。1962 年 3 月以后，美国曾与 14 个国家签订货币互换协议，签约国一方如对某种外汇需求急迫时，可立即从对方国家取得，投放市场，无须临时磋商。

（5）实行货币公开贬值

如果一国国际收支逆差严重，对外汇需求数额巨大，靠上述措施不足以稳定本币汇率时，就常常实行公开贬值，降低本国金平价，提高外币价格。在新的金平价比率基础上，减少外汇需求，增加出口收入，追求新的汇率的稳定。

4. 固定汇率制度的作用

（1）固定汇率制度对国际贸易和投资的作用

与浮动汇率制度相比较，固定汇率为国际贸易与投资提供了较为稳定的环境，减少了汇率的风险，便于进出口成本核算以及国际投资项目的利润评估，从而有利于对外贸易的发展，对某些西方国家的对外经济扩张与资本输出有一定促进作用。但是，在外汇市场动荡时期，固定汇率制度也易于招致国际游资的冲击，引起国际外汇制度的动荡与混乱。当一国国际收支恶化，国际游资突然从该国转移换取外国货币时，该国为了维持汇率的波动幅度，不得不拿出黄金外汇储备在市场供应，从而引起黄金的大量流失和外汇储备的急剧缩减。如果黄金外汇储备急剧流失后仍不能平抑汇价，该国最后有可能采取法定贬值的措施。一国的法定贬值又会引起与其经济关系密切的国家同时采取贬值措施，从而导致整个汇率制度与货币的极度混乱与动荡。经过一定时期以后，外汇市场与各国的货币制度才能恢复相对平静。在未恢复相对平静以前的一段时间内，进出口贸易商对接单订货常抱观望态度，从而使国际间的贸易往来在某种程度上出现中止停顿的现象。

（2）固定汇率制对国内经济和国内经济政策的影响

在固定汇率制下，一国很难执行独立的国内经济政策，这是因为：

第一，固定汇率制下，一国的货币政策很难奏效。如一国为紧缩投资、治理通货膨胀而采取提高利率的货币政策，却会因利率的提高吸引外资的流入，从而达不到紧缩投资的目的。相反，为刺激投资而降低利率，却又会造成资金的外流。

第二，固定汇率制下，为维护固定汇率制，一国往往需要以牺牲国内经济目标为代价。例如，一国国内通货膨胀严重，该国为治理通货膨胀而实行紧缩的货币政策和财政政策，提高贴现率，增加税收等。但由于本国利率的提高，势必会引起资本流入，造成资本项目顺差，由于增加税收，势必引起总需求减少、进口减少、出口增加，造成贸易收入顺差。这就使得本币汇率上涨，不利于固定汇率的维持。因此，该国政府为维持固定汇率，不得不放弃为实现国内经济目标所需采取的国内经济政策。

第三，固定汇率制使一国国内经济暴露在国际经济动荡之中。由于一国有维持固定汇率的义务，因此当其他国家的经济出现各种问题而导致汇率波动时，该国就需进行干预，从而也就会受到相应的影响。例如，外国出现通货膨胀而导致其汇率下降，本国为维持固定汇率制而抛出本币购买该贬值外币，从而会增加本国货币供给，将诱发本国的通货膨胀。总之，固定汇率使各成员国的经济紧密相连、互相影响，一国出现经济动荡，必然波及他国，同时，也使一国很难实行独立的国内经济政策。

5. 固定汇率制度与法定贬值、法定升值

（1）固定汇率制度与法定贬值

在纸币流通制度下，当纸币贬值十分严重，旧的黄金平价和汇率不能维持，而且勉强维持会进一步削弱其出口产品竞争能力，消耗其有限的黄金外汇储备时，该国政府就会颁布法令，废除纸币原来已经变得过高的黄金平价和汇率，规定新的、较低的黄金平价和汇率。这种由法律明文规定降低本国货币的金平价，提高以本币所表现的外币价格的措施就叫货币的法定贬值。

在固定汇率制度下，法定贬值是能抑制进口、扩大出口的机制。在固定汇率制度下，有些国际货币基金组织的会员国往往在其出口贸易极其不振、国际收支和失业问题严重的时期，实行法定贬值。其目的在于，利用法定贬值进行外汇倾销，以扩大出口，限制进口，缓和国际收支失衡和失业加剧等问题，使本国垄断集团获得高额利润。所谓外汇倾销就是指在通货膨胀情况下，一国政府利用汇率上涨与物价上涨的不一致，有意提高外币的行市，使其上涨的幅度大于国内物价上涨的幅度，以便以低于世界市场的价格输出商品，削弱竞争对手，争夺销售市场。

【实例4-1】美元对英镑的汇率原为1英镑=2.4美元。假定美国国内每吨钢材售价为240美元，美国出口商向英国出口钢材每吨售价为100英镑，美国出口商将出口所得的100英镑按上述汇率兑换成美元，可得240美元，获利润24美元。假设英国的物价水平未变，而现在美国国内物价上涨50%，汇率仍维持1英镑=2.4美元，这样，对美国的出口商将产生不利后果。因为美国国内物价上涨50%后，每吨钢材在美国国内售价上涨至360美元（成本324美元，利润36美元），但出口到英国仍卖100英镑，按1：2.4的汇率只能换回240美元，这样美国出口商每出口一吨钢材要少收入84美元。这当然要影响美国的出口，导致减产，甚至导致生产停滞。在这种情况下，美国政府一般会采取货币的公开贬值措施，将以美元所表示的英镑的价格至少提高50%，即由1英镑=2.4美元提高至1英镑=3.6美元，美国出口商才不致亏本。如果美国将美元对英镑的价格调高的幅度大于国内物价上涨的幅度，如调高100%，则美元与英镑的兑换比例即为1英镑=4.8美元，在此情况下，美国出口商向英国出口钢材虽然每吨仍卖100英镑，但按1英镑=4.8美元的新汇率折算，可获得480美元，扣除每吨钢材成本 324 美元后, 仍有利润 36 美元和超额利润 120 美元。为了扩大出口、夺取英国销售市场, 美国出口商可降低在英国的钢材售价, 每吨不卖 100 英镑, 只卖 90 英镑, 这就有可能削弱其他竞争对手, 将他们排挤出英国市场。美国出口商以每吨 90 英镑的价格在英国出售钢材后, 按 4.8 : 1 的汇率, 仍可换回 432 美元, 扣除成本 324 美元、利润 36 美元后, 仍可多得超额利润 72 美元。有些发达国家常常有意利用货币公开贬值, 进行外汇倾销, 作为获取高额垄断利润、争夺销售市场的一种手段。货币公开贬值后, 进口商品的价格就要上涨, 所以它起着抑制进口、改善国际收支的作用。如前例, 美元公开贬值前, 在英国国内售价为 100 英镑的机器, 运抵美国后的售价折合为 240 美元。美元公开贬值, 其汇率由 1 英镑 = 2.4 美元调高至 1 英镑 = 4.8 美元后, 这台机器在美国的售价一定要提高到 480 美元, 英国出口商才不会减少收入。由于英国机器在美国市场售价过高, 对美国来讲自然具有限制进口、增加本国商品在国内市场销售的作用。

一国货币法定贬值后, 获得扩大出口的利益, 其他国家会立即仿效, 也随之采取公开贬值的措施, 在市场争夺战中进行反击。各国货币公开贬值的过程, 也就是它们进行货币战的过程。

1973 年发达国家实行浮动汇率制后, 各国不再公布金平价, 也不再采取公开贬值的形式, 但它们通过干预或放弃干预外汇市场, 有意使本币对外汇率的下浮幅度大大超过本国物价上涨幅度, 同样达到在固定汇率制下公开贬值的作用, 即扩大出口、抑制进口。20 世纪 90 年代某些时期, 美国货币当局曾不断采取这种手段, 以达到加强本国出口商品竞争能力, 抑制从德国和日本进口的目的。此外, 在欧洲货币体系内参加汇率机制的某些成员国, 由于本国通货膨胀严重, 也宣布公开贬值, 变更与其他成员国之间的货币比价。

货币的法定贬值虽一般具有扩大出口的作用, 但也有一定的局限性: 首先, 不是任何商品都能扩大出口, 有些商品的出口往往受需求弹性的限制。需求弹性是指随着价格的变化, 市场对商品供求的增加或减少的反应程度。反应程度大的商品, 则需求弹性大; 反之, 则需求弹性小。一般而言, 工业制成品特别是高档消费品的需求弹性大, 初级产品则需求弹性小。发达国家的出口商品结构以工业制成品为主, 货币法定贬值的机制作用大; 发展中国家出口商品结构以初级产品为主, 货币法定贬值的机制作用小。其次, 受时滞的限制, 货币实行法定贬值后一国出口不会立即增加, 国际收支也不会立即得到改善。因为, 从出口到收汇需要一定时间, 在此期间内原订进口合同要对外支付, 因扩大出口而增加收取的外汇要在一定时间以后才能结汇。这就是贬值的 "J 曲线效应"。

(2) 固定汇率制度与法定升值

在固定汇率制度下, 个别通货膨胀程度较轻、国际收支在一定时期内具有顺差的国家, 在其他国家的影响与压力下, 用法律明文规定提高本币的金平价, 降低以本币所表示的外币的价格, 就叫货币的法定升值。

一国的国际收支发生顺差, 则外汇供过于求, 引起以本币所表示的外币价格的下跌。在外币汇率跌到官定下限时, 该国政府就抛出本币, 收购外币, 进行干预, 以把汇率控制在官定的下限之上。大量外币的涌进, 虽可增加外汇储备, 但因兑换外币而在流通领域中投放的本币也必然随之增加, 从而加剧该国的通货膨胀。因此, 某些具有国际收支顺差的国家，在特定条件下，就采取货币升值的措施，调低本币与外币的兑换比例，以抑制外国货币的大量流入，缓和本国的通货膨胀。

货币法定升值，一般对本国出口贸易不利，而且还会促进进口增加。

6. 汇率的决定与调整

历史上固定汇率制经历了两个发展阶段：一是战前国际金本位制度下的固定汇率制；二是战后纸币流通条件下的固定汇率制。

（1）国际金本位货币制度下的固定汇率制

在金本位制度下，每单位金币规定有一定的含金量，黄金可以自由铸造成金币，金币可以自由流通，自由输出输入，银行券可以自由兑换成金币或黄金。在金本位制度下，两个国家单位货币的实际含金量之比被称作铸币平价，铸币平价是金本位货币制度下决定汇率的基础。

【实例4-2】英国规定1英镑含纯金量为113.001 6格令（约为7.322 38克），美国规定1美元含纯金量为23.22格令（约为1.504 63克），这样，英镑与美元之间的铸币平价即为GBP1=113.001 6/23.22=USD4.866 5，即1英镑等于4.866 5美元。

金本位制度下汇率是由铸币平价决定的，但外汇市场上的实际汇率因受外汇供求影响而围绕铸币平价上下波动。当外汇供小于求时，外汇汇率上升；当外汇供大于求时，外汇汇率下降。然而汇率无论如何波动都不是漫无边际的，因为黄金输送点是其上下波动的天然界限，黄金输送点则等于铸币平价加减运送黄金的费用。为什么说黄金输送点限制了金本位货币制度下汇率的波动幅度？因为金本位货币制度下黄金可以自由输出入，所以国际间的结算既可以选择现金结算方式，也可以选择非现金结算方式，既可以用外汇也可以用黄金。用黄金就涉及一定的结算费用，如包装费、运输费、保险费、检验费、铸造费以及利息等，铸币平价加费用就构成了用黄金结算的成本界限。对一个国家来说，当外汇汇率上涨超过铸币平价加上费用时，该国的进口商就会选择用黄金对外清算，黄金替代外汇流向国外。铸币平价加费用就构成黄金输出点，即汇率上涨的上限。反之，当一国外汇汇率下跌至低于铸币平价加费用时，则该国出口商收取黄金比收进外汇更为有利，黄金替代外汇流向国内。铸币平价减去输金费用就构成黄金输入点，即汇率下跌的下限。因此，金本位货币制度下的汇率总在铸币平价加、减费用的幅度内上下波动。

【实例4-3】英镑与美元的铸币平价为GBP1=USD 4.866 5，英美之间运送黄金的各项费用以及利息按6%计算，在英美两国运送1英镑黄金的费用约为0.03美元，则汇率变动的上下限为：上限=铸币平价+运送费用，即GBP1=USD4.866 5+USD0.03=USD4.896 5，下限=铸币平价-运送费用，即GBP1=USD4.866 5-USD0.03=USD 4.836 5，在外汇市场上，如果英镑对美元汇率高于4.896 5，美国进口商就会选择输出黄金结算，导致美国的外汇市场上英镑需求的减少，英镑价格回落。如果英镑对美元的汇率低于4.836 5，美国出口商就会选择输入黄金，导致美国外汇市场英镑供应的减少，需求增加，英镑价格上升。可见在金本位制度下，由于受黄金输送点的制约，外汇汇率的波动幅度很小，并且总是围绕铸币平价波动，所以金本位制度下的外汇汇率是固定汇率。

（2）布雷顿森林体系下的固定汇率制

布雷顿森林体系是第二次世界大战后建立的一种以"黄金—美元本位制"为核心

的国际货币制度。这一时期是以美元为中心的固定汇率制。布雷顿森林体系是一种流通纸币的货币制度，流通货币本身失去了含金量，但各国货币当局都通过法律规定了纸币的含金量。我们将两国纸币的法定含金量之比称为黄金平价，黄金平价成为汇率的决定基础。

根据 1944 年布雷顿森林会议通过的《国际货币基金协定》，布雷顿森林货币制度下的汇率制度包含以下主要内容。

①美元与黄金直接挂钩。国际货币基金组织要求其成员国确认 1934 年美元集团时确定的 1 盎司黄金＝35 美元（即 1 美元的含金量为 0.888 671 克）的官价，并协助美国维持黄金的官价水平，以稳定黄金的官价，美国政府则承担各国政府或中央银行按官价用美元兑换黄金的义务。这无疑使美元同黄金处于同等地位。

②各国货币与美元挂钩。国际货币基金组织要求成员国通过法律规定本国单位纸币的含金量，并比照美国政府规定的 1 美元＝0.888 671 克黄金的美元法定含金量，确定本币与美元的比价关系，即本币与美元的黄金平价。例如，同时期 1 英镑纸币所代表的含金量为 3.581 34 克纯金，则英镑与美元的黄金平价为 GBP1＝3.581 34/0.888 671＝USD4.03。

③不同货币之间汇率的波动幅度不得超过黄金平价±1％的范围。黄金平价一经确立，不得随意变动，汇率只能在规定的幅度内波动，如果某些国家的货币汇率波动超过了上述规定范围，有关国家货币当局应进行干预以维持汇率与黄金平价的稳定。1971 年 12 月的史密森协议将这一范围扩大为平价的±2.25％。

在纸币流通条件下，通货膨胀现象不可避免。一般来说，如果各国货币对内贬值与对外贬值幅度相一致，则不会影响国际收支和汇率；如果幅度不一致，则必然使国际收支发生不平衡，进而引起市场汇率大幅度偏离黄金平价，致使各国货币当局难以用有限的外汇平准基金有效地干预外汇市场。此种情况迫使有关国家政府调整本币的法定含金量，从而确立一个对外汇的新的黄金平价，不过，这要事先经过国际货币基金组织的批准。

纸币法定贬值是在纸币具有法定含金量时期，一国政府用法令宣布降低本国货币含金量与汇率，借以改善国际收支的措施。引起纸币法定贬值的原因主要有国内通货膨胀严重和国际收支出现巨额逆差。一般来说，一国纸币的法定贬值，可以相应提高外汇汇率，从而降低以外币表示的出口商品的价格，提高以本币表示的进口商品的价格，有利于扩大出口，限制进口，起到扭转国际收支逆差的作用。

纸币法定升值是在纸币具有法定含金量时期，政府用法令宣布提高本国货币的含金量和汇率。引起纸币法定升值的原因主要是国内通货膨胀较低，或国际收支有巨额顺差，受到其他国际收支逆差较大国家的压力等。纸币法定升值不利于出口，而会增加对外国商品的进口，这就会影响本国国际收支趋向逆差，甚至会抑制本国经济的发展。因此，有关国家只有在被迫的状态下才采取这种措施。

（二）浮动汇率制度

1. 浮动汇率制度的概念

1973 年 2 月，美元再次贬值 10％后，固定汇率制度宣告崩溃，主要资本主义国家普遍实行浮动汇率制度。

所谓浮动汇率制度（floating system）是指一国不规定本币对外币的平价和上下波

动的幅度，汇率由外汇市场的供求状况决定并上下浮动的汇率制度。浮动汇率实际上已有较长的历史。早在金本位制度以前，美国等就曾使本币处于浮动状态；在实行国际金本位制度时，也有一些未采用金本位制的国家实行浮动汇率，如印度实行银本位时，印度卢比对金本位制国家货币的汇率，随金银比价的变动而波动；第一次世界大战以后，一些国家也曾先后实行过浮动汇率制；在第二次世界大战以后的固定汇率制度时期，仍有少数货币如加拿大元，从 1950 年 9 月至 1962 年 5 月实行浮动汇率；1968年以后，西方主要国家逐渐趋向实行浮动汇率制度。

2. 浮动汇率制度的类型

从政府是否对市场汇率进行干预的角度，可将汇率浮动的方式分为自由浮动和管理浮动。

（1）自由浮动是指一国政府对汇率不进行任何干预，市场汇率完全听任外汇市场的供求变化而自由波动的汇率浮动方式，又称清洁浮动。由于汇率的波动直接影响到一国经济的稳定与发展，各国政府都不愿听任汇率长期在供求关系的影响下无限制地波动。因此，纯粹的自由浮动只是相对的、暂时的。

（2）管理浮动是指一国政府从本国利益出发对汇率的波动进行不同程度干预的汇率浮动方式，又称肮脏浮动。在现行的货币体系下，各国实行的实际上都是管理浮动。目前政府干预汇率的方式主要有三种：①直接干预外汇市场，但干预形式各有不同。有一个国家单独干预的，也有几个国家联合干预的，还有代理干预的。例如 1990 年 4月上旬，联邦德国、法国、意大利、英国和瑞士应日本的要求，阻止日元继续下跌，但它们都没有花费本国的外汇储备，动用的是日本的外汇储备。②运用货币政策，主要是通过调整再贴现率或银行利率来影响汇率。③实行外汇管制，主要是通过各种措施来影响国际资本流动的方向和规模。

3. 管理浮动汇率制的主要形式

当今管理浮动的形式多种多样，因此有必要详细地对其进行介绍。国际货币基金组织根据各国政府对汇率的干预程度和干预方式，将管理浮动分为三种类型，即钉住浮动、有限弹性浮动和较高弹性浮动。

第一，钉住浮动。发展中国家的经济实力不强，且大多数发展中国家的国际储备较少，应付金融危机冲击的能力有限，本国的外汇市场也不发达。因此，许多发展中国家采用钉住浮动。

实行钉住浮动的国家，其货币与被钉住货币之间仍规定有平价，且现实汇率对平价的波动幅度为零，或被限制在一个很小的范围内，一般不超过平价的±1%。钉住浮动的重要特点是汇率缺乏弹性。钉住浮动汇率与布雷顿森林体系下的可调整的钉住汇率不同，钉住浮动汇率是在各主要国家的货币相互之间实行浮动汇率的背景下实行的。由于各主要国家货币之间的汇率是波动的，因此，一国的货币选择钉住某一种或某几种主要国家的货币，便意味着本币的汇率将对其他未被钉住的主要货币浮动，因而属于浮动汇率制度；而布雷顿森林体系下的可调整的钉住汇率制度却属于固定汇率制度。按照被钉住货币的不同，钉住浮动还可分为钉住单一货币浮动和钉住一篮子货币浮动。

（1）钉住单一货币浮动。采用此种汇率浮动方式的国家，由于经济、历史、地理等方面的原因，与美国、法国等建立了密切的贸易和金融关系。为使这些关系持续稳定地发展下去，避免双边汇率频繁波动带来不利影响，这些国家将本币钉住美元或法国法郎等单一货币。

用此方式的有利方面是：①能减少钉住国与被钉住国货币间汇率的波动，有利于两国间贸易的稳定开展；②有利于钉住国国内物价水平的稳定；③有利于钉住国吸引外资。不利方面是：①削弱钉住国货币政策的独立性，有碍于该国利用汇率作为宏观调控的手段，以及保持汇率政策与其他政策措施的协调一致；②不利于钉住国实行对外经济多元化的战略，尤其容易影响该国与其他发展中国家之间的贸易。

（2）钉住一篮子货币浮动。这种钉住方式又分两种情况：一是直接将本币钉住特别提款权，有利之处是简便易行，可保持汇率的相对稳定；不利之处是由于美元在特别提款权中占较大的比重，钉住特别提款权在很大程度上还是主要钉住美元。二是将本币钉住本国自行设计的一篮子货币，篮子中的货币由与本国经济联系最为密切的若干国家的货币组成。各种货币所占的权数，通常按本国对外贸易总额中各主要贸易伙伴国的份额，或按本国对外贸易的货币构成来确定。此钉住方式的有利之处是可保持汇率的相对稳定，也可根据本国对外经济贸易关系的变化，通过随时调整货币篮子来调整汇率；不利之处是由于采用此种钉住方式的国家自行设计和使用不同的货币篮子，有可能增大其汇率风险，同时也可能造成套算汇率的困难。

在钉住浮动中还有一种特殊的汇率确定方式，称为联系汇率制。国际货币基金组织并没有把这种汇率确定方式作为一种单独的形式，此方式在具体的运用中也是大同小异，最具典型意义的是港币的联系汇率制。1983 年 10 月 17 日，港英政府以 1 美元兑换 7.8 港元的比价，开始实行联系汇率制。其主要特点是，由香港金融管理局规定现钞发行和回笼时的官方汇率，并力图使市场汇率接近官方汇率。具体方法是，各发钞银行在发行港元时必须持有相应数量的负债证明书，而要获得负债证明书，则必须按 1 美元兑 7.8 港元的比价，向香港金融管理局上缴美元存款；回笼货币时，其他任何银行在向发钞银行上缴港币时，均可按 1 美元兑 7.8 港元的比价获得相应数量的美元，发钞银行也可按此比价，凭负债证明书，用回笼的港币从金融管理局兑回相应数量的美元。目前，采用钉住浮动来确定汇率的国家仍较多，但呈下降趋势。

第二，有限弹性浮动。实行有限弹性浮动的国家，其货币对某一外币规定有平价，或集团成员国的货币之间相互规定有平价，且市场汇率在平价的基础上可以有一定程度的浮动。但这种浮动是有限的。此浮动方式也有两种形式，即钉住单一货币的有限浮动和联合浮动。

（1）钉住单一货币的有限浮动。实行此种方式浮动的国家为少数发展中国家，这些国家的货币钉住某一种货币（目前均为美元）浮动，但有一定的波动幅度，多为平价的±2.25%。采用此种浮动方式，与钉住单一货币浮动相比，虽然弹性有所增强，但本国货币政策的独立性依然不强。

（2）联合浮动。1972 年 4 月，由欧洲经济共同体六国（联邦德国、法国、比利时、荷兰、卢森堡和意大利）开始实行联合浮动的国家组成集团。集团内部各成员国货币之间实行固定汇率，规定有中心汇率（平价）和市场汇率波动的幅度，各有关国家有义务共同维持彼此间汇率的稳定；而集团成员国的货币对集团以外国家的货币则实行联合浮动。目前采用联合浮动方式的国家为欧洲联盟的部分国家。联合浮动有利于以联合的力量来抵御外来冲击，保持集团内部各国货币之间汇率的相对稳定，促进区域经济一体化。但它强调经济政策的一致性，这不仅削弱了集团内各成员国货币政策的自主性，而且由于集团内部各国经济发展的不平衡，使集团内部矛盾重重，汇率的波动幅度也由最初的±1.25%不断扩大，1993年8月1日再次扩大到平价的±15%（德国马克、荷兰盾除外）。在联合浮动的基础上，欧洲联盟于1999年1月1日在首批十一个国家（奥地利、比利时、芬兰、法国、德国、爱尔兰、意大利、卢森堡、荷兰、葡萄牙、西班牙）中用欧元作为统一货币。

第三，较高弹性浮动。实行较高弹性浮动的国家，其本币对外币的依赖性较小，汇率变动的灵活性较大。此浮动方式又有三种形式：指标浮动、其他管理浮动和单独浮动。

（1）指标浮动。一些国家在短期内将本币的汇率钉住某一平价，同时根据国内外物价对比、国际收支状况、贸易条件、外汇储备等因素制订一组指标，并根据该组指标的变动情况，频繁地、小幅度地调整所钉住的平价，这种安排又称爬行钉住（Crawling Pegging）或滑动平价（Sliding Parity）。采用此种浮动方式，本币汇率经常小幅度调整，可避免汇率剧烈波动对经济带来的冲击，但汇率变动的幅度小，往往难以满足解决经济问题的需要。

（2）其他管理浮动。此种浮动方式下各国采取的管理方法不尽相同。如有的国家在实行外汇管制、货币非自由兑换和资本非自由流动的前提下，采用封闭浮动方式，在封闭浮动方式中，本币汇率仅由本国外汇市场的供求关系决定，货币当局一方面对汇率进行集中管理，另一方面在必要时又对汇率进行干预，也有的国家规定货币的官方汇率，且货币当局时刻准备用官方汇率买卖外汇，这种官方汇率至少在一天内保持固定不变，但每个月的浮动幅度则超过0.5%。这种浮动方式的优点在于对汇率的调节是可控的、灵活的、多样的，有利于汇率的相对稳定，因此为较多的发展中国家所采用。国际货币基金组织将目前人民币汇率的浮动方式归入其他管理浮动类。

（3）单独浮动。单独浮动又称独立浮动，是指一国货币不与其他任何国家的货币发生固定的联系，其汇率根据外汇市场的供求关系自行上下浮动。采用这种浮动方式的国家，最初主要是发达国家，现在除发达国家之外，越来越多的新兴工业化国家和发展中国家也选用这一方式。单独浮动的优点在于汇率水平的变化基本上反映了客观经济情况的变化，汇率的变动灵活且富有弹性，一旦出现较大偏差，市场外汇供求关系会进行纠正。其弊端在于汇率易受投机的影响，波动可能过于频繁，波幅可能过大，且汇率的波动带有突发性、盲目性和反复性，易给经济特别是国际经济交往带来不稳定的影响。从浮动汇率制度的演变过程可知，发达国家的汇率安排目前主要是单独浮动和联合浮动；而发展中国家的汇率安排则形式多样，但正在由钉住浮动向其他管理浮动和单独浮动过渡。这说明发展中国家的经济正在起步摆脱对发达国家的依赖，经济的自主性、灵活性以及对经济的调控能力正在不断增强。

4.浮动汇率制度的优缺点

（1）浮动汇率制度的优点

第一，汇率随外汇市场的供求变化自由浮动，自动调节国际收支的不平衡。当一国国际收支持续逆差，出口额小于进口额，外国货币供给减少，该国货币汇率呈下降趋势，意味着该国出口商品以外币表示的价格下降，将利于出口，抑制进口，从而扭转国际收支逆差；相反，当一国国际收支持续顺差，出口额大于进口额，外国货币供给加大，该国货币的汇率呈现上浮趋势，该国出口商品以外币表示的价格上涨，就会抑制出口，刺激进口，从而使国际收支顺差减缓。

第二，可以防止外汇储备的大量流失和国际游资的冲击。在浮动汇率制度下，汇率没有固定的波动幅度，政府也没有义务干预外汇市场。因此，当本国货币在外汇市场上被大量抛售时，该国政府不必为稳定汇率动用外汇储备，大量抛售外币，吸购本币；相反，当本国货币在外汇市场上被大量抢购时，该国政府不必大量抛售本币，吸购外币。本币汇率的进一步上升，自然会抑制市场对本币的需求，这样就可减少国际游资对某一种货币冲击的可能性。

第三，有助于独立自主选用国内经济政策。与固定汇率制度相比，浮动汇率制度下一国无义务维持本国货币的固定比价，因而可以根据本国国情，独立自主地采取各项经济政策。同时，由于在浮动汇率下，为追求高利率的投机资本往往受到汇率波动的打击，因而减缓了国际游资对一国的冲击，从而使其货币政策能产生一定的预期效果。由于各国没有维持固定汇率界限的义务，在浮动汇率制度下，一定时期内的汇率波动不会立即影响国内的货币流通，国内紧缩或宽松的货币政策从而得以贯彻执行，国内经济则得以保持稳定。

（2）浮动汇率制度的缺点

第一，汇率波动不定增加了国际间贸易的风险。在浮动汇率制度下，汇率有可能暴涨暴跌，使国际贸易往来无安全感。例如，在以外币计价结算的贸易中，出口商要承受外汇汇率下跌而造成结汇后本币收入减少的损失；相反，进口商则要承受外汇汇率上涨而造成进口成本加大的损失。此外，汇率的剧烈波动使得商品的报价、计价货币的选择、成本的核算变得十分困难，这对国际贸易的发展是不利的。

第二，汇率剧烈波动助长了外汇市场上的投机。在浮动汇率制度下，汇率的波动取决于外汇市场的供求关系，汇率波动频繁，波动幅度大，外汇投机者就有机可乘。有些西方国家的商业银行也常常参与外汇市场上的投机活动，通过预测外汇汇率的变化，在外汇市场上低买高卖，牟取暴利。在浮动汇率制度下，汇率的自由升降虽可阻挡国际游资的冲击，但却容易因投机或谣言引起汇率的暴涨暴跌，造成汇率波动频繁和波幅较大的局面。在固定汇率制度下，因国家的干预，汇率波动并不频繁，其波动幅度也不过是铸币平价上下的1%，但在浮动汇率制度下，汇率波动则极为频繁和剧烈，有时一周内汇率波动幅度能达到10%，甚至在一天内就能达到8%。这进一步促使投机者利用汇率差价进行投机活动，并获取投机利润。但汇率剧跌，也会使他们遭受巨大损失。因投机亏损而引起的银行倒闭之风，在20世纪80年代至90年代曾严重威胁着西方金融市场，银行因投机亏损而倒闭的事件时有发生。

浮动汇率波动的频繁与剧烈，也会增加国际贸易的风险，使进出口贸易的成本加重或不易核算，影响对外贸易的开展。同时，这也促进了外汇期权、外汇期货、远期合同等有助于风险防范的国际金融业务的创新与发展。

由此看来，浮动汇率制度的利弊互见，优缺点并存。尽管它不是最理想、最完善的国际汇率制度，但仍不失为一种适应当今世界经济的适时、可行的汇率制度。

三、汇率制度的选择

汇率是联系国内外商品市场和金融市场的一条纽带，汇率的变动会直接影响一国的国内经济和对外经贸往来，主要国家的货币汇率还会直接影响世界经济的发展，因此汇率制度的选择是国际金融领域中一个非常重要的问题。有关汇率制度选择的理论主要有经济论和依附论。

（一）经济论

经济论是由美国经济学家罗伯特·赫勒（Robert Heller）提出来的，该理论认为是经济因素决定了一国汇率制度的选择。这些经济因素是：①经济开放程度；②经济规模；③进出口贸易的结构和地域分别；④国内金融市场的发达程度及其与国际金融市场的联动程度；⑤国内外相对的通货膨胀率。

由于在浮动汇率制下，汇率的波动可以自动调节国际收支的失衡，这样一国政府就可以将财政货币政策专注于国内目标的实现，这显然有利于开放程度较低国家的经济发展，而且由于一国政府没有维持汇率的义务，一方面不需要很多的外汇储备，可以把更多的外汇资金用于经济发展，如用于进口外国商品、增加投资等，从而促进国内经济的发展；另一方面，不必通过外汇储备和货币供给的增减来适应主要贸易伙伴国的货币政策，从而保证本国货币政策的自主性。而且浮动汇率制下，政府没有维持汇率的义务，外汇管制相应地会比较宽松，对资本流出流入地限制就会比较少。在浮动汇率制度下，国外发生通货膨胀只能带来本币汇率的上升，抵消国外通货膨胀通过进出口对国内物价的直接影响，不会引起国内物价上涨，可以避免国外的通货膨胀传到国内，这对于国内通货膨胀率低于国外的国家显然是有利的。

综合浮动汇率制对经济因素的这些影响，罗伯特·赫勒认为，如果一国的进出口占 GNP 的比例较低（即开放程度低），进出口贸易结构和地域多样化，与国际金融市场联系密切，资本流入较为可观和频繁，国内通货膨胀与其他主要国家不一致，则选择浮动汇率制更有利于经济的发展。如果一国的经济开放程度较高，经济规模较小，或者进出口集中于几种商品或几个国家，则选择固定汇率制或钉住汇率制更有利于经济的发展。

（二）依附论

依附论是由一些发展中国家的经济学家提出来的，讨论的是发展中国家的汇率制度选择问题。该理论认为，一国汇率制度的选择，取决于一国对外经济、政治、军事等各方面联系的特征，发展中国家在实行钉住汇率制时，如何选择被钉住货币，取决于该国对外经济、政治关系的"集中"程度，也取决于该国在经济、政治、军事等方面的对外依附程度。被钉住币一旦选定，又会影响一国的对外经济和其他很多方面。例如，如果某发展中国家的主要贸易伙伴国是美国，并且其他方面与美国的联系也较密切，则该国可以考虑选择以美元为被钉住货币，这样可以减少因汇率变动对进出口等方面带来的不利影响，但是美国的经济变化和财政货币政策的改变会对该国产生影响。

任务二 外汇管制

一、外汇管制的概念

外汇管制（Exchange Control or Exchange Restriction），又称外汇管理（Exchange Management），是指一国政府通过法律、法令以及行政措施对外汇的收支、买卖、借贷、转移以及国际间结算、外汇汇率、外汇市场和外汇资金来源与应用所进行的干预和控制。外汇管制的目的是为了平衡国际收支、维持汇率以及集中外汇资金，并根据政策需要加以分配。简单来说，外汇管制就是一国政府对外汇的收支、结算买卖与使用等各个环节所采取的一系列限制性措施。外汇管制的主体是由政府机构授权的货币金融当局或其他政府机构，在我国是国家外汇管理局。外汇管制体现的都是政府的意图，并且具有浓厚的时代背景和历史成因，其整体趋势是趋于放松的，我国也不例外。

二、外汇管制的产生和发展

外汇管制的产生和发展同各个历史时期国际政治经济发展、国际贸易格局的变化及国际货币制度的演变密切相关。

（一）两次世界大战期间的外汇管制

第一次世界大战以前，资本主义国家广泛实行自由贸易，货币制度是金本位制。金本位制的"三大自由"，使汇率和国际收支可以通过自动调节机制实现均衡，不需要行政或法律性手段的人为调节，基本上不存在外汇管制。第一次世界大战爆发后，打破了金本位制存在的外部条件。受战争的影响，参战国都发生了巨额的国际收支逆差，本币对外汇汇率猛跌，资金大量外流。为了筹措战争所需的大量外汇资金，防止资金外流，各国都禁止黄金输出，取消外汇自由买卖，开始实行外汇管制，外汇管制由此产生。第一次世界大战后，随着各国经济的恢复和发展，政治经济进入了一个相对稳定的发展时期，为了扩大对外贸易，从 1923 年起，各国先后实行了金块本位制和金汇兑本位制，并相继取消了外汇管制。1929—1933 年，西方资本主义世界爆发了空前规模的经济危机，紧接着是严重的货币信用危机，使国际支付无法正常进行，使本已处于风雨飘摇中的金本位制全面崩溃。为减轻经济危机带来的危害，各国又相继恢复了外汇管制。第二次世界大战爆发后，德、日等法西斯国家首先把外汇管制作为动员集中战争物资的手段。一直坚持货币自由兑换的英、法两国，为了补充外汇资金，应付巨额战争支出，也被迫实行外汇管制。当时，世界 100 多个资本主义国家和地区中，只有美国、依附美国的美洲国家和瑞士，未正式实行外汇管制，其余都实行了严格的外汇管制。

（二）第二次世界大战后的外汇管制

战争结束后，国际经济极度不平衡，英、法、德、日、意等国受战争破坏最严重，经济困难，通货膨胀严重，国际收支大量逆差，黄金、外汇储备枯竭。为此，这些国家进一步强化了外汇管制。而只有美国通过战争获得了巨大的经济利益，集中了世界绝大部分黄金存量，而没有实行外汇管制。

20 世纪 50 年代末，特别是 60 年代后，西欧各国、日本等经济得以恢复和发展，外汇储备增加，经济实力增强。美国趁此利用布雷顿森林体系建立的有利地位，一再对西欧、日本等国施加压力，迫使其放松外汇管制。再者第二次世界大战后成立的国际货币基金组织，在其协定中规定会员国有义务取消外汇管制，实现货币的可自由兑换。20 世纪 50~70 年代后，西方主要国家先后从有限度的货币自由兑换到进一步解除外汇管制实行全面的货币自由兑换。同时，亚太地区一些新兴工业国及中东一些富裕的石油输出国，也逐步放宽以至取消了大部分外汇管制。但绝大多数外汇资金还不宽裕的发展中国家，仍然实行宽严不一的外汇管制。

三、外汇管制的目的、机构及对象

（一）外汇管制的目的

从外汇管制历史演变来分析，各国实行外汇管制的主要目的是为了促进国际收支平衡和维持本币汇率的稳定，以利于本国经济金融稳定发展。但不同的国家实行外汇管制的具体目的不尽相同。发达国家在战争时期实行外汇管制，是为了保证军费开支的需要；在经济危机时期，是为了防止资本外逃，改善国际收支逆差；顺差国在必要时实行外汇管制是为了限制外来资本大量流入，防止输入性通货膨胀，以减轻对国内经济的冲击。发展中国家因经济实力薄弱，外汇资金匮乏，实行外汇管制是为了保证本国经济的独立发展，防止外国商品大量进口冲击本国民族工业；避免资本大量外逃，并鼓励外国资本流入；谋求本币汇率稳定，并运用行政手段来调节国际收支。

（二）外汇管制的实施机构

实行外汇管制的国家，一般都设立有外汇管理机构。外汇管理机构的设立有三种类型：一是由国家设立专门的外汇管制机构，法国、意大利和中国是由国家设立专门的外汇管理局；二是由国家授权中央银行直接负责外汇管制工作，例如英国是由英格兰银行负责外汇管制工作；三是由国家行政管理部门直接负责外汇管制工作，如美国是财政部负责，日本由大藏省、通产省负责。外汇管理机构的主要职责是负责制订和监督执行外汇管理的政策、法令、规章和条例，并随时根据情况变化和政策需要，采取各种措施，控制外汇收支。

（三）外汇管制的对象

外汇管制的对象分为对人、对物和对地区的管制。

1. 对人的管制

在外汇管制中，一般把人的概念分为"居民"和"非居民"两类。由于居民的外汇收支涉及居住国的国际收支，所以对居民的外汇管制较严，而对非居民的外汇管制较宽。

2. 对物的管制

这里的"物"是指外币（包括现钞和铸币）、外币支付凭证（汇票、本票、支票）、外币有价证券，以及在外汇收支中使用的其他外汇资产。大多数国家将黄金、白银等贵金属以及本币的出入国境也列入外汇管制的范围。

3. 对地区的管制

"地区"一般以本国为限，但还常指因政治经济关系而形成的国家集团之间，如欧盟和以美国为中心的北美自由贸易区等。在这些国家集团之间办理国际结算与资本流动，基本上是自由的，但对集团之外的结算和收付有不同程度的管制。

（四）外汇管制的类型

以是否实行全面的或部分的外汇管制为标准，外汇管制大致可分为三种类型。

1. 严格型外汇管制的国家和地区

有些国家和地区对贸易收支、非贸易收支和资本项目收支，都实行严格的外汇管制。大多数发展中国家，如印度、赞比亚、秘鲁、巴西等均属这一类。这些国家和地区经济不发达，出口创汇有限，缺乏外汇资金，市场机制不成熟，为了有计划地使用外汇资源，加速经济发展，不得不实行严格的外汇管制。

123

2. 非严格型外汇管制的国家和地区

有些国家和地区对贸易和非贸易收支，原则上不加管制，但对资本项目的收支则仍加以不同程度的管制。这类国家经济比较发达，市场机制在经济活动中起主导作用，并已承诺了国际货币基金组织基金协定的第八条款，即不对经常项目的收支加以限制，不采取有歧视性的差别汇率或多重汇率，如法国、意大利、英国等。

3. 松散型外汇管制的国家和地区

有些国家对经常项目和资本项目的外汇交易不实行普遍的和经常性的限制，但不排除从政治和外交需要出发，对某些特定项目或国家采取包括冻结外汇资产和限制外汇交易等制裁手段。这些国家的汇率一般为自由浮动制，其货币也实行自由兑换。这类国家经济发达，黄金和外汇储备充足，国际收支整体情况良好，如美国、德国、加拿大等。

总之，一个国家外汇管制范围的大小和程度的宽严，主要取决于该国的经济、贸易、金融和国际收支状况。由于世界各国的经济处于不断发展变化之中，所以其外汇管制也是在不断发展和变化的，其总体趋势是：工业化国家和地区的外汇管制逐步放松，发展中国家和地区的外汇管制则有松有紧。

四、外汇管制的办法与措施

（一）对贸易外汇的管制

由商品进出口引起的贸易外汇收支是一国国际收支中最大的项目，对国际收支状况起着决定性的影响，所以外汇管制的国家尤其是逆差国通常对贸易外汇收支实行比较严的管制，目的是为集中出口外汇收入，限制进口外汇支出，实现贸易收支平衡。

（1）对贸易进口外汇支出的管制措施有：①进口许可证制度。规定货物进口，必须先向有关当局申请核发进口许可证，只有取得进口许可证，才能向外汇银行购买外汇。②进口限额制。外汇管理机构按计划给进口商分配进口额度，进口商在规定的有效期内，进口总额不得超过分配的限额，银行也只在限额内供汇。③进口预交保证金制。要求进口商必须向指定银行预先存入一定数量的进口货款，才能购买外汇。④征收外汇税。有的国家规定进口商购买外汇时要缴纳一定比例的外汇税，目的是对进口成本加以限制。⑤进口专营制度。规定所有商品或某些商品的进口由国家指定的专营机构办理，其他未经批准企业不得参与。

（2）对贸易出口外汇收入的管制有：①出口许可证制度。出口商出口货物，必须先向有关当局取得出口许可证，出口所得外汇必须卖给指定银行，不准私自持有或买卖。②为鼓励出口，由国家银行提供出口信贷支持，财政给予出口补贴、出口退税等。

（二）对非贸易外汇的管制

不属于商品进出口贸易的经常性外汇收支，统称为非贸易外汇，如运费、保险费、邮电费、利润、股息、利息、专利费、稿费、旅游费等。对属于进出口贸易从属费用的，一般与贸易外汇管制方法相同。其他非贸易外汇收入要及时售给政府指定银行，支出要经外汇管制部门审查核准后才可购汇。总之，非贸易外汇的管制原则是：对收入管制较松，对支出管制较严。

（三）对资本输出入的管制

各国的经济发展状况不同，对资本输出入的管制也不尽相同。一些经济实力强的发达国家，一般对资本输出输入没有管制，但当资本流动足以影响到本国物价、汇率的稳定及国际收支平衡时，也要采取管制手段。如为限制资本流入通常采取的措施有：对吸收非居民存款的银行要缴纳较高的存款准备金，对非居民本币存款不付利息；控制本国企业向外借债；限制非居民购买本国有价证券等。发达国家外汇储备充足，资本过剩，一般不鼓励资本输入，但鼓励资本输出。发展中国家国力较弱，外汇缺乏，为发展本国经济，往往采取鼓励资本流入限制资本流出的政策，如对直接投资者给以税收、劳动工资、工地等方面的优惠政策。为限制资本外逃，规定到国外投资要经外汇管理当局批准，禁止携带有价证券出境等。

（四）对汇率的管制

汇率管制是一国从本国的经济利益出发，为调节国际收支、稳定本币价值，而对本国所采取的汇率制度和汇率水平管制的方法，汇率管制的主要目的是稳定汇率或使汇率有利于本国对外贸易和实现国际收支平衡。对汇率的管制主要有以下几种。

1. 直接管制汇率

一国政府指定某一部门制定、调整和公布汇率，这一官方的汇率对整个外汇交易起着决定性的作用。各项外汇收支都必须以此汇率为基础兑换本国货币。但这种汇率的形成人为因素成分较大，很难反映真实的水平，极易造成价格信号的扭曲。此外，采取这种形式的汇率管制，通常都伴随着对其他项目较严格的外汇管制。

2. 间接调节市场汇率

由市场供求决定汇率水平的国家，政府对汇率不进行直接的管制，而是通过中央银行进入市场吸购或抛售外汇，以达到调节外汇供求、稳定汇率的效果。为进行这一操作，许多国家都建立了外汇平准基金，运用基金在市场上进行干预；有的则是直接动用外汇储备进行干预，除通过中央银行在外汇市场上直接买卖外汇以外，中央银行还通过货币政策的运用，主要是利率杠杆来影响汇率。利率水平的提高和信贷的紧缩，可以减少市场对外汇的需求，同时抑制通胀，吸引国外资金流入，阻止汇率贬值；反之，则可减轻汇率上升。

3. 实行复汇率制度

当一国货币对另一国货币的汇价因用途和交易种类的不同而规定有两种或两种以上的汇率时，IMF 把一国政府或其财政部门所采取的导致该国货币对其他国家的即期外汇的买卖差价和各种汇率之间的买入与卖出汇率之间的差价超过 2% 的任何措施均视为复汇率。

一般来说，经济高度发达的市场经济国家，其汇率一般为自由浮动，国家不对汇率进行直接管制，而是运用经济手段间接调控引导汇率；而那些经济欠发达、市场机制发育不健全、缺乏有效的经济调控机制和手段的国家，则采取直接的行政性的方式来管理汇率，以保证汇率为本国经济政策服务。

（五）对黄金、现钞输出入的管制

实行外汇管制的国家对黄金交易也进行管制，一般不准私自输出或输入黄金，而由中央银行独家办理。对现钞的管理，习惯的做法是对携带本国货币出入境规定限额和用途，有时甚至禁止携带本国货币出境，以防止本国货币输出用于商品进口和资本外逃以及冲击本国汇率。根据中国人民银行 2004 年的第 18 号公告规定，中国公民出入境每人每次携带的人民币限额为 20 000 元，不得超额携带。

五、外汇管制的经济分析

进行外汇管制的主要原因是外汇不足，进行外汇管制实际上是用人为的方法抑制外汇需求，这会引发外汇的价格——汇率的扭曲，即汇率不再是真实的外汇供给和需求达到均衡时的价格水平，由此会带来外汇管制的成本问题和黑市汇率问题。

1. 外汇管制成本的经济分析

外汇管制扭曲了外汇供给和需求的市场水平，干扰了外汇市场功能的有效发挥，从而引起资源配置的不当和低效率，这就是外汇管制的成本，也是外汇管制所付出的最主要的代价。

经外汇管制以后确定的汇率（官方汇率）与实际均衡汇率偏离的程度越高，真实外汇供求被扭曲的程度也就越大，图 4-1 显示了外汇管制所造成的这种扭曲。图中横轴表示外汇的数量，纵轴表示汇率，外汇需求曲线表示对进口支付的外汇需求，供给曲线表示出口收入的外汇供给。由于对外汇的供给来源于出口（此处为简化分析，用出口所得外汇代表国际收支平衡表中所有的外汇收入），需求来源于进口（此处为简化分析，用进口支付外汇代表国际收支平衡表中所有的外汇支出），因此国际收支的均衡就等同于外汇市场的均衡；反之，国际收支失衡就会导致外汇市场的失衡。在没有外汇管制的情况下，过度的外汇供给或需求都是暂时的，这是因为汇率将会自动调整，以消除外汇市场和国际收支的失衡。

假定存在着外汇管制，政府把官方汇率维持在 X_1 的水平。在这一点上，存在着外汇的过度需求 AC，政府或者限制居民个人购买外汇，或者限制进口商购买外汇。由于已经假定外汇需求来自于进口需求，所以这里只能通过限制进口商购买外汇来解决 AC 部分的过度外汇需求。由于在 X_1 的汇率水平上，出口商只愿提供 Q_1 数量的外汇，而进口商则愿意以 X_2 的汇率水平买进 Q_1 数量的外汇，因此政府可以提高外汇的卖出价格至 X_2，以使外汇供求相等。对此进行福利分析，可以发现，相对于均衡汇率水平 Xe 而言，消费者剩余减少了 X_2BEXe 部分，生产者剩余也减少了 X_1AEXe 部分，而政府通过外汇的买卖差价可以获得 X_1ABX_2 部分的利润。综合到一起，社会福利净损失是三角形 ABE 部分。其经济概念十分明显，出口商所面临的较低汇率水平使其减少了出口，影响了国内的生产和就业，进口商面临的较高汇率水平又使其减少了进口，这就导致了国内一些效率较低的与进口相竞争的生产得以进行，因此从整体上看是不经济的。

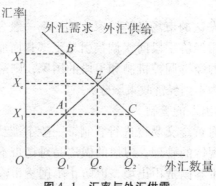

图 4-1　汇率与外汇供需

126

2. 黑市汇率的经济分析

由于外汇管制抑制了一部分外汇需求，使得无法通过正常途径获得的这部分外汇，就会求助于黑市，只要官方汇率不在供求相等的均衡点上，就会有黑市汇率出现，官方汇率偏离真实的汇率水平越远，与黑市汇率的差异也就越大。

为了分析的简便起见，假定黑市外汇交易只是作为平行的外汇市场在运行，并假定外汇市场参加者都希望在汇率 E_0 购买外汇，如果黑市汇率是低于或等于 E_0，中央银行在汇率 E_0，愿意购买所有个人和企业出售的外汇，因而也就没有更多的外汇供给。如果黑市汇率为 E_1，就可能吸引额外的外汇供给，即图 6-2 中的 S_1，那么供应黑市市场的外汇数量就等于 $S_1—S_0$。在供应曲线为 SS 的情况下，更高的汇率进一步增加了外汇供给。黑市外汇供给曲线为 OES。由于黑市汇率为 E_1，外汇供应为 $S_1—S_0$，仍然低于市场需求数，而黑市上美元需求为 $D_1—S_0$，在汇率为 E_1 的情况下，市场上美元需求过高必然促使汇率上升到 $E*$，美元供给和需求正好相等。美元供给的数量为 $S*$，此时的均衡汇率 $E*$ 是自由市场条件下的汇率。因此，黑市汇率可以提供官方汇率和均衡汇率的有价值信息。如果黑市汇率等于市场"出清"（Market Clear）汇率，就提供了均衡汇率的信号，或者是官方汇率高估的程度。

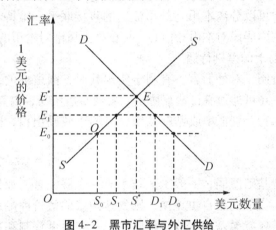

图 4-2　黑市汇率与外汇供给

但是，外汇黑市是"平行"于官方外汇市场的非法市场。外汇黑市上的外汇供给主要来自于以下几个渠道：首先是在官方市场上按优惠价卖给政府鼓励的进口商的外汇的转售；其次，来自于走私商品所获得的外汇；再次，来自于出口商低估出口和进口商高估进口所非法获得的外汇；最后，旅游和来自国外的外汇也是相对稳定的来源。黑市上的外汇需求则是源自私人或企业因种种原因要求购买外汇时所受到的客观限制。外汇黑市交易的存在扰乱了一国金融市场的正常秩序，并削弱了政府对外汇资金的控制力。如果政府严厉制裁外汇黑市交易者，那么法律起诉和惩罚就使黑市交易的风险更大，从而减少了黑市的外汇供给，客观上提高了黑市汇率的升水，使黑市汇率与市场均衡汇率的偏差增加。

总之，外汇管制使资源配置的效率降低，滋生外汇黑市，而且与外汇管制相伴而生的还有走私、伪造发票等非法交易手段。只要这些非法交易手段的收益率超过逃避管制所付出的成本或代价，这些非法交易就会不断产生。为了监督外汇管制的执行需要有一整套的官僚机器，这会带来巨大的管理成本。而对于进出口商而言，要遵守或逃避外汇管制，也要支付十分昂贵的法律和会计费用。外汇管制还容易招致其他国家的报复，这对于世界贸易的发展和国际间的资源优化配置都是不利的，且降低了世界的整体福利。

六、外汇管制的作用和弊端

（一）外汇管制的作用

1. 防止资本外逃

国内资金外逃是国际收支不均衡的一种表现。在自由外汇市场下，当资金大量外移时，由于无法阻止或调整，势必造成国家外汇储备锐减，引起汇率剧烈波动。因此，为制止一国资金外逃，避免国际收支危机，有必要采取外汇管制，直接控制外汇的供求。

2. 维持汇率稳定

汇率的大起大落，会影响国内经济和对外经济的正常运行，所以通过外汇管制，可控制外汇供求，稳定汇率水平，使之不发生经常性的大幅度波动。

3. 维护本币在国内的统一市场不易受投机影响

实行外汇管制，可以分离本币与外币流通的直接联系，维持本币在国内流通领域的唯一地位，增强国内居民对本币的信心，抵御外部风潮对本币的冲击。

4. 便于实行贸易上的差别待遇

一国实行外汇管制，对外而言，有利于实现其对各国贸易的差别待遇或作为国际间政府谈判的手段，还可通过签订清算协定，发展双边贸易，以克服外汇短缺的困难；对国内而言，通过实行差别汇率或贴补政策，有利于鼓励出口，限制进口，增加外汇收入，减少外汇支出。

5. 保护民族工业

发展中国家工业基础薄弱，一般工艺技术有待发展完善，如果不实行外汇管制及其他保护贸易政策，货币完全自由兑换，则发达国家的廉价商品就会大量涌入，从而使其民族工业遭到破坏与扼杀。实行外汇管制，一方面可管制和禁止那些可能摧残本国新兴工业产品的外国商品的输入，同时可鼓励进口必需的外国先进的技术设备和原材料，具有积极发展民族经济的意义。

6. 有利于国计民生

凡涉及国计民生的必需品，在国内生产不足时，政府均鼓励进口，准其优先结汇，按较低汇率申请进口，以减轻其成本，保证在国内市场上廉价供应，而对非必需品、奢侈品则予以限制。

7. 提高货币币值，稳定物价

实行外汇管制，可集中外汇资财、节约外汇支出，一定程度上可提高货币的对外价值，增强本国货币的币信，加强一国的国际经济地位。另外，纸币对外表现为汇率，对内表现为物价。当一国主要消费物资和生活必需品价格上涨过于剧烈时，通过外汇管制对其进口所需外汇给予充分供应，或按优惠汇率结售，则可增加资源，促进物价回落，抑制物价水平上涨，保持物价稳定。因此，外汇管制虽直接作用于汇率，但对稳定物价也有相当作用，可避免或减轻国外通货膨胀对国内物价的冲击。当然，外汇管制也可作为外交政策，当别的国家实施外汇管制而对本国经济和政治产生不利影响时，该国即可起用外汇管制作为一种报复手段。这样，外汇管制便成为了一种政策工具。

（二）外汇管制的弊端

外汇管制从另外的角度看，对国际贸易和国家经济也会产生一定的负作用，主要有以下表现。

1. 不利于平衡外汇收支和稳定汇率

法定汇率的确定，虽可使汇率在一定时期和一定范围内保持稳定，但是影响汇率稳定的因素很多，单纯依靠外汇管理措施以求汇率稳定是不可能的。比如：一个国家财政状况不断恶化，财政赤字不断增加，势必增加货币发行，引起纸币对内贬值，通过外汇管制，人为高估本国币值的法定汇率，必然削弱本国商品的对外竞争力，从而影响外币收入，最后本国货币仍不得不对外公开贬值，改变法定汇率。若财政状况仍没有根本好转，新的法定汇率就不易维持，外汇收支也难以平衡。

2. 阻碍国际贸易的均衡发展

采取外汇管制措施，虽有利于双边贸易的发展，但由于实施严格的管制后，多数国家的货币无法与其他国家的货币自由兑换，必然限制多边贸易的发展。另外，官方对汇率进行干预和控制，汇率不能充分反映供求的真实状况，常出现高估或低估的现象。而汇率高估，对出口不利；汇率低估，又对进口不利，汇率水平不合理会影响进出口贸易的均衡发展。

3. 限制资本的流入

在一定情况下，实行外汇管制不利于本国经济的发展与国际收支的改善。比如，外商在外汇管制国家投资，其投资的还本付息、红利收益等往往难以自由汇兑回国，势必影响其投资积极性，进而影响本国经济发展。

4. 价格机制失调，资源难以合理配置

外汇管制会造成国内商品市场和资本市场与国际相分离，国内价格体系与国际相脱节，使一国不能充分参加国际分工和利用国际贸易的比较利益原则来发展本国经济，资源不能有效地分配和利用。资金有盈余的国家，不能将其顺利调出；而急需资金的国家又不能得到它，使得资金不能在国际间有效流动。

任务三　人民币汇率制度及外汇管理制度

一、人民币汇率制度改革的历史沿革

人民币汇率制度是指关于人民币汇率制度的政策、依据、确定的原则和采取的措施等一系列规定与安排。人民币对外币的汇率，是在贯彻独立自主的方针下，根据我国各个时期的政策和经济建设的要求，并参照各国汇率的变化情况制定的，因此，从1949 年新中国成立以来，我国在不同的经济发展时期实行了不同的汇率制度。人民币汇率制度先后经历了官方汇率、官方汇率与市场汇率并存、单一的有管理的浮动汇率、参考"一篮子"货币的浮动汇率的市场化演进过程。

（一）历史阶段：

第一阶段（1949—1952 年）

这一阶段着重于建立独立自主的汇价体系。随着各大城市的解放，各地先后挂出了人民币对西方资本主义国家货币的比价。我国的国民经济正处在恢复阶段，外汇十分短缺，为了尽快恢复与发展解放初期的国民经济，扶植出口，积累外汇资金，进口国内急需的物资，人民币汇率在这段时期的作用实际上是调节对外贸易，照顾非贸易外汇收入。人民币汇率制定的依据是物价。我国的外汇牌价是根据人民币对内对外购买力的变化情况，参照了进出口商品理论比价和国内外的生活物价指数，它能较真实地反映人民币对外的价值，因为人民币的对外购买力的测定是在贸易和非贸易的国内外商品和劳务价格对比的基础上确定的。

第二阶段（1953—1972 年）

1953 年以后，我国进入有计划的社会主义建设时期，国民经济逐步走上全面的计划化，国内金融、物价基本保持稳定。由于人民币币值基本稳定，以及国际上普遍实行固定汇率制，人民币汇率也基本保持不变。此时，我国的进出口贸易由外贸部所属的外贸专业公司根据国家计划统一经营，统负盈亏，不再需要用汇率来调节。这一时期人民币汇率的作用主要是便利侨汇和非贸易的增收节支，按国内外消费物价对比，汇率也没有调整的需要。因此，人民币汇率采取稳定的方针。

第三阶段（1973—1980 年）

1973 年后，布雷顿森林体系崩溃，世界上绝大多数国家采用浮动汇率制度。为了避免西方国家货币汇率动荡对人民币汇率带来的冲击，人民币汇率实行钉住"一篮子货币"的计算办法，即选择若干有一定代表性的、在国际市场上币值比较坚挺的外币，按其重要程度和政策上的需要确定权重，算出它们在市场上升和下降的幅度，加权计算人民币汇率，其特点为经常调整、适当高估。

第四阶段（1981—1984 年）

改革开放前，人民币汇率同进出口商品价格脱节，出现出口亏损、进口赚钱的怪现象，不利于实行经济核算，不利于发展出口，而从国内外消费物价对比看，汇率偏低，对非贸易收入不利。为了鼓励出口，适当限制进口，加强外贸的经济核算和适应我国对外贸易体制的改革，而又不影响我国非贸易外汇收入，从 1981 年起我国实行两种汇率：一种是适用于非贸易外汇收支的对外公布的汇率；另一种是适用于贸易外汇收支的内部结算价。

第五阶段（1985—1993 年）

随着我国改革开放的深入，开始引入市场机制，一部分资源由市场配置，从而出现了价格的双轨制。与之对应的是外汇留成制度，实行外汇留成后，有的外贸企业留成外汇多，需卖出，有的外贸企业留成外汇不够，需买入，这就产生了外汇调剂需求，出现了外汇调剂业务。随着对外贸易实行承包责任制，由补贴机制转为自然盈亏机制，留成外汇比例不断扩大，调剂外汇数量大大增加，外汇调剂市场逐步形成。在这一阶段，人民币实行官方汇率与外汇调剂市场汇率同时并存的制度，超越了外汇决定制度中的行政干预，开始形成了汇率决定的市场机制，对我国对外贸易的发展起到了积极的作用。

第六阶段（1994—2005 年）

1994 年 1 月 1 日，人民币汇率实现了并轨，将官方汇率向市场调剂汇率靠拢，改双轨制为单一汇率制，实行以市场供求为基础的、单一的、有管理的浮动汇率制。在此汇率制度下，市场供求关系就成为了决定汇率的重要依据。中国人民银行对汇率的干预不再通过行政手段，而是以平等的会员身份参与银行之间的外汇市场买卖，向外汇市场吞吐外汇，以保证基准汇率的形成符合国内经济的需要和保持各银行之间挂牌汇率的基本一致和稳定。1997年年底以前，人民币对美元汇率保持稳中有升，海内外对人民币的信心不断增强。自1998年年初起，为了防止亚洲金融危机期间周边国家和地区货币轮番贬值的进一步扩散，中国政府承诺人民币不贬值，将人民币对美元汇率稳定在8.28左右的水平。

第七阶段（2005年7月至今）

自2005年7月21日起，我国开始实行以市场供求为基础、参考一篮子货币进行调节、有管理的浮动汇率制度。人民币汇率不再钉住单一美元，形成更加富有弹性的人民币汇率机制。

（二）现行人民币汇率制度的主要特征

1. 人民币汇率是以市场供求为基础的汇率

现行人民币汇率制度正式取消了人民币官方汇率，而是以市场汇率作为人民币对其他国家货币的唯一价值标准，这使得外汇市场上的外汇供求状况成为决定人民币汇率的主要依据。根据这一基础确定的汇率必然与当前的进出口贸易、通货膨胀水平、国内货币政策等经济状况密切相连，能更快更好地直接传递或反映有关信息。

2. 参考一篮子货币进行调节

"一篮子货币"是指按照我国对外经济发展的实际情况，选择若干种主要货币，赋予相应的权重，组成一个货币篮子。同时，根据国内外经济金融形势，以市场供求为基础，参考一篮子货币计算人民币多边汇率指数的变化，对人民币汇率进行管理和调节，维护人民币汇率在合理均衡水平上的基本稳定。篮子内的货币构成，将综合考虑在我国对外贸易、外债、外商直接投资等外经贸活动占较大比重的主要国家、地区及其货币。参考一篮子货币表明外币之间的汇率变化会影响人民币汇率，但参考一篮子货币不等于盯住一篮子货币，它还需要将市场供求关系作为另一重要依据，据此形成有管理的浮动汇率。这将有利于增加汇率弹性，抑制单边投机，维护多边汇率。

3. 人民币汇率是有管理的汇率

国家对人民币汇率管理的目的是使人民币汇率在相对合理的水平上保持稳定，以利于国内企业的发展。有管理的汇率主要体现在三个方面：一是国家通过授权国家外汇管理局对外汇市场进行监管，使外汇市场能够规范运作；二是国家通过调整宏观经济政策，诸如货币政策、贸易政策等来对人民币汇率实施宏观调控；三是在人民币汇率不正常波动时，中国人民银行通过在外汇市场吞吐外汇的操作来进行必要的市场干预。

4. 人民币汇率是浮动的汇率

现行人民币汇率制度是一种浮动汇率制度，主要体现在市场汇率可以在一定区间内浮动，具有适度的弹性，中国人民银行每日公布的汇率主要是参照银行间外汇市场上汇率的情况制定的，因而该汇率是浮动而有变化的。各外汇指定银行都有自己的挂牌汇率，其可以在中国人民银行制定的基准汇率的基础上，在上下2.5%的幅度内自由浮动。

二、我国的外汇管理体制

(一) 外汇管理体制

各国为了保持国际收支平衡，促进国民经济健康发展，需要建立其外汇管理法律制度。外汇管理法律制度又称外汇管制法律制度，是规范外汇管理行为的法律制度的总称。外汇管理是一个国家或地区对外汇的买卖、借贷、转让、收支、国际清偿、外汇汇率和外汇市场的控制和规范的行为。我国自新中国成立以来就实行外汇管制，经过 60 年的发展、改革和完善，形成了一套比较完备的外汇管理法律制度体系。1996 年 1 月 29 日，国务院制定发布了《中华人民共和国外汇管理条例》（以下简称《外汇管理条例》），并于 1997 年 1 月 14 日进行过修正。现行的《外汇管理条例》是国务院于 2008 年 8 月 1 日通过的。

我国外汇管理的机关是国家外汇管理局及其分局、支局。外汇管理的对象是境内机构、境内个人的外汇收支或者外汇经营活动，以及境外机构、境外个人在境内的外汇收支或者外汇经营活动。境内机构，是指中华人民共和国境内的国家机关、企业、事业单位、社会团体、部队等，外国驻华外交领事机构和国际组织驻华代表机构除外。境内个人，是指中国公民和在中华人民共和国境内连续居住满 1 年的外国人，外国驻华外交人员和国际组织驻华代表除外。

(二) 经常项目外汇管理制度

1. 经常项目的概念

经常项目，是指国际收支中涉及货物、服务、收益及经常转移的交易项目等。经常项目外汇收支，包括贸易收支、劳务收支和单方面转移等。

贸易收支，是一国出口商品所得收入和进口商品的外汇支出的总称。劳务收支，是指对外提供劳务或接收劳务而引起的货币收支。单方面转移，是指一国对外单方面的、无对等的、无偿的支付，分为私人单方面转移和政府单方面转移两类。

2. 经常性国际支付和转移不予限制

经常项目外汇收入，可以（并非必须）按照国家有关规定保留或者卖给经营结汇、售汇业务的金融机构。但经常项目外汇支出，应当按照国务院外汇管理部门关于付汇与购汇的管理规定，凭有效单证以自有外汇支付或者向经营结汇、售汇业务的金融机构购汇支付。

3. 外汇收支真实合法性审查制度

经营结汇、售汇业务的金融机构应当按照国务院外汇管理部门的规定，对交易单证的真实性及其与外汇收支的一致性进行合理审查。外汇管理机关有权对上述事项进行监督检查。

(三) 资本项目外汇管理制度

1. 资本项目的概念

资本项目，是指国际收支中引起对外资产和负债水平发生变化的交易项目，包括资本转移、直接投资、证券投资、衍生产品及贷款等。

2. 跨境投资登记、许可制度

（1）境外机构、境外个人在境内直接投资，经有关主管部门批准后，应当到外汇管理机关办理登记。境外机构、境外个人在境内从事有价证券或者衍生产品的发行和交易，应当遵守国家关于市场准入的规定，并按照国务院外汇管理部门的规定办理登记。

（2）境内机构、境内个人向境外直接投资或者从事境外有价证券、衍生产品发行、交易，应当按照国务院外汇管理部门的规定办理登记。国家规定需要事先经有关主管部门批准或者备案的，应当在外汇登记前办理批准或者备案手续。

3. 外债规模管理制度

国家对外债实行规模管理，借用外债应当按照国家有关规定办理，并到外汇管理机关办理外债登记。

4. 对外担保许可制度

提供对外担保，应当向外汇管理机关提出申请。申请人签订对外担保合同后，应当到外汇管理机关办理对外担保登记。但是，经国务院批准为使用外国政府或者国际金融组织贷款进行转贷提供对外担保的，不适用上述规定。

5. 向境外提供商业贷款登记制度

银行业金融机构在经批准的经营范围内可以直接向境外提供商业贷款。向境外提供商业贷款，应当按照国务院外汇管理部门的规定办理登记。

6. 资本项目外汇收支结售汇制度

资本项目外汇收入保留或者卖给经营结汇、售汇业务的金融机构，应当经外汇管理机关批准，但国家规定无需批准的除外。

依法终止的外商投资企业，按照国家有关规定进行清算、纳税后，属于外方投资者所有的人民币，可以向经营结汇、售汇业务的金融机构购汇汇出。

（四）金融机构外汇业务管理制度

金融机构经营或者终止经营结汇、售汇业务，应当经外汇管理机关批准；经营或者终止经营其他外汇业务，应当按照职责分工经外汇管理机关或者金融业监督管理机构批准。

应知考核

■ **主要概念**

汇率制度 固定汇率制度 浮动汇率制度 贴现率 自由浮动 管理浮动 外汇管制 直接管制汇率 复汇率制度 指标浮动 单独浮动 钉住浮动

■ **基础训练**

一、单选题

1. 我国现行的外汇管理的主要负责机构是（ ）。
    A. 中国人民银行总行　　　　　　B. 国家外汇管理局
    C. 财政部　　　　　　　　　　　D. 中国银行

2. 人民币自由兑换的概念是（ ）。
    A. 经常项目的交易中实现人民币自由兑换
    B. 资本项目的交易中实现人民币自由兑换
    C. 国内公民个人实现人民币自由兑换

D. 经常项目有限制地兑换

3. 金本位制度是以（　　　）作为本位货币的制度。

    A. 黄金   B. 货物

    C. 等价物   D. 以上都可

4. 目前，我国人民币汇率制度是（　　　）。

    A. 货币局制度   B. 传统的钉住安排

    C. 固定汇率制   D. 有管理的浮动汇率制

5. 一国政府对汇率不进行任何干预，市场汇率完全听任外汇市场的供求变化而自由波动的汇率浮动方式是（　　　）。

    A. 自由浮动   B. 管理浮动

    C. 单独浮动   D. 钉住一篮子货币浮动

6. 一国政府从本国利益出发对汇率的波动进行不同程度干预的汇率浮动方式，是（　　　）。

    A. 自由浮动   B. 管理浮动

    C. 单独浮动   D. 钉住一篮子货币浮动

7. 一国货币不与其他任何国家的货币发生固定的联系，其汇率根据外汇市场的供求关系自行上下浮动的方式是（　　　）。

    A. 自由浮动   B. 管理浮动

    C. 单独浮动   D. 钉住一篮子货币浮动

8. 直接将本币钉住特别提款权，有利之处是简便易行，可保持汇率的相对稳定的是（　　　）。

    A. 自由浮动   B. 管理浮动

    C. 单独浮动   D. 钉住一篮子货币浮动

9. （　　　）规定货物进口，必须先向有关当局申请核发进口许可证，只有取得进口许可证，才能向外汇银行购买外汇。

    A. 进口许可证制度   B. 进口限额制

    C. 进口预交保证金制   D. 征收外汇税

10. 由一些发展中国家的经济学家提出来的，讨论的是发展中国家的汇率制度选择问题的是（　　　）。

    A. 经济论   B. 依附论

    C. 国富论   D. 生产要素禀赋论

二、多选题

1. 2005 年 7 月，我国改革了人民币汇率形成机制。新的人民币汇率制度的特点有（　　　）。

    A. 有管理的浮动汇率   B. 以市场供求为基础

    C. 钉住一篮子货币   D. 参考一篮子货币进行调节

2. 维持固定汇率制度所采取的措施是（　　　）。

    A. 提高贴现率   B. 动用黄金外汇储备

    C. 外汇管制   D. 举借外债或签订货币互换协定

3. 从政府是否对市场汇率进行干预的角度，可将汇率浮动的方式分为（　　　）

A. 自由浮动

B. 管理浮动

C. 钉住浮动

D. 有限弹性浮动和较高弹性浮动

4. 浮动汇率制度的缺点是（　　）。

A. 汇率波动不定增加了国际间贸易的风险

B. 汇率剧烈波动助长了外汇市场上的投机

C. 可以防止外汇储备的大量流失和国际游资的冲击

D. 有助于独立自主选用国内经济政策

5. 对汇率的管制主要有（　　）。

A. 直接管制汇率　　　　　　　　　B. 间接调节市场汇率

C. 实行复汇率制度　　　　　　　　D. 对黄金、现钞输出入的管制

三、简答题

1. 简述汇率制度的分类。

2. 简述外汇管制的作用和弊端。

3. 简述浮动汇率制度的优缺点。

4. 简述外汇管制的办法与措施。

5. 简述现行人民币汇率制度的主要特征。

应会考核

■技能案例

【案例背景】

2014 年以来，人民币持续大幅贬值，美元兑人民币汇率中间价由 2013 年 12 月 31 日的 6.096 9 降至 2014 年 3 月 31 日的 6.152 1，下跌 552 个基点，贬值幅度达 0.91%。在即期汇率方面，美元兑人民币即期汇率由 6.053 9 下滑至 6.218 0，下跌 1 641 个基点，贬值幅度达 2.71%。回顾 2013 年整年即期汇率仅上涨 2.83%，2014 年第一季度美元兑人民币贬值幅度已达到 2013 年整年升值幅度的 95% 以上。这是自 1994 年人民币与美元非正式挂钩以来持续时间最长、幅度最大的贬值，一举打破了 20 年以来人民币持续升值的预期。

2005 年汇率改革之后，人民币持续升值，至 2013 年 12 月 31 日，人民币升值幅度达 35%。在 2014 年 1 月以前，美元兑人民币即期汇率一直高于美元兑人民币中间价，市场对人民币升值预期显著高于央行。自 2014 年 1 月之后，市场即期汇率低于美元兑人民币中间价，反映出市场对人民币贬值预期较为强烈，央行对人民币汇率仍维持稳定态度。

人民币汇率波幅扩大，窄幅震荡扩大为宽幅。2014 年 3 月 15 日，央行宣布人民币对美元的日内波动幅度从 3 月 17 日开始由原来的 1% 扩大至 2%，这是继 2007 年和 2012 年以后的第三次扩大日内波动幅度区间。此前的 2007 年 5 月，央行决定银行间即

期外汇市场人民币兑美元交易价波动幅度由0.3%扩大至0.5%，在近5年后的2012年4月，央行再次将波动幅度扩大到1%。2014年3月17日之后，美元兑人民币即期汇率波动幅度增加，3月17日当日人民币贬值0.45%，3月30日继续贬值0.5%，而后3月24日人民币升值0.58%，创2011年10月10日以来的单日最大升幅，而后汇率继续保持下滑趋势。人民币汇率由窄幅震荡扩大为宽幅，市场作用下的双向波动趋势明显，并将成为常态。

资料来源：http://www.mofcom.gov.cn/article/i/dxfw/gzzd/201404/20140400555619.shtml.

【技能思考】

请结合本项目的内容对本案例进行分析,说明人民币升值和贬值对我国经济的影响。

■实践训练

【实训项目】

外汇管制

【实训情境设计】

2014年10月21日,塞浦路斯财政部长Harris Georgiades表示,塞浦路斯计划在2014年春季放开大部分外汇管制措施。

欧元集团同意对塞浦路斯实施规模约100亿欧元的救助,条件是塞浦路斯所有银行对其储户进行一次性征税,这引发了塞浦路斯银行挤兑风波,为了遏制这一现象,塞浦路斯当时推出了一系列的外汇管制措施,这成为欧元区首个实施外汇管制的国家。

Georgiades表示,基于对塞浦路斯银行体系的重组议程,大部分外汇管制措施都应该在2014年春季之前被放开。

他表示,根据塞浦路斯银行体系重组时间表的安排,塞浦路斯将在2014年前三个月上调所有外汇管制措施,不过将资金从塞浦路斯银行体系的账户中转移到海外仍不被允许。如果个体储蓄需要向海外转移资金都必须有特定的商业理由,那么这一限制措施也将最后一个被解除。

自4月份之后,塞浦路斯开始逐步放宽对资金的限制,然而在支票使用上仍有一定的限制,投资者每日现金取款不允许超过300欧元,也不允许取出定期存款。

塞浦路斯的外汇管制措施曾在一定程度上影响了塞浦路斯的外汇经纪商,使得许多外汇投资者的出入金受到影响,包括对外转账都受到了不同程度的影响。

资料来源:http://finance.sina.com.cn/money/forex/20130412/175815132951.shtml.

【实训任务】

根据上述情境资料分析外汇管制对外汇投资者有何影响,并得出结论。

模块二 国际结算篇

项目五
国际结算票据

■知识目标

理解：国际结算票据的概念和性质；

熟知：国际结算中各种票据的基本当事人；

掌握：国际结算票据中汇票的记载事项和汇票的票据行为。

■技能目标

学生应掌握国际结算中汇票各主要项目的填写以及汇票的各种票据行为和处理流程。

■情意目标

学生能够具有较强的分析归纳能力，能够辨认出日常接触的各种票据。

■教学目标

教师要培养学生具备国际结算票据中汇票、本票、支票的理论及业务知识，为后续信用证业务的学习打下基础。

【项目引例】

永固房地产有限责任公司（简称"永固公司"）从丽德贸易进出口公司（简称"丽德公司"）购进 2 000 吨水泥，总价款 50 万元。水泥运抵后，永固公司为丽德公司签发一张以永固公司为出票人和付款人，以丽德公司为收款人的三个月后到期的商业承兑汇票。一个月后，丽德公司从吉祥公司购进木材一批，总价款 54.5 万元，丽德公司就把永固公司开的汇票背书转让给吉祥公司，余下的 4.5 万元用支票方式支付完毕。后来，永固公司发现 2 000 吨水泥中有一半以上质量不合格，双方发生纠纷。汇票到期时，吉祥公司把汇票提交永固公司要求付款，永固公司拒绝付款，理由是丽德公司供给的水泥不合格，不同意付款。请问永固公司是否可以拒绝付款？

分析：永固公司不可以拒绝付款，其做法是违反法律规定的。这可从票据的无因性进行分析。票据的无因性是指票据关系虽然需要基于一定的原因关系才能成立，但是票据关系一经成立，就与产生或转让票据的原因关系相分离，两者各自独立。原因关系是否存在和有效，对票据关系不产生影响，票据债权人只要持有票据即可行使票据权利，票据债务人不得以原因关系无效为理由，对善意的持票人进行抗辩。在本案中，丽德公司和永固公司之间的购销关系是本案汇票的原因关系，汇票开出后，永固公司就与持票人产生票据关系，原因关系与票据关系相分离。永固公司提出水泥质量不合格是原因关系有瑕疵,其拒绝付款是用原因关系来对抗票据关系。由于持票人不再是原因关系的当事人,所以永固公司不能拒绝付款。付款后票据关系消灭,而原因关系仍存在,永固公司仍可以根据原因关系的瑕疵请求丽德公司赔偿。

【知识支撑】

任务一 国际结算概述

一、国际结算的概念

(一)结算

结算(Clearing/ Settlement)指在商品交换、劳务供应及资金调拨等方面发生的货币收付行为或债权债务的清偿行为。货币收付或债务清偿要通过一定的手段和方式,也即结算方式。结算方式一般分为两种:现金结算和非现金结算。

(1)现金结算(Cash Settlement)指以现金作为货币支付工具,即直接运送金属铸币或纸币来清偿双方的债务债权。此种方式在结算发展的初期使用,风险大、耗费大量运费并积压资金,随着国际经济的发展,已逐渐转化为非现金结算方式。

(2)非现金结算(Non-cash Settlement)指使用代替现金起流通作用和支付手段的信用工具来结算债权和债务。此种方式快速、简便,是结算的主要使用方式。

(二)国内结算

国内结算(National Settlement)指结算的内容仅发生在一国之内,即通过本国货币支付,以结清一国内部的两个或多个当事人之间的经济交易或活动引起的债权债务的行为。

(三)国际结算

国际结算(International Clearing)指在国际间办理货币收支调拨,以结清位于不同国家的两个或多个当事人(个人、企业或政府)之间的经济交易或活动引起的债权债务的行为。

国际结算依据产生的原因,可以分为国际贸易结算和国际非贸易结算。国际贸易结算,也称有形贸易结算,是指由有形贸易活动(商品的进出口)引起的国际债权债务关系结算业务;国际非贸易结算,也叫无形贸易结算,是指由有形贸易以外的活动(包括国际资本流动、国际资金借贷、技术转让、劳务输出、侨民汇款、捐赠、利润与利息收支、国际旅游、运输、保险、银行业等活动)引起的国际结算业务。

国际贸易是国际结算产生和发展的重要依据,同时国际结算的发展又反过来促进国际贸易的发展;国际贸易金额巨大,在操作上比非贸易结算更为复杂,在内容上,它几乎包括了国际结算所有的方式和手段;国际收支中最基本最重要的项目是经常项目,而经常项目中最主要的项目是贸易项目(见图5-1)。

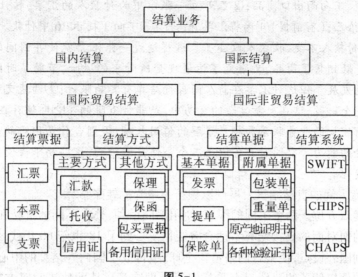

图 5-1

二、国际结算的产生和演变

国际结算是随着国际贸易的发展而产生和发展的。国际结算的发展过程为四个阶段,即现金结算变为非现金结算、直接结算变为银行结算、货物买卖变为单据买卖、人工结算变为电子结算。

(一)现金结算发展到非现金结算

早期的国际结算是现金交易。例如:我国古代对日本及南洋各国的海上贸易,除了直接的以货换货交易外,都是长期使用金银等贵金属进行交换和清算的。但这种现金结算具有很大的局限性:风险大,遇到自然灾害、劫持、盗窃等会带来损失;费用高;运期长,易造成资金长期占压,不利于资金周转。到了 15 世纪末 16 世纪初,随着资本主义的发展,国际贸易的扩大,逐渐形成了区域性的国际商品市场。以往通过运送金银来偿债的方式已不适应当时贸易发展的需要,于是就出现了以商业票据来结算债权债务的方式。

【实例 5-1】

过去:现金

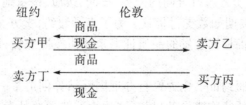

现在:用商业票据代替现金

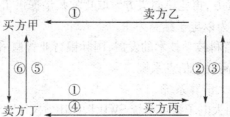

141

①乙向甲、丁向丙出口商品;②乙开立一张以甲为付款人的汇票,转让给丙;③丙买入汇票,付款给乙;(有前提)④丙将汇票寄给丁;⑤丁向甲提示;⑥甲付款。

转让中,付款人不变,收款人改变了。这样通过一张汇票就使异国间的两笔债权债务得以了结。既销售了商品,又避免了运送现金所带来的风险,节约了时间、费用,有利于当时经济的发展。但这种汇票在商人间自行结算有其局限性:①两笔交易的金额和付款期限必须完全一致,这在大量复杂的交易中,是非常有限的。②即使存在上述条件,他们之间还要有密切的业务联系和相互了解的信用基础,否则合作是困难的。③任何一方要有垫付资金的能力。要同时具备以上三个条件是困难的,这些局限性使商人间的直接结算发生了变化。

(二)从商人间的直接结算发展到以银行为中介的转账结算

由于买卖双方位于两个不同的国家,使用不同币种,处在不同的贸易和外管制度下,因此双方间的面对面的直接结算不适合客观情况。到了 18 世纪 60 年代,银行从国内遍设机构扩展到国外设点,使银行网络覆盖全球,银行成了国内外结算的中心。因此,此时买卖双方间的债权债务的清偿只有委托银行办理结算。从而使买卖双方能够集中精力开展贸易,货款结算则完全通过银行办理。银行办理结算业务有其有利条件:

(1)网络遍及全球,有其独特的条件、先进的手段开展业务,为进出口双方服务;

(2)资金雄厚,信用卓著,这是进出口商无法比拟的;

(3)所有不同种货币、不同期限外汇票据,都通过银行买卖转让,可使大量的债权债务关系在最大限度内加以抵消,这样大大地节省了费用和利息的支出;进出口商就不必自找对象来清算,而把所有的信用工具通过银行代为办理。

(三)从"凭货付款"到"凭单付款"

原始的结算为卖方一手交货、买方一手交钱,钱货两清,通常成为"现金交货"(Cash on Delivery)方式。当贸易商与运输商有了分工以后,卖方将货物交给运输商承运至买方,运输商将货物收据交给卖方转寄给买方向运输商取货,海上运输继续扩大,简单的货物收据发展变化成为比较完善的海运提单(货物收据、运输契约和物权单据三作用)。由于提单有物权单据的性质,因此把货物单据化了。交单等于交货,持单等于持有货物的所有权。海运提单因此成为可以流通转让的单据(Negotiable Documents),便于转让给银行持有,让银行凭此向买方索取货款,或当作质押品,获得银行资金融通。

商品买卖合同中,卖方履行合同的义务:按期、按质、按量地发运货物。买方履行合同的义务:接收货物,按期如数支付货款。为了表示履约,卖方交来 B/L,以其签发日期来证明按期发货;提交商检局签发的品质证书来证明按质发货;以商检局签发的数量证书来证明按量发货。

由于货物单据化、履约证书化为银行办理国际结算创造了一个良好条件,只需凭审核相符的单据付款,不凭货物或设备付款,这就给不熟悉商品专门知识的银行能够介入买卖之间,凭单垫款给卖方,再凭单向买方索取货款归垫提供了可能与方便。

(四)人工结算转变为以电子结算为主

20 世纪中后期,随着科技学技术的发展,国际银行业普遍采用了先进的计算机技术,建立了多种联机网络和高效的信息系统。

1. 世界范围内的五大清算系统

目前,世界上已有四大电子清算系统 SWIFT、CHIPS、CHAPS 和 TARGET 办理国际结算中的资金调拨。

（1）美元支付清算系统。这包括 CHIPS——纽约清算所同业支付系统和 Fedwire——联邦资金转账系统。CHIPS 的特点是：①为实时的、大额的、多边的、终局性支付；②具有最大的流动性，1 美元日周转 500 次；③免除了日透支费；④可以提供在线现金管理工具；⑤给公司客户传输汇款相关信息；⑥服务于国内和国际市场，可处理超过 95%的美元跨境支付；⑦每日日终进行净额清算的资金转账。Fedwire 与 CHIPS 相比，流动性差，1 美元日周转为 12 次。此外，该系统要征收日透支费，银行支付给联邦资金转账系统的日透支费约为 2 400 万美元。

（2）CHAPS（Clearing House Automatic Payment System）即伦敦自动清算支付系统。其特点是：用高度自动电脑化的信息传递，部分地取代了依靠票据交换的方式，使以伦敦城外的交换银行为付款人的部分交易（1 万英镑以上）也可实现当天结算。

（3）SWIFT(Society For Worldwide Interbank Financial Telecommunication)是环球银行间金融电讯协会的缩写，简称环银电协。它是一个国际银行同业间非营利性的国际合作组织，总部设在比利时首都布鲁塞尔，于 1973 年成立，1977 年正式启用，由欧洲和北美的一些大银行发起，目的是为了应付日益增多的国际银行业务。该系统能以十几种语言全天候地向世界各地提供快捷、标准化、自动化的通讯服务，具有安全可靠、高速度低费用、自动加核密押等特点。目前，SWIFT 在全世界拥有会员国 197 个，会员银行7 000 多家，基地设在荷兰、香港、英国和美国，2000 年 SWIFT 系统传递了 12 亿条信息，平均每天 33 万条，每天传递的信息所涉及金额超过 5 万亿美元。SWIFT 现已成为世界上最大的金融清算与通讯组织，也是国际金融与国际结算的主体网络。1983 年 2 月，中国银行于国内同业中率先加入 SWIFT 组织，目前已有 38 家中国的银行加入了该系统。

（4）欧元跨国清算系统。这包括 TARGET——泛欧自动实时总额清算系统、EBA——欧洲银行协会的欧元清算系统和区域性支付系统。

TARGET 的特点是：①款项必须是大额，且每笔要有即时的头寸，不能透支；②清算效率高，几分钟内可完成一笔；③清算时间从 AM7：00 到 PM6：00，款项当天支付，当天最终交收，当天起息；④清算是无条件的，不可改变及撤销；⑤款项是每笔分开清算，一天内系统可完成 10 万笔；⑥清算时必须经 5 家银行，清算成本较高，大约每笔花费 1.5 欧元～3 欧元；⑦本系统用户间不需要签订系统使用协议，亦不需交换用户密码。

EBA 的特点是：①可以即时支付，亦可非即时支付；②款项可以多笔打包清算；③清算行之间款项交付可当天起息；④效率高，一天可达 30 万笔；⑤清算款项可撤销及更改；⑥成本低，每笔花费 0.25 欧元；⑦现在已有 49 个国家加入 EBA 清算；⑧为避免风险，会员需缴保证金；⑨每日营业终了，需做日终净额清算。

区域性支付系统主要有 EAF——法兰克福的欧元支付系统和银行网络清算。EAF 的特点是转移成本低，但处理速度不及 TARGET，是欧元区内仅次于 TARGET 的极具竞争力的支付系统。银行网络清算的优点是：只需在该大银行总部开立一个账户，即可通过该行网络系统与欧洲各地进行资金往来。同时，由于是同一家银行的网络，服务质量有保证，查询相对简单。通过欧洲网络银行，在欧盟（EMU）各成员国总、分行，利用既有的银行网络与地方网络联机，实现地方性资金的移转。但是，这种以现金为支付手段、银行为支付中介的支付方式，仍然没有改变付款人在支付过程中的主动的地位。在企业之间的交易支付过程中，付款方不主动支付货币资金，收款方资金就不能回笼，因而债务衍生机制依然存在。

（5）日本的清算系统即日本银行金融网络系统（Bank of Japan Financial Network System，BOJ-NET）。其特点是降低了支付成本，提高了支付效率，增强了支付系统的稳定性，成为全球可接受的支付系统。

2. EDI 无纸化结算

EDI（Electronic Data Intercharge）即电子数据交换，是一种主要应用于国际贸易领域的电子商务技术，是伴随着现代信息技术的发展而产生和发展的。EDI 就是运用一定标准将数据和信息规范化和格式化，通过计算机网络将文件从一个企业传输到另一个企业，以实现无纸贸易。

EDI 在 EDIFACT 标准下以计算机网络为依托，通过 EDI 网络中心，将与国贸有关的工厂、公司、海关、航运、商检、银行和保险等单位连成一个 EDI 网络，用方可以通过公用数据网连接到 EDI 中心，然后把要传的单证如产地证申报单、进出口报检单、进口报关单等传到 EDI 服务中心，该中心就会把这些单证相应地传到商检、海关等相关单位，还可以将银行审单的结果传送到客户，从而大大加速了贸易的全过程。

EDI 为国际贸易和国际结算带来了巨大的经济效益和社会效益，美国在 20 世纪 60 年代末期开始应用 EDI。时至今日，欧洲大部分国家都认定 EDI 是经商的唯一途径。澳大利亚、日本和新加坡等国也纷纷在 20 世纪 90 年代初期宣布所有的商户首选交易方式为 EDI，不采用 EDI 的商户将推迟或不予办理。EDI 的应用使国际市场上形成了一个新的贸易壁垒，不采用 EDI 技术的国家无疑意味着被排斥在这壁垒之外，将失去贸易机会和客户。

三、国际结算的条件

（一）货币条件

货币条件是指发生的国际贸易使用哪国的货币进行结算。国际结算货币条件的确定应包括下述几方面：

1. 确定商品的价格货币和结算货币

价格货币是指贸易中表示商品价格的货币，可用买方国、卖方国或第三国货币表示。结算货币，也叫支付货币，是指用来支付商品货款的货币，有时价格货币就是结算货币，有时则不同。当买卖双方不发生货币兑换，没有汇价、买汇、结汇的问题时，两者相同；两者不同时，买卖双方要通过谈判，选择币值稳定的货币或世界通用货币定价，并根据结算货币支付前一天的某一外汇市场牌价确定汇率。

2. 确定贸易是自由外汇贸易还是记账外汇贸易

自由外汇，即现汇，是指贸易和非贸易项下进行收付时不加任何限制，不采取差别性的多种汇率，在国际外汇市场上可随时兑换所需外汇的货币。

记账外汇是指记在清算账户上的外汇，只限于协定双边支付时使用，不能做多边清算，不能自由运用。记账外汇贸易也叫协定贸易，是根据两国政府间的贸易支付协定进行贸易，不需逐笔结清，但要求进出口平衡，货款的结算记入双方指定银行开立的清算账户内，并要严格按协定范围通过清算账户收付外汇，清算一年一次，差额可用商品、现汇或黄金支付，在货币符号前加"清算"字样。

3. 确定国际结算中的硬币和软币

硬币是汇率较坚挺的货币，软币是汇率疲软的货币。

4. 货币的选择

记账外汇贸易的支付协定中已确定了清算货币,因此,只有现汇贸易才需选择货币,选择货币时应注意:选择自由兑换、调拨灵活的货币,避免汇价波动和遭受冻结的风险;出口收汇尽量多用硬币,进口付汇尽量多用软币;在平等互利基础上,结合货物的价格、贸易习惯、商品畅滞来灵活选用货币。

(二)时间条件

时间条件是指发生的国际贸易在什么时间进行结算,通常有以下三种结算时间:

预付(advanced payment)是指卖方将单据交给银行或买方以前,由买方预先付货款,预付对卖方有利。

即付(immediate payment)是指卖方将单据交给银行或买方时,买方见单即付款,即付对买卖双方是对等的。

迟付(deferred payment)是指卖方将单据交给买方或银行若干时间后,再收买方支付的货款,迟付对买方有利。

(三)方式条件

方式条件是指发生的国际贸易以何种方式进行结算,国际结算方式大体上分为国际间的汇款方式、托收方式和信用证方式三大类别。

四、国际结算的研究对象和原则

国际结算研究的对象是实现国际结算的方法以及作为媒介的各种工具,实现国际结算的方法主要指国际间的汇款、托收、信用证等结算,而作为媒介的各种结算工具是指汇票、本票和支票。

在国际结算业务中应掌握"按时合理付汇、安全及时收汇"的原则,既要守约,按时对合理的应付外汇进行支付(不合理的部分可拒绝)以维护国家的国际形象,又要及时收回应收外汇,保证外汇资金的安全,提高资金的运转效率。

五、国际结算的性质和特点

国际结算是以国际贸易、国际金融和货币银行学为基础形成的,是从微观的角度来研究国际间货币运动的实务问题。同时,还涉及进出口贸易、国际保险、国际运输、电讯传递、会计、海关、商检、票据、法律等诸多的相关知识,具有很强的实用性和可操作性。

(1)国际结算中的非信用证结算方式正取代信用证结算方式,成为国际贸易结算方式的主流,尤以欧美国家为甚,主要是适应市场向买方市场的转变,非信用证结算方式包括电汇(T/T)、记账赊销(O/A)、承兑交单(D/A)、付款交单(D/P)以及在 O/A、D/A 方式基础上发展起来的国际保理业务,这些方式对买方非常有利,可以降低费用,加速资金周转。

(2)国际结算的单据日趋多样化、复杂化,由于世界经济全球化、一体化的发展,国际贸易领域的竞争日益激烈,促使贸易保护主义重新抬头,出现了新形式的贸易壁垒,这些壁垒多出于对本国环境保护和生态平衡的考虑,导致对国际结算的单据要求越来越多,越来越苛刻,这些单据包括商业、保险、检验、多式运输等方面,以及双方国家管理机构所规定的各种单据。

(3)国际结算走向电子化、标准化,提高了结算效率,电子信息技术的飞速发展、计算机的广泛使用,使银行可以采用新技术,如 SWIFT 系统和 EDI 结算,实现了单据标准化、业务电脑化,使之快速、安全、高效地完成国际间收付,并出现了建立在计算机和计算机网络基础上为客户提供新的金融服务的电子银行。

(4)国际贸易结算的法律规范日益健全,国际惯例、公约在结算中起着重要作用。随着经济、贸易和科技的发展,贸易结算规则不断推陈出新,如《国际备用证惯例》、《国际保理业务惯例规则》等。

六、国际结算中的惯例

(一)国际惯例

国际惯例是指在世界范围内被人们反复运用与普遍承认的习惯做法和特定方式。它是在国际范围内日积月累地逐渐形成的,主要有以下几种:

(1)《2000 年国际贸易术语解释通则》(International Commerical Terms),简称《INCO-TERMS 2000》,现已成为国际贸易中应用最广、最具影响力的国际惯例。

(2)《托收统一规则》(Uniform Rules for Collection——URC)(国际商会第 522 号出版物)于 1996 年 1 月 1 日始生效。

(3)《跟单信用证统一惯例》(Uniform Customs and Practice for Commercial Documentary Credit——UCP)(国际商会第 600 号出版物)于 2007 年 7 月 1 日开始生效。

此外,还有《国际银行标准实务》,简称 ISBP;《见索即付保函统一规则》(ICC458);《国际备用信用证惯例》(ISP98);《国际保理惯例》(IFC)等。

(二)国际惯例与法律、合同的关系

国际惯例本身并不是法律,而是人们共信共守的规则,它本身不具有法律效力。因此,合同的一方不能强迫对方使用某惯例,也不能自己主动地去执行某惯例,除非在合同上引用了某惯例,则此惯例对有关各方均具有约束力。所以在合同上要载明:"This is subject to UCP600."或类似的字样。

当国际惯例与合同的规定相违背时,以合同为准;合同中没有规定的,又与现行的法律法规不违背的,国际惯例则可起到补充的作用。

任务二　国际结算票据概述

一、票据的概念

票据(Draft)有广义和狭义之分。广义的票据是指所有商业上权利凭证的单据,包括汇票、本票、支票、提单、仓单、保险单等。狭义的票据是指依据票据法签发和流通的,以无条件支付一定金额为目的的有价证券,即为金融单据,包括汇票、本票和支票。通常所说的票据是指狭义的票据。它由出票人或制票人签发,命令受票人(付款人)或向收款人承诺在票据到期日向持票人支付票面金额。国际结算使用的票据通常是可流通票据。票据的流通性取决于票据上收款人的写法。

根据《英国票据法》第八条规定:除非票据上写有"禁止转让"字样,或是表示不可流通之意,所有票据无论采用何种形式支付票款给持票人,该持票人有权将票据转让给他人,转让时需履行背书手续。来人票(to bearer)不需背书,仅凭交付就可转让。

二、票据的性质

票据作为非现金结算工具,之所以能够代替货币现金起流通和支付作用,是因为票据具有以下特点:

(一)流通性

可以流通是票据的基本特性。票据权利是通过背书或凭交付进行转让,这是票据权利的两种转让方式。根据票面上"抬头人"的不同形式,采用相应的转让方式。经过背书或凭交付受让人即可合法转让与流通。

票据转让不必通知票据上的债务人,债务人不能以未曾接到转让通知为由拒绝清偿。受让人获得票据后,就享有票据规定的全部法律权利,如未实现票据的权利,有权对票据上的所有当事人起诉。以善意并已支付对价获得的票据,受让人权利可不受前手权利缺陷的影响。票据的流通性保护受让人的权利,受让人甚至可以得到转让人没有的权利。

(二)无因性

因是指产生票据权利义务关系的原因,有两方面的内容:一是出票人与受票人之间的资金关系。二是出票人与收款人、票据背书人与被背书人之间的对价关系。

票据的成立与否不受原因关系的影响,票据当事人的权利义务也不受原因关系的影响。持票人行使票据权利时,可不明示其原因,只要能出示票据,就可以根据票面所载明的文义向受票人请求支付票据金额。而对受让人而言,他无需调查票据的原因关系,只要票据记载符合法律规定,他就能取得票据文义载明的权利——向受票人要求支付票据金额,或者在被拒付时,向其转让人直至出票人追索。

票据的无因性使得基础原因关系上的瑕疵不会影响到票据关系人之间根据票据记载所产生的权利义务关系,从而便于票据的流通。

(三)要式性

票据的成立虽不究其当事人之间基本关系的原因,但却非常强调它的形式和内容,即常说的要式不要因。所谓的要式性,主要指票据的做成必须符合规定,票据上所记载的必要项目必须齐全,且符合规定,处理票据的行为如出票、背书、提示、承兑、追索等的方式、程序、手续也须符合法律规定,这样才能产生票据的效力。

(四)提示性

票据的提示性是指票据的持票人请求受票人履行票据义务时,必须在法定期限内向受票人出示票据,以表明占有这张票据,经确认后才能要求承兑或者付款。无提示的票据是无效的。对此,受票人就没有履行付款的义务。

(五)返还性

票据的返还性是指持票人收到票款后,应将票据交还付款人,作为付款人已付清票款的凭证,并从此停止该票据的流通过程。由此看来,票据与货币现金不同,其流通是有期限的,且不可往复使用。这体现了票据的局限性。

(六)设权性

所谓设权性是指票据持有人的票据权利随票据的设立而产生,离开了票据,就不能证明其票据权利。这是指票据上的权利,完全由票据行为所创立。票据的签发,不是为了证明已经存在的权利,而是为了创设一种权利,即支付一定金额的请求权。这种权利一旦创设,即与创设该权利的背景相分离,成为一种独立的、以票据为载体的权利。

（七）文义性

所谓票据的文义性指票据上所创设的权利义务内容,完全依据票据上所记载的文字的概念确定,不能进行任意解释或根据票据以外的其他文件来确定。

（八）金钱性

持有票据,即拥有票据的权利,可凭票据取得票款。它是一种以金钱为给付标的物的债权。

（九）提示性

所谓票据的提示性是指票据上的债权人请求债务人履行票据义务时,必须在法定期限内向付款人出示票据,以显示占有这张票据,才能要求付款。持票人不提示票据,付款人不必履行付款义务。

（十）可追索性

所谓票据的可追索性是指合格票据遭到票据的付款人或承兑人拒付时,正当持票人,为维护其票据权利,有权通过法定程序,向所有票据债务人追索,要求取得票据权利。

三、票据的作用

我国于 1995 年 5 月 10 日第八届全国人民代表大会常务委员会第十三次会议通过,于 1996 年 1 月 1 日起施行的《中华人民共和国票据法》(以下简称《票据法》),于 2004 年 8 月 28 日第十届全国人民代表大会常务委员会第十一次会议进行了修改。修正后的《票据法》在规范票据使用行为,保障票据使用中当事人的合法权益,维护社会经济秩序,促进社会主义市场经济的发展等方面起着很重要的作用。

（一）汇兑作用

在商业交易中,交易双方往往分处两地或远居异国,经常会发生在异地之间兑换或转移金钱的需要。因为一旦成交,就要向外地或外国输送款项供清偿之用。在这种情况下,如果输送大量现金,不仅十分麻烦,而且途中风险很大。但是,如果通过在甲地将现金转化为票据,再在乙地将票据转化为现金的办法,以票据的转移,代替实际的金钱的转移,则可以大大减少上述麻烦或风险。

（二）支付作用

汇票、本票作为汇兑工具的功能逐渐成形后,在交易中以支付票据代替现金支付的方式逐渐流行起来。用票据代替现钞作为支付工具,可以避免清点现钞时可能产生的错误,并可以节省清点现钞的时间。因此,人们在经济生活中都普遍使用票据特别是支票作为支付的工具。

（三）流通作用

最初的票据仅限于一次付款,不存在流通问题。但自从背书转让制度出现之后,票据就具有了流通功能,得以通过背书方式进行转让。按照背书制度,背书人对票据的付款负有担保义务,因此,背书的次数越多,对票据负责的人数也越多,该票据的可靠性也越高。在当代西方社会,票据的流通日益频繁和广泛,仅次于货币的流通。

票据虽然可以代替现金流通,但票据本身并不是货币,票据与货币的主要区别在于:它不具有法定货币的强制通用效力。因此,当债务人以法定货币清偿债务时,债权人不能不接受;但如果债务人准备以票据清偿其债务时,则必须征得债权人的同意,否则债权人可以拒绝接受。

（四）融资作用

票据的融资作用就是票据筹集资金的作用。这主要通过票据贴现来实现。所谓票据贴现，是指对未到期票据的买卖行为，也就是说持有未到期票据的人通过卖出票据来得到现款。在汇票、本票的付款日期未到之前，持票人可能会发生资金运用困难的情况，为了调动资金，持票人可将手中未到期的票据以买卖方式转让于他人。收买未到期的票据，再将其卖给需用票据进行支付或结算的人，可以从买卖票据的差价中获利，这样，买卖票据的业务就发展起来了。

（五）信誉作用

信誉作用是票据的核心功能。票据当事人可以凭借某人的信誉，就未来可以取得的金钱，作为现在的金钱来用。票据的背书，加强了票据的信誉作用，汇票和本票都有信誉工具的作用。

四、票据的法律体系和法的冲突的处理原则

票据法是规定票据种类、票据形式、票据行为及票据当事人权利义务关系的法律规范的总称。在国内外经济活动中，票据发挥着十分重要的作用，绝大多数国家都制定了各自的票据法，将票据流通规则法律化。目前最具有影响力的是英美法系中的英国《票据法》和大陆法系中《日内瓦统一法》。

（一）英美法系

英国在对银行长期实践经验总结的基础上，于1882年颁布实施了《票据法》（Bills of Exchange Act），它对汇票和本票作了法律规定，并将支票作为汇票的一种。1909年、1914年和1917年英国政府先后三次修订了该法，现在仍使用该法。1957年英国政府另行制定了《支票法》（Cheques Act 1957），作为票据法的补充。英国《票据法》实施至今已经一百多年，但其中绝大多数条款长期有效不变，其适用性很强。故本章有关票据实务内容较多地引用了英国《票据法》的规定。美国借鉴英国《票据法》，于1952年制定了《统一商法典》（Uniform Commercial Code）。目前，英国、美国、爱尔兰、加拿大、澳大利亚、印度等国家和地区均采用或借鉴英国《票据法》。

（二）大陆法系

大陆法系是法国法系和德国法系的综合。早在1643年法国国王路易十四颁布了《商事敕令》，其中对汇票和本票的签发和流通都作了规定，因此法国的票据法历史最悠久。1807年，法国又颁布了《商法典》，其中规定了票据法，但仅对汇票和本票作了规定。法国票据法对欧洲大陆如意大利、荷兰、比利时、西班牙等国家后来制定票据法产生了很大的影响。

德国在1871年颁布票据法，1908年又颁布了支票法。欧洲大陆的奥地利、瑞士、葡萄牙、丹麦、瑞典、挪威以及亚洲的日本等国家的票据法皆属于德国票据法系统。

由于各国票据法归属的体系不同，其内容也不完全相同，这对票据的国际流通与使用带来许多不便。为了协调英美法系、法国法系和德国法系的矛盾和冲突，统一各国的票据法，国际联盟先后在1930年和1931年在日内瓦召开了以欧洲大陆国家为主的30多个国家参加的国际票据法会议。会议通过了四个关于票据的公约，即：《统一汇票、本票法公约》、《解决汇票及本票若干法律冲突的公约》、《统一支票法公约》、《解决支票关于

法律冲突的公约》，它们合并简称为《日内瓦统一法》。由于英美未派代表参加日内瓦会议，《日内瓦统一法》也就不可能得到英美的承认，致使至今世界上还没有统一的票据法，而存在英国《票据法》和欧洲《日内瓦统一法》两大票据法体系。

（三）法的冲突处理原则

票据按流通领域的不同可以划分为国内票据和国际票据。由于涉及多个国家，世界各国对票据和票据行为的法律规定又有所不同，因此必然会发生究竟以哪一个国家的法律为准的问题。由此产生了法的冲突问题。

为了不因不同票据法阻碍票据的跨国流通和使用，国际上通行票据的行为地法律原则，即票据的完善与否以出票地的国家法律为准；其他票据行为的正确有效与否以该行为发生地点所在国的法律为准。事实上，出票是最基本的票据行为，因此，行为地原则也就可以简单地概括为：各种票据行为的合法有效与否，均以该行为发生地所在国家的有关法律规定为准。

任务三　国际结算票据——汇票

一、汇票的概念

根据各国广泛引用和参照的英国《票据法》规定，汇票（Bill of Exchange，Draft）是一人向另一人出具的无条件书面命令，要求对方见票时或在某一规定的时间或可以确定的时间，向某一特定人或其指定人或持票人支付一定的金额。汇票样式如图 5-2 所示。

样式一

BILL OF EXCHANGE							
凭 Drawn under			不可撤销信用证 Irrevocable　L/C No.				
日期 Date		支 取　Payable with interest	@	%	按	息	付款
号码 No.	汇票金额 Exchange for				南京 Nanjing		
	见票 at		日后（本汇票之副本未付）付交 sight of this FIRST of exchange（second of exchange				
Being unpaid）Pay to the order of							
金额 the sum of							
此致 To							

样式二

BILL OF EXCHANGE				
No.				
For				
	(amount in figure)		(place and date of issue)	
At		sight of this FIRST Bill of exchange (SECOND being unpaid)		
pay to				or order the sum of
		(amount in words)		
Value received for			of	
		(quantity)	(name of commodity)	
Drawn under				
L/C No.			dated	
To:			For and on behalf of	
			(Signature)	

图 5-2 汇票样式

二、汇票的基本当事人及其权利、责任

（一）基本当事人

出票人、受票人和收款人是汇票的必要的当事人,也是汇票尚未进入流通领域之前的基本当事人。

1. 出票人(drawer)

出票人是开出和签发并交付汇票的人。从法律上看,汇票一经签发,出票人就负有担保承兑和担保付款的责任,直到汇票完成它的历史使命。如果出票人因汇票遭拒付而被追索时,应对持票人承担偿还票款的责任。

在汇票被承兑前,出票人是汇票的主债务人;在汇票被承兑后,承兑人成为主债务人,出票人是汇票的从债务人。因此,在即期汇票付款前或远期汇票承兑之前,出票人是汇票的主债务人。

2. 受票人(drawee)

受票人是按汇票上记载接受别人的汇票且要对汇票付款的人,在他实际支付了汇票规定的款项后也称为付款人(payer)。他是接受付款命令的人(addressee)。受票人未在汇票签名之前,可承兑,也可拒付,他不是必然的汇票债务人,并不必然承担付款责任。

受票人承兑了汇票,即在汇票上签名,表示他接受出票人发出的到期无条件支付一定款项的命令,从此受票人成为承兑人,就要对汇票承担到期付款的法律责任,而成为汇票的主债务人。

3. 收款人(payee)

收款人是收取票款之人,即汇票的受益人,也是第一持票人,是汇票的主债权人,可

向付款人或出票人索取款项。具体地说,收款人可以要求付款人承兑或付款;遭拒付时他有权向出票人追索票款;由于汇票是一项债权凭证,他也可将汇票背书转让给他人。

（二）其他当事人

1. 背书人(endorser)

背书人是收款人或持票人在汇票背面签字,并将汇票交付给另一人,表明将汇票上的权利转让的人。

一切合法持有票据的人均可以成为背书人。收款人或持票人可以通过背书成为背书人,并可以连续地进行背书转让汇票的权利。背书人就成为其被背书人和随后的汇票权利被转让者的前手,被背书人就是背书人和其他更早的汇票权利转让者的后手。其中,收款人是第一背书人。

【实例5-2】一张汇票的出票人A,收款人B,A开立后交付给B,B凭背书或单纯性的交付转让给C,C再转让给D。如果D不再转让,他便成了最后持票人。则B是A的后手、C和D的前手,C是D的前手、A和B的后手,A、B、C均是D的前手。如下图所示:

A(出票人)→B(收款人)→C(第一受让人)→D(持票人)

（第一背书人）（第一被背书人）（第二受让人）

（第二背书人）（第二被背书人）

可见,背书的作用在于传递票据,并保证汇票是完满的、无缺陷的。经过背书,收款人或持票人变成背书人,从债权人变成债务人。即背书人是汇票上的债务人。背书人对汇票承担的责任与出票人相同,但对其前手以至出票人享有追索权。

2. 被背书人(endorsee)

被背书人即接受背书的人。当他再转让汇票时,就成为另一背书人。若不转让,则将持有汇票,就成为第二持票人。因此,他是汇票的债权人,最后被背书人必须是持票人。他拥有向付款人和前手背书人直至出票人要求付款的权利。

3. 承兑人(acceptor)

受票人同意接受出票人的命令并在汇票正面签字,就成为承兑人。承兑人只存在于远期汇票关系中,本票和支票由于没有承兑行为,也就没有承兑人。

票据一经承兑,出票人变为债务人的地位,而由承兑人成为主债务人。承兑人必须保证对其所承兑的文义付款,而不能以出票人不存在、出票人的签字伪造或出票人没有签发票据的能力或授权等为借口拒付。票据法中"禁止承兑人翻案",如果承兑人到期拒付,持票人可直接向法院起诉,也可向前手追索。

4. 参加承兑人(acceptor for honour)

参加承兑人是非汇票债务人对被拒绝承兑或无法获得承兑的汇票进行承兑的人。参加承兑人也是汇票的债务人。当票据到期付款人拒不付款时,参加承兑人负责支付票款。

参加承兑人仅对受票人担保,且与受票人有特殊的关系,有意要保护受票人的名誉。

5. 保证人(guarantor)

保证人是一个第三者对于出票人、背书人、承兑人或参加承兑人做保证行为的人,做"保证"签字的人就是保证人。保证人与被保证人负担相同责任。为出票人、背书人保证时,保证人应负担保承兑及担保付款之责;为承兑人保证时,保证人应负付款之责;在票据被拒付时,也承担被追索的责任。

6. 持票人(holder)

持票人指收款人或被背书人或来人,是现在正在持有汇票的人。他是票据权利的主体,享有以下的权利:付款请求权,持票人享有向汇票的承兑人或付款人提示汇票要求付款的权利;追索权,持票人在汇票得不到承兑或付款时,享有向前手直至出票人、保证人等要求清偿票款的权利;票据转让权,持票人享有依法转让其汇票的权利。

7. 付过对价持票人(holder for value)

所谓对价是指一方所得收益相当于对方同等收益的交换。这种交换不一定是等价交换,对价可以通过货物、劳务、金钱等形式体现。

付过对价持票人指在取得汇票时付出一定代价的人。不论持票人自己是否付了对价,只要其前手付过对价转让到现在持有汇票的人,就是付过对价持票人。如,背书人在转让前或转让后已付过对价,则对被背书人而言,就是付过对价持票人。它通常是指前手付过对价,自己没有付对价而持票的人。

英国《票据法》根据是否付过对价,对持票人规定不同的权利。

8. 正当持票人(holder in due course)

正当持票人指经过转让而持有汇票的人。根据英国《票据法》规定,持票人应符合以下条件才能成为正当持票人:

(1)持有的汇票票面完整正常,前手背书真实,且未过期;

(2)持票人对于持有的汇票是否曾被退票不知情;

(3)持票人善意地付过对价而取得汇票;

(4)接受转让时,未发现前手对汇票的权利有任何的缺陷。

正当持票人的权利优于其前手,不受前手权利缺陷的影响,且不受汇票当事人之间债务纠葛的影响,能够获得十足的票据金额。

三、汇票的必要记载事项

(一)写明"汇票"字样(bill of exchange,exchange,draft)

这是为了表明票据的性质和种类,以区别于本票、支票等其他票据,汇票在英语中也有不同的表示方法。从实务角度一看一种票据注明名称就知道这种票据应该符合什么要求,各当事人有何责任,从而给经办人带来方便。

(二)无条件的支付命令(unconditional order to pay)

(1)命令。英文原文 Order,所以英文汇票必须用祈使句,以动词开头,如 pay to John Smith,若出于礼貌加上 please 亦可,但绝对不能用虚拟语句,如 Would please pay to John Smith 这类句子已不是命令而只是请求。

(2)支付必须是无条件的,即不得以其他行为或事件为付款条件,否则汇票无效。如:若 ABC 公司供应的货物符合合同,支付给他们 1 000 英镑;从 1 号账户存款中支付给 ABC 公司 1 000 英镑;如果汇票加注出票条款,以表明汇票的起源交易,则是被允许的,而不视为条件,如本汇票根据中国银行××分行 3217 号信用证开立。

(3)书面的。命令必须是书面的,而不能是口头的,不然根本无法签字,凡手写、打字机打的、印刷的、计算机打的都是书面的,票据法一般没有对票据尺寸大小、做成方式作规定,但实务上都要求以适合业务处理的尺寸和不易涂改的方法做成,如不能用铅笔签发票据。

（三）一定金额的货币（a sum certain in money）

1. 以金钱表示

票据上的权利必须是以金钱表示，不然票据无效。

2. 确定的金额

金额必须确定，不论是出票人、付款人还是持票人，任何人根据票据文义计算的结果都是一样的。如：

（1）GBP10 000.00 是合格的，多数票据的金额用这种方式表示。

（2）GBP1 000.00 plus interest，因未注明利率，所以金额不确定，根据英国《票据法》，汇票不成立，但根据《日内瓦统一票据法》和我国《票据法》，这类利息的记载无效，汇票本身是成立的。

（3）GBP1 000.00 plus interest at 6% p.a.是合格的，按理，要确定利息金额，还需要知道计息天数，但根据商业习惯，若票据未说明，就从出票日开始计息，直到付款日。

（4）USD equivalent（相等的）for GBP1 000.00 at the prevailing（现行的）rate in New York.汇率是确定的，因此记载是合格的。

（5）USD equivalent（相等的）for GBP1 000.00 也是合格的，按业务常规，以付款地当日的通行汇率支付。

（6）About USD 1 000.00 金额不确定，因此无效。

3. 大写（amount in word）和小写（amount in figure）

汇票的金额包括货币名称和货币金额，金额同时以大小写表示。一般地说，"Exchange for "后面填小写金额，"the sum of"后面填大写金额。

我国《票据法》规定，票据金额大小写金额必须一致，大小写金额不符，票据无效，银行以退票处理。

4. 利息条款（with interest）

汇票上注明按一定的利率或某一日市场利率加付利息，是允许的。但利息条款须注明利率、起算日和终止日。例如：

Pay to ABC Company or order the sum of five thousand pounds plus interest …即无效汇票

Pay to ABC Company or order the sum of five thousand pounds plus interest calculated at the rate of 6% per annum from the date hereof to the date of payment…即有效汇票

5. 分期付款（by stated instalment）

分期付款的条款必须具体、可操作。例如：

Pay to the order of ABC Company the sum of five thousand US dollars by instalments.——无效汇票

At 60 days after date pay to the order of ABC Company the sum of five thousand US dollars by 5 equal consecutive monthly instalments.——有效汇票

6. 支付等值其他货币（pay the other currency according to an indicated rate of exchange）

支付等值其他货币是指按一定的或可以确定的汇率折算后付款。例如：

Pay to the order of ABC Company the sum of five thousand US dollars converted into sterling equivalent at current rate of exchange. ——有效汇票

现时汇率即按照付款日当天的汇率折成英镑,任何人按此汇率都能算出相同的金额。因此,该汇票可以接受。之所以这么规定,也是体现了票据法的冲突的行为地原则:在票据的付款地实行严格的外汇管制,而票据上是以外汇表示金额时,就必然有货币兑换的问题。票据行为必须尊重付款地点的国家法律。

(四)付款人(payer)名称和地址

付款人的名称、地址必须写清楚。付款人先是接受命令的人,也叫受票人(drawee)。受票人只有对汇票作出承兑或付款,才成为承兑人或付款人。受票人在汇票上通常就表述为"To (drawee)"。

受票人的记载应有一定的确定性,以便持票人向其提示要求承兑或付款。英国《票据法》规定可有两个或两个以上受票人,同时要求他们之间应为并列的关系。如受票人可以是 A、B 和 C,但不能是 A 或 B 或 C,也不能是先 A 后 B 再 C。受票人的地址,并非必要项目,但为了便于提示,在实务上应写明地址。特别是以同一城市有许多机构的银行为付款人时一定要详细注明。

(五)收款人(payee)名称

汇票是债权凭证,收款人是汇票上记名的债权人,汇票上关于收款人的记载又称"抬头",它应向付款人一样,有一定的确定性。不过,实务中一般只写一个完整的名称,不强求写明地址,汇票上收款人的填写方法如下:

1. 限制性抬头

此种抬头的汇票只限于付给指定的收款人,即票据的债务人只对记名的收款人负责,限制性抬头的汇票不可流通转让。

限制性抬头的表示方法:

(1)仅付给 A 公司(Pay to A Co. only);

(2)付给 B 公司,不能转让(Pay to B Co., Not transferable);

(3)付给 C 公司(Pay to C Co.),但票据的其他地方有不可转让(Not transferable)的字样。

由于限制性抬头汇票不能流通转让,在一定程度上限制了汇票功能的发挥,因此,这种汇票在实务中的使用很不普遍。

2. 指示性抬头

指示性抬头是指可以由收款人或其委托人、指定人提示取款的汇票。指示性抬头的汇票并不强求一定要收款人本人亲自收款,收款人可以通过背书将汇票转让给他人,由受让人以持票人身份取款。这种汇票既实现了汇票流通转让的最基本性质,又要求背书而具有一定转让条件,使转让更可靠、更安全,在实务中使用最广泛。

指示性抬头的表示方法:

(1)付给 A 的指定人(Pay to the order of A);

(2)付给 B 或其指定人(Pay to B or order);

(3)付给 C (Pay to C),这种做法习惯上称为记名抬头,虽然没有指定人 order 字样,但收款人仍然有权将票据背书转让。

指示性抬头的汇票并不一定非转让不可,是否转让取决于收款人的意愿和需要。

3. 来人抬头

来人抬头又叫空白抬头、持票人抬头。不管谁持有来人抬头票据,都有权要求付款人付款,该种抬头汇票无需背书即可转让,即只要通过简单交付就可以实现转让。

来人抬头的表示方法:

(1)付给来人(Pay bearer);

(2)付给 A 或来人(Pay to A or bearer);

不过来人抬头汇票容易丢失而被他人冒领,收款人的权利缺乏保障,因此《日内瓦统一票据法》不允许汇票做成来人抬头,我国《票据法》没有明确禁止,但习惯上也不做成来人抬头。

在实务中,票据的收款人也可以是出票人自己,在国际贸易结算中,出口商常常既是汇票的出票人,又是汇票的收款人。

(六)出票日期

出票日期指汇票签发的具体时间。出票日期的作用有:

(1)决定汇票的有效期。持票人如不在规定时间内要求票据权利,票据权利会自动消失,《日内瓦统一票据法》规定汇票的有效期是自出票日期起 1 年,我国《票据法》规定见票即付的汇票有效期为 2 年。

(2)决定汇票的到期日。出票后定期付款的汇票到期日的计算是以出票日为基础的。对于出票后若干天(月)(At * * * days after date)付款的汇票,付款到期日的确定就取决于出票日。

(3)决定出票人的行为效力。若出票时,法人已宣告破产或清理,就丧失了行为能力,则该汇票不能成立。

(4)决定利息的起算日。如支付指定人 USD10 000,并按 X%支付利息,这时出票日为起息日,付款日为到期日。

(七)出票人签章

签字原则是票据法最重要和最基本的原则,票据责任的承担以签字为条件,谁签字谁负责,不签字就不负责,票据必须经出票人签字才能成立。出票人签字时承认了自己的债务,收款人才因此有了债权。如果汇票上没有签字或签字是伪造的,票据都不能成立。因此,出票人签字是汇票最重要的和绝对不可缺少的内容。注意:各国并非都以签字为确认债务的唯一方法,如我国《票据法》规定为签章。

(八)出票地点

出票地点是指出票人签发汇票的地点,对国际汇票具有重要意义,因为票据是否成立是以出票地法律来衡量的。但是,票据不注明出票地并不会影响其生效,我国《票据法》规定:汇票上未记载出票地的,则出票人的营业场所、住所或者经常居住地为出票地。出票地点应与出票人的地址相同,若汇票上未记载地点,根据《日内瓦统一票据法》规定,则以出票人姓名旁的地点为出票地点。

(九)付款地点(place of payment)

付款地点是指持票人提示汇票请求付款的地点。根据国际私法的"行为地原则",到期日的计算,在付款地发生的"承兑"、"付款"等行为都要适用付款地法律。付款地也是票据遭到拒付时做出拒付证书的地点。因此,付款地的记载是非常重要的,但是,不注明付款地的票据仍然成立,根据我国《票据法》的规定,汇票上未记载付款地的,付款人的营业场所、住所或者经常居住地为付款地。

（十）付款期限（time of payment）或（tenor）

付款期限是指付款到期日亦即付款日期，是付款人履行付款义务的日期。

1. 付款期限的种类

（1）即期付款（at sight/on demand）

即期付款是指见票即付，在持票人向付款人做出付款提示时，付款人应马上付款。即期汇票不必承兑，两大法系和我国的票据法均规定，如果汇票上未注明付款日期的，一概作为即期汇票处理。

（2）定日付款（at ××fixed date）

汇票上有确定的付款日，付款人按期付款。如：2011 年 5 月 5 日付款；on 30th June fixed pay to。

（3）出票后定期付款（at ×× days/at ×× month after date）

此种汇票以出票日为基础，一段时间后付款。如 At 90 days after date；at 6 months after date。

（4）见票后定期付款（at ×× days/at ×× months after sight）

需要持票人先向付款人承兑指示，然后以承兑日为起，推算到期日。如：At 90 days after sight；at 6 months after sight。

（5）提单签发日定期付款（At 60 days after date of bill of lading）

2. 汇票到期日的计算方法

计算汇票的时间，不包括见票日、出票日，即算尾不算头。对付款到期日的计算，各国票据法的原则基本上是一致的。

【实例 5-3】期之末日付款，汇票到期日均为票据载明付款期限的最后一天；假日顺延，到期日如遇节假日，则顺延至下一个营业日；算尾不算头，用于以天为单位时，时间开始之日不算，到期之日要计算，如：2014 年 6 月 1 日见票（承兑）30 天后付款，到期日为 7 月 1 日，也就是说 6 月 2 日起算的 30 天。要注意汇票上的文义，英文算尾不算头表达为 at…after…，但有时会遇到汇票记载不符国际惯例，如要求算尾又算头，英文表达 at…from …此时付款日期比前者早一天，即从 6 月 1 日起算，到 6 月 30 日；月为日历月，以月为单位时，不论大小月，都做一个月计；月之同日为到期日；无同日即为月之末日；半月以 15 天计，月初为 1 日，月中为 15 日，月末为最后一天。

四、汇票的其他记载事项

（一）"付一不付二"与"付二不付一"

出口商通过银行向进口商收款时开出的是一式二份的成套汇票（a set of bill）。两张汇票内容完全相同，且具有同等的法律效力。两张汇票分不同航班邮寄，先到的那张起作用，后到的就自动失效。所以在第一张上印有"同样金额期限的第二张不付款"，pay this first bill of exchange，second of the same tenor and dated being unpaid，第二张印有"同样金额、期限的第一张不付款"。即付一不付二或付二不付一。

这样就避免了付款人为同一笔金额两次付款，又避免了因意外事故的发生而使单据遗失。

（二）需要时的受托处理人（referee in case of need）

托收是出口商先出运商品后收款的结算方式。为了防止在货到后进口商拒绝承兑或拒绝付款，从而造成出口商的被动，出口商有必要在进口商所在地委托一家公司作为需要时的受托处理人。当汇票遭拒付时，持票人可向需要时的受托代理人联系，求助于他。若他愿意，即可参加承兑，到期日参加付款，又称预备付款人。

汇票若以买主作为付款人时，应在其名称旁边记载需要时的受托处理人的名称和详细地址。例如：

TO：DEF CO.（address）

  In case of need refer to B Co.（address）

（三）担当付款行（a banker designated as payer）

在当今买方市场下，为了进口商方便，出票人（出口商）可根据与付款人（进口商）的约定，出票时载明付款人的开户银行作为担当付款行。如：

A bill drawn on DEF Co., London.

Payable by Bank of B, London.

担当付款行只是推定的受委托付款人，不是票据的债务人，对票据不承担任何责任。远期汇票的持票人可先向付款人提示要求承兑，到期日再向担当付款行提示要求付款，担当付款行支付票款后借记付款人账户。若出票人无载明，付款人承兑时可加列。例如：

ACCEPTED

（date）

Payable at

C Bank Ltd.London

For B Bank ，London

<u>Signed</u>

（四）利息与利率（interest and its rate）

汇票上可以记载利息条款，但应载明起息日或收取利息的期限以及适用的利率，以便计算。

（五）用其他货币付款（payable in other currency）

汇票可以注明用其他货币付款，并注明汇率，但这种记载不得与当地法律相抵触。

（六）提示期限（limit of time for presentment）

提示期限的规定，要在汇票有效期内。

（七）免做退票通知（notice of dishonor excused）、放弃拒绝证书（protest waived）

出票人/背书人在签名旁记载放弃对持票人的某种要求。如：

"John Smith　Notice of dishonor excused"

"John Smith　protest waived"

表示 John Smith 对后手做出的安排，一方面表明他相信后手；另一方面做成证书、通知要支付一定的费用，不做退票通知、放弃拒绝证书，持票人仍可向他追索，表明他对汇票仍然是负责的。

（八）无追索权（without recourse）

出票人或背书人在自己的签名上记载"without recourse"字样，就免除了他们的追索权。实际上是免除了出票人或背书人对汇票应负的责任。如：

Without recourse to us

For A Co. Ltd., London

五、汇票的种类

（一）按照出票人的不同，汇票可分为银行汇票和商业汇票

银行汇票（banker's bill）指出票人是银行的汇票。它一般为光票。

商业汇票（commercial bill）指出票人是公司或个人的汇票。它可能是光票，也可能是跟单汇票。由于银行的信用高于一般的公司或个人的信用，所以银行汇票比商业汇票更易于流通转让。

（二）按照承兑人的不同，汇票可分为银行承兑汇票和商业承兑汇票

银行承兑汇票（banker's acceptance bill）指由银行承兑的远期汇票，它是建立在银行信用基础之上的。

商业承兑汇票（trader's acceptance bill）指由个人商号承兑的远期汇票，它是建立在商业基础之上的。由于银行信用高于商业信用，因此，银行承兑汇票在市场上更易于贴现，流通性强。应注意：银行承兑汇票不一定是银行汇票，因为银行承兑的汇票有可能是银行汇票也有可能是商业汇票。

（三）按照付款时间的不同，汇票可分为即期汇票和远期汇票

即期汇票（sight bill or demand draft）即见票即付的汇票，它包括：票面上记载"at sight / on demand"字样的汇票，提示汇票即是"见票"；出票日与付款日为同一天的汇票，当天出票当天到期，付款人应于当天付款；票面上没有记载到期日的汇票，各国一般认为其提示日即到期日，因此也就是见票即付。

远期汇票（time bill / usance bill）即规定付款到期日在将来某一天或某一可以确定日期的汇票。它可分为出票后定期付款汇票、见票后定期付款汇票、在其他事件发生后定期付款汇票、定日付款汇票和延期付款汇票五种情况。

（四）按照是否附有货运单据，汇票可分为光票和跟单汇票

光票（clean bill）即不附带货运单据的汇票。在国际贸易结算中一般用于贸易从属费用、货款尾数、佣金等的收取或支付。

跟单汇票（documentary bill）即附带货运单据的汇票。与光票相比较，跟单汇票除了票面上当事人的信用以外，还有相应物资做保障，因此该类汇票流通转让性能较好。

（五）按照流通领域的不同，汇票可分为国内汇票和国际汇票

国内汇票（domestic bill）指汇票出票人、付款人和收款人三个基本当事人的居住地同在一个国家或地区，汇票流通局限在同一个国家境内。

国际汇票（international bill）指汇票出票人、付款人和收款人的居住地中至少涉及两个不同的国家或地区，尤其是前两者不在同一国，汇票流通涉及两个国家或地区。国际结算中使用的汇票多为国际汇票。

（六）按照票面标值货币的不同，汇票可分为本币汇票和外币汇票

本币汇票（domestic money bill）即使用本国货币标值的汇票。国内汇票多为本币汇票。

外币汇票（foreign money bill）即使用外国货币标值的汇票。

（七）按照承兑地点和付款地点是否相同，汇票可分为直接汇票和间接汇票

直接汇票（direct bill）即承兑地点和付款地点相同的汇票。国际贸易中使用的汇票大部分是直接汇票。

间接汇票（indirect bill）即承兑地点和付款地点不同的汇票。承兑人在承兑时须写明付款地点。

（八）按照收款人的不同，汇票可分为来人汇票和记名汇票

来人汇票（bearer bill）即收款人是来人抬头的汇票。

记名汇票（order bill）即收款人是指示性抬头或限制性抬头的汇票。

（九）按照同一份汇票张数的不同，可分为单式汇票和多式汇票

单式汇票（sola bill）指同一编号、金额、日期只开立一张的汇票，用于银行汇票。

多式汇票（set bill）指同一编号、金额、日期开立一式二份甚至多张的汇票，用于逆汇项下的商业汇票。

汇票有着多种的分类方法，但并不意味着一张汇票只具备一个特征，它可以同时具备几个特征。

六、汇票的票据行为

狭义的票据行为是以负担票据上的债务为目的所做的必要形式的法律行为，包括：出票、背书、承兑、参加承兑、保证。其中出票是主票据行为，其他行为都是以出票为基础而衍生的附属票据行为。

广义的票据行为除上述行为外，还包括票据处理中有专门规定的行为，如提示、付款、参加付款、退票、行使追索权等行为。票据行为与票据形式和内容一样具有要式性，必须要符合票据法的规定。

（一）出票（issue）

1. 出票的概念

出票是指出票人签发汇票并将其交付给收款人的票据行为。出票是主票据行为，离开它就不可能有汇票的其他行为。一个有效的出票行为包括两个动作：①制成汇票并签字（to draw a draft and to sign it）；②将制成的汇票交付给收款人（to deliver the draft to pay-ee）。这两个动作缺一不可。出票创设了汇票的债权，收款人持有汇票就拥有债权，包括付款请求权和追索权。

交付（delivery）是指实际的或推定的从一个人的拥有，转移至另一人拥有的行为。汇票的出票、背书、承兑等票据行为在交付前都是不生效的和可撤销的，只有将汇票交付给他人后，出票、背书、承兑行为才开始生效，且不可撤销。

汇票的开立可以是单张或多张。国内汇票多为单张汇票。国外汇票是一式多份，如一式两份的"付一不付二"、"付二不付一"的汇票。若两份汇票都经背书人或承兑人不经意的背书或承兑，且落入正当持票人之手，则背书人或承兑人应同时对这两张汇票负责。

2. 出票的影响

汇票的出票行为一旦完成，就确立了汇票承兑前出票人是主债务人的地位和收款人的债权人地位，出票人要担保所开立的汇票会由付款人承兑和付款；而付款人对于汇票付款并不承担必然责任，他可以根据提示时与出票人的资金关系来决定是否付款或承

兑。因为汇票不是领款单,而是出票人担保的信用货币,收款人的债权完全依赖于出票人的信用。

(二)背书(endorsement)

1. 背书的概念

背书是指持票人在票据背面签字,以表明转让票据权利的意图,并交付给被背书人的行为。它是指示性抬头的票据交付转让前必须完成的行为。

背书包括两个动作:①在票据背面或粘单上记载有关事项并签名,根据我国《票据法》规定,背书必须记载签章、背书日期、被背书人名称等事项;②交付给被背书人或后手。

2. 背书的种类

(1)特别背书(special endorsement),又称为记名背书或正式背书。即持票人在背书转让时注明了被背书人的名称,背书内容完整、全面(见图5-3)。

(汇票背面)
Pay to XYZ Co. or order
    For ABC Import and Export Company ,Fuzhou
      LiU Hua(General Manager)

图5-3 特别背书

被背书人作为持票人可以继续进行背书转让汇票的权利(见图5-4)。

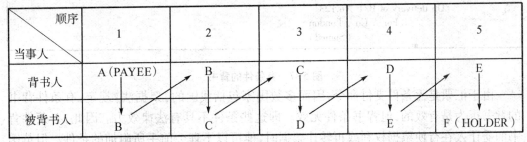

图5-4 特别背书的连续性

(2)空白背书(blank endorsement),又称不记名背书。即背书人仅在背面签名,而不注明被背书人。做此背书后,被背书人要再转让,只需凭交付即可(见图5-5)。

(汇票背面)
    For ABC Import and Export Company ,Fuzhou
      LiU Hua (General Manager)

图5-5 空白背书

指示性抬头的汇票经过空白背书后使汇票成为来人抬头式汇票,受让人可以仅凭交付来转让票据的权利。已做空白背书的指示性抬头汇票,任何持票人均可将空白背书转变为记名背书,只要在背书人名称与签字上面加注"付给 XXX 或指定人"即可。此后的被背书人可以继续空白背书或记名背书。

值得注意的是,经空白背书转变成的来人抬头汇票与原来是来人抬头的汇票是有区别的,前者可以继续恢复成指示性抬头(记名背书),而后者即使再做成记名背书也始终

161

是来人汇票。

（3）限制性背书（restrictive endorsement）指背书人在票据背面签字、限定某人为被背书人或记载有"不得转让"字样的背书（见图5-6）。

（汇票背面）

Pay to John Smith only(or not transferable or not negotiable)

LiU Hua

图5-6　限制性背书

经过限制性背书后，指示性抬头的汇票成为了限制性抬头的汇票，就不能继续背书转让其权利，同时，也只有限制性背书的被背书人才能要求付款人付款。

对于限制性背书的被背书人的转让权利，各国票据法有不同的规定。英国《票据法》认为限制性背书的被背书人无权再转让票据权利；我国《票据法》和《日内瓦统一票据法》规定限制性背书的票据仍可由被背书人进一步转让，但原背书人即做限制性背书的背书人只对直接后手负责，对其他后手不承担保证责任。

（4）有条件的背书（conditional endorsement）指"交付给被背书人"的指示是带有条件的，即只有在所附条件完成时才把汇票交付给被背书人。该条件仅对背书人和被背书人起约束作用，与付款人、出票人承担的责任无关（见图5-7）。

（汇票背面）

Pay to the order of B Co.
On delivery of B/L No.123
For A Co., London
（Signed）

图5-7　有条件的背书

由于汇票是无条件支付命令，因而多数国家包括我国的《票据法》规定：有条件背书的背书行为是有效的，但背书条件无效。即这些条件不具有法律效力。因此，有条件背书的受让人在行使票据权利或再转让票据时，他可以不理会前手所附加的条件。但英国《票据法》规定汇票的开立不能有条件，但允许背书附加条件。

（5）托收背书（endorsement for collection）指背书人在背书时记载"委托收款（for collection）"字样委托被背书人以代理人的身份行使汇票权利的背书（见图5-8）。

（汇票背面）

Pay to the order of Bank of China, New York Branch for collection
For ABC Import and Export Company , Fuzhou
Li　Hua（General Manager）

图5-8　托收背书

托收背书的目的是委托被背书人收款，背书人只是赋予被背书人以代理权。被背书人虽持有汇票，但不能进行背书转让汇票权利，只能继续进行委托收款背书。可见，托收背书并非所有权的转让，汇票的所有权仍属于原背书人。

3. 背书的法律效力

（1）明确了前后手的关系。例如上述图5-4，经过背书，B、C、D分别有1、2、3个前手。在付款人拒付时，B、C、D作为后手可以依次向自己的前手行使追索权。

（2）明确了背书人的责任。背书人在背书后必须保证被背书人能得到全部的票据权利,担保汇票能及时承兑与付款,并对后手保证前手签名的真实性和票据的有效性。

（3）确立了被背书人的债权人地位。被背书人接受票据后即成为持票人,获得了票据上的全部权利,享有相当于收款人的付款请求权和追索权,从而使其成为债权人。对于被背书人来说,前手背书的人越多,表明愿意对汇票承担责任的人也越多,票据的质量就越高,他也就越安全。

（三）提示（presentation）

1. 提示的概念

提示是指持票人将汇票提交给付款人,要求付款人按汇票指示履行承兑或付款义务的行为。有了提示行为才能实现收款人的收款权利。

2. 提示的形式

提示的形式有提示承兑和提示付款两种类型。

提示承兑是指持票人在票据到期前向付款人出示票据,要求其承兑或承诺到期付款的行为。提示承兑只是针对远期汇票而言,即期汇票、本票和支票没有提示承兑行为。

提示付款是指持票人在即期或远期汇票到期日向付款人出示票据要求其付款的行为。汇票、本票和支票都需要有提示付款行为。

可见,即期汇票、本票和支票只有一次提示,即提示付款;远期汇票则需要两次提示,一次是到期前的提示承兑,另一次是到期时的提示付款。

3. 提示的法律要求

根据票据法的规定,提示汇票应在汇票规定的时限内和规定的付款地点进行。

（1）在规定的时限内提示。各国票据法的规定有较大的不同,如英国《票据法》规定:即期票据必须自出票日起 1 个月、本地支票 10 日内作提示付款;见票后定期付款汇票,自出票日起 1 个月做提示承兑;远期汇票、本票,自到期日起 10 日内做提示付款。

《日内瓦统一票据法》规定:即期票据必须自出票日后的 1 年内做提示付款;见票后定期付款汇票,自出票日后的 1 年内做提示承兑;远期汇票在到期日及以后两个营业日内做提示付款。

我国《票据法》规定:定日或出票日后定期的汇票,应在汇票到期日前做提示承兑;见票后定期的汇票,应自出票日起 1 个月内做提示承兑;即期汇票自出票日起 1 个月内做提示付款;远期汇票自到期日起 10 日内做提示付款。

（2）在规定的付款地点提示。持票人应在票据上指定的付款地点提示票据,如果未规定地点,则将付款人或承兑人的营业地址或居住地视为提示地点。由于目前使用的大部分是以银行为付款人的汇票,因此,持票人可以通过银行票据交换所向付款人提示汇票,也可以委托自己的往来银行向付款银行提示。

提示必须在汇票规定的时限内和规定的付款地点做出才有效,否则持票人将丧失对前手的追索权或丧失票据的权利。

（四）承兑（acceptance）

1. 承兑的概念

承兑是指远期汇票的受票人在票面上签字以表示同意按出票人的指示到期付款的行为。受票人通过在汇票正面签字,确认了他到期付款的责任,受票人承兑汇票后成为承兑人。承兑行为的完成包括两个动作:写成和交付。

（1）写成。付款人在票面上作承兑有以下不同的做法：①仅有付款人的签名；②加注"承兑（Accepted）"字样并签名；③付款人签名并加注承兑日期；④加注"承兑（Accepted）"字样、签名并加注承兑日期。例如：

①John Smith（付款人签名）

②Accepted（"承兑"字样）

　John Smith（付款人签名）

③John Smith（付款人签名）

　28 Mar., 2014（承兑日期）

④Accepted（"承兑"字样）

　John Smith（付款人签名）

　28 Mar., 2014（承兑日期）

可见，受票人签名是承兑的必要内容，"承兑"字样的记载则可有可无，承兑日期的记载视情况而定，如见票后定期付款的汇票就必须记载。

（2）交付。承兑的交付有两种：实际交付和推定交付，前者即受票人在承兑后将汇票退还给持票人；后者即受票人在承兑后将所承兑的汇票留下，而以承兑通知书的方式通知持票人汇票已作承兑并告知承兑日期。根据国际银行业的惯例，180天以内的远期汇票承兑后，由承兑银行专门缮制承兑通知书给持票人，用承兑通知书代替已承兑的汇票，完成交付。

2. 承兑的影响

承兑构成承兑人在到期日无条件的付款承诺，在汇票承兑后，承兑人是该票据的主债务人，他要对所承兑的票据的文义负责，到期履行付款责任。出票人则由汇票被承兑前的主债务人变为从债务人。

对于持票人而言，汇票承兑后，其收款就有了肯定的保证，汇票的流通性也就增强了。因此，经承兑的汇票具有了贴现融资的可能。

3. 承兑的种类

（1）普通承兑（general acceptance）。指付款人对出票人的指示毫无保留地予以确认的承兑。在正常情况下的承兑都是普通承兑。

（2）保留承兑（qualified acceptance）又称限制承兑。指付款人在承兑时对汇票的到期付款加上某些保留条件，从而改变了出票人所企图达到的目的和票面上的记载。常见的类型有：

①带有条件的承兑（conditional acceptance）即承兑人的付款依赖于承兑时所提条件的完成。例如：

Accepted

10 Dec.2014

Payable on delivery of B/L

　　　　　For ABC Company

　　　　　John Smith

根据我国《票据法》规定，承兑附有条件的，视为拒绝承兑。所以持票人有权拒绝带有条件的承兑，把这样的承兑当成受票人的拒付。

②部分承兑（partial acceptance）即承兑人仅承诺支付票面金额的一部分。例如，汇票

的票面金额为 USD10 000.00,而做如下承兑:

Accepted

10 Dec. 2014

Payable for amount of nine thousand US dollars only

For ABC Company

John Smith

③限定地点承兑(local acceptance)即承兑时注明只能在某一特定地点付款。例如:

Accepted

10 Dec., 2014

Payable on the counter of Bank of China, New York and there only

For ABC Company

John Smith

应注意:加注付款地点的承兑仍然是普通承兑,除非它表明仅在某地付款而不是在别处。如上例中若没有"and there only"字样的限制,则成为普通承兑。

④限制时间承兑(qualified acceptance as to time)即修改了票面上的付款期限。例如,汇票上记载的付款时间是出票后 30 天付款(payable at 30 days after date),而做如下承兑:

Accepted

10 Dec., 2014

Payable at 60 days after date

For ABC Company

John Smith

汇票持票人有权对上述的保留承兑予以拒绝,然后就可认为承兑人做出的保留承兑为拒绝承兑。若持票人接受了上述的保留承兑,而出票人或其前手背书人并未授权,事后也不同意,则持票人以后不能向他们行使追索权。

(五)付款(payment)

付款是指即期票据或到期的远期票据的持票人向付款人提示票据时,付款人支付票款以消除票据关系的行为。付款人必须按正常程序付款(payment in due course)以后,才能免除其付款责任。所谓正常程序付款是指:

(1)由付款人或承兑人支付,而非出票人或背书人支付,否则汇票上的债权债务不能视为最后清偿。

(2)要在到期日那一天或以后付款,不能超前;

(3)要付款给持票人,前手背书须真实和连续;

(4)善意付款,不知道持票人的权利有何缺陷。

付款人按正常程序付款后,付款人及票面上所有的票据债务人的债务责任都得以解除,汇票流通过程得以终结,汇票上所列明的债权债务最终得到清偿。

(六)退票(dishonor)

持票人提示汇票要求承兑时,遭到拒绝承兑或持票人提示汇票要求付款时,遭到拒绝付款,均称为退票,也称拒付。某些有条件承兑、拒绝付款、拒绝承兑、付款人死亡、破产、失去支付能力、避而不见等都要退票。

持票人在遭遇退票时,可以把被付款人拒付的情况通知前手,做成退票通知;还可以通过公证机构做成拒绝证书。

退票通知(notice of dishonor)。做成退票通知的目的是让汇票的债务人及早了解拒付事实,以便做好被追索的准备。发出退票通知的方法有两种:①持票人在退票后的一个营业日内以书面或口头的形式将拒付事实通知前手背书人,前手背书人再通知他的前手,依此类推,直至通知到出票人;②由持票人将退票事实对其前手(包括出票人)逐个通知(见图5-9)。

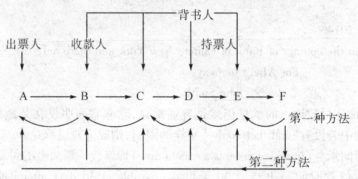

图 5-9　退票的通知方法

拒绝证书(protest)是由拒付地点的法定公证人做出的证明拒付事实的法律文件。英国《票据法》规定,外国汇票在拒付后,持票人须在退票后一个营业日内做成拒绝证书。

具体地,持票人应先交汇票,由公证人持向付款人再做提示,仍遭拒付时,就由公证人按规定格式做成拒绝证书,其中说明做成拒绝证书的原因、向付款人提出的要求及其回答。持票人凭拒绝证书及退回汇票向前手行使追索权。

(七)追索(recourse)

追索指汇票遭拒付时,持票人要求其前手背书人或出票人或其他票据债务人偿还汇票金额及费用的行为。持票人所拥有的这种权利就是追索权(right of recourse)。追索权和付款请求权共同构成了汇票的基本权利。持票人要行使追索权,须具备三个条件:

(1)必须在法定期限内向受票人提示。英国《票据法》规定,在合理时间内向付款人提示汇票,未经提示,持票人不能对其前手追索。

(2)必须在法定期限内做成退票通知。英国《票据法》规定,在退票日后的次日,将退票事实通知前手直至出票人。

(3)外国汇票遭退票必须在法定期限内做成拒绝证书。英国《票据法》规定,退票后一个营业日内由持票人请公证人做成拒绝证书。

只有办到此三点,持票人才能保留和行使追索权。但追索权的行使必须在法定保留期限内进行方为有效。我国《票据法》规定,自被拒绝承兑或被拒绝付款之日起6个月,《日内瓦统一票据法》规定为1年,英国《票据法》规定为6年。

行使追索权时,追索的票款包括:汇票金额、利息、做成退票通知和拒绝证书的费用及其他必要的费用。

(八)保证(guarantee/aval)

保证是非票据的债务人对于出票、背书、承兑、参加承兑等行为所发生的债务予以保证的附属票据行为。汇票的出票人、背书人、承兑人、参加承兑人都可以作为被保证人,由第三者(如大银行、金融担保公司等)担当保证人对其保证,即在票面上加具"Guarantee"字样,这张汇票信誉提高了,就能够更好地流通。例如:

Guarantee

 For account of

  ABC Import and Export Company, Fuzhou(被保证人名称)

   Guarantor A Bank(保证人名称)

    Signature

保证人与被保证人负相同的责任。为承兑人保证,负付款之责;为出票人、背书人保证,负担保承兑或担保付款之责。经过保证后,票据可接受性就增强了。

【实例5-4】

对汇票当事人的理解

A在B处存有一笔款项,A与C签订了购货合同,从C处购买一批商品。交易达成后,A于6月20日签发了一张以B为付款人的汇票,命令B按照票面金额见票后30天付款。A将汇票交付给C。C作为收款人拿到票据后,于6月25日向B作了承兑提示。B于6月25日见票,当日承兑后将汇票退还给C。C因曾向D借过一笔资金,为了清偿与D之间的借贷关系,于6月30日将票据转让给D。D因接受了E的劳务,于7月5日将票据转让给E。E也因为某种对价关系,于7月8日将票据转让给F。如果F不再转让票据,则F作为持票人,于汇票到期日(7月25日)向B作付款提示。B于7月25日付款。请分析它涉及的当事人和使用票据的业务流程(涉及的票据行为)。

解析:A为出票人,B为受票人,C为收款人及第一背书人,D为第一被背书人及第二背书人,E为第二被背书人及第三背书人,F为最后被背书人和持票人。

行为日期	使用流通程序	行为人	行为指向人	与当事人之间的关系
6月20日	出票	出票人A	收款人C	原因关系
6月25日	承兑提示	持票人C	受票人B	法律关系
6月25日	承兑	承兑人B	持票人C	法律关系
6月30日	背书	第一背书人C	第一被背书人D	对价关系
7月5日	背书	第二背书人D	第二被背书人E	对价关系
7月8日	背书	第三背书人E	第三被背书人F	对价关系
7月25日	付款提示	持票人F	受票人B	法律关系
7月25日	付款	付款人B	持票人F	法律关系

七、汇票的贴现

(一)贴现业务

贴现(Discount),指远期汇票承兑后,尚未到期,由银行或贴现公司从票面金额中扣减按照一定贴现率计算的贴现息后,将净款(Net Proceeds)付给持票人的行为。

商业票据贴现就是票据的买卖,是指持票人出售已承兑的远期汇票给贴现公司或贴现银行,提前得到票款,贴现银行持贴进的汇票直到到期日提示给承兑人要求付款,承兑人支付票面金额归还贴现银行的垫款,并使银行赚取了贴现息,所以贴现业务既是票据买卖业务,又是资金融通业务。

贴现息的计算公式为

$$贴现息 = 票面金额 \times \frac{贴现天数}{360} \times 贴现率$$

贴现天数指距到期日提前付款的天数,一般按贴现日到到期日前一日的天数计算。公式中除以360,是因为贴现率是用年率表示的,应折算成日利率,英镑按365天做基数进行折算,美元等其他货币按360天做基数进行折算。

净款 = 票面金额 - 贴现息

或者

$$净款 = 票面金额 - \left(1 - \frac{贴现天数}{360} \times 贴现率\right)$$

一般而言,票据贴现可以分为三种,即贴现、转贴现和再贴现。贴现是指客户(持票人)将没有到期的票据出卖给贴现银行,以便提前取得现款。一般工商企业向银行办理的票据贴现就属于这一种;转贴现是指银行以贴现购得的没有到期的票据向其他商业银行所作的票据转让,转贴现一般是商业银行间相互拆借资金的一种方式;再贴现是指贴现银行持未到期的已贴现汇票向人民银行的贴现,通过转让汇票取得人民银行再贷款的行为。再贴现是中央银行的一种信用业务,是中央银行为执行货币政策而运用的一种货币政策工具。

(二)贴现市场

由于不同国家在票据贴现市场的融资规模、结构状况及中央银行对再贴现政策的重视程度方面存在差异,票据贴现市场具有不同的运行特点。

美国的票据贴现市场,主要由银行承兑汇票贴现市场和商业票据市场所构成。银行承兑汇票是进出口贸易中进口商签发的付款凭证,当银行承诺付款并在凭证上注明"承兑"字样后,就变成了承兑汇票。大多数银行承兑汇票偿还期为90天,因其以商品交易为基础,又有出票人和承兑银行的双重保证,信用风险较低,流动性较强。

与美国相比,英国贴现市场的历史则更为久远,已走过了100多年的发展历程,且一直比较发达,在金融市场中的地位也颇为重要和独特。英格兰银行在相当长一段时间内高度重视再贴现政策的运用。19世纪中叶,伦敦贴现市场所经营的几乎全部是商业汇票的贴现业务,到19世纪末,才陆续增加国库券和其他短期政府债券的贴现业务。20世纪50年代中期以前,票据贴现市场是英国唯一的短期资金市场。20世纪50年代后期,英国货币市场的家族才逐步扩大,出现了银行同业存款、欧洲美元、可转让大额定期存单等子市场,但票据贴现市场在英国货币市场中仍毋庸置疑地处于核心地位。英国票据贴现市场的参与者众多,包括票据贴现所、承兑所、企业、商业银行和英格兰银行。伦敦贴现市场由12家贴现公司(Discount House)组成,专门经营买入各种票据,包括贴现商业票据。还有8家商人银行,称为承兑公司(Accepting House),办理承兑汇票业务,即承兑公司以其自身名义承兑汇票,由持票人将汇票持向贴现公司办理贴现,取得资金融通。经营这种承兑业务的公司叫做承兑公司。承兑公司赚取承兑手续费,不垫付资金,汇票到期,出票人将票款交承兑公司,以备持票的贴现公司取款。

日本的票据贴现市场上用来贴现的票据,主要是期票和承兑汇票。所谓期票,是由一些资信度较高的大企业签发的,以自身为付款人、以银行为收款人的一种票据。承兑汇票主要指国际贸易中出口商持有的、经过承兑的出口贸易票据。按照日本的中央银行——日本银行的规定,出口商持出口贸易票据向商业银行贴现,或商业银行持同类票据向中央银行办理再贴现时,均可获得低于商业银行短期普通贷款利率的优惠利率。此举的目的在于刺激出口,增强日本商品的国际竞争力。在日本,不仅一些大的城市银行将票据贴现作为放款业务的主要内容,就连经营长期金融业务的长期信用机构,基于调整资产结构、保持资产流动性的目的,也十分重视票据承兑与贴现业务,将其作为放款业务管理的重要内容。

我国票据贴现市场发展明显滞后:一方面表现为票据贴现业务起步晚、数量小、比重低,面临着一系列制约因素;另一方面表现为发展原票据贴现市场的框架和基本思路不够明确。

实际中使用比较多的贴现业务是:承兑公司与普通商号约定,允许普通商号开出以承兑公司作为付款人的远期汇票,承兑公司不收对价,在汇票上签字承兑,用自己的名字来提高汇票的信誉;出票人也是收款人,将已承兑汇票拿到贴现公司要求贴现,从而获得资金融通,待汇票到期日持票人将票款交给承兑公司,以便支付给提示汇票索款的贴现公司。这里使用的汇票又称为融通汇票(Accommodation Bill),承兑人又称为融通人(Accommodation Party)。

（三）汇票的身价

不是所有票据都能得到贴现,一张汇票能否贴现,能否有优惠的贴现率,既取决于贴现申请人(收款人)和贴现执行人(银行,贴现行)的关系,又取决于代表汇票价身的出票人和承兑人的资信及汇票的开立依据等因素。汇票的身价(Quality of Bill)主要从以下两方面鉴别。

（1）出票人和承兑人的资信地位(Credit Standing),出票人和承兑人必须具有好名誉(Good Name),具有好资力(Good Capital Resource)。汇票上有两个好名誉的商号,这样的汇票就有了好的身价,一般更着重鉴别承兑人名号的好坏,承兑人是银行的要优于商号,大银行的要优于小银行。

（2）表示汇票起源的出票条款,贴现公司认为由于正常交易,出售货物而出具的汇票是可靠的。例如,注明根据信用证出票的汇票是比较好的。

（四）贴现的费用

贴现的费用包括承兑费、印花税和贴现息。

（1）承兑费(Acceptance Commission),是指承兑公司承兑汇票时收取的手续费。伦敦银行对于远期汇票的承兑费按承兑期每月1‰算收,最少按60天承兑期(即2‰)收费,一般由买方负担。

（2）印花税(Stamp Duty)。一些国家要求对汇票贴印花,收取印花税。英国对于3个月的远期国内汇票按2‰、6个月的远期国内汇票按4‰贴印花;外国汇票按国内汇票的一半贴印花,印花税由卖方负担。

（3）贴现息(Discount Interest),指贴现时扣除的利息,按照贴现息的计算公式计算。伦敦市场的贴现率由伦敦贴现市场公会决定,按年率计算。汇票的出票人、承兑人名誉好,贴现率就低;反之就高。贴现率经常变动,一般略低于银行对客户的放款利率。

贴现率与利率比较接近,但两者并不相等,而且利率越高、期限越长,两者的差距越大,两者的关系如下:

$$利率=\frac{贴现率}{1-贴现率\times时间} \quad 或 \quad 利率=\frac{贴现息}{净值\times时间}$$

贴现息是根据贴现率计算出的银行在贴进票据时应扣得的利息,余下净款付给持票人。

任务四　国际结算票据——本票

一、本票的概念

英国《票据法》关于本票(Promissory Note)的概念是:本票是指一人向另一人签发的,保证即期或定期或在可以确定的将来的时间,对某人或其指定人或持票人支付一定金额的无条件书面承诺。

二、本票的基本内容

1. 本票的记载事项

根据我国《票据法》第七十六条规定,本票绝对应记载的事项有:表明"本票"的字样;无条件支付的承诺;确定的金额;收款人名称;出票日期;出票人签章。

本票未记载上述规定事项之一的,则本票无效。根据我国《票据法》第七十七条规定,本票相对应记载的事项有:付款地,本票上未记载付款地的,出票人的营业场所为付款地;出票地,本票上未记载出票地的,出票人的营业场所为出票地。

2. 本票的付款

根据我国《票据法》的规定,银行本票是见票付款的票据,收款人或持票人在取得银行本票后,随时可以向出票人请求付款。但为了防止收款人或持票人久不提示票据而给出票人造成不利,我国《票据法》第七十九条规定了本票的付款提示期限:"本票自出票之日起,付款期限最长不得超过 2 个月。"如果本票的持票人未按照规定期限提示本票的,则丧失对出票人以外的前手的追索权。

本票的背书、保证、付款行为和追索权的行使,除本票的规定外,适用有关汇票的规定(见图 5-10)。

```
Promissory Note
GBP 10 000.00                    London, 25th Apr., 2014
On the 28th July, 2014 fixed by the promissory note
We promise to pay China Export Corporation or order
The sum of pound sterling Ten Thousand Only
                    For and on behalf of the
                    Trading company
                    London
```

图 5-10　本票样式

三、本票的种类

根据我国《票据法》关于本票的规定和国际上关于本票种类的划分方法，我国《票据法》所调整的本票种类有：

（1）即期本票。根据本票付款期限的不同，国际上本票可分为即期本票和远期本票。所谓即期本票是见票即付的本票；远期本票包括定日付款本票、出票后定期付款的本票和见票后定期付款的本票。我国《票据法》第七十三条第一款只规定了"本票是出票人签发的，承诺自己在见票时无条件支付确定的金额给收款人或者持票人的票据"，因此，我国《票据法》只调整"见票时无条件支付"的即期本票，而不调整远期本票。

（2）银行本票。根据签发本票的主体不同，国际上本票可分为企事业单位和个人签发的商业本票和银行签发的银行本票。我国《票据法》第七十三条第二款规定"本法所称本票，是指银行本票"，所以，我国票据法只调整银行本票，而不调整商业本票。

（3）记名本票。根据本票上是否记载收款人的名称，国际上本票可分为记名本票和无记名本票。我国《票据法》第七十六条规定，本票必须记载收款人名称，否则，本票无效；所以，我国《票据法》只调整记名本票。

我国《票据法》之所以只调整即期本票、银行本票和记名本票，而不调整远期本票、商业本票和无记名本票，其原因是因为我国的社会主义市场经济尚处于起步阶段，信用制度还很不成熟。本票具有通过信用进行融资的功能，如果利用不当，流通中的本票没有相应的货币或商品作为保障，有可能产生信用膨胀，并扰乱经济秩序，特别在目前我国信用制度尚不健全的阶段，上述情况更有可能发生。所以，我国《票据法》在现阶段只调整信用度较高的即期本票、银行本票和记名本票。

171

四、本票与汇票的异同

本票与汇票的异同见表5-1。

表 5-1　　　　　　　　　　　　　　　　本票与汇票的异同

项目	种类	汇票	本票
不同点	性质不同	无条件支付命令	无条件支付承诺
	基本当事人不同	出票人、付款人、收款人	制票人/付款人、收款人
	有否承兑行为	有	没有
	提示的形式不同	有提示承兑和提示付款两种形式	只有提示付款
	主债务人不同	出票人在承兑前是主债务人，在承兑后成为从债务人	制票人在流通期间始终是主债务人
	退票时是否作拒绝证书	需要	不需
相同点	（1）都以无条件支付一定金额为目的； （2）出票人（或制票人）都是票据的债务人； （3）对收款人的规定相同； （4）对付款期限的规定相同； （5）有关出票、背书等行为相同。		

任务五　国际结算票据——支票

一、支票的概念

我国《票据法》第八十二条规定：支票(Cheque ,Check)是出票人签发的,委托办理支票存款业务的银行或者其他金融机构在见票时无条件支付确定的金额给收款人或者持票人的票据。

英美等国的票据法把支票看成汇票的一种形式。英国《票据法》规定："支票是以银行为付款人的即期汇票。它是银行存款人(出票人)对银行(付款人)签发的授权银行对某人或其指定人或持票人即期支付一定金额的无条件书面命令。"支票有两个主要特点：一是付款人有资格限制；二是见票即付。

支票的出票人必须在付款银行有存款,其签发支票的票面金额不得超过其在银行的存款。凡票面金额高于其在银行存款的支票,称为空头支票。空头支票的持有人向付款银行提示支票要求兑付时会遭到拒绝,支票的出票人也要负法律责任。

二、支票的记载项目

根据《日内瓦统一票据法》的规定,支票必须具备以下项目：

(1)写明其为"支票"字样；

(2)无条件支付命令；

(3)付款银行名称和地址；

(4)出票人名称和签字；

(5)出票日期和地点(未载明出票地点者,以出票人名称旁的地点为出票地点)；

(6)写明"即期"字样；

(7)一定金额货币；

(8)收款人或其指定人。

支票样式如图5-11所示。

Cheque for GBP 5 000. 00　　　　　　　　　　　　　　　　　No.5451016

London ,1st Jan. 2014
Pay to the order of British Trading company
The sum of pound sterling five thousand only
To ；National Westminister Bank Ltd.
London　　　　　　　　　　　　　　　　For London Export Corporation

图5-11　支票样本

三、支票的使用必须具备的条件

(1)支票的出票人必须是银行的存款户。这就要求出票人在银行要有存款,在银行没有存款的人绝对不可能成为支票的出票人,因为没有存款的支票得不到付款。

(2)出票人在银行必须有足够的存款。支票的出票人所签发的支票金额不能超过其在银行的存款金额,如果银行允许在一定限度内透支,则透支金额不超过银行允许的范围,出票人不得开立空头支票。

(3)出票人与银行签有使用支票的协议,应预留签字样本或印鉴。

(4)支票的出票人必须使用存款银行统一印制的支票。支票不能像汇票和本票一样,由出票人自制,而必须向存款银行购买统一印制的支票簿。

(5)支票为见票即付。支票都是即期的,付款银行必须见票即付,所以支票无需注明付款期限,由于支票没有远期,因而不需办理承兑手续。

(6)支票的付款人仅限于银行。汇票可以是银行、企业或个人。

四、支票的种类

(一)根据支票的支付方式分类

1. 现金支票

现金支票是指出票人签发的委托银行支付给收款人确定数额的现金的支票。只能用于提现,不能转账(见图 5-12)。

图 5-12　现金支票样本

2. 转账支票

转账支票是指出票人签发给收款人凭以办理转账结算,或委托银行支付给收款人确定金额的支票。转账支票只能用于转账,不能支取现金(见图 5-13)。

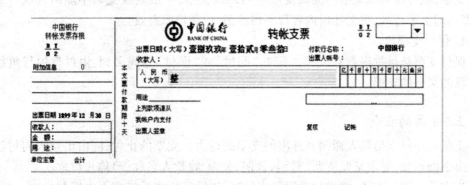

图 5-13　转账支票样本

(二)根据支票的抬头分类

1. 记名支票

记名支票是指注明收款人名称的支票。除非记名支票有限制转让的文字,否则,记名支票即为指示性抬头的支票,可以背书转让,记名支票在取款时,必须由收款人签章并经付款行验明其真实性。

2. 无记名支票

无记名支票又称空白支票、来人支票,是指没有记载收款人名称或只写付来人的支票。任何人只要持有此种支票,即可要求银行付款且取款时不需要签章,银行对持票人获得的支票是否合法不负责任。

(三)根据支票是否有特殊限制或特殊保障分类

1. 普通支票

普通支票又称非划线支票,无两条平行线的支票或对付款人无特殊限制或保障的一半支票。普通支票的持票人可以持票向付款行提取现金,也可以通过其他往来银行代为转账,只要提示支票合格,付款银行就立即付款。因此,万一丢失,容易被冒领,且很难返回,为了防止冒领,就产生了支票特有的划线方法。

2. 划线支票

划线支票是指由出票人或持票人在普通支票正面划有两条平行线的支票。划线支票的持有人只能委托银行收款,不能直接提取现金,即对支票取款人加以限制,限制于银行或银行的客户,便于核查票款去向。划线支票可以起到防止遗失后被人冒领,保证收款人的利益的作用,根据平行线内是否注明收款银行,划线支票又分为普通划线支票和特殊划线支票。

(1)普通划线支票

一般划线支票,指不注明收款银行的划线支票,收款人可以通过任何一家银行收款。

(2)特殊划线支票

特殊划线支票指在平行线中注明了收款银行的支票。对特殊划线支票,付款行只能向划线中指定的银行付款,当付款行为指定银行,则只能向自己的客户转账付款。如果付款银行将票款付给了非划线中指定银行,应对真正所有人由此发生的损失负赔偿责任。赔偿金额以票面金额为限。

普通支票可以经划线成为划线支票,一般划线支票可以经记载指定银行而成为特殊划线支票,但特殊划线支票不能回复成一般划线支票,一般划线支票不能回复成普通支票,即再划上平行线、写上任何内容都不得涂消,记载仍旧有效。

3. 保付支票

保付支票是付款银行在支票上记载"照付"或"保付"等同义词,由付款银行负担绝对付款的义务的支票。

五、支票的止付

支票的止付指出票人撤销其开出的支票的行为。支票的止付,应由出票人向付款银行发出书面通知,要求某张支票(号码、日期、金额、收款人名称等)停止付款。

当出票人遗失支票,要求付款银行止付时,该银行应告诉持票人立即与出票人联系,由出票人发出书面通知,止付才能成立。

做法:一般出票人可先以电话通知付款银行止付,随后发出书面止付通知,付款行在接到出票人口头止付通知后,如果支票被提示,银行所能做的只是推迟付款,以等待出票人的书面确认。

【实例5-5】我某公司在广交会上与外商签订了一份出口合同,并凭外商所给的以国外某银行为付款人的、金额为6万美元的支票,在2天后将货物装运出口。随后,我出口公司将支票通过我国国内银行向国外付款行托收支票时,被告之该支票为空头支票。试分析我方应吸取的教训。

【精析】此案例属于利用空头支票进行诈骗的案件,我方应吸取的教训:应了解客户资信情况,加强与国外银行联系,掌握支票的使用,避免造成损失。

六、支票与汇票的异同

支票与汇票的异同见表5-2。

表5-2   支票与汇票的异同

种类 项目	汇票	支票
性质不同	委托书	出票人对受票行的付款授权书
出票人、受票人身份是否受限制	没有限制	出票人只能是银行的存款客户,受票人只能是吸收存款的银行
有否承兑行为	有	没有
提示的形式不同	有提示承兑和提示付款两种形式	只有提示付款
主债务人不同	出票人在承兑前为主债务人,出票人在承兑后为从债务人	出票人在流通期间始终是主债务人
付款期限不同	有即期和远期之分,因此必须有到期日的记载	只有即期付款,没有到期日的记载
是否有保付行为	没有,但可以有第三方的保证行为	可以有账户银行的保付行为
能否止付	没有,在被承兑后,承兑人必须付款	可以有止付

175

应知考核

■主要概念

国际结算　汇票　本票　支票　出票　提示　承兑EDI票据　对价　商业承兑汇票　银行承兑汇票　即期汇票　远期汇票　光票　跟单汇票　特别背书　空白背书　限制性背书　有条件的背书　退票　记名支票　无记名支票　普通支票　划线支票　支票的止付

■基础训练

一、单选题

1. 在下列背书中,没有使票据权发生转移的背书是(　　　)。

　A.有条件的背书　　　　　　　　B.不得转让背书

　C.委托收款背书　　　　　　　　D.记名背书

2. 如果汇票上注明"At three month after sight pay to…",则此种汇票(　　　)。

A.应提示承兑

B.不应提示承兑

C.可以提示承兑也可以不提示承兑

D.无须承兑

3. 一张出票日为1月31日的远期汇票,付款期限是"At one month after date pay to...",则其到期日为(   )。

A.2月28日   B.3月2日

C.3月3日   D.以上都不是

4. 表示汇票金额的方法正确的是(   )。

A.About USD200   B.USD200

C.USD200 plus interest   D.以上都对

5. 某银行签发一张汇票,以另一家银行为受票人,则这张汇票是(   )。

A.商业汇票   B.银行汇票

C.商业承兑汇票   D.银行承兑汇票

6. 在汇票的使用过程中,使汇票一切债务终止的票据行为是(   )。

A.提示   B.承兑

C.背书   D.付款

7. 某支票的签发人在银行的存款总额低于他所签发的支票票面金额,则他签发的这张支票被称为(   )。

A.现金支票   B.转账支票

C.个人支票   D.空头支票

8. 承兑交单方式下开立的汇票一定是(   )。

A.即期汇票   B.远期汇票

C.银行汇票   D.银行承兑汇票

9. 若汇票受款人一栏内写明"Pay to the order of..."则该汇票(   )。

A.不可流通转让   B.可以经背书转让

C.无须背书,即可流通转让   D.由出票人决定是否可以转让

10. 90天假远期信用证,出口商在填制汇票时,应在付款期限栏目中(   )。

A.打上 AT SIGHT   B. 填 90 DAYS

C.打上"……"或"＊＊＊＊＊＊"   D. 留空白

二、多选题

1. 汇票上关于收款人的记载又称"抬头",其填写方法主要有(   )。

A.限制性抬头   B.空白抬头

C.指示性抬头   D.来人抬头

2. 汇票的出票日期是指汇票签发的具体日期,其作用是(   )。

A.决定汇票的有效期   B.决定到期日

C.决定那个出票人的行为能力   D.决定付款人的渡口效力

3. 托收结算方式根据是否随附有货运单据,可分为(   )。

A.付款交单   B.承兑交单

C.光票托收   D.跟单托收

4. 付款交单可分为即期付款交单和远期付款交单,与即期付款交单相比,远期付款交单的特点有(　　)。

  A.出口商开具的是远期汇票   B.进口商应先予承兑汇票

  C.进口商承兑汇票取得单据   D.汇票到期才付款赎单

5. 支票与汇票的区别在于(　　)。

  A.前者只能用作结算工具,后者既可做结算和押汇工具,又可以作为信贷工具

  B.前者无须承兑,后者的远期汇票通常要经过承兑

  C.前者的提示期限较短,后者的提示期限相对要长得多

  D.前者可以止付,后者在承兑后不可撤销

三、简答题

1. 简述国际结算的性质和特点。

2. 简述国际结算中的惯例。

3. 简述票据的作用。

4. 简述汇票与本票的异同,汇票与支票的异同。

5. 简述汇票的票据行为包括哪些?

应会考核

■技能案例

【案例背景】

2014 年 12 月 25 日,A 市甲公司财务人员到乙银行 A 分行营业部要求兑付 9 张每张价值 1 000 美元的由美国丙公司发行的旅行支票。该银行业务人员审核后发现,这些旅行支票与运通公司的票样相比,支票的印刷粗糙,估计是彩色复印机所制;票面金额、徽标等没有凹凸感;复签底线也非由小字母组成,而是一条直线,估计是复印机无法分辨原票样的细微字母;票面在紫光灯光下泛白色,没有水印。经仔细查询审核,该行确认这些旅行支票为伪造票据,予以没收。

经查,这些伪造的旅行支票是丁公司出具给甲公司抵债用的,甲公司准备兑付后还贷款。

【技能思考】

请结合本项目的内容对本案例进行分析,通过此案例我们可以得到什么启示?

■实践训练

【实训项目】

背书

【实训情境设计】

有一张汇票如下：

Exchange for USD 1 200. 00   Shanghai, 3 Sep,2014

At 90 days after sight this First exchange (the second exchange unpaid) pay to
the order of

Bank of China, Shanghai

The sum of US dollars One Thousand Two Hundred Only

To Bank of ABC, New York   For Shanghai Textile Export & Import Co., Ltd

455 Madison Avenue   No.12 Nanjing Road (east)

New York NY 10017   Shanghai

U.S.A. China

【实训任务】

如果中国银行上海分行要将此汇票背书给中国银行纽约分行(Bank of China, New York Branch),请你为之做一个限制性背书。

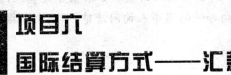

项目六
国际结算方式——汇款

■ **知识目标**

理解：国际结算方式中顺汇法和逆汇法；

熟知：汇款方式在国际贸易中的具体应用及风险防范；

掌握：汇款方式的概念、当事人及种类、流程。

■ **技能目标**

学生应掌握汇款业务的流转程序及银行间头寸的划拨办法。

■ **情感目标**

学生能够具有汇款方式的实务操作和相关单据的填写能力，熟知 SWIFT 的应用和格式。

■ **教学目标**

教师要培养学生能够运用所学的汇款业务理论及业务知识进行实践操作，处理汇款业务。

【项目引例】

上海 A 银行某支行有一笔美元汇出，汇款通过其分行汇款部办理，分行经办人员在审查时发现，汇款申请书中收款银行一栏只填写了"Hong Kong and Shanghai Banking Corp. Ltd.,（汇丰银行）"，而没有具体的城市名和国家名，由于汇丰在世界各地有众多的分支机构，汇出行的海外账户行收到这个汇款指令时肯定无法执行。为此，经办人员即以电话查询该支行的经办人员，后者答称当然是香港汇丰银行，城市名称应该是香港。本行经办人员即以汇丰银行香港分行作为收款人向海外账户行发出了付款指令。事隔多日，上海汇款人到支行查询，称收款人告知迄今尚未收到该笔款项，请查阅于何日汇出。分行汇款部当即再一次电海外账户行，告知收款人称尚未收到汇款，请复电告知划付日期。账户行回电称，该笔汇款已由收款银行退回，理由是无法解付。这时，汇出行再仔细查询了汇款申请书，发现收款人的地址是新加坡，那么收款银行理应是新加坡的汇丰银行而不是香港的汇丰银行，在征得汇款人的同意后，重新通知其海外账户行将该笔汇款的收款银行更改为"Hong Kong and Shanghai Banking Corp. Ltd., Singapore"，才最终完成了这笔汇款业务。

分析：本案例中该笔汇出款项最初之所以没有顺利解付的原因就在于没有准确向汇出行提供收款银行地址和名称。本案例提示我们汇款人正确填写汇款申请书的重要性，特别是对于收款人或收款银行的详细地址包括城市名称和国家名称更是不能填错或漏填。对于银行工作人员来说,应该认真审查汇款申请书,当发现汇款人填写不全时务必请其详细填写,以防汇错地址,导致收款人收不到款或被人误领。如果由于某些原因不能确切知道收款行或收款人的详细地址时,应向知情的当事人询问清楚,不能主观推测。这样有利于合理保护汇款人和收款人的权益。

【知识支撑】

任务一　国际结算方式概述

一、国际结算方式的概念

国际结算方式又称为支付方式,通常是指在一定的条件下,使用一定的货币结清债权、债务关系的过程中所采用的方式,也就是债务人向债权人偿还债务的方式。

国际结算方式的内容包括:①买卖双方为了保证买方可靠地获得代表货物所有权的单据及卖方安全地收汇,所采取的交单与付款方式;②结算过程中,买方、卖方和相关银行之间各自权责的确定;③订明具体的付款时间、使用货币、所需单据和凭证;④相关银行之间的汇款头寸划拨安排;⑤交易双方为了加速资金的周转,以提高经营效益,结合结算方式,争取银行融资的安排。

二、国际结算方式的分类

(一)根据汇兑的方向,可划分为顺汇法和逆汇法

1. 顺汇法(Remittance)

顺汇法又称汇付法,它是付款人主动将款项交给银行,委托银行采用某种结算工具支付给收款人的结算方式。由于在这种结算方式下资金的流动方向与结算工具的传递方向相同,故称顺汇法,具体如汇款方式。其基本流程如图 6-1 所示:

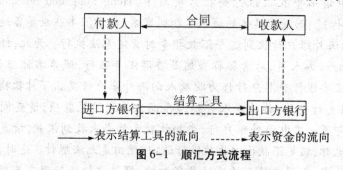

图 6-1　顺汇方式流程

2. 逆汇法(Reverse remittance)

逆汇法又称出票法,是由收款人(债权人)出具汇票,委托银行向国外的付款人(债务人)收取一定金额的结算方式。由于在这种结算方式下资金的流动方向与结算工具的传递方向相反,故称逆汇法,具体如托收方式和信用证方式。其基本流程如图 6-2 所示:

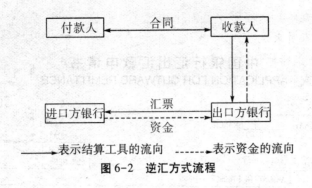

图 6-2　逆汇方式流程

（二）根据提供信用的角度，可划分为以商业信用为基础和以银行信用为基础的结算方式

1. 商业信用为基础的结算方式

以商业信用为基础的结算方式是指银行对结算中的收付双方均不提供信用，只是接受委托，办理款项的收付，如汇款方式和托收方式。

2. 银行信用为基础的结算方式

以银行信用为基础的结算方式是指银行为交易提供信用保证的结算方式，如信用证方式和银行保函方式等。

任务二　国际结算方式——汇款

一、汇款方式概述

（一）汇款方式的概念

汇款（Remittance）又称汇付，是汇出行应汇款人的要求，以一定的方式，把一定的金额，通过其国外联行或代理行作为汇入行，付给收款人（Payee）的一种结算方式。汇款是顺汇方式。可单独使用，也可与其他结算方式结合使用。既能适用于贸易结算，也可适用于非贸易结算，凡属外汇资金的调拨都是采用汇款方式。所以它是基本的结算方式，是银行的主要外汇业务之一。

（二）汇款方式的当事人

（1）汇款人（Remitter）即付款人，指向银行交付款项并委托银行将该款交付给收款人的人；在国际贸易中，汇款人即进口商。其责任是填写汇款申请书、提供汇出的款项并承担相关费用。汇款申请书是汇款人与汇出行之间的契约，也是汇款人的委托指示，要求汇款人应填写明确清楚。

汇款申请书主要内容有：①汇款种类的选择；②收款人姓名、地址；③开户行名称、地址、账户；④汇款人姓名、地址；⑤汇款金额及币别；⑥汇款附言。汇票申请书样本如图6-3所示。

中国银行汇出汇款申请书
APPLICATION FOR OUTWARD REMITTANCE

0068501

致：中国银行＿＿＿＿＿分行
TO: BANK OF CHINA, ＿＿＿＿＿BRANCH

日期：
DATE: ＿＿＿＿＿＿＿

请用打字机填制·
PLEASE FILL IN BLOCK LETTERS

本行编号 OUR REF	TT

汇款金额 AMOUNT	AMOUNT IN FIGURES（小写）		
	AMOUNT IN WORDS（大写）		
汇款人 BY ORDER OF	名称 NAME		
	账号 ACCOUNT NO.		
中转行之名称及地址 INTERMEDIATE BANK'S NAME & ADDRESS		SWIFT CODE:	
		清算代码： CHIPS ABA.	
		FED ABA.	
	收款人开户银行在中转行账号 BENE BANKER'S A/C NO.		
收款人开户银行名称及地址 BENE'S BANKER NAME & ADDRESS		SWIFT CODE:	
		CHIPS UID:	
收款人 BENEFICIARY'S NAME & ADDRESS			
	收款账号 BENEFICIARY'S A/C NO.		
汇款附言 DETAILS OF PAYMENT			

第一联 银行业务凭证留底

182

国际汇兑与结算

汇款形式 FORM OF REMITTANCE	☐ 电汇 T/T ☐ 票汇 D/D	银行费用承担人 ALL BANKING CHARGES ARE TO BE BORNE BY	☐ 汇款人 REMITTER ☐ 收款人 BENEFICIARY

请按照贵行背面所列条款办理上述汇款
PLEASE EFFECT THE ABOVE REMITTANCE SUBJECT TO THE CONDITIONS OVERLEAF

银行专用栏　FOR BANK USE ONLY			申请人签章 APPLICANT'S AUTHORISED SIGNATURE
经办	复核	核印	
科长意见：	处长意见：	行长意见：	（账户预留印鉴）

联系人及电话（CONTACTING PERSON & PHONE NO.）

图 6-3　汇出汇款申请书

（2）收款人或受益人（Payee /Beneficiary）指被汇款人委托银行交付汇款的对象；在国际贸易中，收款人即出口商。其权利是凭证取款。

（3）汇出行（Remitting bank）是受汇款人的委托，汇出汇款的银行。通常是汇款人所在地的银行或进口方银行。进口方银行办理的是汇出汇款业务（Outward remittance），其职责是按汇款人的要求通过一定的途径将款项汇交收款人。

（4）汇入行（Paying bank）或解付行，是受汇出行的委托办理汇款业务的银行。而将款项解付给受益人的银行是解付行。当收款人与汇入行在同城时，汇入行和解付行可能是同一家银行；当收款人与汇入行不在同城时，汇入行可能委托其与收款人同城的联行充当解付行。汇入行或解付行是收款人所在地的银行或出口方银行。出口方银行办理的是汇入汇款业务（Inward remittance）。其职责是证实汇出行的委托付款指示的真实性，通知收款人取款并付款，同时也有权在收妥头寸后再解付款项。

（三）汇款的特点

1. 商业信用

银行仅凭汇款人的指示转移相关款项，不负责传递单据，更不承担任何付款或担保责任。预付货款的项下，出口人是否及时交货、所交货物是否符合合同的约定，进口人是否全额、及时付款，全凭买卖双方的商业信用。因此存在商业信用风险。

2. 资金负担不平衡

预付货款项下，卖方可利用预付款备货、装货，减轻自行垫付资金的负担。货到付款项下，进口人可在收货后甚至可在出售货物后支付货款。

3. 手续简便、费用低廉

汇付方式在小额交易的货款、订金及一些贸易从属费用时经常使用。汇付方式因方便快捷而受到相互信任的贸易方或跨国公司内部母、子公司之间交易者的青睐。

二、汇款方式的分类

根据汇款过程中所使用的支付工具的不同，汇款可以分为电汇、信汇和票汇三种方式。在目前的实际业务操作中，信汇使用很少，主要采用电汇方式，票汇一般用于小额支付。

（一）电汇（Telegraphic Transfer，T/T）

1. 电汇概念和流程

电汇是汇出行应汇款人的申请，通过加押电报或电传或 SWIFT 指示和授权汇入行解付一定金额给收款人的汇款方式。相对而言，电汇费用高，但速度快，使用最广泛。在进出口贸易中，电汇业务流程如图6-4所示。

①汇款人填写电汇申请书，并向汇出行付款；

②汇出行向汇款人出具电汇回执；

③汇出行拍发电传、电报或 SWIFT 给汇入行；

④汇入行核对密押后将电汇通知书送达收款人；

⑤收款人将收款收据盖章，交给汇入行；

⑥汇入行借记汇出行账户，解付款项给收款人；

⑦汇入行将付讫借记通知书寄给汇出行。

2. 电汇汇款的两种方式

（1）采用电报或电传方式汇款

电报汇款分为书信电、普通电和加急电三个等级，自从出现了电传和 SWIFT 以后，就分为普通电和加急电两个等级。电传方式类似于直接电报，经由电传机拍发出去。因

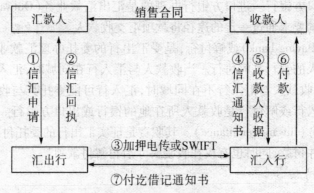

图 6-4　电汇业务流程

此,电传和电报的内容大体相同。一般来说,有以下内容:

FM:(汇出行名称)

TO:(汇入行名称)

DATE:(发电日期)

TEST:(密押)

OUR REF. NO._____(汇款编号)

NO ANY CHARGES FOR US(我行不负担费用)

PAY (AMT) VALUE (DATE) TO(付款金额、起息日)

(BENEFICIARY)(收款人)

MESSAGE _____(汇款附言)

ORDER _____(汇款人)

COVER _____(头寸拨付)

例如:

FM: BANK OF ASIA, FUZHOU

TO: THE HONGKONG AND SHANGHAI BANKING CORP., HONGKONG

DATE: 21ST MAY

TEST 2356 OUR REF. 208TT0737 NO ANY CHARGES FOR US PAY HKD10000. VALUE 21ST MAY TO HKABC100 QUEEN'S ROAD CENTRAL ORDER FUZHOU LIGHT IMP. AND EXP. CORP. MESSAGE COMMISSION UNDER CONTRACT NO.1001 COVER DEBIT OUR ACCOUNT.

(2)采用 SWIFT 系统的电汇方式

SWIFT 客户汇款主要用 MT100、MT103 电文根式,MT103 电文在涵盖 MT100 基础上,增加了国际反洗钱的信息,而且还能把汇款资料以靠背方式提供给第三方使用,大大方便了银行客户。

MT 103 是汇款人或受款人一方,或两者为非金融机构之汇款电文。电文内容是银行替非银行客户承做个人或公司汇款所设计的。MT 103 Single Customer Credit Transfer(顾客汇款:汇款人或付款人一方,或两者为非金融机构)格式如表 6-1 所示:

表 6-1 MT103 格式

Status(M 或 0)	Tag(项目编号)	Field Name(项目名称)
M	20	发电行编号(Transaction Reference Number)
M	23B	银行作业代号(Bank Operation Code)
O	23E	指示代号(Instruction Code)
O	26T	交易形态代号(Transaction)
M	32A	生效日/币别代号/银行间清算金额(Value Date/Currency Code/Interbank Settled Amount)
O	33B	币别/指示之金额(Currency/Instructed Amount)
O	36	汇率(Exchange Rate)
M	50K	汇款顾客(Ordering Customer)
O	51A	发电机构(Sending Institution)
O	52a	汇款申请机构(Ordering Institution)
O	53a	发电行之通汇行(Sender's Correspondent)
O	54a	收电行之通汇行(Receiver's Correspondent)
O	55a	第三补偿机构(Third Reimbursement Institute)
O	56a	中间银行(Intermediary Institution)
O	57a	设账机构(Account With Institution)
M	59a	受益顾客(Beneficiary Customer)
O	70	付款明细(Remittance Information)
O	71A	费用明细(Details of Charges)
O	71F	发电行之费用(Sender's Charges)
O	71G	收电行之费用(Receiver's Charges)
O	72	发电行致收电行之讯息(Sender to Receiver Information)
O	77B	申报之规定 Regulatory Report
O	77T	Envelope Contents

注:

M:Mandatory(必要填列之字段)　　O:Optional(自由选项填列之字段)

【实例 6-1】SWIFT MT103 汇出汇款实例

1. 汇款银行:ICBCTWTP007

2. 汇款申请人:LISA CHOU(汇款银行之客户)

3. 受益顾客:JOHN MULLER

4. 受益顾客之设账银行:DEUTDEFF(Deutsche Bank AG, Frankfurt Am Main)

5. 汇款银行(ICBCTWTP007)账设于花旗银行纽约(CITIUS33),请花旗银行纽约扣汇款银行之账,并将款项进德意志银行纽约分行(DEUTUS33)账,德意志银行纽约分行再将该款项贷记德意志银行法兰克福(DEUTDEFF)之账。

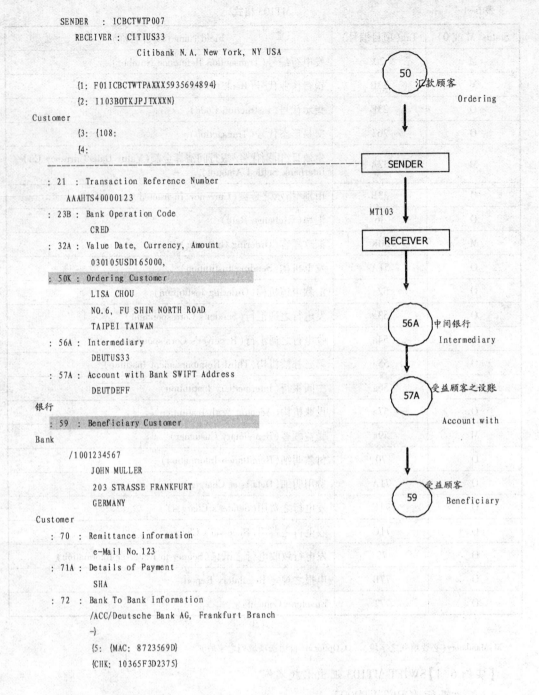

```
SENDER    : ICBCTWTP007
    RECEIVER : CITIUS33
                    Citibank N.A. New York, NY USA

    {1: F01ICBCTWTPAXXX5935694894}
    {2: I103BOTKJPJTXXXN}

Customer
    {3: {108:
    {4:
    ------------------------------------------------
    : 21 : Transaction Reference Number
        AAAHTS40000123
    : 23B : Bank Operation Code
        CRED
    : 32A : Value Date, Currency, Amount
        030105USD165000,
    : 50K : Ordering Customer
        LISA CHOU
        NO.6, FU SHIN NORTH ROAD
        TAIPEI TAIWAN
    : 56A : Intermediary
        DEUTUS33
    : 57A : Account with Bank SWIFT Address
        DEUTDEFF
银行
    : 59 : Beneficiary Customer
Bank
        /1001234567
        JOHN MULLER
        203 STRASSE FRANKFURT
        GERMANY
Customer
    : 70 : Remittance information
        e-Mail No.123
    : 71A : Details of Payment
        SHA
    : 72 : Bank To Bank Information
        /ACC/Deutsche Bank AG, Frankfurt Branch
        -)
        {5: {MAC: 8723569D}
        {CHK: 10365F3D2375}
```

SENDER → RECEIVER（MT103）→ 50 汇款顾客 Ordering → SENDER → RECEIVER → 56A 中间银行 Intermediary → 57A 受益顾客之设账 Account with → 59 受益顾客 Beneficiary

(二)信汇(Mail Transfer,M/T)

1.信汇概念和流程

信汇是汇出行应汇款人的要求,以航邮方式将信汇委托书(M/T advice)或支付委托书(payment order)寄给汇入行,授权其解付一定金额给收款人的一种汇款方式。其速度慢、费用低,目前在实务中比较少用。在进出口贸易中,信汇业务流程如图6-5所示。信汇业务程序与电汇基本相同,仅在第三步不同:汇出行邮寄信汇委托书或支付委托书给汇入行,而不是采用电讯方式授权。

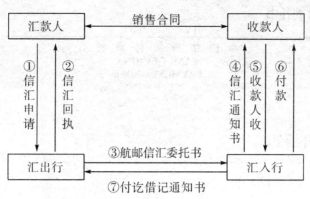

图 6-5　信汇业务流程

①汇款人填写信汇申请书,并向汇出行付款;

②汇出行向汇款人出具信汇回执;

③汇出行制作委托书,邮寄给汇入行;

④汇入行核对签字后将信汇通知书送达收款人;

⑤收款人将收款收据盖章,交给汇入行;

⑥汇入行借记汇出行账户,解付汇款给收款人;

⑦ 汇入行将借记通知书寄给汇出行完成汇款。

2. 信汇业务的结算工具

信汇业务的结算工具有两种:信汇委托书(mail transfer advice)和支付委托书(payment order)(见图 6-6)。

样式一　信汇委托书

样式二　支付委托书

中 国 银 行 支 付 委 托 书
BANK OF CHINA
PAYMENT ORDER

GuangZhou

致 TO		
支付通知书号码 No. of payment order	收款人 To be paid or credited to	金额 Amount

大写金额
Amount in Words: _____

汇款人　　　　　　　　　　附　言
By order of　　　　　　　　Remarks
☐ you are authorized to debit our account with you
☐ we have credited your a/c with us.

中国银行广州分行
BANK OF CHINA. GUANGZHOU BRANCH

图 6-6　信汇委托书和支付委托书样式

（三）票汇（Remittance by banker's demand draft, D/D）

票汇是汇出行应汇款人的申请,代汇款人开立以其分行或代理行为解付行的银行即期汇票（banker's demand draft）,支付一定金额给收款人的一种汇款方式。其特点是方便、灵活。票汇业务流程与电汇和信汇稍有不同,如图 6-7 所示。

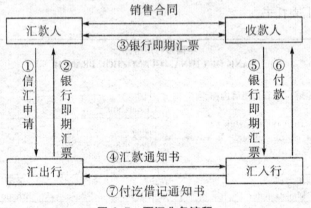

图 6-7　票汇业务流程

①汇款人填写票汇申请书,并交款付费给银行;

②汇出行开立银行即期汇票交给汇款人;

③汇款人自行邮寄汇票给收款人或亲自携带汇票出国;

④汇出行开立汇票后,将汇款通知书邮寄给国外代理行;

⑤收款人持汇票向汇入行取款;

⑥汇入行验核汇票与票根无误后,解付票款给收款人;

⑦汇入行把付讫借记通知书寄给汇出行;

（四）电汇、信汇、票汇三种汇款方式的比较（见表6-2）

表6-2　　　　　　　　　　　　　电汇、信汇、票汇的比较

方式	利	弊	成本	速度
T/T	较安全,款通过银行付给指定的收款人;汇款人可充分利用资金;减少利息损失	银行不能占用资金;汇款人要多付电讯费和手续费	高	最快
M/T	银行可占用客户的资金	速度较慢,有可能在邮寄中延误或丢失	较低	比T/T慢
D/D	汇入行不必通知取款;背书后可流通转让;汇出行可占用客户资金	可能丢失、被窃	最低	最慢

三、汇款的偿付

汇出行在办理汇出业务时,应及时将汇款金额拨交给其委托付款的汇入行,这种行为称为汇款的偿付(reimbursement of remittance cover),俗称"拨头寸"。每笔汇款都必须注明拨头寸的具体指示。根据汇出行和汇入行账户的开设情况,头寸拨付的方式有以下几种。

（一）授权借记:汇出行在汇入行开有账户

汇出行在委托汇入行解付款项时,应在信汇委托书或支付委托书上注明拨头寸的指示"Please debit our a/c with you."或"In cover, we authorized you to debit the sum to our a/c with you."("请借记"或"授权借记"),汇入行收到信汇委托书或支付委托书,即被授权凭以借记汇出行账户,同时可以拨付头寸解付给收款人,并以借记报单(注明"your account debited")通知汇出行。此笔汇款业务即告完成(见图6-8)。

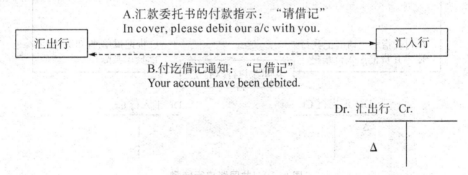

图6-8　授权借记

（二）主动贷记:汇入行在汇出行开有账户

汇出行在委托汇入行解付款项时,应在信汇委托书或支付委托书上注明拨头寸的指示"In cover, we have credited the sum to your a/c with us."("已贷记"或"主动贷记"),汇入行收到信汇委托书或支付委托书,表明汇款头寸已拨入自己的账户,即可使用头寸解付给收款人(见图6-9)。

在汇出行和汇入行双方互开账户的情况下,汇出行会选择第一种方式。因为从汇出行收到付款人支付的款项到汇入行借记汇出行的账户,其间的资金被汇出行所占用,对

189

汇出行有利,所以在实务中,"请借记"或"授权借记"这种方式较为多用。

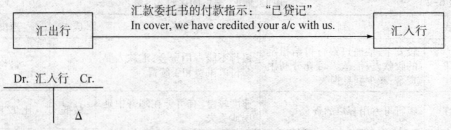

图6-9 主动贷记

(三)共同账户行转账

汇出行与汇入行有共同的账户行,即双方在同一家银行开有账户,通过该银行进行转账。为了偿付款项,汇出行一方面向汇入行发出委托解付汇款的通知,其中拨头寸指示为"In cover ,we have authorized X Bank to debit our a/c and credit your a/c with them."。另一方面向共同账户行发出银行转账通知书(bank transfer),要求其先借记汇出行的账户,然后再贷记汇入行的账户,将头寸拨付汇入行在该账户行的账户。汇入行收到汇出行的电汇拨头寸指示及X账户行的贷记报单,即可解付给收款人。这种方式手续较前者复杂,一笔业务需要有两个信息传递时间(见图6-10)。

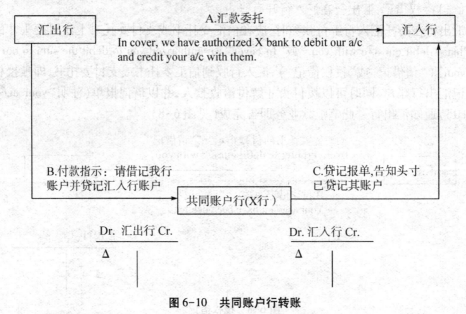

图6-10 共同账户行转账

(四)各自账户行转账

汇出行和汇入行没有共同的账户行,即双方在不同银行开有账户,必须通过两家或两家以上的银行进行转账。为了偿付,汇出行在汇出汇款时,主动通知其账户行将款拨给汇入行在其他代理行开立的账户。同时汇出行向汇入行委托解付汇款的通知,其中拨头寸指示为"In cover, we have instructed X Bank pay / remit the proceeds to your a/c with Y Bank."。汇入行在收到 Y Bank 贷记报单后,即可解付(见图6-11)。

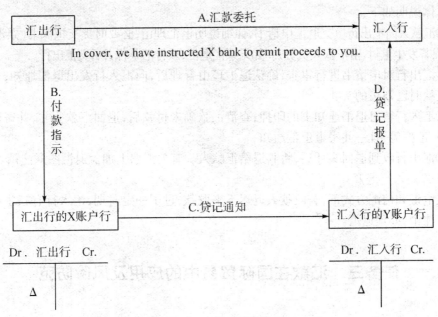

图 6-11　各自账户行转账

四、汇款的退汇

汇款的退汇(Cancellation of the remittance)是指在汇款解付前的撤销。退汇可能由收款人提出,也可能由汇款人提出。

(一)收款人退汇

收款人退汇比较方便,在电汇、信汇时,只要他拒收电汇、信汇,通知汇入行,汇入行可以将汇款委托书退回汇出行。必要时说明退汇的原因,然后由汇出行通知汇款人前来办理退汇,取回款项。在票汇时,收款人退汇,只要将汇票寄给汇款人,然后汇款人到汇出行办理退汇手续即可。

(二)汇款人退汇

汇款人退汇的处理手续比较复杂。退汇的原则:须在汇入行解付款项之前。票汇方式下,汇票已寄给收款人或估计汇票已在市场上流通,则汇款人就要直接找收款人交涉。汇款人退汇较为常见,其程序如图 6-12 所示:

图 6-12　退汇程序

具体说明如下：

①汇款人向汇出行填交退汇申请书，详细说明退汇理由，必要时提交担保书（票汇下，出具，担保若发生重付，由汇款人负责）。如果票汇退汇，须将汇票背书后交汇出行。

②汇出行对申请书进行审查，确认退汇理由合理后，向汇入行发出退汇通知，并要求退回汇款时已划拨的头寸。

③汇入行核对退汇通知书的印押，查清汇款确未付款后，退回汇款头寸，并寄回汇款委托书、汇票等，且一并寄上退汇通知。

④汇出行收到退回头寸后，将其退给汇款人。有关汇票上加盖退汇图章注销。

（三）汇入行退汇

在电汇和信汇方式下，若收款人迟迟不来取款，过了一定时期，汇入行有权主动通知汇出行注销，办理退汇。

任务三　汇款在国际贸易中的应用及风险防范

一、汇款在国际贸易中的应用

在国际贸易中，使用汇款方式结清买卖双方债权债务，主要有预付货款、货到付款和凭单付汇三种方式。

（一）预付货款

预付货款（payment in advance）是指买方先将货款通过银行汇交卖方，卖方收到货款后，根据买卖合同规定，在一定时间内或立即将货发运至进口商的一种汇款结算方式。预付货款是对进口方而言的，对出口方来说，就是预收货款，又称"先结后出"。

这种方式对卖方最为有利，他甚至可以无偿占用进口商的资金，做一笔无本生意，根本没有什么风险，掌握了货物出口的主动权。

但对进口商是不利的，不仅进口商的资金被占用，会造成利息损失，影响自身资金周转；而且进口商在付款后要承担不能按时、按量、按质收到合同规定的货物的风险。

因此，进口商有时为了保障自身利益，可以规定汇入行解付汇款的条件，如卖方收取货款时，必须提供银行保函，由银行担保卖方如期履行交货义务，保证提供全套装运单据，否则担保行负责退还预收货款，并加付利息等。

进口商之所以愿意以这种方式，原因在于：

（1）出口商的商品是国内外市场上紧俏商品，进口商迫切需求取得高额利润。

（2）进口商双方关系十分密切，有的买方是卖方在国外的联号。

（3）出口商的货物旺销，进口商为了保证购到货物，以预先付款为附加条件来吸引出口商成交。

（4）在成套设备、大型机械、大型运输工具如飞机船舶等，或者在工程承包交易中，或者在专为进口商生产的特订商品交易中，出口商往往要求预付一定比例的预付货款作为定金（down payment），或采用分期付款方式，定金和分期支付的款项采用汇付方式。

（二）货到付款

货到付款（payment after arrival of the goods）是出口商先发货，进口商收到货物后，立即或在一定期限内将货款汇交出口商的一种汇款结算方式。它实际上是属于赊账交易

（open account transaction），具有延期付款（deferred payment）性质。

对进口商有利：①进口商不承担风险，货不到或货不符合要求就不付款，在整个交易中占据主动；②往往在收到货后过一段时间再付款，所以可以占用出口商的资金；

对出口商不利：①先发货，要承担买方不付款的风险；②货款往往不能及时收回，资金被占用，造成一定损失。

货到付款在国贸中有售定和寄售两种方式：

（1）售定（cash on delivery）

售定是买卖双方签订合同，在合同中明确规定了货物的售价及付款时间等条款，进口商按实收货物数量将货款汇交出口商的一种汇款结算方式。

售定在我国是对港澳地区出口鲜活商品的一种特定的结算方式，由于鲜活商品出口时间性较强或以实收货物数量结算，出口商就采取先发货，出口单据随同货物直接交给进口商，待收到货物时，进口商按实收货物数量、规定的价格、期限将货款通过银行汇交出口方。所以售定方式又称"先出后结"。

（2）寄售（consignment）

寄售指出口方（委托人，寄售方）将货运交给进口国的约定代销人（受托人），暂不结算货款，仅委托其按照双方约定的条件和办法代为销售的方式。当商品售出后，所得货款，由代销人扣除佣金和其他费用后交给寄售方，这种方式货价和付款时间均不确定。出口商承担的风险很大，能否收回货款取决于国外受托人的营销能力。因此采用寄售时必须十分重视受托人的资信和经营能力。一般寄售方式只适用于推销新产品、处理滞销品或一些不看实物难以成交的商品。

（三）凭单付汇

1. 凭单付汇的概念

凭单付汇（Cash Against Documents，CAD）又称交单付现，是进口商通过银行将款项汇给出口商所在地银行（汇入行），并指示该行凭出口商提交的货运单据即可付款给出口商的一种结算方式。

2. 凭单付汇的特点

（1）有条件的汇款

一般汇款都是无条件的，而交单付现则是有条件的汇款。即买方汇付货款，卖方收取货款以装运交单为前提条件。

（2）风险较均衡

对于预付货款的买方和货到付款的卖方，一旦付了款或发了货就失去了制约对方的手段，届时，买方能否顺利地收到符合合同规定的货物，或卖方能否顺利地收回货款，完全取决于对方的信用。所以在预付货款和货到付款下，买卖双方风险的承担是极不平衡的。

而交单付现下，由于卖方交单时才能收取货款，所以对进口商而言可以防止在预付货款下可能出现的出口商支取货款后不及时交货的风险；对出口商而言，只要及时交货，便可立即支取全部的货款，避免了在货到付款下可能出现的发了货后收不回款的风险。所以这种结算方式对买卖双方都有一定的保证作用，对进出口商都显公平，易被双方所接受。

3. 凭单付汇的影响

对于进口商来说,交单付现相当于预付货款,会造成资金占用;同时要防止出口商以假单据、假货进行诈骗的风险。因此,加强对交易对方的资信调查是必要的。

对于出口商来说,交单即可收汇。但汇款是可撤销的,在汇款尚未被支取之前,汇款人随时可以通知汇款行将汇款退回,所以出口商在收到银行的汇款通知后,应尽快发货,尽快交单收汇。

二、汇款方式的风险防范

汇付方式应用的增加有其特殊的原因。因为其他结算方式如信用证结算方式等是以社会经济结构稳定、经济秩序良好、银行体系完善、企业经营正常为前提。在缺乏上述前提时,即缺乏银行信用时,只能使用商业信用。这一现象在最近几年来的中俄贸易中比较突出。在这些年的中俄贸易中信用证的使用可谓是凤毛麟角。自从 1991 年苏联解体以后,俄罗斯处在经济转轨时期,市场经济还不成熟、完善,银行信用体系存在缺陷,特别是 1998 年 8 月金融危机爆发后俄罗斯最大的几家商业银行突然破产,致使银行信用更加下降,以银行信用为基础的信用证业务难以开展起来。而同中国往来的大部分是中小企业,其资力有限,难以开出信用证,所以更多地使用汇付结算方式。

从贸易角度来看,如果双方缺乏信任,则采用该方式风险很大。因此,企业对汇付风险的防范首先在于加强信用风险管理,同时,为了保障其权益,减少风险,可以在买卖合同中规定保障条款,以获得银行信用担保或第三方的商业信用加入。例如:在买卖合同中可约定卖方收取货款时,必须提供银行保函,由银行担保卖方如期履行交货义务,保证提供全套装运单据等。

从银行角度来看,国际间资金偿付作为银行的基本业务在整个业务流程中环节较多,涉及面广,加强风险防范与控制,是一项非常重要的基础工作。银行收到付款指示时,由电脑系统自动识别与控制,对指示行所有的付款指示在确认已收妥相应的头寸后方予以解付,以避免头寸风险的发生。对于经常发生头寸风险问题的国外汇款银行,应格外注意。当退汇时,银行要注意按国际惯例办事,防范头寸风险。

应知考核

■ **主要概念**

国际结算方式　顺汇法　逆汇法　汇款　电汇　信汇　票汇　汇款的偿付　汇款的退汇　预付货款　货到付款　交单付现

■ **基础训练**

一、单选题

1. 进出口业务中,M/T 表示(　　　)。

    A.电汇   B.票汇

    C.信汇   D.托收

2. 接受汇出行的委托将款项解付给收款人的银行是(　　　)。

    A.托收银行   B.汇入行

C.代收行　　　　　　　　　　　　　D.转递行

3. 在汇付方式中,能为收款人提供融资便利的方式是(　　)。

A.信汇　　　　　　　　　　　　　B.票汇

C.电汇　　　　　　　　　　　　　D.远期汇款

4. 下列各项中,不是汇付方式当事人的是(　　)。

A.汇款人　　　　　　　　　　　　B.汇出行

C.汇入行　　　　　　　　　　　　D.提示行

5. 属于顺汇方法的支付方式是(　　)。

A.汇付　　　　　　　　　　　　　B.托收

C.信用证　　　　　　　　　　　　D.银行保函

6. 伦敦一家银行委托国外代理行向收款人办理汇款解付,则头寸的拨付方式为
(　　)。

A.主动借记对方账户　　　　　　　B.主动贷记对方账户

C.授权借记对方账户　　　　　　　D.授权贷记我方账户

7. (　　)是我国南方沿海三省对港澳地区出口某些鲜活商品的一种特定的结算
方式。

A. 延期付款　　　　　　　　　　　B.赊销

C.售定　　　　　　　　　　　　　D.预付货款

8. 对进口商不利的贸易结算汇款方式是(　　)。

A.延期付款　　　　　　　　　　　B.赊销

C.售定　　　　　　　　　　　　　D.预付货款

9. 不必限定在汇入行取款的汇款方式是(　　)。

A. 电汇　　　　　　　　　　　　　B.信汇

C. 票汇　　　　　　　　　　　　　D.以上都是

10. 对出口商有利的贸易结算汇款方式是(　　)。

A.先结后出　　　　　　　　　　　B.赊销

C.延期付款　　　　　　　　　　　D.售定

二、多选题

1. 汇付包括(　　)。

A.D/D　　　　　　　　　　　　　B.T/T

C.M/T　　　　　　　　　　　　　D.D/A

2. 汇付方式通常涉及的当事人是(　　)。

A. 汇入行　　　　　　　　　　　　B.汇款人

C.收款人　　　　　　　　　　　　D.汇出行

3. 国际贸易中,汇付方式通常用于(　　)。

A.预付货款业务　　　　　　　　　B.随订单付款业务

C.交货付现业务　　　　　　　　　D.交单付现业务

4. 关于顺汇的描述正确的是(　　)。

A.债务人主动向债权人付款　　　　B.资金流向结算工具的传递方向相同

C.包括汇款和托收两种形式　　　　D.不仅有商业信用也有银行信用

195

5. 信汇业务以（　　　）作为结算工具，通过航空邮寄至汇入行，委托其解付。

    A.信汇委托书　　　　　　　　　B.支付委托书

    C.电报证实书　　　　　　　　　D.票根

三、简答题

1. 简述国际结算方式的顺汇法和逆汇法。

2. 简述电汇操作的流程。

3. 简述汇款的偿付中头寸的拨付方式。

4. 简述汇款在国际贸易中是如何应用的。

5. 简述汇款方式的风险防范措施。

应会考核

■技能案例

【案例背景】

我国某出口企业 A 与另一国的进口企业 B 之间签订了一份进出口贸易合同，合同中规定：支付条款为装运月份前 15 天电汇付款。但是，在后来的履约过程中，B 方延至装运月份的中旬才从邮局寄来银行汇票一张。为保证按期交货，我出口企业于收到汇票次日即将货物托运，同时委托 C 银行代收票款。一个月后，接到 C 银行通知，因该汇票系伪造，已被退票。此时，货物已抵达目的港，并已被进口方凭出口企业自行寄去的单据提走。事后我出口企业 A 进行追偿，但进口方 B 早已人去楼空，我方遭受钱货两空的重大损失。

【技能思考】

请结合本项目的内容对本案例进行分析，此案例对我们有什么启示？

■实践训练

【实训项目】

汇付业务流程图

【实训情境设计】

大连某机电进出口公司向香港 N 公司出口机电设备，贸易合同规定 N 公司应预付15% 的货款，金额为 20 万美元。N 公司用电汇方式支付预付款，汇出行是香港渣打银行，汇入行是中国银行上海分行。

【实训任务】

请画出该笔电汇业务的流程图。

项目七
国际结算方式——托收

■**知识目标**

理解:托收方式的概念、种类、当事人及流程;

熟知:托收方式的风险及其防范、资金融通的方式;

掌握:即期付款交单托收业务、远期付款交单托收业务、承兑交单托收业务的流程及托收项下银行间头寸的划拨办法。

■**技能目标**

学生掌握进出口托收业务操作。

■**情意目标**

学生能够具有较强的综合分析能力和实际操作能力,能够从理论和实践的角度掌握基本知识点。

■**教学目标**

教师要培养学生能够运用托收的基本原理进行案例分析和实践操作,并知道如何防范托收风险和资金融通。

【项目引例】

2014 年 3 月 15 日,出口商 A 与美国 B 进口公司签订买卖合同,约定支付方式为即期付款交单。同年 5 月 19 日,出口商 A 将货物通过海运从上海运往纽约,并取得海运提单。出口商当日就持全套单据以及美国代收行 D 银行的资料前往当地的中国某银行 C 办理托收。当地 C 银行在审查全套单据后,签发了托收指示函并将全套单据和托收指示函寄给美国代收行 D。美国代收行 D 于 6 月 11 日签收装有全套单据和托收指示的邮件。6 月 20 日美国代收行 D 在 B 公司未付款的情况下,自行放单给 B 公司,B 公司于 6 月 25 日将货物全部提走,且于当日向出口商 A 表示无力付款,尽管 A 多次向 B 交涉,都无果而终,出口商 A 损失巨大。

分析:本案例中由于代收行美国 D 银行违反托收的国际惯例,在进口商 B 没有付款的情况下,就将全套单据交与进口商,致使出口商 A 钱货两空,代收行负有不可推卸的责任,出口商可向代收行提出索赔。

任务一　托收方式概述

一、托收方式的概念

国际商会《托收统一规则》(URC522)第二条规定:托收(Collection)是指由接受托收指示的银行依据所收到的指示处理金融单据、商业单据以便取得付款或承兑,或凭付款或承兑交出商业单据或凭其他条款或条件交出单据。

金融单据(Financial Documents)是指汇票、本票、支票或其他用于取得付款的类似凭证;商业单据(Commercial Documents)是指发票、运输单据、物权单据或其他类似单据,或者一切不属于金融单据的其他单据。

根据URC522的定义,托收方式适用于国际贸易结算和非贸易结算。在托收业务中,托收是建立在商业信用基础之上的,最大的特点就是"收妥付汇、实收实付",出口商以开具票据的方式,委托当地银行进口商收取款项。因此,托收中资金的流动方向与结算工具的传递方向相反,故托收是逆汇方式。

二、托收方式的当事人

(一)委托人

委托人(principal, consignor),是指出具汇票和提供单据委托银行向付款人收取货款的人。由于委托人经常开具汇票委托银行向国外债务人收款,所以他往往也被称为出票人(drawer),在国际贸易实务中,一般为出口商(exporter)。

(二)托收行

托收行(remitting bank),又称寄单行,是指接受委托人委托向付款人收取货款,同时又是委托国外联行或代理行向付款人收款的出口地银行,通常也是债权人所在地银行。托收银行仅被允许根据托收委托书的指示和《托收统一规则》办理,不能擅自超越、修改、疏漏、延误委托人在委托书上的批示,否则由此而引起的后果将由托收行负责。

(三)代收行

代收行(collection bank),是指接受托收行委托向付款人收款,并将单据交给付款人的进口地银行,又称受托行,包括除托收行以外的参与办理托收的任何银行。代收行通常是托收行在债务人(付款人)所在地的联行或代理行。

(四)付款人

付款人(payer),也是汇票中的受票人(drawee),是根据托收委托书,由代收行向其提示单据和汇票,并要求其付款的人。托收业务中的付款人也即国际贸易实务中的进口商(importer),债务关系中的债务人。

(五)提示行

提示行(presenting bank)是指向付款人提示汇票和单据的银行。它也是进口商银行。若代收行与付款人有直接的账户往来,则提示行与代收行是同一家银行,这种情况在实务中较常见。否则,若代收行使用它选择的一家银行作为提示行,这时提示行与代收行就分别是两家银行。

（六）需要时的代理人

需要时的代理人（customer's representative in case of need）是指委托人指定的在付款地的代理人。托收结算方式对于出口商来说意味着先发货后收款，一旦发生受票人对代收行提示的汇票拒付，货物到达目的港后就可能会因无人照料而受损（如延长了在进口国海关仓库存放时间而增加了仓储费用等）。为避免这一情况的发生，出口商可以在付款地事先指定一代理人，由代理人在发生拒付事件后代为料理货物存仓、投保、运回或转售等事宜。委托人在向托收行提交托收申请书时必须注明此代理人的权限。一般出口商直接请代收行作为需要时的代理人。

托收下四大当事人之间存在三个合同关系：一是委托人与付款人之间的销货合同关系，双方按购货合同履行各自的义务；二是委托人与托收行之间的委托代理合同，即委托人填写的托收申请书，托收行应按委托人的指示办理相关业务；三是托收行与代收行之间的委托代理合同，即托收委托书，代收行作为代理人应严格执行托收行的指示办理代收业务（见图7-1）：

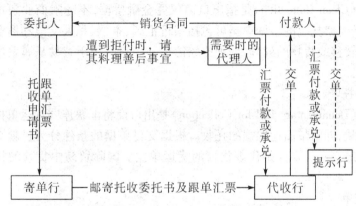

图7-1 托收业务中的当事人之间的契约关系

三、托收的性质和特点

（一）商业信用

托收方式与汇款方式一样，都属于商业信用，即进出口商双方能否取得合同规定的货物或按期收到合同规定的货款分别取决于对方的资信，没有第三者的保证。托收项下的银行只是接受委托办理收款业务，与当事人之间的关系是委托代理关系，他们对于托收过程中遇到的一切风险、费用和意外事故等不承担责任。

（二）较汇款方式安全

托收方式比汇款方式安全。首先，对于出口商来说，进口商必须在付款之后，或进口商向银行书面表示负责付款，即承兑后，才能掌握货权，所以托收方式使得出口商在控制货权、安全收回货款方面比货到付款更有保证，比货到付款或赊销安全。其次，对于进口商来说，出口商按合同装运货物，进口商被提示单据时，说明了货物确实已经装运，才能付款或承兑。这样与预付货款下进口商先付款后收货相比，其利益更有保障。而且在承兑交单方式下，对进口商更为有利，因为承兑后即可赎单提货。等到到期日，用销售所得

199

款项支付出口商的货款,不必另筹资金,这等于出口商给予进口商全额资金融通,对进口商加速资金周转很有利。

(三)资金负担仍不平衡

托收项下,进出口商的资金负担仍不平衡。表现在:在进口商支付货款之前,货物占用的资金全部由出口商承担,所以出口商的资金负担较重,而进口商基本不负担资金。但在进口商支付货款之前,货物的所有权属于出口商的,出口商可以凭物权单据向银行申请融资,办理出口押汇,以减轻资金负担过重的压力。

(四)手续较杂、费用较高

从托收和汇款方式的流程来看,托收的业务流程要比汇款更复杂,手续稍多些,费用自然要高些。

四、托收的种类

按是否随附商业单据可以分为光票托收与跟单托收。

(一)光票托收

光票托收(Clean Collection)是指出口商仅凭金融票据,不随附商业票据的托收。实际业务中,用于光票托收的金融单据可包括银行汇票、本票、私人支票和商业汇票等。它不涉及货权的转移或货物的处理,处理比较简单。一般只用于贸易从属费用和非贸易款项的收取。

(二)跟单托收

跟单托收(Documentary Bill for Collection)是出口商将汇票连同货运单据一起交给银行委托代收货款,即附带商业票据的托收。根据交付单据的条件分为付款交单和承兑交单。跟单托收最实质的要件是代表物权的货运单据。国际贸易中货款的托收大多采用跟单托收。

1. 付款交单

付款交单(Documents Against Payment, D/P)是指被委托的代收行必须在进口商付清票款以后,才能将货运单据交给进口商的一种托收方式。付款交单的特点是先付款后交单,付款人付款之前,出口商仍然掌握着对货物的支配权,因此其风险较小。

根据付款时间不同又分为即期付款交单和远期付款交单。

(1)即期付款交单(D/P at sight):当代收行向进口商提示汇票和单据时,立即付款赎单(见图7-2)。

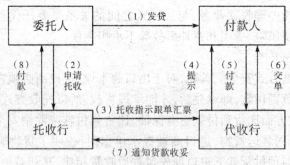

图7-2 即期付款交单操作流程

（2）远期付款交单（D/P after sight）：出口商开出远期汇票,附带单据通过托收行一并寄代收行,代收行收到单据后,立即向出口商提示远期汇票和单据,进口商审核后随即予以签字承兑,代收行收回汇票及单据,待汇票到期时再向进口商提示,要求其付款,再收到其货款后将单据交进口商（见图7-3）。

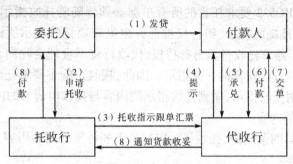

图7-3　远期付款交单操作流程

另外,有些国家或地区在法律中规定,将进口远期付款交单以承兑交单方式处理,从而增加了出口商的风险。因此,对使用远期付款交单应十分谨慎,可在托收指示中特别注明"付款后才能交单"（deliver documents only after payment was effected）。

2. 承兑交单

承兑交单（Documents Against Acceptance,D/A）是指被委托的代收行根据托收指示,于付款人承兑汇票后,将货运单据交给付款人,付款人在汇票到期时履行付款责任的一种托收方式。它适用于远期汇票的托收。这种方式因为出口商在进口商承兑汇票后就不能控制单据而风险较大,承兑的期限越长,风险越大。在实际出口业务中,应避免或者严格控制采用承兑交单方式,在不得不使用承兑交单方式时（如推销滞销产品或产品竞争力较差等情况）,也应尽可能缩短承兑的期限。其业务流程如图7-4所示。

客户（出口商）向银行提交单据或汇票时,要在银行事先印就的空白的"客户交单联系单"上填写相关的事项,并交给银行,银行凭以点收客户所提交的单据,和按客户所选择的结算方式,办理相关的业务手续。

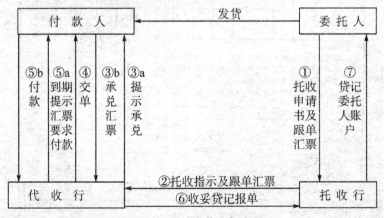

图7-4　承兑交单业务流程

五、托收指示

(一)托收指示的概念

托收指示(collection instruction)是托收行寄送托收单据给代收行的寄单面函(covering letter)。URC522 要求托收的所有单据必须伴随着托收指示,注明托收受到其约束,并做出完全和准确的指示,银行仅被允许根据该项托收指示所做出的各项指示和按照 URC522 办理。除非托收指示另有授权,代收行将不会理会除向其发出托收的一方或银行以外的任何一方或银行的任何指示。因此,托收行的主要责任就是严格按照委托人的托收申请书缮制托收指示,做到托收指示的内容与托收申请书的内容严格一致。

(二)托收指示的内容

根据,URC522 第四条规定,托收指示应包括下列各项适用的内容。托收申请书如图 7-5 所示。

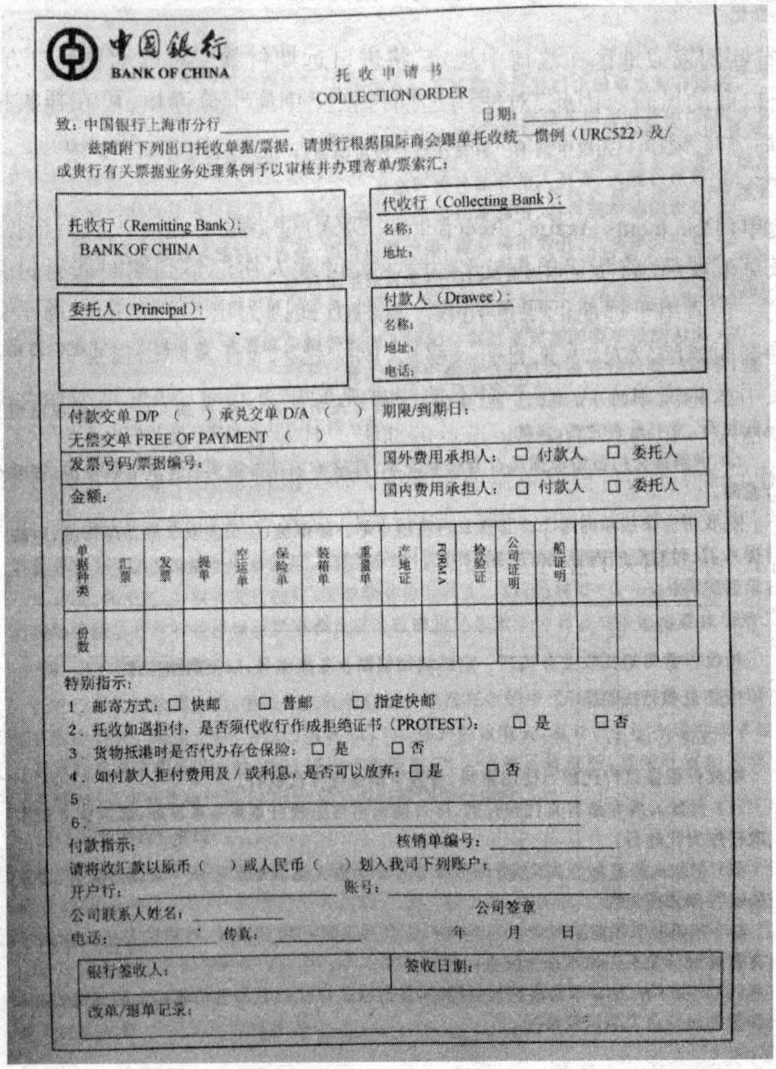

中国银行 BANK OF CHINA

托收申请书

COLLECTION ORDER

日期: ________

致:中国银行上海市分行________

兹随附下列出口托收单据/票据,请贵行根据国际商会跟单托收统一惯例(URC522)及/或贵行有关票据业务处理条例予以审核并办理寄单/票索汇:

托收行(Remitting Bank): BANK OF CHINA	代收行(Collecting Bank): 名称: 地址:
委托人(Principal):	付款人(Drawee): 名称: 地址: 电话:
付款交单 D/P ( ) 承兑交单 D/A ( ) 无偿交单 FREE OF PAYMENT ( )	期限/到期日:
发票号码/票据编号:	国外费用承担人: □ 付款人 □ 委托人
金额:	国内费用承担人: □ 付款人 □ 委托人

单据种类	汇票	发票	提单	空运单	保险单	装箱单	重量单	产地证	FORM A	检验证	公司证明	船证明			
份数															

特别指示:

1. 邮寄方式: □ 快邮 □ 普邮 □ 指定快邮
2. 托收如遇拒付,是否须代收行作成拒绝证书(PROTEST): □ 是 □ 否
3. 货物抵港时是否代办存仓保险: □ 是 □ 否
4. 如付款人拒付费用及/或利息,是否可以放弃: □ 是 □ 否
5. ________
6. ________

付款指示: 核销单编号: ________

请将收汇款以原币( )或人民币( )划入我司下列账户:

开户行: ________ 账号: ________

公司联系人姓名: ________ 公司签章

电话: ________ 传真: ________ 年 月 日

银行签收人:	签收日期:
改单/退单记录:	

图 7-5 托收申请书

（1）托收行、委托人、付款人、提示行（如有）的详情，包括全称、邮政地址和 SWIFT 地址（若有）、电传、电话、传真号码。

（2）托收金额及货币种类。

（3）所附单据及每一项单据的份数。

（4）取得付款及/或承兑的条款和条件。据以交单的条件：付款和/或承兑；其他条件，并有责任确保交单条件表述清楚、意思明确。

（5）要求收取的费用，注明是否可以放弃。

（6）如有应收利息，应注明下列内容：利率、计息期、所适用的计息基础，并注明可否放弃。

（7）使用何种付款方法及通知付款的方式。

（8）发生拒绝付款、拒绝承兑和/或与其他指示不符时的指示。

（三）托收指示的重要性

URC522 指出，托收指示的重要性主要有以下三点：

（1）所有托收业务都必须附有一个单独的托收指示，该项托收业务离不开该托收指示。

（2）代收行仅被托收指示中载明的指示所引导。

（3）代收行不从其他地方（包括托收委托当事人之外的其他人和托收委托当事人在托收指示之外的其他地方所提出的指示）寻找指示，也没有义务审核单据以获得指示；即使个别单据上带有指示，银行也不予理会。

托收指示应包含 URC522 第四条所规定的内容，同时必须注明"本项托收业务按照国际商会的第 522 号出版物的规定办理"（This collection is subject to Uniform Rule for Collection —1995 Revision ICC. Publication No.522）。否则就容易引发各当事人之间的异议纠纷，而使对方不愿意接受办理该项托收业务。

（四）托收指示中的收款指示

收款指示是托收指示中除交单条件外的另一重要内容，所要解决的是双方银行间的头寸划拨问题。根据托收行与代收行之间账户设置情况的不同而采用不同的收款指示，常用的有以下三种。

1. 托收行在代收行开立账户

托收行在出口托收指示中的收款指示是"收妥款项，请贷记我行在你行账户，并以航邮或电报通知我行"（Upon collection, please credit the proceeds to our a/c with you under airmail/cable advice to us.）。当代收行将收妥的款项贷记托收行账户，并发出贷记报单，托收行收到贷记报单，得知款项已收妥后，即可贷记委托人账户，完成此笔托收业务（见图 7-6）：

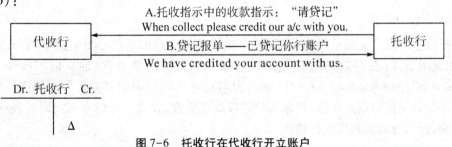

图 7-6　托收行在代收行开立账户

2. 代收行在托收行开立账户

托收行在出口托收指示中收款指示是"请代收款项并以航邮或电报授权我行借记你行在我行的账户"（Please collect the proceeds and authorize us by airmail/cable to debit your a/c with us.）。代收行收妥款项后，向托收行发出支付委托书（payment order），授权托收行借记其账户。托收行收到支付委托书后，先借记代收行的账户，再贷记委托人账户，完成此笔托收业务中的头寸划拨（见图 7-7）：

图 7-7　代收行在托收行开立账户

3. 托收行与代收行非账户行关系

这种方式是由托收行指示代收行将收妥的款项交指定的托收行的账户行贷记。这时托收行在出口托收指示中的收款指示是"请代收款项并将款项汇至 XX 银行贷记我行在该行的账户，并请该行以航邮或电报通知我行"（Please collect and remit the proceeds to XX Bank for credit our account with them under their airmail / cable advice to us.）。代收行收妥款项汇交 XX 银行贷记托收行账户并通知托收行。托收行收到 XX 账户行贷记报单后，即可贷记委托人账户，完成此笔托收业务（见图 7-8）：

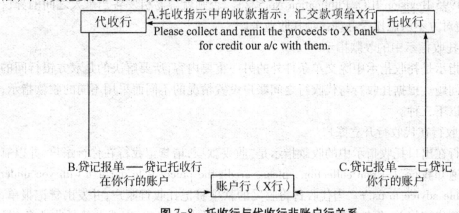

图 7-8　托收行与代收行非账户行关系

六、托收汇票

托收汇票通常是跟单的商业汇票，它除了具备一般汇票的必要记载事项外，还应加注：①交单条件（在付款期限前注明 D/A 或 D/P）；②出票条款（通常以"Drawn against shipment of（merchandise）for collection"为固定格式），以表明开立汇票的原因。托收汇票的出票人是出口商或卖方，付款人是进口商或买方，收款人可以有三种形式表示：出票人抬头，托收行抬头和代收行抬头。

1. 出票人抬头

出票人抬头即以委托人或出口商为收款人(见图7-9)。

(1)委托人向托收行提交全套单据时可做成空白背书或以托收行为被背书人的记名背书(见图7-10第一部分)。

(2)托收行将单据寄给代收行时,应以代收行作为被背书人,做成托收背书。(见图7-10第二部分)

Exchange for USD5 000. 00 Hong Kong 10 July.200x.
At sight pay this first bill of exchange (second unpaid) to the order of ourselves the sum of five thousand US dollars only.
Drawn against shipment of (merchandise) for collection.
To buyer or importer
London For seller or exporter
Hong Kong
Signature

图7-9　出票人为抬头人的汇票

(汇票背面)
Seller's name, place
signature (第一部分)
For collection Pay to the order of
collecting bank, place
For remitting bank, place
signature (第二部分)

图7-10　空白背书或托收背书

出票人为抬头人的汇票的流通,其流通过程如图7-11表示:

图7-11　出票人为抬头人的汇票的流通

2. 托收行抬头

托收行抬头如图7-12所示：

Exchange for USD5 000.00   Hong Kong   10 July.2014.

    D/P At 30 days sight pay this first bill of exchange (second unpaid) to the order of remitting bank the sum of five thousand US dollars only.

    Drawn against shipment of (merchandise) for collection.

    To buyer or importer

    London   For seller or exporter

                                           Hong Kong

                                           Signature

图7-12　托收行为抬头人的汇票

寄单时汇票由托收行做成托收记名背书，背书给代收行如图7-13所示：

（汇票背面）

For collection Pay to the order of collecting bank, place

    For remitting bank, place

        signature

图7-13　托收记名背书

托收行为抬头人的汇票，其流通过程如图7-14表示：

图7-14　托收行为抬头人的汇票的流通

3. 代收行抬头

代收行抬头，即直接以代收行为收款人，如图7-15所示：

Exchange for USD5 000.00   Hong Kong   10 July.200x.

    D/P   At 30 days sight pay this first bill of exchange (second unpaid) to the order of collecting bank the sum of five thousand US dollars only.

    Drawn against shipment of (merchandise) for collection.

    To buyer or importer

    London   For seller or exporter

                                           Hong Kong

                                           Signature

图7-15　代收行为抬头人的汇票

这种抬头方式可以避免背书。代收行为抬头人的汇票，其流通过程如图7-16所示：

图 7-16 代收行为抬头人的汇票的流通

任务二 托收业务资金融通

一、托收方式中银行对出口商的融资

(一) 托收出口押汇

托收出口押汇(collection bills purchased)是指银行有追索权地向出口商购买跟单汇票的行为,是托收行向出口商提供的一种资金融通方式。其基本做法是:银行凭出口商开立的以进口商为付款人的跟单汇票以及所附的商业单据为质押,将货款扣除利息及费用后,净额付给出口商。托收行成为跟单汇票的持票人,又称押汇行。等到代收行收妥款项并将头寸拨给托收行,托收行叙做托收出口押汇的垫款才得以归还。如果出现拒付,押汇行有权向出口商追索票款及利息。

由于托收方式是属于商业信用,托收项下的付款人是进口商。对于押汇行而言,其垫款能否收回取决于进口商的资信,银行叙做托收出口押汇实际上是将原来由出口商承担的风险转移到托收行,因此风险较大,一般银行都不太愿意做。在实务中,银行对托收出口押汇的要求较高,如要求进口商的资信良好、押汇单据必须是全套货运单据、必须取得出口信用保险、出口货物是畅销的等,此外还要求收取较高的押汇利息和手续费用。

(二) 出口贷款

出口贷款(advance against collection)。出口商在其流动资金不足的情况下可以要求托收行发放少于托收金额的贷款,到期时还贷。它相当于以部分货款做押汇。

(三) 使用融通汇票贴现融资

使用融通汇票贴现融资(accommodation bill for discount)。出口商利用开立带有质押的融通汇票,由托收行承兑后,通过贴现公司贴现融资。具体地,出口商可事先与托收行或其他银行订立承兑信用额度协议(acceptance credit agreement),货物出运后,出口商开立一张远期融通汇票,以订立协议的银行(即托收行)作为受票人,以出口商作为出票人和收款人,金额略低于托收汇票,期限略长于托收汇票,并以托收跟单汇票作为融通汇票的质押品,一起交给托收行,托收行在对融通汇票承兑后,送交贴现公司贴现,出口商即可得到净款融资。托收行将托收跟单汇票寄代收行,收取货款后,向贴现公司付融通汇票到期日应付的票款。

二、托收方式中银行对进口商的融资

(一) 信托收据

信托收据(Trust Receipt,T/R)融资。这是进口商表示愿意以代收行受托人的身份代银行提货,承认货权属于银行,并保证在汇票到期日向银行付清货款的一种书面文件,它

207

是在远期付款交单条件下代收行向进口商提供的资金融通方式。这种融资有一定的风险。

凭信托收据借得货物运输单据所提取的货物,其所有权并不随货物的转移而转移。进口商的义务是:①将信托收据项下的货物与其他货物分开保管;②售得的货款应交付给代收行,或暂代代收行保管,并在账目上与自有资金明确分开;③不得将信托收据项下的货物抵押给他人。代收行是信托人,其权利是:①可以随时取消信托,收回货物;②可随时向进口商收回已经售出货物的货款;③若进口商倒闭破产清理,对该信托收据项下的货物和货款有优先债权。

若在托收指示中注明"D/P at XX days after sight to issue trust receipt in exchange for documents,简称 D/P,T/R"(远期付款交单凭信托收据借单),是出口商允许进口商以开立信托收据方式借得货运单据提货,则到期进口商不向代收行缴清货款的风险由出口商自己承担;若代收行在未得到出口商的授权,自行给进口商提供这项融资,则风险应由代收行承担。

(二)融通汇票融资

进口商利用开立不带有质押的融通汇票,由代收行承兑后,通过贴现公司贴现融资。具体地,进口商可事先与代收行或其他银行订立承兑信用额度协议,当进口商收到代收行的通知书要求他付款时,可开立一张远期融通汇票,以订立协议的银行(即代收行)作为受票人,以进口商作为出票人和收款人,要求代收行在对融通汇票承兑后,送交贴现公司贴现,进口商即可得到净款用来支付给代收行。待融通汇票到期,进口商将提取的进口货物销售所得的货款归还融通汇票到期的票款。

任务三 托收业务风险及其防范

一、托收项下的风险

托收仍是出口商先出运商品后收款,所以是相对有利于进口商,不利于出口商的一种结算方式。托收项下的风险主要指出口商面临的风险。

(一)进口商经营风险

这是来自进口商破产或倒闭、丧失支付能力的风险。

(二)市场风险

这是来自国际市场行市下跌,买方借故不履约,拒不付款的风险;或进口商利用不赎单给卖方造成被动,借以压低合同价格的风险。

(三)进口国国家风险

这是指进口国由于政治或经济的原因,加强外管,使进口商无法领到进口许可证或申请不到进口所需的外汇,造成货抵进口国无法进口或不能付款的风险。

(四)其他风险

如由以上情况所导致的货到目的地后发生的提货、存仓、保险费用和货物变质、短量的风险;转售货物可能发生的价格损失的风险;货物转运的费用负担以及因储存时间过长被当地政府拍卖的风险。

二、托收项下风险的防范

鉴于该方式对出口商风险大,为了保证收汇安全,应采取相应的防范措施:

(一)加强对进口商的资信调查

托收是出口商先出运商品后收款的结算方式,出口商能否顺利地收回货款完全依赖于进口商的资信状况,所以出口商必须事先详细地调查进口商的资信和经营状况,成交的合同金额不宜超过其经营能力和信用程度。

(二)选择适当的商品采用托收方式

采用托收的出口商品种类,应是那些市场价格相对平稳、商品品质稳定、交易金额不大的商品或是向国际市场推销(试销)的新产品。

(三)选择合理的交单条件

出口商应尽量地选择即期付款交单方式。如果一定要使用远期付款交单方式,应把握好付款期限,一般应掌握在不超过从出口地到进口地的运输时间,不宜过长。应尽可能地避免使用承兑交单方式。

(四)选择好价格条款

应争取以 CIF 签订合同。因为 CIF 项下由卖方投保,万一货物出事,买方拒付,出口商仍然掌握货运单据,控制货物的所有权,出口商可凭保险单向保险公司索赔,直接获得赔款,不至于造成重大损失。

(五)了解进口国的有关规定

出口商应随时注意了解进口国的有关贸易法令、外管条例等方面的内容,避免货到目的地不准进口或收不到外汇的损失。

(六)投保出口信用险

现在很多国家都开办了出口信用保险业务,即对买方不付款和买方国家因国家风险导致不能如期付款的损失进行保险。如我国出口商可以向中国出口信用保险公司投保"短期出口信用保险",这项保险业务适用于以付款交单和承兑交单为结算方式、且期限不超过 180 天的出口合同。投保该险后,如果进口商无力支付货款、不按期支付货款、违约拒收货物,或因进口国实行外汇和贸易管制、发生战争和骚乱而给出口商造成的损失,保险公司将予以赔偿。

应知考核

■ **主要概念**

托收 光票托收 跟单托收 付款交单 即期付款交单 远期付款交单 承兑交单 托收指示 托收汇票 托收出口押汇 出口贷款 信托收据

■ **基础训练**

一、单选题

1. 在托收业务中,以下关系中不属于委托代理关系的是(　　　)。

A.委托人和委托行　　　　　　　　B.委托行和代收行

C.代收行和付款人　　　　　　　　D.委托人和"需要时的代理"

2. 以下不属于代收行义务的是(　　)。

A.收到单据应与托收指示核对,如单据有遗失立即通知委托行

B.按单据的原样,根据托收指示向付款人提示

C.对于汇票上承兑的形式,负责表面上完整和正确之责

D.在汇票遭到拒绝承兑或拒绝付款时,负责作成拒绝证书

3. D/P,T/R 意指(　　)。

A.付款交单　　　　　　　　　　B.承兑交单

C.付款交单凭信托收据借单　　　D.承兑交单凭信托收据借单

4. 承兑交单方式下开立的汇票是(　　)。

A.即期汇票　　　　　　　　　　B.远期汇票

C.银行汇票　　　　　　　　　　D.银行承兑汇票

5. 托收出口押汇是(　　)。

A.出口地银行对出口商的资金融通

B.出口地银行对进口商的资金融通

C.进口地银行对出口商的资金融通

D.进口地银行对进口商的资金融通

6. 在托收业务中,如发生拒付,为了照料处理存仓、保险、重行议价、转售或运回等事宜,委托人可指定一个在货运目的港的代理人办理,这个代理人是(　　)。

A.委托行　　　　　　　　　　　B.需要时的代理

C.代收行　　　　　　　　　　　D.承运人

7. 进口商付清货款后,代收行往往会(　　)记托收行账户并向托收行发去相应通知书,托收行收到通知书后将货款(　　)记出口方账户。

A.借,贷　　　　　　　　　　　B.借,借

C.贷,贷　　　　　　　　　　　D.贷,借

8. 即期付款交单中,出口商往往开立(　　),通过代收银行向进口商提示。

A.即期汇票　　　　　　　　　　B.远期汇票

C.银行汇票　　　　　　　　　　D.银行承兑汇票

9. 在跟单托收业务中,出口商不能通过采取(　　)方式来减少和消除风险。

A.调查了解进口商的资信和作风

B.尽可能争取"到岸价格"(CIF)交易,争取自办保险

C.尽可能争取即期付款交单方式

D.尽可能争取承兑交单方式

10. 光票托收一般不用于(　　)的收取。

A.出口货款尾款　　　　　　　　B.出口货款

C.佣金　　　　　　　　　　　　D.样品费

二、多选题

1. 托收中的 D/P 与 D/A 的主要区别是(　　)。

A.D/P 是跟单托收,D/A 是光票托收

B.D/P 是付款后交单,D/A 是承兑后交单

C.D/P 有即期付款和远期付款,D/A 是远期付款

  D.D/P 是远期付款,D/A 是即期付款

2. 下列采用顺汇的结算方式有(　　)。

  A.信汇   B.托收

  C.电汇   D. 票汇

3. 下列采用逆汇的结算方式有(　　)。

  A.信汇   B.托收

  C.电汇   D.信用证

4. 托收根据所使用的汇票不同,可分为(　　)。

  A.付款交单   B.承兑交单

  C.光票托收   D.跟单托收

5. 属于商业信用的国际贸易结算方式是(　　)。

  A.信用证   B.托收

  C.汇付   D.汇款

三、简答题

1. 简述托收方式的当事人。

2. 简述托收的性质和特点。

3. 简述托收指示中的收款指示。

4. 简述托收方式中银行对出口商的融资和对进口商的融资。

5. 简述托收项下风险如何防范?

应会考核

■技能案例

【案例背景】

  我国某出口商 C 公司与中东地区进口商 B 公司签订一批合同,向其出售 T 恤衫,付款条件均为 D/P 45days。从 1 月至 10 月份,C 公司相继委托某托收行办理托收业务 10 笔,指明通过 A 银行代收货款,付款条件为 D/P 45days,付款人是 B 公司,金额共计 150 万美元。托收行均按托收申请书中指示办理。A 银行收到跟单汇票后,陆续以承兑交单(D/A 45days)的方式将大量单据放给进口商。其中多张承兑汇票已逾期,但承兑人一直未曾付款,使 C 公司蒙受重大损失。托收行向 A 银行提出质疑,要其承担擅自放单之责任,但 A 银行以当地习惯抗辩,称当地认为 D/P 远期与 D/A 性质相同,推诿放单责任,拒绝承担义务。

【技能思考】

  请结合 D/P 和 D/A、票据的角度和出口商的角度综合作出分析。

■实践训练

【实训项目】

托收业务流程图

【实训情境设计】

广州云海进出口公司向英国 F 公司出口玩具一批,合同支付条款规定采用 D/P at sight,货款金额为 10 万美元。托收行是中国银行广州分行,汇入行是汇丰银行伦敦分行。合同支付条款规定采用 D/P at 30 days after sight。

【实训任务】

请画出该笔托收业务的流程图。

212

国际汇兑与结算

项目八
国际结算方式——信用证

■ **知识目标**

理解：信用证的概念、特点及作用；银行保函、备用信用证和福费廷的概念；

熟知：信用证业务流程的各个环节的工作要点；银行保函的主要内容；备用信用证的性质；国际保理的功能；福费廷业务流程；

掌握：信用证的开证形式与主要内容；进出口信用证结算实务。

■ **技能目标**

学生能够运用信用证的基本原理进行案例分析，具有实际的操作能力。

■ **情意目标**

学生能够具备读懂信用证的能力，理解信用证结算方式的应用问题，能够学会对各种信用证的识别、流程和具体运用。

■ **教学目标**

教师要培养学生在正确理解信用证的基本知识和《UCP600》条款的基础上，掌握信用证业务的实务操作技能，并能在出现国际贸易和国际结算纠纷时运用国际惯例解决实务问题。

【项目引例】

我国青岛某出口公司收到一份国外开来的信用证，在审核信用证无误后，青岛出口公司按信用证规定将5 000吨钢材装船起运，就在其将单据送交当地银行议付之际，突然接到开证行通知，称开证申请人已经破产倒闭，因此开证行不再承担付款责任。问：出口公司应如何处理？为什么？

分析：该出口公司应继续交单并要求银行对合格的单据履行付款职责。根据《UCP600》的相关规定，信用证属于银行信用，由开证行承担第一性的付款责任。开证行的付款责任独立于开证申请人之外，不因开证申请人的破产倒闭或拒付而免责。该案例中，开证申请人虽已破产倒闭，但只要开证行依然存在，就必须根据信用证的约定凭受益人提交的相符的单据付款，而不能免责。

213

任务一　信用证概述

一、信用证的概念

(一)信用证

信用证(Letter of credit,L/C),根据国际商会《跟单信用证统一惯例》的解释,信用证是指由银行(开证行)依照客户(申请人)的要求和指示或自己主动,在符合信用证条款的条件下,凭规定单据,向第三者(受益人)或其指定的人进行付款,或承兑和(或)支付受益人开立的汇票,或授权另一银行进行该项付款,或承兑和支付汇票,或授权另一银行议付。简言之,信用证是银行开立的一种有条件的承诺付款的书面文件,这里的"银行"指开立信用证的银行,"条件"是指受益人交来的单据与开证行开出的信用证中所要求的内容相一致,即"相符交单",如提单、发票、保险单等,"付款承诺"就是开证行自己或授权另一家银行对受益人进行付款、承兑、保证、议付。它强调开证行的付款或承兑必须是在受益人提供的信用证规定的并与信用证条款相符的单据的情况下才能进行,这表明信用证是一家银行对信用证受益人的有条件的付款承诺。

因此,跟单信用证方式是在商品交易双方商业信用的基础上,加上了开证行的信用。保兑信用证方式还加上了保兑银行的信用,从而增强了这一结算方式的可靠性。同时,还需要验证信用证的真实性和开证银行的支付能力,以及出口商的资信。在跟单信用证业务中,代表资金收付关系的汇票及/或发票的流动方向,与资金的流动方向相反。据此,信用证结算方式是逆汇方式。

(二)信用证的特点

1. 信用证方式属于银行信用,开证行负第一性付款责任

开证行负第一性付款责任是指出口商交来的单据要符合信用证条款,开证行不管进口商是否能够付款,在相符交单的条件下都必须付款给受益人或被指定银行。开证行承担了第一性的、首要的付款责任,而不能以开证申请人的情况为由,拒绝付款;而且,开证行对受益人的付款是终局性的,没有追索权,从而体现了信用证的银行信用。《UCP600》第七条 b 款规定:开证行自开立信用证之时起,即不可撤销地承担承付责任。

《UCP600》第八条规定:"保兑行自对信用证加具保兑之时起,即不可撤销地承担承付或议付的责任","只要规定的单据提交给保兑行,或提交给其他任何指定银行,并且构成相符交单,保兑行就必须承付或无追索权地议付"。在保兑信用证业务中,则由保兑银行承担第一性付款责任。

因此,信用证结算方式是以开证行(若有保兑行)的银行信用增强交易双方的商业信用。

2. 信用证是一项自足文件,不依附于贸易合同而独立存在

《UCP600》第四条规定:就性质而言,信用证与可能作为其开立基础的销售合同或其他合同是相互独立的交易,即使信用证中含有对此类合同的任何援引,银行也与该合同无关,且不受其约束。因此,银行关于承付、议付或履行信用证项下其他义务的承诺,不受申请人基于其与开证行或与受益人之间的关系而产生的任何请求或抗辩的影响。受益人在任何情况下,不得利用银行之间或申请人与开证行之间的合同关系。开证行应劝阻申请人试图将基础合同、形式发票等文件作为信用证组成部分的做法。

因此,在信用证业务中,当事人只受信用证条款的约束,不受贸易合同条款或开证申请书的约束。

3. 信用证业务处理的是单据而不是货物

《UCP600》第五条规定:银行处理的是单据,而不是单据可能涉及的货物、服务或履约行为。只要受益人交来的单据符合信用证条款,指定的银行就必须付款。因此,信用证交易把合同的货物交易转变成只管单据是否相符的单据交易。在保兑信用证业务中,保兑银行向受益人的付款依据,也能是信用证和信用证项下的单据,不能是开证行或开证申请人或其他任何的情况。

正是由于信用证的这一性质,《UCP600》第十四条 g 款规定:提交的非信用证所要求的单据将不予理会,并可被退还交单人。同条 h 款规定:如果信用证含有一项条件,但未规定用以表明该条件得到满足的单据,银行视为未作规定并不予理会。如果一份信用证上出现上述 h 款所指出的条款,则该条款就被称为"非单据条款"。通知行、议付行以至受益人可以不理会这样的非单据条款。

(三)信用证的作用

采用信用证支付方式,给进出口双方以及银行都带来了一定的好处。信用证在国际结算中的作用主要表现在以下几个方面:

1. 对出口商的作用

(1)保证出口商凭单取款

信用证支付所遵循的原则是单证严格相符,出口商提交的单据只要做到与信用证规定相符,银行就保证支付货款。在信用证支付方式下,出口商交货后不必担心进口商到时不付款,而是由银行承担付款责任,这种银行信用要比商业信用可靠。因此,信用证支付为出口商收取货款提供了较为安全的保障。

(2)保证出口商得到外汇

在严格实行外汇管制和进口管制的国家里,进口商要开立信用证,首先要得到本国外汇管理当局的批准,只有使用外汇的申请得到批准后,方能向银行提出开证的申请。这样,出口商若能按时收到信用证,就说明进口商已获得相关的外汇。因此,可以保证出口商履约后如期收到有关的外汇。

(3)可以取得资金融通

在出口商资金周转困难时,可凭进口商开来的信用证做抵押,向出口地银行申请打包贷款(packing credit),用以收购、加工、生产出口货物和打包装船;或出口商在收到信用证后,按规定办理货物出运,并将汇票和信用证规定的各种单据提交议付行议付,通过押汇可及时取得货款。这是出口地银行对出口商提供的资金融通,从而有利于资金周转,扩大出口。

2. 对进口商的作用

(1)保证取得代表货物所有权的单据

在信用证方式下,无论是开证行、付款行、保兑行的付款,还是议付行的议付货款都要对有关单据表面的真伪进行审核,只有单证相符、单单相符才履行付款义务。因此,可以保证进口商交付货款后，取得代表货物所有权的单据，特别是提单。

（2）保证按时、按质、按量收到货物

进口商可以通过信用证条款来控制和约束出口商交货的时间、交货的品质和数量，如在信用证中规定最迟的装运期以及要求出口商提供由信誉良好的公证机构出具的品质、数量或重量证明书等，从而保证进口商按时、按质、按量收到货物。

（3）提供资金融通

进口商在申请开证时，需要交纳一定的押金，有些国家的银行对信誉良好的开证人还可减免押金，而全部货款待单据到达后再支付，这样就减少了资金的占用。如采用远期信用证时，进口商还可凭信托收据向银行借单，先行提货、转售、使用，到期再向开证行支付货款，这就为进口商提供了资金融通的便利。

3. 对银行的作用

开证行接受开证申请人的开证申请后，即承担了开立信用证和履行付款的责任，这是银行以自己的信用做出的保证，是一种银行信用。因此，开证申请人在申请开证时要向银行交付一定的押金或担保品，为银行利用资金提供便利。此外，在信用证业务中，银行每提供一项服务均可取得一定的收益，如开证费、通知费、议付费、保兑费、修改费、利息、手续费等收入。

总之，信用证支付方式在进出口贸易中可起到以下两个作用：

（1）安全保证作用。信用证支付方式是一种银行信用，它把进口人履行的付款责任，转为由银行来履行，保证了出口方能迅速安全地收到货款，进口方能收到代表货物的单据，有效地缓解了买卖双方互不信任的矛盾，使进出口贸易能够顺利地进行。

（2）资金融通作用。在信用证业务中，银行不仅提供信用和服务，还可以通过打包贷款、叙做出口押汇向出口人融通资金；通过凭信托收据、叙做进口押汇向进口人融通资金。

二、信用证的当事人

（一）开证申请人（Applicant）

开证申请人是指向银行申请开立信用证的人，即进口人或实际买方。开证申请人的责任是：①完整、明确地填写开证申请书，即向开证行明确地指示所要开立的信用证的条款内容；②按照开证行的要求缴纳开证手续费和开证保证金；③若为交足开证保证金，则在开证行依全套符合信用证规定的单据向受益人付款后，向开证行补足所差款项，并赎得全套单据；其权利是：①要求开证行严格按照信用证要求审查受益人提交的单据，并仅对符合信用证规定的单据付款；②在有关情况发生较大变化时，可以要求开证行向受益人发出信用证修改书。

（二）受益人（Beneficiary）

受益人是指信用证上所指定的有权使用该证的人，即出口人或实际供货人。受益人的权利是：①有权审查信用证及信用证修改书的内容，并对其中认为不可接受的条款向开证行要求修改或删除；②有权依照信用证条款和条件提交汇票及/或单据要求取得信用证的款项；③受益人交单后，如遇到开证行倒闭，信用证无法兑现，则受益人有权向进出口商提出付款要求，进口商仍应负责付款。受益人的责任是：必须提交符合信用证条款规定的全套单据。

(三)开证行(Issuing bank)

开证行是指接受开证申请人的要求和指示或根据其自身的需要,开立信用证的银行。开证行一般是进口商所在地银行。开证行是以自己的名义对信用证下的义务负责的。具体地说,开证行的责任是:①按照开证申请书的内容,开立信用证;②受益人提交符合信用证规定的单据,由自己或者指定银行履行付款、承兑和/或延期付款;③在开证申请人或受益人提出修改信用证的要求,并认为其要求可接受的情况下,出具信用证修改书,并自修改书出具之时,就受修改书的约束,除非受益人拒绝了修改书;④在其他银行根据其开立的信用证办理了议付、付款之后,向这些银行偿付。开证行的权利是:①向开证申请人收取开证手续费和开证保证金;②对不符合信用证条款规定的单据,有权拒绝付款;③在受益人提交了符合信用证条款规定的单据情况下,若开证申请人未交或者未交足开证保证金却破产或进入破产程序,则开证行在向受益人付款后,有权处理该信用证项下的单据,以补偿自己对受益人的付款。

(四)通知行(Advising bank)

通知行是指受开证行的委托将信用证通知受益人的银行。通知行是受益人所在地的银行。其责任是:①验核信用证的真实性并及时澄清疑点;②及时向受益人通知或转递信用证。如通知行不能确定信用证的表面真实性,即无法核对信用证的签署或密押,则应毫不延误地告知从其收到指示的银行,说明其不能确定信用证的真实性。如通知行仍决定通知该信用证,则必须告知受益人它不能核对信用证的真实性;③若决定不通知信用证,则必须毫不延误地将该决定告知开证行。通知行的权利是:①向受益人收取通知费;②在开证行在信用证或其面函中要求通知行对信用证加具保兑时,可根据自己的考虑,决定是否接受该项要求,并将决定告知开证行。

(五)保兑行(Confirming bank)。

《UCP600》第二条规定:保兑行指根据开证行的授权或要求对信用证加具保兑的银行,保兑指保兑行在开证行承诺之外做出的承付或议付相符交单的确定承诺。未接受开证行对其开立的信用证加具保兑请求的银行,不能称为保兑行。保兑行的权利是:①向开证行收取保兑费;②决定是否将自己的保兑责任扩展到开证行出具的修改书的条款,但必须把自己的决定通知开证行和受益人;③审查受益人提交的单据是否符合信用证的要求;④在单据符合信用证规定、并向受益人支付了款项后,有权向开证行要求偿付所付款项以及有关的利息。保兑行的主要责任是:①接受受益人提交的符合信用证条款规定单据,并向受益人终局性地支付信用证所承诺的款项;②通过通知行向受益人传递信用证修改书,若在通知修改书时,未特别声明其保兑责任仅限于信用证原条款范围,则表明其保兑责任已延展到所通知的修改书条款。

(六)议付行(Negotiating bank)

议付银行是指根据开证行的授权买入或贴现受益人提交的符合信用证规定的汇票及/或单据的银行。议付行的责任是:①按照信用证条款的规定,审查受益人提交的全套单据;②在确认受益人提交的单据符合信用证条款规定后,向受益人办理议付;③在办理议付后,向开证行、或保兑行、或信用证指定的银行寄单索偿。其权利是:①向受益人收取议付费;②如果开证行发现单据不符信用证要求的情况存在,拒绝偿付,则议付行向受益人行使追索权。

（七）付款行（Paying bank）

付款银行是开证行授权进行信用证项下付款或承兑并支付受益人出具的汇票的银行。通常，付款银行就是开证行，也可以是开证行指定的另一家银行。如果开证行资信不佳，付款行有权拒绝代为付款。但是，付款行一旦付款，即不得向受益人追索，而只能向开证行索偿。

（八）偿付行（Reimbursing bank）

偿付行是开证行指定的对议付行或付款行、承兑行进行偿付的代理人。为了方便结算，开证行有时委托另一家有账户关系的银行代其向议付行、付款行或承兑行偿付，偿付行偿付后再向开证行索偿，偿付行的费用以及利息损失一般由开证行承担。偿付行不接受和审查单据，因此如事后开证行发现单证不符，只能向索偿行追索而不能向偿付行追索。如果偿付行没有对索偿行履行付款义务，开证行有责任向索偿行支付索偿行向受益人支付的款项及有关的利息（见图8-1）。

偿付授权书

REIMBURSEMENT AUTHORIZATION ON LETTER OF CREDIT

To: Reimbursement Unit　　　　Date:____
　　　　　　　　　　　　　　letter of credit No.___
　　　　　　　　　　　　　　For$ ____Valid until___

Gentlemen:

We have advised the above sight/usance through__ designating you as the reimbursing bank.

Please honour reimbursement requestes by debiting our account with you as follows:

(　)All charges are for our account.

(　)All charges are for beneficiary's account.

(　)Accept drafts at ___ days after date/sight.

Acceptance commission and discount charges (if any) are for our/beneficiary's account.

(　)Special instructions

　　　　　　　　　　　　　　　　　　Yours very truly_____

图8-1　偿付授权书

（九）承兑行（Accepting bank）

远期信用证如要求受益人出具远期汇票的，会指定一家银行作为受票行，由它对远期汇票做出承兑，这就是承兑行。如果承兑行不是开证行，承兑后又最后不能履行付款，开证行应负最后付款的责任。若单证相符，而承兑行不承兑汇票，开证行可指示受益人另开具以开证行为受票人的远期汇票，由开证行承兑并到期付款。承兑行付款后向开证行要求偿付。

三、信用证的开证形式与主要内容

（一）信用证的开证形式

根据信用证开立方式不同，可将信用证分为信开信用证和电开信用证。

1. 信开信用证

信开信用证就是开证行缮制成信函格式、并通过邮寄方式送达通知行的信用证。信开信用证是开证的通常形式。信用证的英文名称为"Letter of credit"，就是因为信用证初创时是采用信函形式开立的。信开信用证一般是开立正本一份，副本数份，其中正本和一份副本以邮寄方式寄给通知行,经通知行审证后,其中正本交付给受益人,供其办理随后各项手续所用,副本供通知行存档备查。另一份副本交申请人供其核对,以便发现有与开证申请书不符或其他问题时,可及时修改。

2. 电开信用证

电开信用证就是用电讯方式开立和通知的信用证,电开信用证所用电讯方法一般可以是电报、电传或 SWIFT 方式。通知行收到电开信用证,需复制一份作为副本存档备查。电开信用证可分为简电开本和全电开本。

(1)简电开立信用证(brief cable)。即将信用证金额、有效期等主要内容用电文预先通知出口商,目的是使出口商早日备货。

传统的电开信用证发出后,开证行往往还通过通知行,向受益人发出一份"电报证实书(Cable Confirmation)",供受益人核对原先的简电开证。通知行应在收到的电报证实书上显眼处加盖"电报证实书"的印戳,提醒受益人不能将电报证实书错当又一份信用证,而重复出运货物。

由于通信技术的发展和电信费用的降低,一般电开本信用证记载的内容也日趋完整全面,因此,《UCP600》第十一条 a 款规定:"以经证实的电讯方式发出的信用证或信用证修改即被视为有效的信用证或修改文据,任何后续的邮寄确认书应被不予理会。如电讯声明'详情后告'(若类似用语)或声明以邮寄确认书为有效的信用证或修改,则该电讯不被视为有效的信用证或修改。开证行必须随即不迟延地开立有效的信用证或修改,其条款不得与该电讯矛盾。"

(2)全电开立信用证(full cable)。是开证行以电文形式开出的内容完整的信用证。开证行一般会在电文中注明"This is an operative instrument no airmail confirmation to follow.",后面不注有"随寄证实书"字样。这样的信用证有效,可以凭以交单议付。由于电讯技术的发展,特别是各国从事国际结算的中等以上的商业银行基本上都参加了SWIFT,全电开证已经成为普遍使用的方式。

(二)信用证的主要内容

信用证上记载的事项必须明确、完整,否则会导致当事人之间的纠纷。现在各开证行的开证格式基本参照的是"最新标准跟单信用证格式"。跟单信用证的样本如表 8-1 所示。

表 8-1　　　　　　　　　　　跟单信用证的样本

MT700　　Issue of a Documentary Credit	Page 00001	
BASIC HEADER	F01 BKCHCNBJA400 1253 409337	
APPLICATION HEADER	0 710 1503 050316 BSCHHKHHA 3486 119921 050316 1503 N	
	＊NATIONAL AUSTRALIA BANK, SYDNEY	
	＊SYDNEY	
	＊INTERNATIONAL TRADE PROCESSING	
USER HEADER	SERVICE CODE 103:	
	BANK. PRIORITY 113:	

表8-1(续)

	MSG USER REF. 108:	
	INFO. FROM CI 115:	
SEQUENCE OF TOTAL	*27:	1/1
FORM OF DOC. CREDIT	*40A:	IRREVOCABLE
DOC. CREDIT NUMBER	*20:	9052BTY0512004
DATE OF ISSUE	31C:	150323
APPLICABLE RULES	*40E:	UCP LATEST VERSION
DATE AND PLACE OF EXPIRY	*31D:	DATE 150425 PLACECHINA
APPLICANT	*50:	AUSTRALIA INTERNATIONAL TRADING CO. LTD. 3/27 - 29 RICHARDSON AVENUE, GLENELG NORTH, ADELAIDE, AUSTRALIA
BENEFICIARY	*59A:	TONGCHUANG WIRE MESH FACTORY 1602 WIRE MESH WORLD BUILDING ANPING COUNTY HEBEI, CHINA
CURRENCY CADE, AMOUNT	*32B:	CURRENCY USD AMOUNT 10 654. 56
AVAILABLE WITH···BY···	*41D:	ANY BANK BY NEGOTIATION
DRAFTS AT···	42C:	SIGHT
	42A:	CTBAAU2SITS
DRAWEE		* NATIONAL AUSTRALIA BANK, SYDNEY * SYDNEY
PARTIAL SHIPMENTS	43P:	NOT ALLOWED
TRANSHIPMENT	43T:	ALLOWED
PORT OF LOADING	44E:	QINHUANGDAO, HEBEI
PORT OF DISCHARGE	44F:	MELBORNE, AUSTRALIA
LATEST DATE OF SHIPMENT	44C:	150415
DESCRIPTION OF GOODS	45A:	STAINLESS STEEL WIRE MESH, CIF MELBORNE
DOCUMENTS REQUIRED	46A:	

(1) COMMERCIAL INVOICE IN DUPLICAT

(2) PACKING LIST IN DUPLICAT

(3) FUMIGATION CERTIFICATE IN DUPLICATE

(4) INSURANCE POLICIES OR CERTIFICATES ENDORSED IN BLANK, COVERING INSTITUTE CARGO CLAUSES(A), INSTITUTE WAR CLAUSES(CARGO), AND INSTITUTE STRIKES CLARSES (CARGO), FOR NOT LESS THAN THE FULL INVOICE VALUE PLUS 10 PERCENT

表8-1（续）

(5)FULL SET OF CLEAN"ON BOARD" BILL OF LADING TO THE ORDER OF SHIPPER ENDORSED IN BLANK MARKED"PREIGHT PREPAID"AND NOTIFY APPLICANT	
ADDITIONAL COND. 47A:	
(1)TELEGRAPHIC TRANSFER REIMBURESEMENT CLAIMS ARE SPECIFICALLY PROHIBITED UNDER THIS CREDIT	
(2)DISCREPANCY FEE OF USD 35.00 WILL BE DEDUCTED FROM THE PROCEEDS OF EACH PESENTATION OF DISCREPANT DOCUMENT	
(3)THE AMOUNT OF EACH DRAFT MUST BE ENDORSED ON THE REVERSE OF THIS CREDIT BY THE NEGOTIATING BANK	
DETAILS OF CHARGES	71B: ALL BANK CHARGES OUTSIDE AUSTRALIA ARE FOR ACCOUNT OF BENEFICIARY.
PRESENTATION PERIOD	48: DOCUMENTS MUST BE PRESENTED AT PLACE OF EXPIRATION WITHIN 15 DAYS OF ON BOARD DATE OF BILL OF LADING.
CONFIRMATION	*49: WITHOUT
REIMBURSING BANK	53A: CTBAAU2SITS *NATIONAL AUSTRALIA BANK *SYDNEY
INSTRUCTIONS	78:
DRAFTS AND DOCUMENTS ARE TO BE SENT IN ONE LOT BY COURIER TONATIONAL AUSTRALIA BANK PBS TRADE SERVICES, 343 GEORGE ST, SYDNEY NSW 2000, AUSTRALIA. WE HEREBY UNDERTAKE THAT PAYMENT WILL BE MADE, IN ACCORDANCE WITH YOUR INSTRUCTIONS, UPON PRSENTATION OF DRAFTS AND DOCUMENTS DRAWN IN CONFORMITY WITH THE TERMS AND CONDITIONS OF THIS CREDIT.	
TRAILER	:MAC:48E8293E CHK:656F2B15C677

信用证内容主要包括：

（1）开证行名称。

（2）信用证类型；《UCP600》第七条规定，从 2007 年 7 月 1 日《UCP600》实施起，从形式上讲，不能再有可撤销信用证。

（3）开证行的信用证编号；凡随后有关该信用证的文件、单据等，都应加注信用证的号码，以便于查对和办理相关手续。

（4）开证地点和日期。开证地点是指开证行所在地；开证日期是指信用证开立的日期。

（5）有效日期和地点：①有效日期，即受益人提交单据的最后期限，超过这一期限开证行就不再承担付款责任，也称为到期日，所有信用证都应规定到期日。信用证若未规定其有效期限，则该信用证无效。此外，信用证还应规定最迟装运日和最迟交单。若信用证中未规定最迟交单日，可默认为装运（以运输单据签发日为凭）后 21 天内交单，但必须是在信用证有效期内。国际商会认为，一份信用证规定的最迟装运日期到信用证有效到期日之间的天数，正好是该信用证规定的最迟交单期，则该信用证是好的信用证。②有效地点，即交单地点，也称到期地，它是单据必须在到期日或之前进行提示的地点。一般为开证行指定的银行所在地。最好是出口地银行,以便受益人掌握交单取款的时间。如果有效地点是开证行,受益人应考虑能否接受该规定,因为受益人必须在到期日前,使单据到达开证行,但受益人很难控制单据的邮寄时间,也就有可能造成信用证过期失效。

(6)申请人的名称和地址。

(7)受益人,可使用以信用证出口商品并提交相关单据向开证行要求付款的当事人的名称和地址。

(8)通知行。此处填写将信用证通知给受益人的银行名称和地址,参考编号下面不应填写任何其他内容(此处仅供通知行使用)。

(9)金额,包括货币名称和具体金额。金额应分别由大写和小写表示,在整数大写金额后面,要加"only",以防涂改。货币名称使用标准化国际三字符代码,如 USD、GBP、JPY等。若金额前有 About、Approximately、Circa 等词语,表示允许有 10%的增减幅度。

(10)指定银行及信用证的可用性。信用证在此处要表明指定银行及其可用性的细节。①指定银行。指定银行可以是保兑行、付款行、承兑行或议付行。②信用证类型。信用证类型是按信用证的使用方式即受益人兑现信用证的方式划分的。所有的信用证必须清楚地表明,该证适用于即期付款、延期付款、承兑或议付的其中一种。方法是在所选中项目的小方格加注"X"来表示。③受益人的汇票。如果信用证的条款明确要求出具汇票,在此小方格标上"X",同时表明汇票的受票人和汇票的到期日。有一点非常重要,即汇票的受票人不应是开证申请人。

(11)分批装运。可以在允许或不允许的方格内标上"X",以表明申请人对受益人装运货物时的要求。

(12)转运。《UCP600》第十九条"涵盖至少两种不同运输方式的运输单据"的 b 款规定:转运指在从信用证规定的发送、接管或发运地点至最终目的地的运输过程中,从某一运输工具上卸下货物,并装上另一运输工具的行为(无论其是否为不同的运输方式)。c 款规定:ⅰ.运输单据可以表明货物将要或可能被转运,只要全程运输由同一运输单据涵盖;ⅱ.即使信用证禁止转运,注明将要或者可能发生转运的运输单据仍可接受。《UCP600》第二十三条 b、c 款和第二十四条 d、e 款也分别对空运单据和公路、铁路或内河水运单据规定有相同意思的条款。

《UCP600》从第十九条到第二十七条用了大量的篇幅规定了各种运输单据及对运输单据内容的处理规范。特别应注意有关转运和分期装运的定义及其应用的条文。

(13)买方投保。仅在信用证不要求提交保险单据,而且申请人表示他已经或将要为货物投保时,方可在此方格内标上"X"。根据国际商会的《2000 年国际贸易术语解释通则》的解释,在交易采用海洋运输方式时双方选择 FAS、FOB 或 CFR 价格,或采用其他运输方式时双方选择 EXW、FCA 或 CPT 价格情况下,都应该由进口商自行办理货物运输的投保手续。在这些情况下,信用证的这一栏目中,就应该在方格内标上"X"。

(14)信用证中的装运条款通常是:

(From)……

运至(For Transportation to)……

不得迟于(Not Later than)……

起运地指发货人将货物交给承运人或其代理人的地方。当货物从一个内陆国家运出或起运地为内陆时,及货物采用联合运输、空运、陆运和邮包形式运送时,起运地不应规定一个海港装运,而要根据《UCP600》的条款处理。目的地必须清楚,避免缩写、模糊用语。要求起运地和目的地必须使用全称,因为不是每个人都知道"P.R.C.(中国)"的含义。也不能使用诸如 main ports、west European ports 等表达不具体的港口。"Not later than"的意思是"on or before",即包括所指定的日期在内;若信用证用"from"、"before"或"after",按《UCP600》第三条的解释,分别表示"从……开始"、"在……之前"或"在……之后",则都不包括所提到的日期。而根据《UCP600》第三条的解释,"to"、"until"、"till"、"from"及"between"等词语用于确定发运日期时包含所提及的日期;"on or about"或类似用语则应视为规定的事件发生在指定日期的前后五个日历日之间,起讫日期计算在内。

对于实际装运日期的认定,《UCP600》第十九条 a 款第二项规定"运输单据的出具日期将被视为发运、接管或装船的日期";《UCP600》第二十条 a 款第二项也规定"提单的出具日期将被视为发运日期";随后的第二十一条关于不可转让的海运单、第二十二条的关于租船合同提单、第二十三条关于空运单据、第二十四条关于公路、铁路或内陆水运单据和第二十五条关于快递收据、邮政收据或投邮证明,都有相应的规定,相关的单据签发日期将被视为发运日期。

(15)~(21)中间空白处用来填写信用证要求受益人提交的各种单据的具体内容。

(15)货物描述。①货物描述应尽可能地简洁明了,货物描述不应罗列过多细节。应避免在信用证中所要求的单据无法获得,或规定的细节不能在一种或几种单据中实现。②数量和价格。货物数量前面有 About、Approximately、Circa 或类似词语,则数量有 10%增减幅度,如以重量、长度、容积作为数量,则有 5%增减幅度。相关的贸易术语,例如:CIF Rotterdam,CFR New York,FOB Hamburg 应作为信用证条款和条件的一部分加以规定,且最好包括在货物描述中。

(16)规定的单据。信用证一般列明需要提交的单据,分别说明单据的名称、份数和具体要求(正本还是副本、出单人、有关内容等)。单据应按下述顺序列出:商业发票、运输单据、保险单据、其他单据,例如产地证明书、分析证明书、装箱单、重量单等。

(17)商业发票。除非信用证另有规定,必须表面看来是由信用证指定的受益人出具,必须以申请人的名称为抬头,且无须签字;必须表明货物描述与信用证的描述相符。

(18)运输单据。《UCP600》第十九条至第二十七条明确了对各种运输单据的要求,以及可接受或拒受何种运输单据的理由。

(19)保险单据。①保险单据种类。《UCP600》第二十八条规定,保险单据,例如保险单或预约保险项下的保险证明书或者声明书,必须看似由保险公司或承保人或其代理人或代表出具并签署的。如果保险单据表明其以多份正本出具,所有正本均须提交。从长期的业务中看,凡信用证要求提交保险单,受益人就不能以保险凭证替代;如果要求提交保险凭证,受益人则可以提交保险单或保险凭证两者中的任何一种。但暂保单将不被接受。保险金额,除非信用证另有规定,保险单据必须使用与信用证同样的货币,其最低投保金额是:货物的 CIF 价(成本、保险加运费)或 CIP 价(运费和保险费付至指定目的地)之金额加 10%,但这仅限于能从单据表面确定 CIF 或 CIP 的价值的情况。否则,银行将接受的最低投保金额为信用证要求付款、承兑或议付金额的 110%,或发票金额的 110%,两者之中取金额较大者。申请人可有理由另行规定,例如,他可以希望:要求不同的最低百分比,确立一个固定的百分比 ,确立一个最低和最高的百分比。②险别。按照《UCP600》第二十八条,如果规定保险单据,信用证应规定所投保的险别及附加险。如果信用证使用诸如"通常险别"或"惯常险别"以及类似的不明确的用语,则无论是否有漏保的风险,保险单据将被照样接受。信用证规定"投保一切险"时,开证行就应知道,按《UCP600》第三十六条规定,银行将接受下列保险单据:含有任何"一切险"的批注或条文,无论是否带有"一切险"的标题,即使保险单据表明不包括某种险别,银行对于没有投保的任何险别概不负责。

(20)其他单据。对上述单据之外的其他单据的要求,如商品检验证书、产地证、装箱单、重量单、已装运通知等。

(21)特别条件。在实务中开证行使用特别条款说明与《UCP600》精神相悖的一些特别要求,信用证特别条款通常表示:银行费用由谁承担条款和有关装运的特别规定。如限制某国籍船只装运,装运船只不允许在某港口停靠或不允许采取某航线、佣金条款等。但这些条件应当要求受益人提交相应单据或者在某特定单据上必须对这样特别条件有所说明。否则,这样的条款将被视为"非单据条款"而不被理会。

(22)交单期限。《UCP600》第六条 d 款第一项规定:信用证必须规定一个交单的截止日。规定的承付或议付的截止日将被视为交单的截止日。《UCP600》第十四条 c 款规定:如果单据中包含一份或多份受第十九、二十、二十一、二十二、二十三、二十四或二十五条规定的正本运输单据,则须由受益人或其代表在不迟于本惯例所指的发运日之后的二十一个日历日内交单,但是在任何情况下都不得迟于信用证的截止日。"

(23)第一,通知指示(仅用于"致通知行的通知书")。"X"标注将放在三个小方格中的一个,表示通知行是否被要求在通知信用证时:①不要加上它的保兑;②加上它的保兑;③如受益人要求时,它被授权加上其保兑。《UCP600》第八条 d 款规定:如果开证行授权或要求另一银行对信用证加具保兑,而其并不准备照办,则其必须毫不延迟地通知开证行,并可通知此信用证而不加保兑。

第二,银行间的指示(仅用于"致通知行的通知书")。①开证行应在此处表明,依照《UCP600》第十三条 a、b 及 c 款的规定,信用证所指定的付款、承兑或议付的银行为何处、如何及何时获得偿付,例如:a.借记我行开设在你行的账户;b.我行将贷记你行开设在我行的账户;c.向××行索偿(开证行的代理行,即偿付行)。②如果付款、承兑或议付银行为另一家银行索偿时,应注意《UCP600》第十三条的规定。

(24)页数。开证行必须注明所开出信用证的页数。

(25)签字开证行在"致通知行的通知书"和"致受益人的通知书"上都要签字。

在实务操作中,信用证大多都是采取 Telex、SWIFT 等形式开具。Telex(电传)开具的信用证费用较高,手续繁琐,条款文句缺乏统一性,容易造成误解。SWIFT 信用证内容具有方便、迅速、安全、格式统一、条款明确的特点,而在实务中被广泛使用。SWIFT 是环球银行间金融电讯协会(Society for Worldwide Interbank Financial Telecomunication)的简称。该组织是一个国际银行同业间非盈利性的国际合作组织,专门从事于各国之间非公开性的国际间的金融业电讯业务,凡采用 SWIFT 信用证,必须遵守 SWIFT 使用手册的规定,使用 SWIFT 手册规定的代号(Tag),现以 SWIFT 信用证为例介绍其代号。目前开立SWIFT 信用证的格式代号为 MT700 和 MT701,以下对 MT700 格式做简单介绍。我国银行在电开信用证或收到的信用证电开本中,SWIFT 信用证也占了很大比例。部分开证格式如表 8-2 所示。

表 8-2 　　　　　　　　　　　　MT700 的部分开证格式

M/O 项目类型	Tag 代号	Field Name 栏位名称	Content/Options 内容
M	27	Sequence of Total 合计次序	信用证的页次
M	40A	Form of Documentary Credit 跟单信用证类别	信用证的类型
M	20	Documentary Credit Number 信用证号码	开证行编制的流水号
O	23	Reference to Pre-Advice 预通知的编号	预先通知号码
O	31C	Date of Issue 开证日期	信用证开立的日期
M	31D	Date and Place of Expiry 到期日及地点	信用证规定的最迟提交单据的日期和地点
O	51a	Applicant Bank 申请人的银行	开立信用证的银行的名称和代码
M	50	Applicant 申请人	一般为进口商的名称和地址
M	59	Beneficiary 受益人	一般为出口商的名称和地址
M	32B	Currency Code, Amount 币别代号、金额	开证行承担付款责任的最高限额和币种
O	39A	Percentage Credit Amount Tolerance 信用证金额加减百分比	信用证金额上下浮动允许的最大范围）该项目的表达方法较为特殊,数值表示百分比的数值,如:5/5,表示上下浮动最大为5%
O	39B	Maximum Credit Amount 最高信用证金额	信用证最大限制金额
O	39C	Additional Amounts Covered 可附加金额	额外金额,表示信用证所涉及的保险费、利息、运费等金额
M	41A	Available With···By··· 向···银行押汇,押汇方式为···	指定的有关银行及信用证总付的方式
O	42C	Drafts at··· 汇票期限	汇票付款日期,必须与42A同时出现
O	42A	Drawee 付款人	汇票付款人名称,必须与42C同时出现。
O	42M	Mixed Payment Details 混合付款指示	混合付款条款
O	42P	Deferred Payment Details 延迟付款指示	迟期付款条款
O	43P	Partial Shipments 分批装运	表示该信用证的货物是否可以分批装运

225

表8-2(续)

M/O 项目类型	Tag 代号	Field Name 栏位名称	Content/Options 内容
O	43T	Transshipment 转运	表示该信用证是直接到达,还是通过转运到达
O	44A	Loading on Board/Dispatch/Taking in Change at/from··· 由···装船/发运/接管地点	装船、发运和接收监管的地点
O	44B	For Transportation to··· 装运至···	货物发运的最终地
O	44C	Latest Date of Shipment 最后装运日	装船的最迟的日期,44C 与 44D 不能同时出现
O	44D	Shipment Period 装运期间	船期
O	45A	Description of Goods and/or Services 货物描述及/或交易条件	(货物描述)货物的情况、价格条款。
O	46A	Documents Required 应具备单据	各种单据的要求
O	47A	Additional Conditions 附加条件	特别条款
O	71B	Charges 费用	表明费用是否有受益人(出口商)出,如果没有这一条,表示除了议付费、转让费以外,其他各种费用由开信用证的申请人(进口商)支付
O	48	Period for Presentation 交单期限	信用证项下全套单据必须提交的期限
M	49	Confirmation Instructions 保兑指示	开证行是否要求保兑的指示
O	53A	Reimbursement Bank 清算银行	偿付行
O	78	Instructions to the Paying/Accepting/Negotiation Bank 对付款/承兑/议付银行之指示	开证行对付款行、承兑行、议付行的指示
O	57A	"Advise Through" Bank 通知银行	通知行
O	72	Sender to Receiver Information 银行间的通知	附言

任务二 信用证的种类

在国际结算中信用证种类很多,从不同的角度可划分为不同的种类。一份信用证可以具有多种信用证的特征。如一份信用证可以同时具备即期的、不可撤销的、加具保兑的、可转让的、可循环的特征。每一种信用证都是与进出口业务的实际需要紧密联系在一起的,在实际应用中要注意选择适用。

一、光票信用证和跟单信用证

(一)光票信用证(Cash/Clean Credit)

光票信用证是指不随附单据的信用证,其主要用于非贸易项下,随着国际结算方式的不断演变和发展,其功能已被旅行支票和信用卡取代,现在已经很少见到。光票信用证的主要内容是:申请人向银行申请开立信用证,并交受益人,受益人可在信用证有效期内,在信用证总额的范围内,一次或数次向指定银行凭汇票或支取收据支取现金。

(二)跟单信用证(Documentary Letter of Credit)

在付款、承兑和议付时,需要随附商业发票、商品检验证书、产地证、装箱单、保险单(若交易双方以 CIF、CIP 等由出口方办理货物运输保险手续)、运输单据等商业单据,并视情况决定是否需要汇票的信用证。国际贸易结算中使用的信用证绝大多数是跟单信用证。跟单信用证的核心是单据,银行通过掌握物权单据来掌握货权,通过转移物权单据转移物权,根据单据提供贸易信贷,保证付款,促进国际贸易的发展。

二、不可撤销信用证(Irrevocable L/C)

不可撤销信用证,是指信用证一经开出,即使开证申请人提出修改或撤销的要求,如果未征得开证行、保兑行(如有)以及受益人同意,信用证既不得修改也不能撤销。对不可撤销的信用证而言,在其规定的单据全部提交指定银行或开证行,并符合信用证条款的条件下,便构成开证行一项确定的付款保证,即只要受益人提供与信用条款相符的单据,开证行必须履行其付款责任。因此,不可撤销信用证较好地体现了跟单信用证作为一项合同,其当事双方——开证行与受益人的平等地位,对受益人收取货款较有保障,在国际贸易中,当选择信用证结算方式时,普遍要求使用不可撤销信用证。

但要注意信用证业务的实践,确实有一些信用证在形式上是"不可撤销"的,但却包含了软条款,或使信用证生效受限,或使开证行不承担本应由其承担的信用证责任。

对于信用证中所有的软条款,受益人都必须要求开证行删除或修改,以确认信用证的不可撤销性。

三、保兑信用证和不保兑信用证

(一)保兑信用证(Confirmed L/C)

保兑信用证,是指开证行开出的信用证,由另一家银行保证对符合信用证条款规定的单据履行付款义务。换句话说,一份信用证上除了有开证银行确定的付款保证外,还有另一家银行确定的付款保证。这家参加保兑、承担保兑责任的银行称为保兑行,保兑行通常是通知行,但也可以是其他银行。

保兑信用证的产生,主要是由于受益人一般在对开证行的资信不够了解或不信任,或对进口国家的政治或经济形势有所顾虑,因此很可能提出保兑要求;另外,有的开证行,由于自身实力有限,担心自己所开出的信用证不被受益人接受或不易被其他行议付,可能主动要求另一家银行对该信用证加具保兑。被授权对信用证加具保兑的银行可以不保兑该信用证,但必须将自己的决定及时告知开证行。信用证经另一家银行保兑后,对出口方受益人而言,就取得了两家银行的付款保证。按《UCP600》第八条 B 款规定,信用证一经保兑,即构成保兑行在开证行以外的一项确定承诺。《UCP600》第八条 a 款规定,保兑行对信用证所负担的责任与信用证开证行所负担的责任相当。即当信用证所规定的单据提交到保兑行或任何一家指定银行时,在完全符合信用证规定的情况下则构成保兑行在开证行之外的确定承诺。保兑行在付款后,即使开证行倒闭或无理拒付,保兑行对受益人也没有追索权。UCP 第八条 c 款规定:其他指定银行承付或议付相符交单,并将单据转往保兑行之后,保兑行即承担偿付该指定银行的责任。无论另一家被指定是否于到期日期前,已经对相符提示予以预付或者购买,对于承兑或延期付款信用证项下相符交单的金额的偿付在到期日办理。保兑行偿付另一家被指定银行的承诺独立于保兑行对于受益人的承诺。

信用证加保兑的做法:

(1)开证行在给通知行的信用证通知书中授权另一家(通知行)在信用证上加保,如"Adding your confirmation."。

(2)通知行以加批注等方法列入信用证条款,以示该信用证具有保兑功能,如"This Credit is confirmed by us."。

银行只能对不可撤销信用证加具自己的保兑。保兑行有权决定是否将自己的保兑责任延展到信用证的修改书条款,并将自己的决定在传递修改书的同时,通知开证行和受益人。因此,受益人要注意保兑行的保兑责任是否延展到修改书的条款。

若保兑行是出口地银行,则受益人必须向保兑行交单;若保兑行不是出口地银行,则受益人在向出口地银行交单时应提请接受交单的银行,必须向保兑行寄单索偿或索汇,而不能绕开保兑行径向开证行寄单索汇或索偿。

(二)不保兑信用证(Unconfirmed L/C)

不保兑信用证,是指没有另外一家银行加以保证兑付的信用证,即仅有开证行承担付款责任。在国际上使用的信用证中绝大多数是不保兑信用证,因为只要开证行信誉好,付款就是有保证的。加保兑只是非正常情况下的变通做法。

四、即期付款信用证、延期付款信用证、承兑信用证和议付信用证

(一)即期付款信用证(Sight Payment Credit)

即期付款信用证是指定一家银行凭受益人提交的单证相符的单据立即付款的信用证。这种信用证一般有"L/C is available by payment at sight"等类似词句,或者开证行在信用证上表明支付方式的栏目"by payment at sight"前的框格中打上"X"号。即期付款信用证的受益人将单据交给指定付款行,经审核单据相符付款。

由开证行充当付款银行的即期付款信用证被称为"直接付款信用证(straight credit)"。这种信用证所使用的货币通常是开证行所在国的货币。当信用证使用货币并非开证行所在国货币时,开证行就需要指定其本身在该货币结算中心的账户行作为被指定的付款银行。如果付款行不是开证行时,付款行在付款后寄单给开证行索偿或按规定方式索偿款项,该付款的银行也可称为代付行。即期付款信用证可以规定需要或不需要汇票。如需要提供汇票,则汇票付款人应是开证行或被指定的付款行。开证行验单后对受益人的付款是无追索权的。被指定的付款行凭受益人的汇票付款后,也没有追索权,但可以用快捷的办法向开证行索偿,且应于索偿同日起息。

（二）延期付款信用证（Deferred Payment Credit）

延期付款信用证，是指开证行在信用证上规定货物装运后若干天付款或交单后若干天付款的信用证。这种信用证一般有"L/C is available by deferred payment at XX days after date of or sight…"等类似词句，或者开证行在信用证上表明支付方式的栏目"by deferred payment at…"前的框格内打上"X"号。

使用这种信用证是基于买卖双方签订的远期合同。延期付款信用证不要求受益人开立汇票。这是开证申请人为了避免承担其国内印花税的负担而提出的。但因此，受益人就不可能利用远期票据贴现市场的资金，如需资金只能自行垫款或向银行借款。由于银行贷款利息高于贴现利率，这种信用证的货物成交价要比银行承兑远期信用证方式的货价略有提高。

为了预防可能的被欺诈风险，未经开证行授权，在延期付款信用证项下，被指定银行不宜对受益人提供融资。而受益人则可通过要求开证行提供另一家银行（如在不由开证行担任付款行时的付款行或偿付行）对该延期付款信用证加具保兑，来降低风险。

（三）承兑信用证（Acceptance Credit）

承兑信用证是指规定出具远期汇票，受益人将远期跟单汇票提交给汇票付款行，经审单相符，该行在汇票上履行承兑行为，并在确定的到期日付款的信用证。开证行在信用证上表明支付方式的栏目"by acceptance of draft at…"前的框格内打上"X"号，就表明该信用证为承兑信用证。承兑信用证项下，受益人必须签发汇票，信用证应在随后条款中明确汇票的受票人和付款时间等内容，而受票人不能是开证申请人。

承兑信用证的特点是在承兑前，银行对受益人的权利与义务是以信用证为依据，承兑后单据与汇票脱离。承兑银行成为汇票的承兑人，按票据法的规定应对出票人、背书人、持票人承担付款的责任。如果承兑行不是开证行，承兑行则寄单至开证行索偿，说明汇票承兑及到期日，于到期日付款。如果受益人急需要资金，可以提前要求承兑行贴现取得货款，但要扣除贴现息。承兑信用证的开出往往是基于买卖双方的远期付款的合同。

在实务中，信用证所指定的付款行在承兑该信用证所要求的汇票后，并不将已承兑的汇票通过寄单行寄还出票的受益人，而是向受益人发出承兑通知书或承兑通知电，并自行保存汇票于承兑到期日付款，以避免已承兑汇票在寄送过程中发生遗失等事故给最终付款造成困难。受益人收到承兑电或承兑书后，如欲加速资金周转，可以凭承兑电或承兑书向商业银行或贴现公司办理贴现，但相关的商业银行或贴现公司却无法利用这样的承兑电或承兑书办理再贴现。

（四）议付信用证（Negotiable Credit）

1. 议付信用证的概念

《UCP600》第二条规定：议付意指被指定银行在相符交单下，在其应偿付的银行工作日当日或之前，通过向受益人垫付或者同意垫付款项的方式，购买相符交单项下的汇票（其付款人为被指定银行之外的银行）及/或单据的行为。开证行在信用证上表明支付方式的栏目"by negotiation"前的框格内打上"X"号，即表明该信用证为议付信用证。议付信用证项下，若开证申请人要规避其国内印花税的需求，则要求受益人不签发汇票。

议付信用证是指受益人在发运货物后可将跟单汇票或不带汇票的全套单据交给银行，请求其垫付票款的信用证。出口地银行经审单确认受益人已满足相符交单的要求，即可根据受益人的申请购买汇票、单据,垫款扣除从议付日到预计收款日的利息、议付费、单据邮寄及电讯等费用(若该信用证在此前也由议付行通知受益人,而暂未向受益人收取信用证通知费,则此时应一并收取)后将净款付给受益人,并背批信用证,然后按信用证规定单寄开证行,向开证行或偿付行索偿。银行这种付出对价的行为就是议付(Negotiation),在我国俗称"出口押汇"。当开证行以确凿的理由说明受益人提交的单据存在不符点时,议付银行对受益人的议付有追索权。但如果保兑行议付,则对受益人无追索权。议付后,银行根据信用证规定寄出汇票、单据索偿。

2. 议付信用证的种类

(1)按是否限定由某一家被指定的银行议付,议付信用证可分为限制议付信用证和自由议付信用证。

①限制议付信用证(restricted negotiable L/C),是指只能由开证行在信用证中指定的银行进行议付的信用证。限制议付信用证通常有"This credit is restricted with XXX bank by negotiation."等类似文句。产生限制议付信用证的原因可能是多方面的,其中最主要一点是开证行为了给自己在受益人所在国家的分支机构、联行或代理行带来业务收入。限制议付信用证使受益人丧失了自由选择议付行的权利,对受益人不利;不仅如此,若开证行指定的限制议付的银行远离受益人所在地,将给受益人带来许多不便,增加受益人的成本和费用,还可能延误交单。一家银行经常开立限制议付信用证,也可能导致未被其选择为议付行的代理行采取"投桃报李"的对待,结果将影响正常与代理行的业务往来。因此,实务中,限制议付信用证的使用较有限。

②自由议付信用证(freely negotiable L/C)是指可以在任何银行议付的信用证,也被称为公开议付信用证(open negotiable L/C)。信用证中通常有"This credit is available with any bank by negotiation."等文句,根据自由议付信用证,受益人可持相关单据就近向任何办理国际结算的商业银行提交,委托其办理结算。这对受益人很方便,因此,在贸易洽商时,若双方选择以议付信用证方式办理结算,出口商可要求进口商申请开立自由议付信用证。

(2)《UCP600》第二条中对"议付"所下的定义包括了"向受益人垫付或者同意垫付款项,购买相符交单项下的汇票及/或单据的行为"两种情况,按议付行向受益人实际预付信用证规定款项的时间划分,则议付信用证可分为即期议付信用证和远期议付信用证。这是《UCP600》对《UCP500》相关规定的一项变动,《UCP600》不再像《UCP500》那样强调"仅审核单据而未付给对价并不构成议付"。信用证的一般业务程序如图8-2所示。

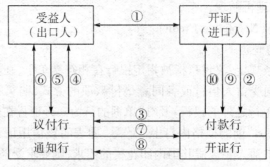

图8-2 跟单议付信用证工作流程

说明：

①进口人(开证人)与出口人(受益人)订立买卖合同，规定以信用证方式支付货款。

②进口人向当地银行提出申请，填写开证申请书，交纳押金或提供其他担保，请开证行开证。

③开证行根据申请书内容，向出口人(受益人)开出信用证，并寄发给通知行请其通知受益人。

④通知行核对印鉴(或密押)无误后，将信用证通知受益人。

⑤出口人(受益人)审核信用证与合同相符后，按信用证规定装运货物，并备齐各项货运单据，开立汇票，在信用证有效期内送交当地银行(议付银行)请求议付。

⑥议付银行按信用证条款审核单据无误后，按照汇票金额扣除利息，把货款垫付给受益人(押汇)。

⑦议付行将汇票和货运单据寄开证行或其指定的付款行索偿。

⑧开证行或其指定的付款行核对单据无误后，付款给议付行。

⑨开证行通知开证人付款赎单，开证人验单无误后付清货款。

⑩开证行将货运单据送交进口人(开证人)。

五、假远期信用证(Usance Credit Payable at Sight)

假远期信用证，是指在买卖双方商定以即期信用证付款的交易中，开证申请人出于某种需要，要求受益人开具远期汇票，但受益人可以即期收到足额款项，由开证申请人承担贴现利息和有关费用的信用证。因此，假远期信用证也被称为买方远期信用证(buyer's usance L/C)。判断一个信用证是否为假远期信用证，通常是根据信用证是否具有"远期信用证可即期议付"等内容的条款来确定，信用证中通常有以下类似内容的条款：

"Usance draft can be negotiated at sight , discount and acceptance fee will for account of the applicant.";

"Usance draft can be negotiated at sight , interest will be bore by the buyer.";"Usance draft under this credit can be negotiated at sight.";

"Draft at 180 days after sight… This credit must be negotiated at sight basis."。

(一)假远期信用证与普通远期信用证和即期信用证、远期信用证的区别

(1)假远期信用证项下的买卖合同规定的支付条件一般为即期信用证付款。远期信用证的买卖合同的支付条件则明确规定以远期信用证方式付款；

(2)假远期信用证和远期信用证均要求开立远期汇票，即期信用证则规定开立即期汇票或不使用汇票；

(3)假远期信用证规定汇票的贴现利息及承兑手续费等费用概由开证申请人负担。远期信用证的远期汇票由于收汇而产生利息、贴现息等一般由受益人负担，即期信用证没有贴现利息等问题；

(4)假远期信用证和即期信用证能即期收汇，而远期信用证不能即期收汇；

(5)即期信用证项下，申请人即期付款赎单，远期信用证和假远期信用证项下，申请人在到期日付款。

（二）使用假远期信用证的原因

（1）一些国家的银行利息一般较商人之间的借贷利息低，进口商使用假远期信用证，就是充分利用银行信用和较低的贴现息来融通资金，减轻费用负担，降低进口成本；

（2）一些国家由于外汇较紧张，外汇管理条例规定进口交易一律须远期付款。因此，银行只能对外开立远期信用证。在即期付款的交易中，进口商就采用远期信用证，而愿意承担贴现息、利息和费用的假远期做法。

（三）使用假远期信用证应注意的问题

（1）要审核来证中假远期条款。如来证明确规定开证银行负责即期付款或远期汇票可以在国外贴现，所有贴现利息及费用均由开证申请人或开证银行负担的，一般可以接受；

（2）有的来证虽规定开证申请人负担利息及有关费用，但远期汇票不能贴现，待汇票到期一并收取本息，由于这种信用证实质是"远期加利息"而非"假远期"，特别是利息率不明确的，应该慎重考虑；

（3）如来证仅规定受益人可以即期收汇而没有明确何方负担有关费用，应要求开证申请人明确责任后，再给予考虑。

六、可转让信用证和不可转让信用证

（一）可转让信用证（Transferable L/C）

可转让信用证是指信用证的受益人（第一受益人）可以要求授权付款、承担延期付款责任、承兑或方针的银行（统称"转让行"），或当信用证是自由议付时，可以要求信用证中特别授权的转让行，将该信用证全部或部分转让给一个或数个受益人（第二受益人）使用的信用证。

在国际贸易实务中，可转让信用证的第一受益人通常是中间商，他们利用其国际交往关系向国外进口商出售商品，自己并非实际供货人。中间商与国外进口商成交后，将信用证转让给实际供货人办理装运交货，以便从中赚取差价利润。中间商要求国外进口商开立可转让信用证，是为了转让给实际供货人。但是，信用证的此类转让并不等于销售合同的转让，倘若信用证的受让人（即第二受益人）不能按时交货，或提交的单据有不符点，第一受益人仍应对销售合同规定的卖方义务负连带责任。

1.《UCP600》第三十八条对可转让信用证的规定

（1）银行无办理信用证转让的义务，除非其明确同意。

（2）只在开证行在其开立的信用证中明确注明可转让（"transferable"）的信用证才能转让，类似文句有"This Credit is Transferable"或"Transfer to be Allowed"；可转让信用证可应受益人（第一受益人）的要求，通过银行办理转让，转为全部或部分由另一受益人（第二受益人）兑用。

（3）信用证中若使用诸如"Divisible"、"Fractionable"、"Assignable"、"Transmissible"等用语，并不能使信用证可转让，因此银行可不予理会。

（4）信用证通常只能转让一次，即由第一受益人转让给第二受益人；已转让信用证不得应第二受益人的要求转让给任何其后受益人。第一受益人不视为其后受益人。而且，只要信用证不禁止分批装运或分批支款，可转让信用证可以分为若干部分分别转让，这些转让的总和将被视为只构成信用证的一次转让。

（5）可转让信用证必须通过银行办理,而不能由第一受益人自行转让给第二受益人。应第一受益人要求办理可转让信用证转让手续的银行被称为转让行。开证行可以特别授权某银行为办理信用证转让,也可以由自己担任转让行。既非开证行、也非保兑行的转让行没有对该信用证承担付款或议付责任。

（6）信用证只能按原证中规定的条款转让,但对于信用证金额、货物单价、信用证的到期日、最后交单日、装运期限这5项中的任何一项或全部均可以减少或提前;而对于必须投保的保险金额比例可以增加。此外,还可以用第一受益人名称代替原证中的开证申请人名称,但若原证中明确要求原申请人的名称应在除发票以外的单据上出现时,必须要求照办。

（7）若信用证允许部分支款或部分发运,该信用证可分部分地转让给数名第二受益人。

（8）在信用证转让后,第一受益人有权以自己的发票替换第二受益人的发票,其金额不得超过信用证规定的原金额;若信用证规定了单价,应按原单价开具发票。经替换发票后第一受益人可以在信用证项支取其自己的发票与第二受益人之间的可能差价。第二受益人或代表第二受益人的交单必须交给转让行。

（9）如果第一受益人应提交自己的发票和汇票(若有的话),但未能在第一次要求时照办,或第一受益人提交的发票导致了第二受益人的交单中本不存在的不符点,而其未能在第一次要求时修正,转让行有权将从第二受益人处收到的单据照交开证行,并不再对第一受益人承担责任。

（10）除非另有约定,第一受益人必须承担转让信用证的有关各项费用;并且在第一受益人未付清这些费用之前,转让行没有办理转让的义务。

（11）可转让信用证转让给多个第二受益人之后,如有修改,则一个或多个第二受益人接受或拒绝对信用证的修改,不影响其他第二受益人拒绝或接受对信用证的修改;换言之,若某一已转让信用证有两个或多个第二受益人,则允许这些第二受益人对该信用证的修改持有不同的态度——接受或拒绝。

在实务中,可转让信用证上一定要加"THIRD PARTY DOCUMENTS ACCEPTABLE",这样受让人(第二受益人)的名称、地址就可以出现在单据里。如果受让人是国内的一家出口商,提单上可以作为SHIPPER,在产地证上也可以作为SHIPPER,就可以办理产地证。

2. 可转让信用证业务流程

可转让信用证业务处理中,涉及的当事人及业务流程相对复杂。转让行就是通知行或议付行并且由转让行兼做第二受益人的通知行或议付行的情况下,可转让信用证的业务流程大致有下列几个环节:

（1）中间商分别与进口商和实际供货人签订贸易合同。

（2）进口商根据合同规定,申请开立可转让信用证。

（3）开证行开出可转让信用证。

（4）通知行将可转让信用证通知中间商(第一受益人)。

（5）中间商(第一受益人)向转让行提出转让信用证。

（6）转让行将信用证转让并通知实际供货人(第二受益人)。

（7）实际供货人(第二受益人)将货物出运后,备齐单据向议付行交单。

(8)议付行通知中间商(第一受益人)替换发票和汇票。

(9)中间商(第一受益人)替换发票和汇票要求议付。

(10)议付行向开证行交单索汇。

(11)开证行对单证审核无误后付款或偿付。

(12)开证行通知进口商付款赎单。

（二）不可转让信用证（Non-Transferable L/C）

不可转让信用证是指信用证项下的权利只能是受益人本人享有,不能以转让形式给他人使用。若受益人不能执行信用证条件,信用证只能作废。凡未注明"可转让(transferable)"字样的信用证都是不可转让信用证。

七、背对背信用证（Back to Back L/C）

背对背信用证,又称为对应信用证(Counter L/C),是指中间商收到进口方开来的、以其为受益人的原始信用证(Original L/C,又称为主要信用证 Master L/C)后,要求原通知行或其他银行以原始信用证为基础,另外开立一张内容相似的、以其为开证申请人、开给另一受益人的新的信用证。在国际贸易中,主要是在信用证不允许转让的情况下,或者实际供货人不接受买方国家银行信用证作为收款保障时,出口中间商凭以他为受益人的、国外开立的信用证作为抵押品,要求他的往来银行开立以实际供货人为受益人的信用证。例如,香港地区中间商收到了一出口孟加拉国的纺织面料的信用证,但真正的供货商在内地,于是,香港中间商以该孟加拉国的信用证作抵押,向香港某银行申请要求开立以自己为开证申请人、内地的供货商为受益人的信用证,新证的内容与孟加拉国的来证内容相似,则该新证就是背对背信用证。

对应信用证与原始信用证相比较,所要求的商品是同样的,一般都要求使用中性包装,以便中间商做必要改装或再加工;若该商品属于易损商品,则数量上可能略多,以备若有损耗,可以满足原始信用证的要求。就两证本身比较,对应信用证金额和商品单价均应低于原始信用证,以便中间商有利可图;对应信用证有效期、最迟装运期和最迟交单期都应早于原始信用证,以便中间商的再加工和办理商品转口手续。

可转让信用证与背对背信用证的区别如下：

（1）可转让信用证是将以出口商为受益人的信用证全部或一部分转让给供货人,允许供货人使用。可转让信用证是一份信用证。而背对背信用证则与原证完全是两个独立的信用证,两者同时存在。

（2）可转让信用证的权利转让要以开证申请人及开证银行准许为前提;而背对背信用证的开立则与原证开证申请人及开证银行无关。可转让信用证的受让人,即第二受益人,与第一受益人居于同等地位,均可获得开证银行的付款保证;而背对背信用证的受益人不能获得原证开证行的付款保证,只能得到背对背信用证开证银行的付款保证。

（3）可使用可转让信用证的银行如果开出新证,不因信用证转让而改变该行的地位或增加其责任;而背对背信用证如果经通知行开立,则其地位即改变为背对背信用证的开证行。

（4）国际商会的《UCP600》第三十八条对可转让信用证的限制,对背对背信用证就起不了作用。背对背信用证一般用于由于某些限制而不能开立可转让信用证的情况,或者是用于当开证申请人不打算开立可转让信用证的情况。

（5）可转让信用证的转让条款内容受到原信用证的一定约束,而背对背信用证的条款可变动的幅度则大得多。

背对背信用证的信用证开立、传递流程如图8-3所示：

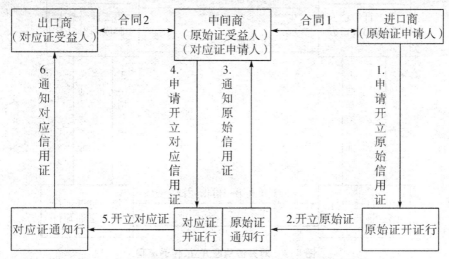

图8-3　背对背信用证开立、传递流程

八、对开信用证(Reciprocal L/C)

对开信用证是指两张信用证的开证申请人互以对方为受益人而开立的信用证。开立这种信用证是为了达到贸易平衡,以防止对方只出不进或只进不出。第一张信用证的受益人就是第二张信用证(也称回头证)的开证申请人;同时,第一张信用证的开证申请人就是回头证的受益人。其信用证的通知行也往往就是回头证的开证行。

这种信用证一般用于来料加工、补偿贸易和易货交易。当对开信用证用于易货贸易时,两张信用证的金额相等或大体相等,而且两证的种类一样,两份信用证的有效期、最迟装运期和最迟交单期一样或相近,以督促双方同时或在相近时间内出运货物和向银行交单,通过相互对抵,完成结算。若对开信用证用于加工贸易,则两证金额必然有一定的差距,这差距就是受委托加工方的加工费的毛收入。两证要求规定对方受益人出运商品的最迟装运期和交单期必然有先有后,而信用证本身又要同时到期,以便对抵后由委托方向加工方支付加工费——即两份信用证金额的差额,因此,这两份信用证规定的期限种类必然不同,如加工方通过银行向委托方开出的是远期信用证,而委托方开出的则是即期信用证。对开信用证两证可同时互开,也可先后开立。

对开信用证的生效方法是:①两张信用证同时生效。第一证先开出暂不生效,俟对方开来回头证,经受益人接受后,通知对方银行,两证同时生效。②两张信用证分别生效。第一证开立后立即生效,回头证以后另开,或第一证的受益人,在交单议付时,附有一份担保书,保证在若干时间内开出以第一证开证申请人为受益人的回头证。分别生效的对开信用证只有在易货双方互相信任的情况下才会开立,否则先开证的一方要承担对方不开证的风险。对开信用证的流程如图8-4所示。

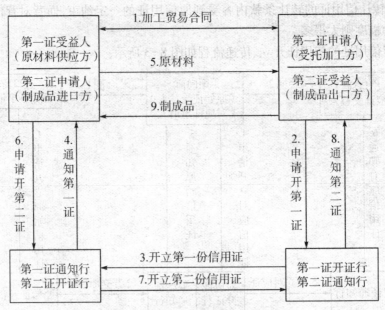

图 8-4 对开信用证开立、传递流程

对开信用证与背对背信用证有某些类似之处：各有两份信用证,其中某一份信用证的受益人又是另一份信用证的开证申请人。但两者的区别也是显而易见的：

（1）贸易背景不同。背对背信用证通常在中间商参与的转口贸易下使用;而对开信用证通常在易货贸易或者加工贸易中使用,并且一般不存在中间商的参与,是进出口双方的直接贸易。

（2）信用证中货物的名称不同。背对背信用证中,前后两个信用证的货物名称相同,只是装运期、有效期等与货物本身无关的条款,以及货物的单价、总价格等不同;而对开信用证前后两个信用证的货物不同。

（3）信用证生效的要求不同。背对背信用证前后两个信用证的生效时间是确定的,只要开立信用证,就已生效,而对开信用证的生效时间是不确定的,开立了信用证,未必一定生效,需要根据信用证的条款规定来判断生效时间。换言之,背对背信用证是彼此相关但又互相独立的两份信用证,而对开信用证则是彼此互相依存的两份信用证。

（4）对开的两份信用证申请人分别就是对方申请开立的信用证的受益人,而背对背信用证只有中间商才既是原始信用证的受益人,又是对应信用证的申请人,最初的出口商和最终的进口商则分别只是对应信用证的受益人和原始信用证的申请人。

九、循环信用证(Revolving L/C)

循环信用证是指信用证的全部或部分金额使用后,仍可恢复原金额继续多次使用的信用证。国际贸易中买卖双方订立长期合同,分批交货,进口商为节省开证费用和减少手续,常利用循环信用证方式结算。它对出口商来说,也可以减少逐笔催证和审证手续,保证收回全部货款。循环信用证的特点是:信用证被出口商全部或部分利用后,能够重新恢复原信用证的金额而即可再使用,周而复始,一直到规定的循环次数或规定的总金额达到为止。

循环信用证有按时间循环和按金额循环两种。

按时间循环的信用证是受益人在一定时间内(如一个月)可支取信用证规定的金额,支取后在下次的一定时间内仍可再次支取。

按金额循环的信用证是受益人在一定的金额使用完毕后,仍可在信用证规定的条件下,恢复支取一定的金额。

此外,循环信用证还可分为积累循环信用证和非积累循环信用。即上次未用完的余额可以移至下次合并使用的信用证为积累循环信用证(Cumulative Revolving L/C);上次余额不能移至下次合并使用的信用证为非积累循环信用证(Non-Cumulative Revolving L/C)。其具体的循环方式有三种:

(1)自动循环使用:出口商可按月(或按一定时期)支取一定金额,不必等待开证行的通知,信用证就可在每次支款后自动恢复到原金额。

(2)非自动循环使用:出口商每次支取货款后,必须等待开证行的通知,才能使信用证恢复到原金额再加以利用。

(3)半自动式循环使用:出口商每一次支取货款后,经过若干天,如果开证行未提出不能恢复原金额的通知,信用证即自动恢复原金额。

十、预支信用证(Anticipatory Credit)

预支信用证允许出口商在装货交单前可以支取部分或全部货款。由于预支款是出口商收购及包装货物所用,预支信用证又叫打包放款信用证(Packing L/C)。申请开立预支信用证的进口商往往需要开证行在信用证中加列预支条款。根据允许预支货款的条件的不同,部分预支信用证可分为红条款信用证(Red Clause L/C)和绿条款信用证。其有关允许受益人预支信用证部分金额的条款分别以红色或绿色书写或打印,使之更醒目。红条款信用证提供预支款项的方式可以是以货款垫付或以议付方式预先购买受益人的单据。待受益人向垫款的银行提交信用证规定的单据时,垫款的银行可从正式议付金额中扣回原先垫款及垫款期间的利息,将所余的净额付给受益人。若受益人届时不能向垫款的银行提交信用证规定的单据,垫款的银行可向开证银行追索垫付的款项。绿条款信用证要求受益人在货物装运前以提供预支款项的银行的名义,将货物存入仓库,并将存仓单据交给垫款银行,以支取预支款项。银行则凭受益人开立的汇票(或收据)及货物存仓单,向受益人垫款。若受益人届时不能向垫款的银行交单,则银行可以通过处理上述的存仓单,收回所垫付的款项。

银行按信用证规定应受益人请求预支款项后,往往要求受益人把正本信用证交出,以控制受益人向该行交单。如果受益人预支了款项却未发货交单,预支行可以要求开证行偿付。开证行偿付后再向开证申请人追索。由于有这种风险,进口商只有对出口商资信十分了解或在出口商是可靠、稳定的贸易伙伴时,才会向开证行提出开立预支信用证的要求。

237

任务三　进出口信用证结算实务

一、进、出口商双方经洽商签订交易合同

进出口商双方经洽商签订合同。合同除规定交易的商品种类、数量、品质、价格条件、运输、保险、交付时间、检验、索赔、仲裁等事项的一致意见外，还需要明确该笔交易以信用证方式办理结算，以及所选择的信用证的种类、金额、付款期限、到期日、进口商通过当地银行开立信用证的最迟时间以及信用证的主要内容等。

二、进口商向当地银行申请开立信用证

进口商必须在合同所要求的或合同签订后的合理期限内，向当地信誉良好的商业银行申请开立以出口商为受益人的信用证。在这个环节上，进口商（开证申请人）要办理以下手续：

（一）确定申请开立信用证的前提条件

申请开立信用证的前提条件是本笔业务须符合国家的贸易管制政策和外汇管制政策。例如，进口商品属于我国许可证管辖范围内的，应提供许可证或登记证明、机电产品登记表等；申请人属于外汇管理局需要进行"真实性审查"的企业，或不在外汇管理局公布的"进口单位名录"的企业，需要提供国家外汇管理局或其分支机构出具的备案表等。

（二）选择开证行、填写开证申请书

进口商一般是在自己的开户行中选择信誉较好的作开证银行，这样做，容易被受益人接受，并减少可能产生的费用。

开证申请书（Application for Issuing Letter of Credit）既是开证行开立信用证的根据，又是开证行与开证申请人之间法律性的书面契约，它规定了开证申请人与开证行的责任（见图8-5）。

开证申请书主要依据贸易合同中的有关主要条款填制，申请人填制后最好连同合同副本一并提交银行，供银行参考、核对。但信用证一经开立则独立于合同，因而在填写开证申请时应审慎查核合同的主要条款，并将其列入申请书中。

（三）填写开证担保书

开证时申请人必须与开证行签订"开证担保协议"。"开证担保协议"一般由开证银行根据信用证业务的惯例，事先印就格式供申请人在需要时填写。

三、开证行开出信用证和修改信用证

开证行如接受申请人的开证申请，就必须在合理的工作日内开出信用证，信用证交通知行通知受益人。

（一）开证银行审查开证申请人的申请开证文件

（1）审查开证申请书。重点审核：①申请书的内容有无违反国际惯例的条款；②申请人的英文名称与所递交申请的企业名称是否相符；③受益人名称地址是否齐全；④开证的金额大小写是否一致；⑤货物描述中的单价、货量及总价是否相符合；⑥货物名称及规格是否齐全；⑦申请书中所要求的单据条款有无自相矛盾之处；⑧严格审核信用证

IRREVOCABLE DOCUMENTRY CREDIT APPLICATION

TO: BANK OF CHINA   Date:

Beneficiary(name and address)	L/C No.
	Ex-Card No.
	Contract No.
	Date and place of expiry of the credit

Partial shipments	Transshipments	□Issue by airmail
□allowed □not allowed	□allowed □not allowed	□With brief advice by teletransmisson
Loading on board /dispatch/taking in charge at/from		□Issue by express delivery
Not later than		Amount (both in figures and words)
For transportation to		

Description of goods:	Credit available with
	□by sight payment □by acceptance
	□by negotiation
	□by deferred payment at against the documents detailed herein
	□and beneficiary's draft for % of the invoice value
	at on
Packing:	□FOB □C&F □CIF
	□or other terms

Documents required:(marked with x)

1.   (   )Signed Commercial Invoice in copies indicating L/C No.   and Contract No.   .
2.   (   )Full set of clean on board ocean Bills of Lading make out to order and blank endorsed, marked "freight[ ]to collect/[ ]prepaid[ ]showing freight amount" notifying   .
3.   (   )Air waybills showing "freight[ ]to collect/[ ]prepaid[ ]indicating freight amount" and consigned to
4.   (   )Memorandum issued by   consigned to
5.   (   )Insurance Policy Certificate in copies for   % of the invoice value showing claims payable in Chin in currency of the draft, blank endorsed, covering([ ]Ocean Marine Transportation/[ ]Air Transportation/[ ]Over Land Transportation)All Risks, War Risks.
6.   (   )Packing List/Weight memo in copies indicating quantity/gross and net weights of each package and packing conditions as called for by the L/C.
7.   (   )Certificate of Quantity/Weight in copies issued by an independent surveyor at the loading port, indicating the actual surveyed quantity/weight of shipped goods as well as the packing condition.
8.   (   )Certificate of Quantity in copies issued by[ ]manufacturer/[ ]public recognized surveyor[ ].
9.   (   )beneficiary's certified copy of cable/telex dispatched to the accountees within hours after shipment advising [ ]name of vessel/[ ]flight No./[ ]wagon No.   , date , quantity, weight and Value of shipment.
10. (   )Beneficiary's Certificate certifying that extra copies of the documents have been dispatched according to the contract terms.
11. (   )Shipping Co's certificate attesting that the carrying vessel is chartered or booked by accountee or their shipping agents:
12. (   )Other documents , if any:

Additional instructions:

1.(   )All banking charges outside the opening bank and are for beneficiary's account.
2.(   )Documents must be presented within days after the date of issuance of the transport documents but within the validity of this credit.
3.(   )Third party as shipper is not acceptable. Short Form/Blank Back B/L is not acceptable.
4.(   )both quantity and amount   % more or less are allowed.
5.(   )Prepaid freight drawn in excess of L/C amount is acceptable against presentation of original charges voucher issued by shipping Co./Air Line /or its agent:
6.(   )All documents to be forwarded in one cover , unless otherwise stated above.
7.(   )Other terms, if any:

Account No.:   with_____(name of bank)

Transacted by: (Applicant: name signature of authorized person)

Telephone No.:   (with seal)

图 8-5　不可撤销跟单信用证开证申请书

申请书上的附加条款及其他特别需要说明的条款；⑨审核申请书中有无公章、法人代表章和财务专用章；⑩开证申请人是否填明全称、地址、邮政编码以及联系电话、联系人等。

239

鉴于信用证是以规定的单据为业务办理的对象,《UCP600》第四条 b 款指出:开证行应劝阻申请人试图将基础合同、形式发票等文件作为信用证组成部分的做法。《UCP600》第十四条 h 款还规定:如果信用证含有一项条件,但未规定用以表明该条件得到满足的单据,银行视为未作规定并不予理会。因此,开证行在审查开证申请书时,应要求申请书对信用证条款内容都有相应的单据或相应单据需体现的内容为要求,而剔除没有达到上述要求的内容。

(2)审查开证申请人的资信情况。开证申请人的资信好坏,直接关系到开证银行受理该笔业务后,能否按照国际惯例顺利付款,以及开证银行自身资信会不会受到影响等。银行通过审核申请人的基本材料,可以了解申请人资信的基本情况。这些材料主要有:申请人的营业执照;进出口业务批件;企业组织机构代码;税务登记证;企业的各种印鉴,包括公章、法人章、财务专用章、业务专用章等。

(3)查验进口开证应提供的有效文件。检查根据国家有关外汇、外贸管理的规定,进口商应提交的有关文件及其文件的有效性和可靠性。

(二)审查该笔业务的贸易背景

银行在开立信用证前,应对该笔业务的贸易背景进行认真审核。一般情况下,开立信用证需要有贸易背景。要特别注意无贸易背景的信用证、热门商品及开立无货权凭证的信用证。

(三)落实开证抵押

开证抵押的方法主要有三种:

(1)收取保证金。开证申请人申请开证时,开证行通常收取一定额度或一定比例的现款保证金,以减少开证申请人的资金被占压的情况,同时降低开证行垫付资金的风险。对此类保证金,通常计付活期利息。若申请人在开证行有存款,则可以用存款作抵押。

(2)以出口信用证作抵押。用自有外汇支付货款的开证申请人,如果其资信较好,又有经常性的金额较大的出口业务,开证行可以用其出口信用证作抵押。但应注意的是,出口信用证的金额应当大于需支付的进口金额,且收款时间即信用证的有效期也必须早于付款时间。

(3)凭其他银行保函。开证行向申请人收取押金,目的是为了避免付款后得不到偿还的情况发生。因此,倘若申请人能够提交其他银行为其出具的保函,开证行也可以开证。

(四)开立跟单信用证

(1)开证行根据本身的代理行协议,正确选择国外通知行。为了有利于及时验核信用证的真实性和通知信用证,开证行应选择自己在受益人所在地的联行或代理行为通知行。

(2)开证之前每笔信用证都应在信用证开证登记本上进行登记、编号,登记内容包括:信用证号码、开证日期、开证货币及金额、通知行、开证申请人、合同号等。

(3)缮打信用证。根据申请人开证方式要求及开证申请书内容,选择正确的开证方式,并缮打信用证。

(4)复核信用证。信用证缮制完成后,应根据开证申请书的内容,逐一仔细审核,确保信用证内容完整、准确。经部门经理核签后,以 SWIFT 方式开出信用证。

(五)信用证的修改

由于交易的有关情况发生变化或者开证申请书条款与交易合同存在不一致或者信用证开立出现失误等原因,申请人或受益人可能要求开证行对已经开出的信用证进行修

改。开证行接受这一要求并修改信用证,应注意以下情况:

1. 信用证修改的生效

(1)《UCP600》第十条 b 款规定:开证行自发出修改之时起,即不可撤销地受其约束。

(2)同一条款还规定:保兑行可将其保兑扩展至修改,并自通知该修改之时起,即不可撤销地受其约束。但是,保兑行可以选择将修改通知受益人而不对其加具保兑。若如此,其必须毫不延误地将此告知开证行,并在其给受益人的通知中告知受益人。

以上条款表明,在开证行发出信用证修改和保兑行表明其保兑扩展至修改起,只要受益人未明确表示拒绝修改,则开证行和保兑行就受修改条款的约束。

(3)《UCP600》第十条 c 款规定:在受益人告知通知修改的银行接受修改之前,原信用证(或含有先前被接受的修改的信用证)的条款对受益人仍然有效。受益人应提供接受或拒绝修改的通知。如果受益人未能给予通知,当交单与信用证以及尚未表示接受的修改的要求一致时,即视为受益人已作出接受修改的通知,并且从此时起,该信用证即被修改。

(4)《UCP600》第十条 f 款规定:修改中关于除非受益人在某一时间内拒绝修改,否则修改生效的规定应不被理会。这就明确否定了曾经有过的所谓"默认接受"的说法。

以上条款表明,若受益人表态接受修改,则修改成立,开证行应按照修改后的信用证(即信用证上未被修改的条款仍然有效,被修改的条款则以修改后的条款为准)审查单据;若受益人拒绝修改,或者受益人未表示是否接受修改,则修改无效,开证行只能按照信用证原条款审查单据。

(5)《UCP600》第十条 e 款规定:对同一修改的内容不允许部分接受,部分接受将被视为拒绝修改的通知。如果受益人收到的修改书中有多项修改内容,受益人只愿接受其中部分,则必须通过通知行,向开证行表示拒绝该份修改,同时希望开证行另行开立一份修改,这后一份修改将只包含受益人愿意接受的修改条款。如果开证行按照受益人的要求,再次开立修改书,并传递给了受益人,为受益人所接受,则前一份修改不生效,而后一份修改生效。

(6)《UCP600》第三十八条 f 款规定:对于可转让信用证,如果信用证转让给数名第二受益人,其中一名或多名第二受益人拒绝对信用证的修改,并不影响其他第二受益人接受修改。对接受者而言该已转让的信用证即被相应修改,而对拒绝修改的第二受益人而言,该信用证未被修改。在出现这种情况时,开证行面临的随后审查不同第二受益人提交的单据所依据的信用证条款就将有所不同:对接受修改的第二受益人所提交的单据,要依据修改后的信用证条款,而对拒绝或未接受修改的第二受益人所提交的单据,则只能依据原信用证条款。这就说明,开证行开立可转让信用证的责任将明显增加。

(7)《UCP600》第九条 a 款指出:非保兑行的通知行通知信用证及修改时不承担承付或议付的责任。

2. 信用证修改的传递

信用证的修改必须通过原信用证的通知行通知受益人;《UCP600》第十条 d 款规定:通知修改的银行应将任何接受或拒绝的通知转告发出修改的银行。信用证的修改申请书如图 8-6 所示。

APPLICATION FOR AMENDMENT

TO:BANK OF TIANJIN

DATE OF AMENDMENT:

AMENDMENT TO OUR DOCUMENTARY CREDIT NUMBER:	NO.OF AMENDMENT
APPLICANT	ADVISING BANK
BENEFICIAR(BEFORE THE AMENDMENT)	AMOUNT

THE ABOVE MENTIONED CREDIT IS AMENDED AS FOLLOWS:

SHIPMENT DATE EXTENDED TO_____

EXPIRY DATE EXTENDED TO_____

AMOUNT INCREASE/DECREASE BY _____TO_____

OTHER TERMS:

BANKING CHARGES.

ALL OTHER TERMS AND CONDITIONS UNCHANGED.
AUTHORIZED SIGNATURE

图 8-6   信用证修改申请书

四、通知行审证及将信用证通知受益人

当通知行收到开证行信开或电开的信用后,应作好如下工作。

(一) 受理来证

通知行收到国外开来的信用证应立即核验印鉴或密押,并签收登记。一经核符,立即通知受益人。

《UCP600》第八条 c 款规定:通知行可以通过另一银行(第二通知行) 向受益人通知信用证及修改。第二通知行通知信用证或修改的行为表明其已确信收到的通知的表面真实性,并且其通知准确地反映了收到的信用证或修改的条款。之所以需要第二通知行,是因为有时开证申请人会应受益人的提请,向开证行提示通知行的名称,但该通知行并非开证行的代理行。为了有效地传递信用证,同时尊重申请人的指示,开证行就在选择自己的代理行的同时,嘱其再通过开证申请人指示的通知行将信用证传递给受益人。这时,信用证就将出现"advise through"另一家银行传递信用证的情况,这就表示,开证行授权第一通知行通过第二通知行(second advising bank)向受益人传递信用证。第二通知行的责任与第一通知行责任完全相同。

（二）审证

（1）信用证可接受性的审核。①审查来证国家是否与我国建立正式外交关系及对我国的政治态度。②审查开证行资信、实力、经营作风，要求开证行必须是我国银行的代理行或海外分行。对有风险的、信用证金额超过对其授信额度的来证，应分别情况，建议受益人向开证行提出以下要求：由第三家银行加保；加列允许电索条款；由偿付行确认偿付；要求改为分批装运；向通知行缴纳保证金；修改有关条款。所谓"授信额度"是指信用证金额与开证行的资产总额的比例。为了规避风险，一家银行所办理的任何一笔业务的金额都不应该超过其资产总额的一定比例。③审查信用证有无软条款。如发现有软条款，应对其划线以提请受益人注意和要求开证行修改或删除，使信用证正式生效和开证行确认自己的第一性付款责任。

（2）信用证可操作性的审核。①审核正、副本信用证号是否一致。②来证货币是否为我国有外汇牌价的可兑换货币，大小写金额是否一致。③来证条款之间、要求的单据之间是否存在矛盾。要求受益人提交的单据是否合理，受益人能否出具或在当地获得，如信用证要求受益人提交领事发票，若保留这一条款，受益人就不仅要增加许多费用——因为外国的大使馆都集中在首都，而大多数地方没有进口国的领事馆，受益人为得到进口国的领事发票就将增加不少费用支出，而且还很难掌握获得领事发票的准确时间，这就可能影响按时交单。④信用证的兑用方式，即信用证属于即期付款、延期付款、承兑或议付信用证中的哪一种。⑤信用证的有效到期地点。正常情况下，信用证的有效到期地点应在受益人所在国，即确认受益人在信用证规定的有效到期日在其所在地向指定银行交单为有效。⑥对出口地银行寄单方式、索汇/索偿的线路安排是否明确而合理。避免索汇线路迂回而延长索汇或索偿的时间，无形中减少本应得到的收益。⑦信用证上是否注明该证依据国际商会《UCP600》开立。在信用证上说明开立依据，已成为各国银行的普遍做法。⑧注意开证行对通知行加具保兑的安排。通知行应在全面审证的基础上，加强考核开证行的经营情况，权衡加具保兑的风险，以决定是否应开证行或受益人的要求加具保兑。一旦决定保兑与否之后，应尽快通知开证行和受益人。

（三）通知信用证

（1）编号与登记。信用证审核无误后，应编制信用证通知流水号，并在信用证上加盖"XX银行信用证专用通知章"，同时对信用证作接收登记。

（2）通知信用证。完成上述审查信用证后，缮制通知面函，并在1个工作日内通知受益人。

五、受益人按信用证的要求向指定银行交单

在审核信用证无误后，或者在开证行修改了原先信用证中受益人不能接受的条款后，受益人即可根据信用证要求在规定的期限内发货、制作单据。受益人缮制和备妥信用证规定的单据后，即可到银行交单。

受益人向银行交单，除了应备齐信用证规定的单据种类、份数外，还特别要注意信用证对交单时间的规定。举例如下：某信用证规定的信用证有效到期日为某年的8月14日，有效到期地点为受益人所在国家（城市），最迟装运日期为当年的7月31日，最迟交单期为货物装运后14天，并且不能晚于信用证的有效到期日。受益人于当年7月20日完成货物装运，并得到承运人当天签发的运输单据。那么，该项信用证业务中，受益人向

当地银行交单的最后日期只能是当年 8 月 3 日。

《UCP600》第二十九条 a 款规定:如果信用证的截止日或最迟交单日适逢接受交单的银行非因第三十六条所述原因(不可抗力)而歇业,则截止日或最迟交单日,视何者适用,将顺延至重新开业的第一个营业日。b 款要求:如果在顺延后的第一个银行工作日交单,被指定银行必须在其致开证行或保兑行的面函中声明是在根据第二十九条 a 款顺延的期限内提交的。c 款规定上述的情况不适用于对最迟装运日的确定。

受益人在确认全部单据备齐后,可填写银行提供的空白的交单联系单,并附上全部单据向银行交单。

六、出口地银行审查受益人提交的单据并向开证行寄单索汇

(一) 出口地银行接受受益人提交的单据

出口地银行受理单据。面对受益人提交的单据,出口地银行对照"客户交单联系单"上的记载,进行一一清点并登记,特别是正本单据的种类和各自的份数。《UCP600》第三条规定:单据可以通过书签、摹样签字、穿孔签字、印戳、符号表示的方式签署,也可以通过其他任何机械或电子的证实方法签署。在点收受益人提交的单据的同时,要对照同时提交的信用证及修改(若有,并被受益人接受),确认两者之间不存在矛盾。然后可以在客户交单联系单上做相应的批注。

(二) 出口地银行审单

1. 审单的步骤

审单的步骤包括:①信用证有效性的审核。审核出口商随单据提供的信用证是否系信用证正本(对副本或复制信用证一律不予接受),信用证修改书及其附件是否齐全、有效期是否已过、金额是否用完。②清点单据。清点随信用证提供的单据种类、正本份数,以确认所提供的单据是否符合信用证要求。③以信用证为中心,按信用证条款从上到下、从左至右逐条对照单据,仔细审核,以确定信用证内容能在单据上得到体现。审单过程中,若发现有不符点,应及时记录,并根据具体情况联系修改或采取其他安全收汇措施。④以发票为中心,审核其他单据,确保单单相符。

2. 审单的标准

《UCP600》第十四条 a 款规定:按指定行事的被指定银行、保兑行(若有的话)及开证行须审核所提交的单据,并仅基于单据本身确定其是否在表面上构成相符交单。《UCP600》第二条规定:相符交单指与信用证条款、本惯例的相关适用条款以及国际标准银行实务一致的交单。具体来说,银行审核信用证项下单据的标准可以归纳成以下四句话:"单证相符,单单相符,符合法律,符合常规"。同时,交单时间也应该符合信用证规定。

"单证相符",就是以信用证及修改(若有,并被受益人接受)条款为依据,逐一地审查其规定受益人提交的单据,要求这些单据的种类、份数、具体内容以及交单的行为都符合信用证及修改(若有的话)条款的规定。这是银行的纵审。

"单单相符",就是以商业发票为中心,审核各项商业和金融单据,要求同一份信用证项下的所有单据的相关内容一致或不矛盾。这是银行的横审。

"符合法律",是指对于已经有相关法律对单据的规定,信用证上往往可能不另加规定或不再提及。尽管如此,在审核信用证项下的单据时,还是要根据相关法律要求来审

核有关单据。

"符合常规",是指对于在国际贸易中的常规性的要求,尽管信用证上没有相应的条款规定,但审核信用证项下单据时,也不能忽略这些常规性的要求。

交单时间要符合信用证的规定。信用证对受益人履约的时间规定了以下三点:①信用证的有效到期日;②受益人最迟装运日期;③受益人向指定银行最迟提交单据的日期。前两项具体规定了某年、月、日,第三项则包括两点:①在信用证的有效期内;②货物装运后(以运输单据签发日期为据)次日起算的若干天内。例如,某信用证规定,该信用证的有效到期日为某年4月30日(有效到期地点为受益人所在地),最迟装运期为当年4月16日,要求受益人在货物装运后的14天内向银行交单。若受益人较早已备好货并联系好装运,货物于当年4月5日完成装运,并得到承运人签发的正本运输单据,则该受益人必须在当月19日之前向银行提交全套合格的单据,若到当月20日或迟于当月20日向银行交单,即使没有超过信用证的有效到期日(当月30日),由于交单日期距离完成货物装运日期超过了14天,虽然各项单据的种类、正本的份数以及单据上的文字记载都符合信用证规定,仍然要被判断为没有满足"相符交单"的要求。

在横审和纵审中,一旦发现单据中存在不符点,应及时记录到审单记录表上。

3. 发现单据不符点后的处理

出口地银行在审核单据中,如果发现存在与信用证条款不一致或信用证的规定不能在单据上得到证实或单据之间彼此矛盾等现象,都将被视为单据存在不符点。在实务操作中,有些不符点是可以避免或通过更正或重制来满足相符的要求。但由于客观情况的变化,例如船只误期、航程变更、意外事故等,使得差错无法避免,以及存在不符点的单据并非受益人制作,这种不符点无法通过采取上述手段消除,这时可供选择的方案如下:

(1)由受益人授权寄单。这是指在受益人授权下,将带有不符点的单据以等待批准方式寄送给开证行(保兑行——若有的话)。由开证行(保兑行)审查单据后决定是否接受单据。

(2)电提方式。如果不符单据已无法更改,单据涉及金额较大,出口地银行可以用电讯方式向开证行提出不符点,征询开证行的意见,电文中要求开证行迅速电复是否同意接受单据,这就是电提。常见的电提不符点有:起运港或装运港有误、金额有出入、货物品名与信用证略有不同,提单上有批注,唛头有误等。如果开证行复电表示同意接受带有不符点的单据,并在电文中说明"if otherwise in order",即认定单据在其他方面已达到"相符"的要求。电提方式的特点是解决问题快,并且单据由出口地议付行掌握,对出口方而言较为稳妥,即使在未获议付授权的情况下,出口方也可及时处理货物及有关问题。但是往来的电报费用均由出口方承担。国际商会第535号出版物案例研究的第4个案例指出:开证行接受不符点,授权出口地银行按信用证原规定的向受益人兑付的方式办理,即可认为开证行视同不符点已作必要修改或补充,从而满足相符交单的要求。电提方式适用于金额较大、分别向两地寄单、向付款行或偿付行索汇等情况。

(3)表提方式。若单据中的不符点已无法更改,涉及的金额较小,受益人(出口方)可事先将单据中的不符情况通知开证申请人(进口方),若申请人同意接受单据时,则申请人向出口地银行出具担保书。出口地银行凭担保书议付寄单,并在寄单面函中具体指出不符点所在。表提方式适用于金额较小、来证规定单到开证行付款的情况,对于向付款行、偿付行索汇者亦可酌情采用。

（4）在受益人或受益人的往来银行提供担保的条件下，按照信用证原有的安排，向受益人办理相应的兑付，而由受益人承担有关的各项费用和利息，并保留对受益人的追索权。

（5）改作托收寄单。如果单据不符点较多或单据中有严重不符点（如超过最迟装运期、超过信用证效期、货物溢装、金额超出信用证规定）时，可以考虑改作托收寄单，出口地银行在寄单面函中将单证不符点一一向开证行说明。当议付单据改为托收寄单时，出口方货款的收回已失去了银行保障。能否将货款收回只能取决于进口方信用。这种方式只能在不得已的情况下采用。

4. 银行审单的时间

《UCP600》第十四条 b 款规定：按指定行事的被指定银行、保兑行（若有的话）及开证行各有从交单次日起的至多五个银行工作日用以确定交单是否相符。这一期限不因在交单日当天或之后信用证截止日或最迟交单日届至而受到缩减或影响。

（三）向开证行或保兑行（若有的话）寄单索汇

在信用证业务中，由于开证银行（保兑银行——若有）在受益人相符交单条件下，承担第一性付款责任，银行间的头寸划拨安排，要比汇款、托收方式下的银行间头寸划拨更复杂。国际商会为此专门制订了其第 525 号出版物《跟单信用证项下银行间偿付统一规则》。

在确认受益人满足"相符交单"要求，或者经修改、补充后满足"相符交单"的要求后，出口地银行就可以寄单索汇了。

（1）寄单行寄单索汇的基本要求。①仔细阅读信用证的"寄单指示"和"偿付条款"；②熟悉有关账户的分布情况；③采用迅速快捷的方法寄单索汇。

信用证项下偿付条款通常有单到付款、向偿付行索汇、主动借记和授权借记等方式。

第一，单到付款：议付行向开证行寄单索汇，开证行审单无误后才付款，即开证行见单付款。信用证上偿付条款措词通常是"Upon receipt of the documents in compliance with credit terms, we shall credit you're a/c with us/remit the proceeds to the Bank named by you."。

第二，向偿付行索汇：有些信用证指定了第三家银行代为偿付，这家银行即偿付行（一般是信用证货币的发行国）。开证行在信用证上的指示为"In reimbursement of your negotiation under this credit, please draw on our a/c with ABC Bank（reimbursing bank）."。

第三，主动借记：指开证行（或其总行）在议付行开有账户，信用证规定议付行在办理议付后可立即借记其账。相关指标为"Please debit our a/c with you under your cable/airmail advice to us."。

第四，授权借记：指开证行在议付行开有账户，议付行只有在开证行收到正确单据并授权其账户行借记时，才借记开证行的账户。相关指示为"Upon receipt of the shipping document in compliance with the terms of L/C, we shall authorize you to debit our a/c with you."。

（2）信用证项下的寄单路线。信用证项下的寄单路线一般有两种情况：①汇票寄偿付行，其余单据寄开证行。国外开证行在信用证中授权另一家银行作为信用证偿付行时，往往要求将汇票寄往该偿付行。寄单索汇时，应根据信用证要求将汇票寄往偿付行，其余单据寄往开证行。②全部单据寄往开证行。如果信用证规定将全部议付单据寄往开证行,则应照办无误。不符点出单时,无论信用证的寄单路线如何规定,都应将所有单据寄往开证行。在保兑信用证项下,则应该将全部单据分成两封航空挂号信寄给保兑行。

(3)寄单方式。通常,信用证项下的寄单方式有两种:①一次寄单,即将全套单据放入一个信封一次性寄出;②二次寄单,即将全套议付单据分为两部分,分别寄出,实务中多采用第二种方式,以避免一次性寄单时万一遇到该航班途中发生事故,影响单据的安全送达。两次寄出的单据中,分别应至少包括每一种单据的正本一份(若正本单据不止一份的话)。如果某一种单据只有一份正本,则应在第一次寄单时寄出。分两次寄单的目的是倘若第一次所寄单据遗失,可以凭第二次寄出的单据办理结算。

七、开证行或保兑行审单付款

(一)开证行或保兑行审单

开证行或保兑行审单的标准与出口地银行审单的标准是一样的,即"单证相符,单单相符,符合法律,符合常规"。

《UCP600》第十四条b款规定,按指定行事的被指定银行、保兑行(若有的话)及开证行各有从交单次日起的至多五个银行工作日用以确定交单是否相符。这一期限不因在交单日当天或之后,信用证截止日或最迟交单日到期受到缩减或影响。

(二)发现单据存在不符点时的处理

《UCP600》第十六条a款规定:当按照指定行事的被指定银行、保兑行(若有的话)或者开证行确定交单不符时,可以拒绝承付或议付。

同条b款规定:当开证行确定交单不符时,可以自行决定联系申请人放弃不符点。然而,这并不能延长第十四条b款所指的期限。

同条c款规定:当按照指定行事的被指定银行,保兑行(若有的话)或者开证行决定拒绝承付或议付时,必须给予交单人一份单独的拒付通知。该通知必须声明:ⅰ.银行拒绝承付或议付;及ⅱ.银行拒绝承付或议付所依据的每一个不符点;及ⅲ.(a)银行留存单据听候交单人的进一步指示;或者(b)开证行留存单据直到其从申请人处接到放弃不符点的通知,并同意接受该放弃,或者其同意接受对不符点的放弃前,从交单人处收到其进一步指示;或者(c)银行将退回单据;或者(d)银行将按之前从交单人处获得的指示处理。

同条d款规定:第十六条c款要求的通知必须以电讯方式,如不可能,则以其他快捷方式,在不迟于交单之翌日起第五个银行工作日结束前发出。

同条e款规定:按照指定行事的被指定银行、保兑行(若有的话)或者开证行在按照第十六条c款ⅲ项(a)点或(b)点发出了通知之后,可以在任何时候将单据退还交单人。

同条f款规定:"如果开证行或保兑行未能按照本条行事,则无权宣称交单不符。"

根据《UCP600》的上述规定,若认为单据未满足相符交单要求,开证行或保兑行必须在收到单据的次日起,五个银行工作日内一次性、清晰明确地向受益人提出全部的不符点,并在拒付通知中说明对不符单据的处理办法。如果这项通知无法采用电讯方式发出,则应该采用其他快捷方式发出。这是构成有效的拒付的要求。

若开证行或保兑行未能按照《UCP600》第十六条的规定行事,则无权宣称交单不符。

(三)确认相符交单后的处理

根据《UCP600》第十六条的规定,开证行和保兑行必须在收到单据次日起的五个银行工作日内判断其收到的单据是否满足了相符交单的要求,如果确认单据已满足要求,就必须按照信用证所约定的方式向受益人办理付款、延期付款或承兑。

开证行或保兑行对受益人的付款都应是无追索权的,即终局性的。

八、开证行请申请人付足款项并将单据交申请人

开证行通过寄单行向受益人付款后,若申请人原先已经交足了开证保证金,即可向申请人交单;若申请人原先未交足开证保证金,则应马上通知申请人赎单,开证行赎单通知称为"AB单"(Accepted Bill)。申请人在接到开证行的赎单通知后,必须立即到开证行付款赎单。申请人在赎单之前有权审查单据,如果发现不符点,可以提出拒付,但拒付理由一定是单单之间或单证之间表面不符的问题,而不是就单据的真实性、有效性以及货物质量存在的问题提出拒付。实务中有时尽管存在不符点,如果不符点是非实质性的,申请人也愿接受单据,就不能是有条件的,而且必须在合理时间付款。

申请人向开证行付款赎单后,在该项贸易选择以海洋运输方式下,即可凭海运提单向有关承运人提货;在该项交易选择其他运输方式时,则分别按该方式的相关提货要求办理提货。至此,该项交易的结算过程结束。

任务四　其他结算方式

一、银行保函

(一)银行保函的概念

保函(Letter of Guarantee, L/G or Bonds)又称保证书,是指银行、保险公司、担保公司或个人(担保人)应申请人的请求,向第三方(受益人)开立的一种书面信用担保凭证,保证在申请人未能按双方协议履行其责任或义务时,由担保人代其履行一定金额、一定期限范围内的某种支付责任或经济赔偿责任。其中,由银行签发的担保书就称为银行保函。

依据保函项下受益人取得担保人偿付的条件,或担保人履行其担保责任的条件,或保函与其基础业务合同(如商务合同)的关系,保函可以分为从属性保函和独立性保函两种。

(1)从属性保函是商务合同的一个附属性契约,其法律效力随商务合同的存在而存在,随商务合同的变化而变化。在从属性保函项下,银行承担第二性的付款责任(secondary obligation),即当受益人索赔时,担保人要调查申请人履行其基础合同的事实,确认存在申请人违约情节时,担保银行才依据被担保人的违约程度承担相应的赔偿责任。从属性保函的上述情况增加了受益人实现其保函项下权益的复杂性和相关的手续,使用难免不便;而且,在从属性保函项下,担保银行收费不多,却容易被卷入贸易纠纷,影响自己的声誉。这就产生了对独立性保函的要求。

(2)独立性保函是根据商务合同开出,但开出后,即不依附于商务合同而存在的具有独立法律效力的法律文件,即自足性契约文件。在独立性保函下,担保行承担第一性的偿付责任(primary obligation),即当受益人在独立保函项下提交了书面索赔要求及保函规定的单据时,担保行就必须付款,而不管申请人是否同意付款,担保行也无需调查商务合

同履行的事实。与从属性保函相比较,独立性保函使得受益人的利益更有保障,并简化了受益人主张其合同权利的手续,担保行也可避免陷入商务纠纷之中,因此,现代保函以独立性保函为主。

独立性保函主要由银行签发。由银行签发的保函通常被称为银行保函。担保银行根据保函的规定承担绝对付款责任,故银行保函一般为见索即付保函。所谓见索即付保函,根据国际商会制定的《见索即付保函统一规则》(简称《URDG458》)第二条的规定,是"指任何保证、担保或其他付款承诺,这些保证、担保或付款承诺是由银行、保险公司或其他组织或个人出具的,以书面形式表示在交来符合保函条款的索赔书或保函中规定的其他文件(诸如工艺师或工程师出具的证明书、法院判决书或仲裁书)时,承担付款责任的承诺文件"。据此,见索即付保函的担保行对受益人承担的是第一性的、直接的偿付责任。

(二)银行保函的主要内容

根据《URDG458》第三条的规定,银行保函内容应清楚、准确、全面,但应避免列入过多细节。其主要内容包括:

1. 保函的当事人

保函应详细列出主要当事人,即申请人/委托人、受益人、担保行的名称和地址。若有通知行、保兑行或转开行,还应列明通知行、保兑行或转开行的名称和地址。

2. 开立保函的依据

保函开立的依据是基础合同。保函应在开头或序言中说明与基础合同的关系,如投标保函、履约保函、付款保函等。在保函中提出开立保函依据的基础合同,主要是为了说明提供保函的目的及防范的风险,而且也意味着根据何种基础关系对担保提出要求。关于基础合同的文字一般都很简明扼要,除了申请人、受益人的名称,还包括基础合同签订或标书提交的日期、合同或标书的编号,有时也包括对标的的简短陈述,例如货物供应等。保函指出基础合同并不会把独立性保函变成从属性保函。

3. 担保金额及金额递减条款

银行作为担保人的责任仅限于当申请人不履行基础合同时,负责向受益人偿付一定金额的款项,因此,担保合同中必须明确规定一个确定的金额和货币种类(担保的金额可以用与基础合同不同的币种表示)。对于担保行来说,明确保函项下的特定债务是十分重要的,否则将遭受难以承担的风险。一般情形下,担保金额只是所担保债务的一定比例,受益人的要求不能超过担保的最大数额,即使其能证明所遭受的损害或应得的利息远远超过这个数额。

担保金额递减条款的作用在于随着申请人逐步履行基础合同,担保的最大数额相应减少。在预付金退还保函中,该条款普遍使用。例如,申请人的工程进度已实现了预付金的全部价值时,担保金额就递减为零。保函中一般都会规定金额递减的方法。有时,保函中没有这项规定,而是在反担保中做出相应规定。在货物供应合同中,指定出口商提交某些单据,例如,以出口商自己为受益人的跟单信用证。在建筑工程承包合同和机器设备安装合同中,当申请人提交运输单据或第三方提交单据证实货物已经到达或项目的前期阶段已经完成时,担保的金额就相应减少。在履约保函中,担保金额递减条款并不常见,因为履约保函的数额通常只是整个合同价值的一定比例。

4. 先决条件条款

保函生效的先决条件是为了保护申请人的利益。这项条款规定担保在先决条件满足后才能生效，而不是自保函开立之日起生效。因此，只有先满足了与基础合同有关的某些重要的先决条件时，受益人才能对保函项下的偿付提出要求。例如，洽商中，当事一方要求对方提交履约保函，以示谈判诚意。出口商认为在合同订立前，进口商就提交履约保函，可以表明其对交易是慎重的，其财务状况是值得信赖的。但是，对进口商来说，尽管这样做可以加强其谈判实力，但毕竟谈判尚未结束，商务合同还未订立，因而往往不愿意在这个阶段就提供履约保函。在这种情况下，折中的办法是进口商虽然按照出口商的要求开立履约保函，但是在保函中加入一个条款规定"合同缔结时本保函才生效"或者"合同中的先决条件已经满足时，本保函才能生效"。有些保函也可同时使用上述两种方法，如"本保函在我方（担保银行）收到账户方的书面确认经我方签发书面修正书后生效"。但是，银行往往不愿意接受这样的条件，因为其很难判断先决条件是否已经满足。银行、受益人和申请人在这一点上难以达成共识。解决这一问题有两种方法：一是在申请人提供的反担保中，强调银行审查先决条件是否满足的责任仅限于尽到合理的注意，或者在银行与债务人的关系方面免除银行的审查义务；二是提交某些单据来证明先决条件已经满足，最适合且最常用的单据就是来自于申请人的声明。银行往往愿意接受后一种方法。受益人则面临着先决条件已经满足、申请人却拒绝提交声明的风险。但是这种情况在实践中很少出现，因为一旦申请人拒绝提交这样的声明，也就剥夺了他自己在基础合同中的利益，这时基础合同也不能生效。

当根据基础合同的条款受益人应先支付一笔预付金或开立跟单信用证时，申请人就应将履行这项义务作为履约保函生效的先决条件。

在预付金保函和留置金保函中，一般都要规定在出口商收到预付金或承包商收到留置金以后，保函才能生效。有时预付金保函或留置金保函中明确规定预付金或留置金要转到申请人在担保银行的账户上，以保持申请人账户的收支平衡，为银行提供附属担保品。

5. 要求付款的条件

担保行在收到书面索赔书或书面索赔书与保函中规定的其他文件（如有关证明书、法院判决书或仲裁裁决书）后，认为这些文件表面上与保函条款一致时，即支付保函中规定的款项。如果这些文件表面上不符合保函条款要求，或文件之间表面上不一致时，担保行可以拒绝接受这些文件。

保函项下的任何付款条款均应是书面规定，保函规定的其他文件也应是书面的。

6. 有效期条款

（1）保函生效日期

除非保函另有规定，否则保函自开立之日起生效。在预付金保函、履约保函和付款保函中，这意味着保函一旦生效，即使根据基础合同债务人履行合同义务的期限尚未到来，受益人也可以对担保行提出要求。为了避免这种风险，可以将保函的生效与担保的先决条件联系起来，或在保函中规定其生效条件。例如，保函规定：保函自订立之日起若干天后生效或者保函开立之日起若干天内受益人不得对担保提出索赔要求。在履约保函、维修和/或留置金保函中，在后一保函中加入生效条款，可以避免受益人同时就两个保函提出索赔要求。例如，维修保函中规定解除履约保函是维修保函生效的条件。

（2）保函失效日期

在保函中应规定保函失效日期。具体方法有三种：①规定一个具体的日历日期为保函失效日期，这是最常用的方法；②将保函的有效期与基础合同直接联系起来。如将失效期限和基础合同的履行的期限或投标的期限协调起来，规定合同的履行的期限或投标的期限加上若干个日（月）为保函的失效期（根据基础合同的性质可以加上 3～12 个月不等）。有的保函规定为从开立之日起若干个日（月）内有效。这种方法不如前一种方法明确，容易对保函的有效期产生争议；③综合前两种方法，如规定保函在基础合同履行完毕再过若干日（月）终止，但最迟不迟于某一具体的日历日期，并以两者中的较早者为准。应避免使用仅仅规定在申请人履行了合约义务后保函失效的条款。因为在这种情况下，有可能出现由于受益人破产、倒闭等使得申请人无法履约而担保行的担保责任却无法得以解除的情况。

不管银行保函中是否规定失效条款，当保函退还给担保行或受益人书面声明解除担保行的责任时，则不管是否已将保函及其修改书还给担保行，都认为该保函已被取消。

（3）保函延期条款

投标保函与履约保函往往赋予受益人将保函有效期延长的权利，即经受益人要求，保函的有效期可以适当延长。在评标的日期或最后完成的期限难以预先确定时，或者受益人和申请人、担保人在保函的有效期难以达成一致意见的情况下，往往会使用延期条款。与受益人企图要求的无期限保函相比，延期条款有利于银行和申请人。但是，延期条款也可能使申请人处于一种危险境地，因为受益人经过请求可以使保函多次地延长。在见索即付保函中虽然没有延期条款，但申请人仍然可能因为受益人提出付款或延期的要求而面临相同的风险。

（4）退还保函条款

保函中应规定，保函到期后，受益人应将保函退回担保行。这样做既便于担保行办理注销手续，也可避免发生不必要的纠纷。但在实践中，退还保函的条款有时难以奏效。如果在保函中有这样的条款，也应明确规定该条款与受益人的权利无关。

（5）失效期条款的欠缺

若保函中未规定失效期，除了例外情况，就意味着保函是无限期的。在某些特定情况下，也可能出现保函没有规定失效期。这些特殊情况是：以提交法院判决和裁决为付款条件的保函在开立时通常都不提及失效期，这是司法保函的一般实践；以税收机构和提供政府补助的机构为受益人的付款保函，以及为扩大信贷便利以其他银行为受益人的付款保函也可能是无期限的。在后一种情况下，保函通常规定，担保银行在向受益人发出通知后，经过一段合理的时间，可以撤销保函。这时，如果主债务人不能安排新的保函，受益人将不再继续给予先前授予主债务人的信贷便利。除了上述两种情况外，无期限的见索即付保函已经很少见了。这是因为受益人可以提出付款或延期的要求，或者在保函中直接加入延期条款，这就已经能够充分保护受益人的利益了。

（三）银行保函的作用

1. 提供担保

即在主债务人违约时给予债权人以资金上的补偿。在银行担保下，受益人获得支付的权利仅依赖于保函中规定的条款和条件。银行一旦同意开立独立性保函，担保银行就为主债务人承担了对受益人的一切义务。担保银行向受益人支付了保函的款项，就取得了对主债务人的立即追索权。因此,担保银行处于一种信贷风险中,它通常要求以补偿来降低这种风险,而不是作为一个保险人行事。这种补偿通常由申请人提供抵押或另一家银行为申请人提供反担保来实现。

2. 均衡当事人所承担的风险

从广义上说,特别是从主债务人和债权人的观点来看,银行保函代表了当事人承担的风险。当事人承担风险的程度或者范围取决于付款条件的类型。在见索即付保函(demand guarantee)下,受益人只需提供表面与保函要求一致的单据就可以得到付款,而担保银行作为值得信赖的金融机构,既因其信誉良好,也因为它有对主债务人的立即追索权,通常都会毫不延迟地付款。如果主债务人认为他自己已经正确履行了合同义务,那么他想重新取回已经支付的款项就会有相当的困难。比如,一个主债务人已经正确履行了合同,但受益人凭见索即付保函,通过提交与保函表面一致的单据,向担保行索偿并得到支付。主债务人因此向法院提起诉讼或向仲裁机构申请仲裁并胜诉,但面临着以下风险:判决或裁决因受益人是一个政府机构而得不到执行。相反,如果没有这种保函,若主债务人没有正确履行合同,受益人因此向法院提起诉讼或向仲裁机构提请仲裁并胜诉,受益人要承受判决或裁决因主债务人破产或者是一个政府机构而得不到执行的风险。

3. 见索即付保函的清偿功能

受益人认为主债务人违约时,通过提交与保函要求表面一致的单据就可以得到支付,而无需首先证实主债务人的违约。见索即付保函另一个非常重要的作用是能使受益人通过实现担保对债务人施加压力,使主债务人按照他的要求完成合同。这种持续的压力对主债务人来说是促使其迅速、充分地履行义务的强制性压力。

4. 作为一种融资工具

在主债务人需要向受益人支付预付款或进行中间付款时,银行保函可以作为替代品,起到暂缓付款的作用,从而等于向主债务人提供了融资的便利。

5. 见证作用

银行保函可以证明委托人的履约能力,从一开始就把不具备资格的人排除在外。因为提供保函就意味着不可撤销的付款承诺,所以,在对债务人(委托人)的资金实力和履约能力进行全面审查并得到满意的结果前,银行是不会轻易做付款承诺的,而不能得到银行为其开立保函的交易商也不会是一个值得信赖的贸易伙伴。

另外,世界银行、亚洲开发银行以及各国政府的贷款都以得到相应的担保为前提条件。这些贷款项下的项目,凡超过一定的金额,必须采用国际竞争性招标,无论国内或国际企业投标都要按招标书要求提交投标保函,中标签约时提供履约保函等。可见,银行保函已经成为国际贸易结算与融资的一个重要组成部分,在国际经济交易中发挥着重要作用。

二、备用信用证

(一)备用信用证的概念

备用信用证是开证行根据开证申请人的申请,以自己的名义向受益人开立的承诺承担某种责任的凭证,以保证货款或预付款在到期或违约时,或某一不确定事件发生或不发生时,对受益人履行所规定责任的信用证。即在开证申请人未能履行合同规定其应履行的责任时,受益人可提示备用信用证规定的单据(如汇票索款要求、所有权凭证、投资担保、发票、违约证明等)或证明文件,从开证行得到其承诺的偿付。

备用信用证虽然带有"信用证"的名义,也确实是以开证银行的信用加强交易的可信程度,但是,其性质则更贴近于银行保函。正因为如此,联合国才将备用信用证与独立保函一并制定公约。也正因此,备用信用证又被称为"担保信用证"或"保证信用证"(Guarantee Letter of Credit)。

(二)备用信用证的性质

根据国际商会于1998年4月6日正式颁布、并自1999年1月1日生效的第590号出版物《国际备用信用证惯例》的规定,备用信用证的性质有:

(1)不可撤销性。除非信用证另有规定,否则,备用信用证一经开立,在其有效期内,未经受益人的同意,开证行不能单方面地修改或撤销其在该备用信用证下的责任。

(2)独立性。开证行对受益人的义务,不受任何适用的协议、惯例和法律下开证行对受益人的权利和义务的影响。

(3)跟单性。备用信用证的办理以该备用信用证规定的单据为对象。备用信用证与跟单信用证是一致的,不过,跟单信用证只适用于有形商品贸易,不同种类的跟单信用证所要求受益人提交的单据可能存在某些差别,如应开证申请人的要求,受益人开立汇票与否,或汇票的付款期限可能有所不同;保险单据的提供与否取决于交易选择价格术语的不同;检验证书的种类取决于商品的种类及进口国的法律规定等;但是,基本的单据如商业发票、运输单据等则是必然要求的。然而,备用信用证由于适用的范围很广,因此所要求的单据彼此差别可能很大。

(4)强制性。备用信用证一经开立,开证人即受其强制性约束,而不论开证人有否向开证申请人收取或收足开证保证金或其他形式的某种担保,也不论受益人是否收到该备用信用证。

备用信用证的这些基本性质与跟单信用证的性质基本相同。正因此,国际商会的连续三个版本的《跟单信用证统一惯例》都规定了该惯例"适用于所有在其文本中明确表明受本惯例约束的跟单信用证,在其可适用的范围内,包括备用信用证"。

三、国际保理

(一)国际保理的概念

国际保理(International Factoring)是指在国际贸易中出口商以赊销(O/A)、承兑交单(D/A)等信用方式向进口商销售非资本性货物时,由出口保理商和进口保理商共同提供的一项集出口贸易融资、销售账务处理、收取应收账款、买方信用调查与担保等内容为一体的综合性金融服务。在我国,也将这一业务称为保付代理、托收保理、承购应收账款等。

(二)国际保理业务的当事人

国际保理业务的当事人有四个:

1. 销售商(Seller)

销售商即国际贸易中的出口商,对所提供货物和服务出具发票,将以商业发票表示的应收账款转让给保理商叙做保理业务。

2. 债务人(Debtor)

债务人即国际贸易中的进口商,对由提供货物或服务所产生的应收账款负有付款责任。

3. 出口保理商(Export Factor)

这是根据保理协议接受供应商转让账款的一方。出口保理商按照出口商申请书内容填制《信用额度申请书》并提交给有代理关系的进口保理商,代出口商向进口保理商申请额度。若进口保理商批准出口保理商所申请的额度,出口保理商即与出口商签发出口保理协议。

4. 进口保理商(Import Factor)

这是根据与出口保理商的协议,为出口保理商就近调查进口商的资信,并依调查情况提出进口商的信用额度,在该额度内代收已由出口保理商转让过来的应收账款,并有义务支付该项账款的一方。

出口商以商业信用形式出卖商品,在货物装船后即将应收账款无追索权地转卖给保理商,从而使出口商的部分或全部应收款立即转换成现金,实际上是将出口应收款贴现,或者说是将出口应收账款卖断给出口保理商。因此,保理业务从保理商角度也被称为承购应收账款。

在国际市场竞争越来越激烈的情况下,出口商为了争得买主,必须在产品、价格和付款条件等诸多方面具有竞争力。就付款条件而言,在信用证(L/C)、付款交单(D/P)、承兑交单(D/A)和赊销(O/A)中,最受进口商欢迎的莫过D/A和O/A支付方式。但在这两种支付方式下,出口商承担的风险太大,出口商往往因此而不愿接受,从而失去贸易成交的机会。这就需要国际保理机构提供信用风险担保和融资,使进出口双方顺利达成交易。因此,国际保理业务一般是在赊销或托收方式下,为出口商提供信用担保和融资而进行的。

出口商求助于保理商承购出口货物款项有多种原因,特别是那些公司规模不够大,在国外没有设立信贷托收部或公司的出口地分散或公司从事不定期的出口等,使公司内部组织应收账款的托收有困难,因此寻找保理商便于避免风险和及时收回货款。国际保理对于扩大出口极为有利。

(三)国际保理的功能

1. 信用控制(Credit Control)

在国际贸易中,掌握客户的资信状况是为了避免和减少潜在的收汇风险。不仅需要掌握新客户资信情况,对于长期的和经常性的老客户也要密切关注其资信变化。一般中小公司有几个至几十个这样的老客户,而大公司则可以有几百个之多。跟踪调查这些客户资信,根据变化情况制订切合实际的信用销售定额和采取必要的防范措施,对公司来说极为重要。但真正做到这一点却不是那么容易的,除了公司要有四通八达、渠道畅通的信息网来收集信息,还要了解各客户所在国的外汇管制、外贸体系、金融政策、国家政局等方面的变化,因为这些因素都直接影响着客户的资信或支付能力。而这些对绝大多数出口商来说都是力所难及的。但保理商可以解决这个问题。保理商既可以利用全球保理行业广泛的代理网络和官方及民间的商情咨询机构,也可以利用其母行广泛的分支和代理网络,从而通过多种渠道和手段获取所需要的最新的可靠资料。而且,保理公司一般都设有专门的信息部门,拥有训练有素的专业人才,负责收集研究有关各国政治、经济和市场变化的信息资料。这就使保理商具有一般出口商所没有的优势,能够随时了解出口商每个客户的资信现状和清偿能力,使出口商在给予进口商商业信用时有所依据,确保对该客户的赊销能够得到顺利支付。

2. 出口贸易融资(Trade Financing)

保理业务最大的优点就是可以为出口商提供无追索权的贸易融资,且手续方便、简单易行,既不像信用放款那样需要办理复杂的审批手续,也不像抵押放款那样需要办理抵押品的移交和过户手续。在出口商卖断单据后,能够立即预支货款,得到资金融通。若出口商资金雄厚,也可在票据到期后再向保理公司索要货款。一般保理商在票据到期日前预付给出口商80%~90%的货款(扣除融资利息),这样就基本解决了在途和信用销售的资金占用问题。若出口商将单据卖断给保理公司,就意味着一旦进口商拒付货款或不按期付款,保理公司只能自己承担全部风险,而不能向出口商行使追索权,因此,出口商可以将这种预付款按正常的销售收入对待,而不必像对待银行贷款那样作为自己的负债。由此就改善了表示公司清偿能力的主要参数之一的流动比率(流动资产与短期负债之比),有助于提高公司的资信等级和清偿能力。

3. 收取应收账款(Collection from Debtor)

放账销售或提供买方信用已成为国际市场竞争的必要手段,但随之而来的就是应收账款的回收和追讨。我国一些大的外贸公司自己组织对应收账款的催收,还有专门成立的"清欠办公室",常年专门从事追账工作。有的企业由于拖欠数额巨大,这方面的人员就占了全员的很大比重。而更多的出口商则难以有足够的力量追讨应收账款。面对海外的应收账款,由于在地区、语言、法律、贸易习惯等方面的差异,出口商往往心有余而力不足。因此,借助专业追账机构追讨债款,有时非常必要。国际保理就能提供这种专业服务。这方面,保理商具有四大优势:①专业优势,包括专门的技巧、方法和专业的人员;②全球网络优势,利用国际保理商联合会广泛的代理网络,在全世界多数国家和地区都有自己的合作伙伴;③资信优势,除了自身有良好的信誉外,还能有效监督债务人的资信状况;④法律方面优势,与世界各地的律师机构和仲裁机构都有较密切的联系,能够随时提供一流的律师服务,对处理这类事务得心应手。因此,帮助企业进行国际商务账款的信用管理,是国际保理的一个重要服务项目。企业与保理商签订长期的委托合同,开展国际信用管理的长期合作,是目前国际上的一种发展趋势。

4. 销售账务处理(Maintenance of the Sales Ledger)

出口商将应收账款转让给保理商后,有关的账目管理工作也移交给了保理商。由于保理商一般是商业银行的附属机构或是与商业银行关系密切的机构,商业银行作为公共会计历史悠久,拥有最完善的财务管理制度、先进技术、丰富经验和良好装备,能够提供高效率的社会化服务。保理商同样具备商业银行的上述各种有利条件,完全有能力向客户提供优良的账务管理服务。出口商将售后账务管理交给保理商代理后,可以减少财务管理人员及相应的开支和费用,集中精力于生产经营和销售。特别是一些中小企业,或者一些具有季节性的出口企业,每年出口时间相对集中,最忙的时候往往感到人员紧张,于是可以委托保理商帮助企业承办此项工作。出口商只需管理与保理商往来的总账,不必管理具体的各类销售分户账目。保理商的账务管理是专业化的、综合的,还可以根据出口商的需要,编制按产品、客户、时间的销售分账户统计资料,供出口商做销售预测分析。

5. 买方信用担保(Full Protection Against Bad Debts)

保理商根据对出口商的每个客户资信调查的结果,逐一规定出口商对客户赊销的信用额度(Credit Limit),或称信用限额。出口商在保理商核准的信用额度范围内的销售,叫做已核准应收账款(Approved Receivables),超过额度部分的销售,叫做未核准应收账款(Unapproved Receivables)。保理商对已核准应收账款提供百分之百的坏账担保。如进口商因财务上无偿付能力或企业倒闭、破产等原因而导致不能履行合同规定的付款义务,保理商承担偿付责任。已经预付的款项不能要求出口商退款,尚未结清的余额也必须按约定照常支付,其损失只能由保理商承担。因此,只要出口商将对客户的销售控制在已核准额度以内就能有效地消除由买方信用造成的坏账风险。但出口商必须保证这一应收账款是正当的、毫无争议的债务求偿权,即出口商必须保证其出售的商品或提供的服务完全符合贸易合同规定且无产品质量、数量、服务水平、交货期限等方面的争议。因出口商违反合同引起贸易纠纷而造成的坏账不在保理商的担保赔偿范围之内。

四、福费廷

(一)福费廷的概念

福费廷(Forfaiting)方式,又被称为"包买票据"或"票据包购",福费廷是源自法语"A FORFAIT"的 Forfaiting 的音译,意谓"让权利予他人",或者"放弃权利"、"放弃追索权"。具体地说,福费廷是票据的持有者(通常是出口商)将其持有的、并经进口商承兑和进口方银行担保的票据无追索权地转让给票据包买商(福费廷融资商)以提前获得现金,而福费廷融资商在票据到期时向承兑人提示要求付款。福费廷融资商通常是商业银行或其附属机构,所使用的票据通常是出口商开立的汇票,或者进口商开立的本票。若是前者,需要进口商承兑和进口地银行的担保;若是后者,则只需进口地银行担保。票据的付款期限通常是半年到3~5年。

福费廷业务主要用于金额大、付款期限较长的大型设备或大宗耐用消费品的交易。选择福费廷方式办理结算,在进出口商洽商交易时,应就这一结算方式取得一致意见。

(二)福费廷业务的主要当事人

1. 出口商(Exporter)

出口商是在福费廷业务中向进口商提供商品或服务,并向福费廷融资商无追索权地出售有关结算的票据的当事人。这些票据既可能是出口商自己出具的汇票,也可能是进口商出具的本票。

2. 进口商(Importer)

进口商是以赊购方式接受出口商所提供的商品或服务,并以出具本票或承兑出口商出具的汇票而承担票据到期付款的当事人。

3. 福费廷融资商(Forfaiter)

福费廷融资商又被称为包买商,即为出口商提供福费廷融资的商业银行或其他金融机构。融资商在无追索权地买进出口商提交的票据以向出口商融资后,即获得届时向进口商追讨票款的权利,同时也承担了届时无法从进口商得到偿付的风险。若某一项福费廷业务金额很大,单一融资商无力承担,或者顾虑风险太大,则可能联系多个融资商组成福费廷辛迪加(Forfaiting Syndicate),联合承担该项福费廷的融资业务,按商定的比例,各自出资、获得收益和承担风险。

　　在融资商需要加速自己资金周转,或者减少所承担的风险,或者市场利率水平下降致使原先购入的票据价格上涨,及时出售可获得较多收益的情况下,融资商也可能转让原先购入的票据。这种情况下,转让出票据的融资商就称为"初级融资商(Primary Forfaiter)",而受让票据的融资商就称为"二级融资商(Secondary Forfaiter)"。

　　4. 担保人(Guarantor)

　　担保人又称保付人,即为进口商能按时付款做出担保的当事人,通常是进口商所在地的大商业银行。担保人的介入,是因为仅仅凭进口商本身的承诺(无论是进口商开立本票,还是进口商承兑出口商开立的汇票),要支持一项福费廷业务的顺利进行,都显得不足,因此需要资金更为雄厚的银行提供担保。担保的形式可以是银行保函或备用信用证,也可以由担保人在福费廷业务所使用的票据上加具保证。两相比较,后者更为简捷方便。银行在福费廷使用的票据上加具保证,被称为"保付签字(Aval)",Aval源自法语,银行在有关票据上注明"Aval"字样及被担保人的名称,并签名后,被称为保付人(Avalist)。保付人就成为所保付票据的主债务人。保付人的介入,提高了福费廷业务中票据的可靠性,降低了融资商的风险,使福费廷业务能得以较顺利进行。

　　(三)福费廷业务流程(见图8-7)

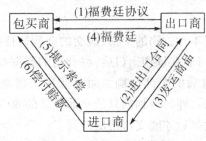

图8-7　福费廷业务流程

　　(1)签订进出口合同与福费廷合同,同时进口商申请银行担保。

　　(2)出口商发货,并将单据和汇票寄给进口商。

　　(3)进口商将自己承兑的汇票或开立的本票交给银行要求担保。银行同意担保后,担保函和承兑后的汇票或本票由担保行寄给出口商。

　　(4)出口商将全套出口单据(物权凭证)交给包买商,并提供进出口合同、营业执照、近期财务报表等材料;收到开证行有效承兑后,包买商扣除利息及相关费用后贴现票据,无追索权地将款项支付给出口商。

　　(5)包买商将包买票据经过担保行同意向进口商提示付款。

　　(6)进口商付款给担保行,担保行扣除费用后把剩余货款交给包买商。

　　(四)福费廷方式的特点

　　1. 无追索权

　　融资商从出口商处购得票据属于买断性质,是没有追索权的。因此,融资商承担了福费廷业务中的最大风险。为了有效地防范风险,融资商必须严格审查有关票据及其中签名的真实性,对担保银行也应有相应的要求,对向出口商贴现票据时所用的贴现率也要慎重计算后确定。

2. 中长期融资

福费廷业务是使用资本性货物贸易或服务贸易的中长期融资。融资期限一般为三至七年，其中以五年左右居多，最长的可达十年。由于期限长，为了融资商能较好地收回资金，往往根据融资期限的长短，分成若干期办理款项收付，如五年期融资则分为十期，则出口商开立付款期限不等的十张远期汇票，相邻的两期付款时间间隔半年；或者由进口商开立付款期限不等的十张远期本票，相邻的两期本票的付款时间间隔半年。若以银行保函为进口商担保，则银行保函的有效期也应与融资期限相适应。

3. 固定利率

虽然融资商最初向出口商报出的购买票据的贴现率只是供出口商考虑的参考价，对融资商本身也不带有约束力，但是这项参考价是融资商根据其工作经验及综合该项交易的有关各方面情况后提出的，还是有很大的可信度。若没有新的大变动情况，则随后融资商与出口商之间的有关福费廷业务的合同也就以该贴现率为实际采用的贴现率。由于融资商从出口商购买票据属于买断性质，即使以后市场利率发生变化，这项贴现率也不再改变。因此，在福费廷业务中，出口商在卖出票据时的利率是固定的，由此而提高向进口商报出的商品价格也是固定的。这一情况有利于进、出口商事先就能明确把握这方面的交易成本。

4. 批发性融资

福费廷业务是使用于资本性货物的交易，成交的金额往往都比较大，一般都在 50 万美元以上。尽管金额大，出口商在货物出口后，将合格的票据交给融资商，就可以不被追索地得到货款被扣减了贴息后的全部余额。而不像在保理业务中，出口商在出运货物后，向保理商提交全套单据后，即时得到的只是全部货款的 80% 左右的款项，其余的款项须等保理商从进口商收回货款后才能支付给出口商。

5. 手续比较简便

福费廷业务使用汇票或本票，手续比较简便。由于有真实的交易为依托，出口商得到融资商的融资，要比申请银行贷款容易。

6. 主要运用于资本性商品和大宗耐用消费品交易

选择福费廷方式融资，出口商要将贴现利息、选择费和承担费等都计入商品的报价中，才能保证自己的预期收益，因此，报价往往较高。对于成交金额小、成交至实际交货时间短的交易来说，这显然不可取，而且成交金额小，出口商即使需要融资，也完全可以通过其他成本更低的方式实现。因此，福费廷方式主要运用于资本性商品和大宗耐用消费品交易，因为这些交易通常成交金额大，从成交到实际交货时间长，出口商对融资的要求也比较迫切。对于市场价格波动剧烈的商品，由于融资风险大，融资商往往不愿提供交易融资。很容易买到的、缺少差异性的商品，进口商也不愿选择福费廷方式以较高的价格购进。因此，这两类商品通常不会成为福费廷方式下成交的商品。

（五）福费廷业务对当事人的主要作用

1. 对出口商的作用

（1）最大限度地降低了出口商的汇率风险和利率风险。福费廷业务使出口商本来只能远期收回的货款，不被追索地在货物出口后的不久就能收回，这就使出口商避免了相应的汇率风险和利率风险。出口商虽然在将票据出售给融资商时承担了票据的贴现利息、承担费等费用，但这些费用都是在出口商与进口商达成交易合同之前已初步确定，这就使得出口商可以将这些费用成本计入货物的价款,而转移给进口商。

(2)最大限度地消除了出口商的国家风险和信用风险。由于福费廷业务在前期的大量工作和货物出运后的较短时间内,即可以得到进口商承诺付款和进口地银行保证的票据,向融资商办理无追索权的出售,出口商在该项交易中所承担的进口国的国家风险和进口商以至担保银行的信用风险也就降到了最低限度。

(3)能有效地落实进口商的分期付款,有利于拓展资本密集型商品的出口。资本密集型商品的交易起点金额高,处理好进口商的分期付款问题——既解决了进口商资金不足,需要在获得并运用资本货物的过程中能产生收益来逐步偿还货物的价款,又能使出口商能有效地降低由于延期和分期收款而带来的汇率风险、利率风险、国家风险和信用风险等一系列风险,就成为交易能否成功的关键。既然福费廷业务方式能有效地解决这一系列问题,也就有利于资本密集型货物的国际交易的达成。

(4)有利于出口商的流动资金周转,并改善出口商的资产负债状况。福费廷业务方式能使出口商在出口货物后,尽快收回货款,从而加速了出口商的流动资金周转,使其有效地避免了大量流动资金被占压在待收项目下,以及大量借用银行贷款。在国家实行出口退税制度下,资本货物通常是出口退税的支持重点。福费廷方式能让出口商尽快收回货款,也就能尽快地办理出口退税手续,得到退税款。因此,这两方面都能大大改善出口商的资产负债状况。

(5)有利于出口商保持其商业秘密。出口商在生产和出口资本密集型商品的过程中往往需要银行提供流动资金的支持。申请银行贷款是通常选择的方式之一,但手续可能比较复杂,而且需要办理公开登记等一系列手续。采用福费廷方式,手续相对简单,融资商应对出口商及其交易情况保密。因此,采用福费廷方式有利于出口商保持其商业秘密。

(6)福费廷方式将使出口商提高其出口商品的对外报价以转嫁贴息等多项费用的成本,对此,出口商应考虑加强其商品的非价格竞争力。由于福费廷方式中,融资商是各种风险的最终承担者,其必然要通过必要地提高贴现率以及收取上述的多项费用等方式防范风险。这些费用将由出口商直接承担。虽然出口商可以通过提高其出口商品的价格来转移成本负担,但过多地提高商品价格也就降低了商品的价格竞争力。为了弥补这一点,出口商就必须通过提高商品的品质、扩大商品的广告宣传和加强商品的售后服务等非价格竞争力,以争取和维护其市场。

(7)出口商应有必要的措施保证有关汇票上进口商的承兑或进口商开立的本票真实有效,以及银行担保的有效,否则,就得不到免除被追索的保障。

2. 对进口商的作用

(1)福费廷方式可使进口商的分期付款安排得到出口商的接受,从而克服了进口商现汇不足又需要进口资本密集型商品的矛盾。

(2)福费廷方式下,融资商对票据的贴现是按固定贴现率计算贴息的,因此,出口商通过价格调整转嫁给进口商的贴息负担也是按固定贴现率计算的。换言之,进口商在分期付款条件下,由此事实上也得到了固定利率的融资,避免了融资期间的利率风险。

(3)在福费廷方式中,以进口商开立的本票(若该国法律允许进口商开立本票)可以比出口商开立汇票更为方便。就总体手续来看,福费廷方式也比使用买方信贷简便。

(4)使用福费廷方式,如前所述,出口商将其承担的多项费用计入货物价格而转移给进口商;进口商还要因申请当地大银行的担保,而增加交付给大银行的担保费或者抵押物,由此增加了进口商的负担。银行为进口商提供担保,要占用担保银行对进口商的授信额度,也可能缩小进口商进一步向银行申请融资的空间。

(5)福费廷方式是以进口商承兑的汇票或进口商开立的本票为债权债务的凭证,从票据法律关系来说,进口商对此已有无可推脱的责任。因此,如果进口商认为出口商交付的货物存在某些问题,就不能以拒付货款的方式与出口商交涉。这就可能使进口商感到被动。为了避免这种情况的出现,在进出口商双方洽商合同时,进口商就应考虑在合同中规定合同货款的一定比例如 10% ~ 15% 作为"留置金",不列入福费廷的结算范围。留置金需待进口商检验商品合格后,才支付给出口商。

3. 对融资商的作用

(1)固定的贴现率使融资商可以较好地规避市场利率下降的风险。

(2)福费廷业务多为中长期融资,即使贴现率较低,由于融资的时间较长,融资商仍可获得比较可观而稳定的收益。

(3)在有可靠的银行保证和持有有效的票据的条件下,若市场利率水平有所变化,融资商可以通过票据的再贴现,在二级市场转让出原先买进的票据,以及时回收和周转资金。

(4)在买进的票据是有效的情况下,融资商对出口商没有追索权。这使得融资商承担了较大的汇率、利率、国家和进口商、担保银行的信用风险。为规避风险,融资商应对进口国的有关票据、银行业务、外汇管理、进出口贸易管理等法律法规以至经济发展等多方面情况有足够的了解。同时,根据对风险的分析和判断,对票据的贴现率以及承担费等费用的收取方面,要有比较充分的考虑和计算。

(5)福费廷的融资商不能对担保银行或进口商采取"加速还款"的方法。在分期还款的商业贷款中,若借款人对其中某期贷款不能按时归还本息,银行可以要求借款人的当期和随后各期的贷款本息立即归还,否则可申请法院强制执行。这种安排被称为"加速还款"。但福费廷业务中,如果出现担保银行或进口商对某到期票据不能按时偿还,融资商不能对还未到期的票据采取"加速还款"的措施。这就可能加大融资商的风险。

4. 对担保银行的作用

由于福费廷业务的手续比银行贷款等都来得简便,银行在决定是否为进口商提供担保时,只要审查进口商的资信即可。而福费廷业务一般时间较长,担保金额较大,担保银行向进口商收取的担保费也可以比较多。在进口商能如约履行其最终付款责任的情况下,这些担保费就成为担保银行的收入。但是,由于担保银行承担着对所担保票据的无条件付款的责任,为了规避风险,担保银行应密切关注被担保人的经营动向。

应知考核

■主要概念

信用证 光票信用证 跟单信用证 不可撤销信用证 保兑信用证 不保兑信用证 即期付款信用证 延期付款信用证 承兑信用证 议付信用证 假远期信用证 可转让信用证 不可转让信用证 背对背信用证 对开信用证 循环信用证 预支信

用证　银行保函　备用信用证　国际保理　福费廷

■基础训练

一、单选题

1. 在信用证结算方式,银行保证向受益人履行付款义务的条件是(　　)。

　　A.受益人按期履行合同

　　B.受益人按信用证规定交货

　　C.受益人提交符合信用证要求的单据

　　D.开证申请人付款赎单

2. 信用证的汇票条款注明"drawn on us",则汇票的付款人是(　　)。

　　A. 开证申请人　　　　　　　　　　B. 开证行

　　C. 议付行　　　　　　　　　　　　D. 受益人

3. 如果信用证的有效期是 3 月 30 日,而实际装运日是 3 月 1 日,则最迟交单日为(　　)。

　　A.3 月 22 日　　　　　　　　　　B.3 月 30 日

　　C.A、B 两个日期均可　　　　　　D.3 月 15 日

4. 根据《UCP600》规定,可转让信用证可以转让(　　)。

　　A.一次　　　　　　　　　　　　　B.二次

　　C.多次　　　　　　　　　　　　　D.没有明确规定

5. 按照《UCP600》的规定,受益人最后向银行交单议付的期限是不迟于提单签发日后(　　)。

　　A.11 天　　　　　　　　　　　　　B.15 天

　　C.21 天　　　　　　　　　　　　　D.25 天

6. 在信用证结算方式下,银行保证向受益人履行付款义务的条件是(　　)。

　　A.受益人按期履行合同

　　B.受益人按信用证规定交货

　　C.受益人提交符合信用证要求的单据

　　D.开证申请人付款赎单

二、多选题

1. 在国际贸易中,常用于中间商转售货物交易的信用证是(　　)。

　　A.对背信用证　　　　　　　　　　B.对开信用证

　　C.可撤销信用证　　　　　　　　　D.可转让信用证

　　E.循环信用证

2. 某信用证每期用完一定金额后即可自动恢复到原来金额使用,无须等待开证行的通知,这份信用证是(　　)。

　　A.自动循环信用证　　　　　　　　B.非自动循环信用证

　　C.半自动循环信用证　　　　　　　D.按时间循环信用证

3. 审核信用证的依据是(　　)。

　　A.开证申请书　　　　　　　　　　B.合同

　　C.《UCP600》的规定　　　　　　　D.发票

4. 信用证结算方式所涉及的主要当事人有(　　)。

261

A.受益人   B.开证行

C.通知行   D.议付行

5. 开证行的责任包括(　　)。

A.第一性付款责任   B.审查单据与信用证是否一致

C.审查单据与货物是否一致   D.按照申请人指示开证

三、简答题

1. 简述信用证的开证形式与主要内容。

2. 简述银行保函的主要内容。

3. 简述备用信用证的性质。

4. 简述国际保理的功能。

5. 简述福费廷业务流程。

应会考核

■技能案例

【案例背景】

我国某进口公司从英国进口一批精密仪器,货到中国口岸以后,发现存在较为严重的质量问题,进口公司遂要求开证行拒绝付款,但开证行以受益人提交的单据符合信用证规定为由拒绝了该出口公司的要求,并对受益人支付了货款。

【技能思考】

请问开证行的做法是否正确? 为什么?

■实践训练

【实训项目】

信用证开证申请书

【实训情境设计】

2011 年 6 月 20 日,上海华联皮革制品有限公司(SHANGHAI HUALIAN LEATHER GOODS CO., LTD. 156 CHANGXING ROAD, SHANGHAI, CHINA)向 SVS DESIGN PLUS CO., LTD. 1－509 HANNAMDONG YOUNGSAN－KU, SEOUL, KOREA 出口 DOUBLE FACE SHEEPSKIN 一批,达成以下主要合同条款:

1. Commodity: DOUBLE FACE SHEEPSKIN

COLOUR CHESTNUT

2. Quantity: 3 175. 25SQFT(平方英尺)

3. PACKING: IN CARTONS

4. Unit Price: USD7. 40/SQFT CIF SEOUL

5. Amount: USD23 496. 85

6. Time of shipment：During NOV.2011

　　Port of Loading：SHANGHAI, CHINA

　　Port of Destination：SEOUL, KOREA

　　Partial shipment：ALLOWED

　　Transshipment：PROHIBITED

7. Insurance：TO BE COVERED BY THE SELLER FOR 110% INVOICE VALUE COVERING

ALL RISK AND WAR RISK AS PER CIC OF THE PICC DATED 01/01/1981.

8. Payment：BY IRREVOCABLE LETTER OF CREDIT AT 45 DAYS SIGHT TO REACH

THE SELLER NOT LATER THAN JUNE 24, 2011, VALID FOR NEGOTIATION

IN CHINA UNTIL THE 15TH DAY AFTER TIME OF SHIPMENT

Document：（1）SIGNED COMMERCIAL INVOICE IN 3 FOLD

（2）SIGNED PACKING LIST IN 3 FOLD

（3）FULL SET OF CLEAN ON BOARD OCEAN B/L IN 3/3ORIGINALS ISSUED

TO ORDER AND BLANK ENDORSED MARKED "FREIGHT PREPAID" AND

NOTIFY THE APPLICANYT

（4）CERTIFICATE OF ORIGIN IN 1 ORIGINAL AND 1 COPY ISSUED BY THE

CHAMBER OF COMMERCE IN CHINA

（5）INSURANCE POLICY/CERTIFICATE IN DUPLICATE ENDORSED IN BLANK

FOR 110% INVOICE VALUE COVERING ALL RISK S AND WAR RISKS OF

CIC OF PICC（1/1/1981）.SHOWING THE CLAIMING CURRENCY IS THE

SAME AS THE CURRENCY OF CREDIT

相关资料：

（1）信用证号码：MO722111057

（2）合同号码：HL20110315

SVS DESIGN PLUS CO., LTD 国际商务单证员金浩于 2011 年 6 月 23 日向 KOOKMIN BANK, SEOUL, KOREA 办理申请电开信用证手续，通知行是 BANK OF CHINA, SHANGHAI BEANCH

IRREVOCABLE DOCUMENTARY CREDIT APPLICATION

TO：BANK OF CHINA Date：JUNE 25, 2011

Beneficiary(full name and address)	L/C No. MO722111059	
SVS DESIGN PLUS CO., LTD.	Contract No. HL20110315	
1-509 HANNAMDONG YOUNGSAN-KU,	Date and place of expiry of the credit	
SEOUL, KOREA	NOV. 15, 2011 in CHINA	
Partial shipment	Transshipment	Issued by teletransmission (which shall be the operative
not allowed	allowed	instrument)

263

Loading on board/dispatch/taking in charge at/from Amount (both in figures and words)	
SEOUL, KOREA	EUR23496. 85
Not late than OCT. 31, 2011	SAY EURO TWENTY THREE THOUSAND FOUR
For transportation to SHANGHAI, CHINA	HUNDRED NINETY SIX POINT EIGHTY FIVE ONLY
Description of goods:	Credit available with ANY BANK IN CHINA
DOUBLE FACE SHEEPSKIN	by negotiation against the documents detailed herein
COLOUR CHESTNUT	and beneficiary's draft for 100% of the invoice value
3 175. 25PCS	AT SIGHT
Packing: IN GUNNY BAGS	drawn on US.
	CFR

Documents required: (marked with ×)

1. (×) Signed Commercial invoice in 5 copies indicating invoice No., contract No.

2. (×) Full set of clean on board ocean Bill of Lading made out to order of issuing bank and blank endorsed

marked "freight" (×) to collect / (   ) prepaid showing freight amount notify the applicant.

3. (×) Insurance Policy / Certificate in 2 copies for 120% of the invoice value showing claims payable in China in

currency of the draft, blank endorsed, covering (×) Ocean Marine Transportation / (   ) Air Transportation

/ (   ) Over Land transportation All risks.

4. (×) Packing List / Weight Memo in 5 copies indication quantity /gross and net weights for each package and

packing conditions as called for by the L/C.

5. (   ) Certificate of Quantity / Weight in _____ copies issued by an independent surveyor at the loading port,

indicating the actual surveyed quantity / weight of shipped goods as well as the packing condition.

6. (   ) Certificate of Quality in _____ copies issued by (   ) manufacturer / (   ) public recognized surveyor / (   ).

7. (   ) Beneficiary's Certified copy of FAX dispatched to the accountee within _____ after shipment advising (   )

name of vessel / (   ) date, quantity, weight and value of shipment.

8. (   ) Beneficiary's Certificate certifying that extra copies of the documents have been dispatched according to

the contract terms.

9. (   ) Shipping Company's Certificate attesting that the carrying vessel is chartered or booked by accountee or

their shipping agents.

10. (×) Other documents, if any:

a) Certificate of Origin in 3 copies issued by authorized institution.

表(续)

Additional Instructions：	
....	
Advising bank：	
KOOKMIN BANK, SEOUL, KOREA	

【实训任务】

根据背景资料和相关资料指出开证申请书中错误的地方。

项目九
国际结算中的商业单据

■**知识目标**

理解:各种国际结算商业单据的概念和作用;

熟知:国际结算中各种商业单据的内容;

掌握:国际结算中各种商业单据的制作及单据的填写。

■**技能目标**

学生能够掌握国际结算中各种商业单据的样式,能对其内容按照规范的方法进行填写。

■**情感目标**

学生能够明确国际结算中各种商业票据在国际贸易和国际金融领域等经济领域的重要性。

■**教学目标**

教师要培养学生具备实际的动手操作能力来缮制商业单据,能够分辨出各种商业单据,并能够理解商业单据在国际结算中的应用及其在操作中的注意事项。

【项目引例】

我国青岛某出口公司收到一份国外开来的信用证,在审核信用证无误后,青岛出口公司按信用证规定将5 000吨钢材装船起运,就在其将单据送交当地银行议付之际,突然接到开证行通知,称开证申请人已经破产倒闭,因此开证行不再承担付款责任。问:出口公司应如何处理?为什么?

分析:该出口公司应继续交单并要求银行对合格的单据履行付款之责。根据《UCP600》的相关规定,信用证属于银行信用,由开证行承担第一性的付款责任。开证行的付款责任独立于开证申请人之外,不因开证申请人的破产倒闭或拒付而免责。该案例中,开证申请人虽已破产倒闭,但只要开证行依然存在,就必须根据信用证的约定凭受益人提交的相符的单据付款,而不能免责。

【知识支撑】

任务一 商业发票

一、商业发票的概念及其作用

（一）商业发票的概念

商业发票（Commercial Invoice）简称为发票（Invoice），是在货物装出时，卖方开立的凭以向买方索取货款的价目清单和对整个交易和货物有关内容的总体说明。它是买卖双方收付货款、记账、收发货物、清关、纳税、报验时的依据，也是买卖双方索赔、理赔以及保险索赔的依据，更是进出口报关完税必不可少的单据之一，同时还是办理贸促会产地证、GSP 产地证时，作为凭证由签署机关留存的单据。

（二）商业发票的作用

（1）出口方出运商品的总说明。在涉及商品种类、规格较多的情况下，是出运商品的品种、规格、单价、数量、货款的明细单。

（2）出口方向进口方索取所提供的商品、服务价款的单据。

（3）进口、出口双方记账的依据。以发票记载情况作为财务记账的依据是各国工商企业的普遍做法。因此，商业发票上必须有关于所装运货物价值的详细计算过程。

（4）进口、出口方报关和依法缴纳关税的依据。世界上绝大部分国家海关都是根据商业发票上的记载事项（如货物种类、规格、数量、价值、产地等）来计征关税的。

（5）必要时（如：在不使用汇票的情况下——即期付款交单托收、即期付款信用证、延期付款信用证、议付信用证等情况下），进口商为了规避其国内印花税的负担，往往要求出口商不出具汇票，此时，可以商业发票作为要求进口方付款的单据。

（6）进口方核对出口方所交付货物是否符合合同/信用证规定的依据之一。

（7）在发生需索赔情况时，作为索赔方向理赔方提交的单据之一。

（8）全套商品单据的中心，在信用证业务中，要以商业发票作为中心，对其他商品单据做横向的审查。

由于商业发票的特殊作用，在国际贸易中，商业发票通常是被要求提交份数最多的单据，在外汇短缺、对进口管制严格的一些发展中国家尤其如此。

二、商业发票的主要内容

各国以及不同的出口商所提供的商业发票形式上往往各不相同，针对不同的交易标的，商业发票也可能有一定的差别。尽管如此，商业发票的基本内容还是比较一致的。通常可将商业发票的内容分成首文、本文和结文三个部分。

（一）商业发票的首文部分

（1）注明"商业发票（Commercial Invoice）"字样，在实务中常省略"商业（Commercial）"字样，而仅注明"发票（Invoice）"。

（2）出口商的名称、地址、电传号码等；在信用证结算方式中，应是信用证的受益人；若是可转让信用证，并且已被转让，在第一受益人又不拟以自己的发票取代第二受益人的发票时,也可能向银行提交由第二受益人签发的商业发票。

（3）进口商的名称、地址等,通常被称为发票的"抬头";在信用证结算方式中,发票的抬头通常是信用证的开证申请人,除非信用证另有规定。

（4）发票的号码、开立日期和地点。发票的开立地点即开立人的所在地点。发票开立的日期,若出口方在双方签约后即制作发票,则发票开立日期甚至可能早于信用证开立日期;若在货物装运后开立,则不应晚于信用证的有效期限。

（5）进、出口交易合同的号码。由于商业发票是出口方履行合同的说明,因此,发票上应有交易合同的号码。在信用证结算方式中,还应有有关的开证银行名称、信用证开立日期及其号码。这并非商业发票本身要求,但在信用证结算方式中,考虑到商业发票是出口商品的总说明,列上这些内容可便于结算工作,信用证也往往有这样的要求。商业发票如图 9-1 所示:

商业发票 COMMERCIAL INVOICE				
EXPORTER:		INVOICE No.:		
		INVOICE DATE:		
		L/C No.:		
TO:		L/C DATE:		
		S/C No.:		
		S/C DATE:		
TRANSPORT DETAILS:		TERMS OF PAYMENT:		
		BY L/C		
唛头 MARKS & NUMBERS	货名 DESCRIPTION OF GOODS	数量 QUANTITY	单价 UNIT PRICE	总值 AMOUNT
	TOTAL:			
TOTAL AMOUNT IN WORDS: SAY U. S. DOLLARS SIXTEEN THOUSAND ONLY WE HEREBY CERTIFY THAT THE GOODS ARE CHINESE ORIGIN				
			NINGBO TEXTILES IMP. AND EXP. CORPORATION	

图 9-1 商业发票

（二）商业发票的本文部分

这一部分集中说明有关商品的情况,主要是:

1. 商品名称及规格

在信用证结算方式中,商品名称及规格应与信用证规定相一致;在货物规格种类较多时,信用证上的货物名称通常比较简单,在发票上则应该在写明信用证上所指定的货物名称外,还应有对货物各种规格的详细描述,但这些描述应能被涵盖在信用证对货物描述的名称内而不矛盾。除非信用证另有明确规定,发票上不能注明"已用过(used)"、"旧的(second-hand)"、"更新的(renew)"、"修整过(reconditioned)"之类词语,否则,不可接受。在同一信用证涉及多种商品,其规格复杂,信用证上只作简要规定,并提出"货物详情如随附的形式发票",在附有形式发票的情况下,商业发票上有关商品的详细情况应符合信用证所附的形式发票规定,尽管形式发票的本义对交易双方原无约束力,但在它被信用证所确认,并作为对受益人的要求后,其内容也就成为了信用证的组成部分。

2. 商品数量

(1)计量方法。①按商品的个数计量,如台、辆、架、套等,在信用证的金额、单价或数量前没有"about、circa"之类词语时,发票上的金额、单价或数量没有可伸缩的余地;②按度量衡单位计量的,如公吨、米、立方米、公升、码等,可以有总量的 5% 的增减或伸缩的余地,但不能超过信用证规定金额。

(2)信用证对商品数量的规定。①若不允许分批装运,则所有商品必须一次全部装运,即数量不能少于规定;②对商品数量的规定有"约(about)"、"近似(approximately)"、"大约(circa)"、"左右(more or less)"一类词语者,允许在规定数量上有不超过 10% 的增减幅度,若没有这类词语,则不能有这样的增减幅度;③在允许有一定增减幅度的情况下,不同规格的商品,应分别计算其允许增减的数量。如果一份信用证规定数量和金额的溢短装是 5%,而该信用证项下的货物有多种品种或规格,那么整个单据上的商品数量和金额的溢短装不能超过 5% 的同时,每一品种或规格的商品数量和金额也分别不能超过规定的 5%。

3. 商品单价与总货值

发票上的货物单价和数量的乘积之和,应等于总货值(发票金额)。发票上的这三项都必须与信用证规定一致。根据国际商会的有关规定,银行不负责检查商品单据中的计算细节,只负责核对其总量记载是否符合信用证规定,以及各项单据中的相关记载是否一致或不矛盾。若信用证有关于折扣或减让等记载,则发票上也应有相应的记载。

4. 货物的包装与重量、尺码、体积

发票上应有商品外包装方式及数量的记载,如铁桶、木箱、编织袋等各多少件,以及毛重、净重等。在信用证业务中,这些记载都必须符合信用证的规定。

5. 价格条件

为了更明确地检验各单据的记载内容是否相符,发票上还应该体现交易双方所约定的价格条件,即该项交易所采用的价格术语(Trade Term),因为它涉及交易双方的各自权责,以及出口商所应提交的单据的种类,例如,在 FOB 和 CFR 等价格条件下,应由进口商自办货物运输保险手续,就不能要求出口商提交货物运输的保险单;而在 CIF 和 CIP 等价格条件下,应由出口商办理货物运输保险手续,提交相应的保险单就是出口商履行其合同责任的凭证之一。

6. 货物装运港和卸货港名称、运输标志、装货船名、装船日期等

在 FOB 价格条件下,发票上应体现装运港的名称,在 CFR 或 CIF 价格条件下,则应

269

体现装运港和目的港的名称。运输标志俗称"唛头（Shipping Mark）"，它通常由主标志、目的港名称、件号标注等几项构成。在海运提单上，运输标志是一定要有的。在制作发票时，可以照样填制，也可以"as per B/L No.××××"代替，以保证与相关的海运提单一致。若发票是在备货和装运前就已制作，随后工作人员按发票整理和包装货物以备运，则不一定能准确地填上装货船名和装船日期。

7. 其他内容

如信用证要求有进口许可证号码、外汇使用许可证号码等内容，发票上应照样填制。在进口商要求出口商不要开立汇票的情况下，发票将作为要求进口商或开证行付款的单据，因此，发票上可以加注"收到货款"的文句。

（三）商业发票的结文部分

商业发票的结文部分主要是由发票的签发人签字和盖章。在信用证业务中，即由信用证的受益人签章。

三、其他形式的发票

（一）形式发票（Proforma Invoice）

又称为预开发票，这是出口商应进口商的要求，将拟出售的商品的名称、规格、单价等条件做成非正式的参考性的发票，供进口商向本国有关管理当局申请进口审批和外汇使用审批所用。形式发票不能作为正式发票使用，对当事双方都没有约束力。

（二）海关发票（Costoms Invoice）

这是一些国家规定在进口报关时，出口商必须提交有进口国海关规定格式和内容的专门发票。海关发票的作用是：便于进口国进行海关统计；是对不同来源的商品实行差别关税的依据；便于核查进口商品价格，以查验有无倾销情况。

（三）领事发票（Consular Invoice）

一些国家规定，外国出口商向其出口商品时，必须取得事先由进口国在出口国或其邻近国家的领事签证的发票，方能获准进口。实行领事发票制度，是为了确认进口商品的原产地，以便实行进口配额制和差别关税；验核商品在出口国的价格，以审查有无倾销情况；代替进口许可证；增加进口国驻外使、领馆的签证收入。接受提供领事发票的要求，势必增加出口商的出口成本，延缓甚至耽误出口安排。因此，若收到的信用证上有这样的要求，宜要求删除有关条款，或者修改为可采用出口国的商会等机构签发的证明取代领事发票。目前，只有少数国家仍实行领事发票的做法。

（四）制造商发票（Manufacturers' Invoice）

又称为厂商发票，这是由出口商品的制造厂商提供的其产品的出口发票。其中有文句声明所指的商品由发票的签发人所制造（We heheby certify that we are the actual manufacturer of the goods invoiced.）。制造商发票可以出口国货币表示价格。

四、国际结算中对单据的要求

一般来说，国际结算中都会对提交的单据提出一定的要求。

（一）对提交正本单据的要求

国际商会《UCP600》第十七条 a 款规定：信用证规定的每一种单据须至少提交一份正本。同条 d 款规定：如果信用证要求提交单据的副本，提交正本或副本均可。同条 e 款规定:如果信用证使用诸如"一式两份(in duplicate)"、"两份(in two fold)"、"两套(in two copies)"等用语要求提交多份单据,则应提交至少一份正本,其余使用副本即可满足要求,除非单据本身另有说明。

信用证要求受益人提交正本发票若干份,则受益人提交的商业发票中,应有相应份数注明"正本(Original)"字样,并签章;未注明是正本者,即可被认为是副本(Copy)。通常情况下,包括商业发票在内的每种商品单据都至少要提供一份正本。

(二)对正本单据的认定

《UCP600》第十七条 b 款提出的认定正本单据的原则是:银行应将任何带有看似出单人的原始签名、标记、盖章或标签的单据视为正本单据,除非单据本身注明它不是正本。c 款规定除非单据本身另有说明,在以下情况下,银行也将其视为正本单据: i .单据看来由出单人手写、打字、穿孔或盖章;或者 ii .单据看似使用出单人的原始信纸出具;或者 iii .单据声明其为正本的单据,除非该声明看似不适用于提交的单据。

《UCP600》第三条规定:单据签字可用手签、摹样签字、穿孔签字、印戳、符号或任何其他机械或电子的证实方法为之。诸如单据须履行法定手续、签证、证明等类似要求,可由单据上任何看似满足该要求的签字、标记、印戳或标签来满足。

单据的复印件若经过签注"正本(ORIGINAL)"的处理,应被当作正本对待;否则只能作为副本;而任何电传传真机制作的单据只能作为副本处理。

五、信用证项下对商业发票的要求

(一)《UCP600》对商业发票的要求

《UCP600》第十八条对商业发票的规定是:① i .除第三十八条规定的情况外,必须看似由受益人出具; ii .除第三十八条 g 款规定的情况外,必须出具成以申请人为抬头; iii .必须与信用证的货币相同; iv .无须签名。②按指定行事的指定银行、保兑行(若有)或开证行可以接受金额大于信用证允许金额的商业发票,其决定对有关各方均有约束力,只要该银行对超过信用证允许金额的部分未作承付或者议付。③商业发票上的货物、服务或履约行为的描述应该与信用证中的描述一致。

《UCP600》第三十八条 h 款规定,在可转让信用证业务中,第一受益人有权以自己的发票和汇票(若有)替换第二受益人的发票和汇票,其金额不得超过原信用证的金额。经过替换后,第一受益人可在原信用证下支取自己发票与第二受益人发票间的差额(若有)。同条 j 款还规定:如果第一受益人应提交自己的发票和汇票(若有),但未能在第一次要求时照办,或第一受益人提交的发票导致了第二受益人的交单中本不存在的不符点,而其未能在第一次要求时修正,转让行有权将从第二受益人处收到的单据照交开证行,并不再对第一受益人承担责任。

(二)审核商业发票的要点

商业发票是受益人提交的全套单据中的核心单据,又是受益人出运商品的总说明和明细单,内容多而集中,同时还是审核其他各项单据的参照,因此,在审核时应特别注意,既要全面,又要有重点。审核商业发票的要点如下:

(1)签发人应是信用证指名的受益人,如果发票上有签发人的地址,则该地址应是信用证上受益人的地址。经转让后的可转让信用证项下,若第一受益人没有用自己的发票取代第二受益人出具的发票,则可以是第二受益人出具的发票,但这时应查看转让手续是否符合信用证业务的规范要求。

（2）除非信用证另有明确规定，商业发票的抬头人应是信用证的开证申请人。

（3）对商品的描述，如名称、品种、品质、包装等，应该与信用证规定完全一致；在信用证上有"大约"、"约"等词语规定信用证金额或信用证规定的商品数量或单价时，可以允许有关金额或数量或单价有不超过10%的增减幅度；若信用证不是以包装单位件数或货物自身件数方式规定有关商品数量，则可以有不超过5%的增减幅度，但无论如何其价值都不能超过信用证规定的金额。

（4）如果信用证规定的货物数量已经全部装运，以及信用证规定的单价没有降低，或者信用证以包装单位的件数或货物自身件数的方式规定货物数量，则即使不允许部分装运，只要信用证没有规定特定的增减幅度或使用"约"或"大约"等词语规定信用证金额或信用证规定的商品数量或单价，也允许支取的金额有5%的减幅。

（5）交易的价格条件必须与信用证规定一致。

（6）如果信用证和交易合同规定的单价中有"佣金"或"折扣"的记载，商业发票上也应用同样的记载。

（7）如果信用证要求经公证人证实或证明，发票上应有相应的公证人的证实或证明。

（8）商业发票的正、副本份数应符合信用证的要求。

（9）如果信用证要求受益人手签，应当照办；签发日期不能晚于信用证的有效到期日。

（10）商业发票上不能有"临时的（provisional）"、"形式的（proform）"、"错漏当查（E. & O. E. —Errors and Omissions Excepted）"之类词语或文句。

（11）商业发票上除发票自身号码外，通常还应有相关信用证号码和交易合同号码，信用证业务中，应核对发票上记载的信用证号码是否正确。

任务二　海运提单

一、海运提单的概念

海运提单（Bill of Lading B/L）简称提单，是承运人或其代理人在收到有关承运货物时签发给托运人的一种收据。是目前海运业务中使用最为广泛和主要的运输单据。它是证明托运的货物已经收到，或已经装载到船上，并允诺将其运往指定目的地交付收货人的书面凭证。海运提单也是收货人在目的港据以向船公司或其代理人提取货物的凭证。

二、海运提单的性质和作用

（一）货物收据

提单是由船长或船公司或其代理人签发给托运人的表明货物已经收讫的收据（Receipt for the Goods），它证明货物已运至承运人指定的仓库或地点，并置于承运人的有效监控之下，承运人许诺按收据内容将货物交付给收货人。因此，提单是托运人向银行结汇的主要单据之一。

（二）运输契约的证明

提单本身并不是运输契约，提单背面的条款一般由承运人单方拟订并由承运人单方签字，而不是由双方协商拟订。但提单条款的有关规定可以作为制约承运人与托运人或提单持有人等各方之间的权利与义务、责任与豁免，是处理他们之间有关海洋运输方面争议的依据。

（三）物权凭证

提单是货物所有权的凭证（Document of Title）。提单就是货物的象征。在国际贸易中正本提单作为钱与货的衔接点，是卖方凭以议付、买方凭以提货、承运人凭以交货的依据。提单可以通过背书进行转让，转让提单意味着转让物权。卖方将物权（正本提单）转让给了银行，就可以得到相应的货款，买方只有将款项交付给银行，才能得到物权（正本提单）并凭以提货。正因为提单具有此性质，所以提单的持有人可凭提单向银行办理抵押贷款或叙作押汇，从而获得银行的融资。

三、海运提单的签发

托运人在货物装运前，应先从有关的船公司（承运人）领得空白提单，并按交易合同和信用证的规定，填写上有关货物运输的情况，然后送交船公司。装运时，应随附说明货物细节的装货通知书（Shipping Note），并由托运人和承运人双方代表在场核对清点装船货物情况，登记唛头、港口、号码以及装运货物的数量或重量等，填制理货卡（Tally Sheet）和船舶舱单（Manifest）。理货卡送港口办事员与原先托运人填写的提单核对，船舶舱单则作为开立运费账单的依据。这时，托运人通常可取得一份大副收据（Mate's Receipt）。大副收据一般被视为正式提单签发前的初步收据。若进出口双方商定由出口方交付运费（如以 CFR 或 CIF 价格成交），则在缴纳运费后，船公司作为承运人代表船长签署提单给托运人，并在提单上注明"运费已付（Freight Prepaid）"；若进出口双方商定由进口商支付运费（如以 FOB 价格成交），则在提单上注明"运费待收（Freight Collect）"。同时，船公司收回原先签发的大副收据。

海运提单发出正本（Original）和副本（Non-negotiable Copy）两种。正本的份数按托运人的要求签发。如果托运人只要求一套，而没有说明具体的份数，则承运人可按照常规签发正本提单一式两份或一式三份，并在提单正面注明正本的份数，以便托运人或收货人掌握。副本提单只是用于证明货物托运或承运的情况，不作为货物所有权的凭证，船公司不在副本提单上签字，其份数可按托运人要求或船公司自行安排。副本中有一份被称为"船长副本（Master's Copy）"，是随船到达目的地后，供船方向港口当局卸货时清点货物时所用。

由于正本提单是凭以提货的有效文件，凭其中一份提货后，其余正本提单即自动失效。因此，只有掌握全套正本提单，才能有效地掌握有关货物的所有权。通常，信用证也要求受益人应向银行提交全套正本海运提单（Full set clean on board B/L）。若进口商要求出口商在货物出运后将一份正本提单直接寄给进口商，其余向银行交付，办理结算，出口商如果接受这样安排，就将面临进口商凭其直接得到的那份正本提单提货，而出口商或银行对进口商的付款失去控制的风险。

四、海运提单的当事人

海运提单的基本当事人是承运人和托运人。在实际操作中,还有收货人(在提单业务中,往往被称为提单的抬头人)和被通知人。

（一）承运人（Carrier）

负责运输货物的当事人,也称为船方。在实务中,他可能是船舶的所有者,也可能是租船人,租船以经营运输业务是进口商,即收货人（Consignee）;而在 CFR 或 CIF 条件下,则是出口商,即发货人（Shipper）。

（二）托运人（Shipper）

托运人是与承运人签订运输合同的人。在实务中,依交易双方选择的价格条件的不同,也会有所不同,如在 FOB 条件下,是进口商负责联系承运人安排船只到装运港接运货物,托运人就是进口商;而在 CFR 或 CIF 价格条件下,是由出口商联系承运人,安排船只从装运港装运货物,托运人就是出口商。

（三）收货人（Consignee）

收货人即提单的抬头人,他可以是托运人本身,也可能是第三者。收货人有在目的港凭海运提单向承运人提取货物的权利。通过对海运提单的背书转让,实际的收货人则是海运提单的受让人（Transferee）或持单人（Holder）。在国际贸易的实务中,海运提单上的收货人经常是做成可转让形式的,即做成"凭指示"形式。在信用证结算方式中,开证行往往要求海运提单上的收货人做成"开证行的指示人"形式。

（四）被通知人（Notify Party）

被通知人不是提单的当事人,只是收货人的代理人和接受承运人通知货物已运抵目的地的人。信用证结算方式下,提单的"收货人"通常是"开证行的指示人",而开证申请人则通常是提单上的"被通知人"。货到目的港后,承运人要通知被通知人,以便其及时联系有关银行付款赎单,凭所赎得的海运提单报关提货。

海运提单是物权凭证,可以通过背书转让流通。因此,海运提单在未做"不可转让（Non-negotiable）"的限定的情况下,又是"可流通转让的单据"。转让人与受让人因流通转让而产生。转让人是原先持有海运提单的人,受让人则是通过对海运提单背书转让后接受提单的当事人。他不仅有向承运人要求凭海运提单提货的权利,还有在货物遭受损失时,凭海运提单、保险单据以及其他有关单据向承保人要求理赔的权利,同时,也承担了托运人在运输合同中的责任。

五、提单的种类

在国际海上货物运输中所遇到的海运提单（ocean B/L or marine B/L）种类越来越多。通常使用的提单为全式提单（long form B/L）或称为繁式提单,即提单上详细列有承运人和提单关系人之间权利、义务等条款的提单。此外,还有简式提单（short form B/L）,即提单上印有"short form"字样,而背面没有印刷有关承运人与提单关系人的权利、义务条款,或者背面简单注明以承运人全式提单所列条款为准。有时信用证会明确规定不接受简式提单。在此介绍实践中经常会遇到的一些提单基本种类和特殊情况。

（一）基本种类

基本种类提单是指在正常情况下,符合法律要求所使用的提单。由于提单分类的标准不同,因此就有以下多种情况。

1. 按货物是否已装船

(1)已装船提单(on board B/L;shipped B/L)

已装船提单是指整票货物全部装船后,由承运人或其代理人向托运人签发的货物已经装船的提单。该提单上除了载明其他通常事项外,还须注明装运船舶名称和货物实际装船完毕的日期。

(2)收货待运提单(received for shipment B/L)

收货待运提单简称待装提单或待运提单,是承运人虽已收到货物但尚未装船,应托运人要求而向其签发的提单。由于待运提单上没有明确的装船日期,而且又不注明装运船的船名,因此,在跟单信用证的支付方式下,银行一般都不接受这种提单。

当货物装船后,承运人在待运提单上加注装运船舶的船名和装船日期,就可以使待运提单成为已装船提单。

2. 按对货物外表状况有无不良批注

(1)清洁提单(clean B/L)

清洁提单是指没有任何有关货物残损、包装不良或其他有碍于结汇的批注的提单。

事实上提单正面已印有"外表状况明显良好(in apparent good order and condition)"的词句,若承运人或其代理人在签发提单时未加任何相反的批注,则表明承运人确认货物装船时外表状况良好的这一事实,承运人必须在目的港将接受装船时外表状况良好的同样货物交付给收货人。在正常情况下,向银行办理结汇时,都应提交清洁提单。

【同步案例 9-1】

2012 年大连经济技术开发区一批货物共 100 箱,自大连港运至纽约,船公司已签发"已装船清洁提单",等货到目的港,收货人发现下列情况:①5 箱欠交;②10 箱包装严重破损,内部货物已散失 50%;③10 箱包装外表完好,箱内货物有短少。请问:上述三种情况是否应属于船方或托运人责任? 为什么?

精析:①、②属于船方责任,因其已签发"已装船清洁提单",则应保证货到目的港交货时数量的完整和货物外表状况良好;③是装货短少,应属卖方的责任。

(2)不清洁提单(unclean B/L or foul B/L)

指承运人在提单上加注有货物及包装状况不良或存在缺陷,如水湿、油渍、污损、锈蚀等批注的提单。承运人通过批注,声明货物是在外表状况不良的情况下装船的,在目的港交付货物时,若发现货物损坏可归因于这些批注的范围,则可减轻或免除自己的赔偿责任。在正常情况下,银行将拒绝以不清洁提单办理结汇。

实践中,当货物及包装状况不良或存在缺陷时,托运人会出具保函,并要求承运人签发清洁提单,以便能顺利结汇。由于这种做法掩盖了提单签发时的真实情况,因此承运人将会承担由此产生的风险责任。承运人凭保函签发清洁提单的风险有:

①承运人不能以保函对抗善意的第三方,因此承运人要赔偿收货人的损失;然后承运人根据保函向托运人追偿赔款。

②如果保函具有欺骗性质,则保函在承运人与托运人之间也属无效,承运人将独自承担责任而不能向托运人追偿赔款。

③承运人接受了具有欺骗性质的保函后,不但要承担赔偿责任,而且还会丧失责任

限制的权利。

④虽然承运人通常会向"保赔协会"投保货物运输责任险,但如果货损早在承运人接受货物以前就已发生,则"保赔协会"是不负责任的,责任只能由承运人自负。

⑤如果承运人是在善意的情况下接受了保函,该保函也仅对托运人有效。但是,托运人经常会抗辩:货物的损坏并不是包装表面缺陷所致,而是承运人在运输过程中没有履行其应当适当、谨慎的保管和照料货物的义务所致。因此,承运人要向托运人追偿也是很困难的。

当然,实践中承运人接受保函的情况还是时有发生的,这主要是因为当事人根据商业信誉会履行自己的保证所致。

3. 按提单是否记载收货人

(1)记名提单(straight B/L)

记名提单是指在提单"收货人"一栏内具体填上特定的收货人名称的提单,记名提单只能由提单上所指定的收货人提取货物。记名提单不得转让。

记名提单可以避免因转让而带来的风险,但也失去了其代表货物可转让流通的便利。银行一般不愿意接受记名提单作为议付的单证。

(2)不记名提单(open B/L;blank B/L;Bearer B/L)

不记名提单是指在提单"收货人"一栏内记名应向提单持有人交付货物(to the bearer或 to the holder)或在提单"收货人"一栏内不填写任何内容(空白)的提单。不记名提单,无须背书,即可转让。也就是说,不记名提单由出让人将提单交付给受让人即可转让,谁持有提单,谁就有权提货。

(3)指示提单(order B/L)

指示提单是指在提单"收货人"一栏内只填写"凭指示"(to order)或"凭某人指示"(to the order of ...)字样的提单。指示提单可经过记名背书或空白背书转让。指示提单除由出让人将提单交付给受让人外,还应背书,这样提单才得到了转让。

如果提单的收货人一栏只填写"to order",则称为托运人指示提单。记载"to the order of the shipper"与记载"to order"是一样的托运人指示提单。在托运人未指定收货人或受让人以前,货物仍属于托运人。如果提单的收货人一栏填写了"to the order of×××",则称为记名指示提单。在这种情况下,应由记名的指示人指定收货人或受让人。记名的指示人("×××")可以是银行,也可以是贸易商等。

4. 按不同的运输方式可分为

(1)直达提单(direct B/L)

直达提单是指由承运人签发的,货物从装货港装船后,中途不经过转船而直接运抵卸货港的提单。

(2)转船提单(transshipment B/L; through B/L)

转船提单是指在装货港装货的船舶不直接驶达货物的目的港,而要在中途港换装其他船舶运抵目的港,由承运人为这种货物运输所签发的提单。

(3)多式联运提单(combined transport B/L;intermodal transport B/L;multimodal transport B/L)

多式联运提单是指货物由海路、内河、铁路、公路和航空等两种以上不同运输工具共同完成全程运输时所签发的提单,这种提单主要用于集装箱运输。多式联运提单一般由承担海运区段运输的船公司签发。

5. 按提单签发人不同

（1）班轮公司所签提单（班轮提单）（liner B/L）

这是指在班轮运输中，由班轮公司或其代理人所签发的提单。在集装箱班轮运输中，班轮公司通常为整箱货签发提单。

（2）无船承运人所签提单（nvocc B/L）

这是指由无船承运人或其代理人所签发的提单。在集装箱班轮运输中，无船承运人通常为拼箱货签发提单，因为拼箱货是在集装箱货运站内装箱和拆箱，而货运站又大多有仓库，所以有人称其为仓/仓提单（house B/L）。当然，无船承运人也可以为整箱货签发提单。

（二）特殊情况

特殊情况提单是指在特殊情况下，可能是不符合法律规定或者对货运业务有一定影响时所使用的提单。这类提单也有多种情况。

1. 预借提单（advanced B/L）

这是指由于信用证规定的装运期或交单结汇期已到，而货物尚未装船或货物尚未装船完毕时，应托运人要求而由承运人或其代理人提前签发的已装船提单。即托运人为能及时结汇而从承运人处借用的已装船提单。

当托运人未能及时备妥货物，或者船期延误使船舶不能如期到港，托运人估计货物装船完毕的时间可能要超过信用证规定的装运期甚至结汇期时，就可能采取从承运人那里借出提单用以结汇的办法。但是，承运人签发预借提单要冒极大风险，因为这种做法掩盖了提单签发时的真实情况。许多国家的法律规定和判例表明，一旦货物引起损坏，承运人不但要负责赔偿，而且还要丧失享受责任限制和援用免责条款的权利。

2. 倒签提单（anti-date B/L）

这是指在货物装船完毕后，应托运人的要求，由承运人或其代理人签发的提单，但是该提单上记载的签发日期早于货物实际装船完毕的日期。即托运人从承运人处得到的以早于货物实际装船完毕的日期作为提单签发日期的提单。由于倒填日期签发提单，所以称为"倒签提单"。

由于货物实际装船完毕日期的迟于信用证规定的装运日期，若仍按实际装船日期签发提单，肯定影响结汇，为了使签发提单日期与信用证规定的装运日期相吻合，以便结汇，托运人就可能要求承运人仍按信用证规定的装运日期"倒填日期"签发提单。承运人倒签提单的做法同样掩盖了真实的情况，因此也要承担由此而产生的风险责任。

3. 顺签提单（post-date B/L）

这是指在货物装船完毕后，承运人或其代理人应托运人的要求而签发的提单，但是该提单上记载的签发日期晚于货物实际装船完毕的日期。即托运人从承运人处得到的以晚于该票货物实际装船完毕的日期作为提单签发日期的提单。由于顺填日期签发提单，所以称为"顺签提单"。

由于货物实际装船完毕的日期早于有关合同中装运期限的规定，如果按货物实际装船日期签发提单将影响合同的履行，所以托运人就可能要求承运人按有关合同装运期限的规定"顺填日期"签发提单。承运人顺签提单的做法也掩盖了真实的情况，因此也要承担由此而产生的风险责任。

（三）其他特殊种类提单

1. 舱面货提单（on deck B/L）

舱面货提单指将货物积载于船舶露天甲板，并在提单上记载"on deck"字样的提单，也称甲板货提单。积载在船舱内的货物（under deck cargo）比积载于舱面的货物可能遇到的风险要小，所以承运人不得随意将货物积载于舱面运输。但是，按商业习惯允许装于舱面的货物、法律规定应装于舱面的货物、承运人与托运人协商同意装于舱面的货物可以装于舱面运输。另外，由于集装箱运输的特殊性，通常有 1/3 以上的货物要装于甲板，所以不论集装箱是否装于舱面，提单上一般都不记载"on deck"或"under deck"，商业上的这种做法已为有关各方当事人所接受。

2. 并提单（omnibus B/L）

并提单指应托运人要求，承运人将同一船舶装运的相同港口、相同货主的两票或两票以上货物合并而签发的一套提单。托运人为节省运费，会要求承运人将属于最低运费提单的货物与其他提单的货物合在一起只签发一套提单。即将不同装货单号下的货物合起来签发相同提单号的一套提单。

3. 分提单（separate B/L）

分提单指应托运人要求，承运人将属于同一装货单号下的货物分开，并分别签发的提单（多套提单）。托运人为满足商业上的需要，会要求承运人为同一票多件货物分别签发提单，如有三件货物时，分别为每一件货物签发提单，这样就会签发三套提单。即将相同装货单号下的货物分开签发不同提单号的提单。

4. 交换提单（switch B/L）

交换提单指在直达运输的条件下，应托运人要求，承运人同意在约定的中途港凭起运港签发的提单换发以该中途港为起运港的提单，并记载有"在中途港收回本提单，另换发以中途港为起运港的提单"或"switch B/L"字样。由于商业上的原因，为满足有关装货港的要求，托运人会要求承运人签发这种提单。签发交换提单的货物在中途港不换装其他船舶，而是由承运人收回原来签发的提单，再另签一套以该中途港为起运港的提单，承运人凭后者交付货物。

5. 交接提单（memo B/L）

交接提单指由于货物转船或联运或其他原因，在不同承运人之间签发的不可转让、不是"物权凭证"的单证。交接提单只是具有货物收据和备忘录的作用。有时由于一票货物运输会由不同的承运人来运输或承运，为了便于管理，更是为了明确不同承运人之间的责任，就需要制作交接提单。

6. 过期提单（stale B/L）

过期提单指出口商在取得提单后未能及时到银行议付的提单。因不及时而过期，形成过期提单，也称滞期提单。根据《跟单信用证统一惯例》第四十三条的规定，如信用证没有规定交单的特定期限，则要求出口商在货物装船日起 21 天内到银行交单议付，也不得晚于信用证的有效期限。超过这一期限，银行将不予接受。过期提单是商业习惯的一种提单，但它在运输合同下并不是无效提单，提单持有人仍可凭其要求承运人交付货物。

六、提单正面、背面内容

不同的船公司出具的海运提单可能有一定的不同，但基本内容都应具有。

（一）海运提单正面的内容

海运提单正面内容主要包括三个部分：

（1）由承运人或其代理人事先印就的内容，主要有：①海运提单的名称。②承运人名称及其地址、电报挂号、电传号等情况。③以下带契约性的陈述：装船条款，说明承运人收到外表状况良好的货物（另有说明者除外），并已装船，将运往目的地卸货。其常用的英语文句是"Shipped on board the vessel named above in apparent good order and condition (unless otherwise indicated) the goods or packages specified here — in and to be discharged at the mentioned port of discharge..."。④商品包装内容不知悉条款。说明承运人对托运人在海运提单上所填写的货物重量、数量、内容、价值、尺码、标志等，概不知悉，表示承运人对上述各项内容正确与否，不承担核对责任。其常见的英语文句是"The weight, quality, content, value, measure, marks, being particulars furnished by the shipper, are not checked by the Carrier on loading and are to be considered unknown."。⑤承认接受条款。说明托运人、收费人和海运提单持有人表示同意接受提单背面印就的运输条款、规定和免责事项。收货人接受提单，就表明接受提单背面印就的、书写的或加盖印戳的条款。其常见的英语文句是"The Shipper, Consignee and the Holder of this Bill of lading hereby expressly accept and agree to all printed, written or stamped provisions, exceptions and conditions of this Bill of Lading, including those on the back hereof."。⑥签署条款。印明为了证明以上各节，承运人或其代理人签发正本海运提单一式几份，凭其中一份提取货物后，其余几份即自动失效。其常用的英语文句是"In witness whereof, the Master or Agents of the vessel has signed—original (the above stated number) bill of lading, all of this tenor and date, one of which being accomplished, the others to stand void."。

（2）由承运人或其代理人装运时填写的内容。这是承运人或其代理人在核对托运人预填的提单内容与实际装船情况后填写的内容。主要是：①运费交付情况，这应符合进出口双方所商定使用的价格条件和信用证的规定，如在 CIF、CFR 等价格条件下，应填写"运费预付（Freight Prepaid）"或"运费已付（Freight Paid）"字样，在 FOB、FCA、FAS 等价格条件下，应是填写"运费待收（Freight to Collect）"、或"运费在目的地支付（Freight Payable at Destination）"字样。②海运提单的签发日期、地点。③船公司的签章。④船长或其代理人的签章。⑤提单名称及其编号。

（3）由托运人填写的内容有：①托运人、收货人及被通知人的名称记载。②装运港、转船港和卸货港的记载。③装货船名。④货物情况记载：货物名称、包装方式、包装数量（重量、尺码等——大、小写，要一致）。⑤运输标志（唛头）。⑥外包装状况的记载。⑦运输方式：是否分批装运、直接运输或转船运输。⑧"正本"的标注及正本提单份数等。这些内容虽由托运人填写，但承运人通常都在其海运提单上印就了这些内容的相应空格。

（二）提单背面印就的运输条款

提单背面印就的运输条款规定了承运人和托运人各自的义务、权利和承运人的免责条款，这是承运人与托运人双方处理争议的依据。这些都是承运人事先印就的，托运人接受、使用印有这些条款的提单，就表示接受提单上印就的条款。换言之，这些条款和提单正面的内容一起，成为托运人与承运人之间运输契约的内容。根据国际商会的规定，银行不负责审查这些条款。

七、提单的背书转让

(一)不可流通形式的提单

提单上的抬头人记载为具体的某人(某法人),被称为记名提单,其性质是"不可流通的(Non-negotiable)",又称为直交提单。这类提单多用于进、出口商双方关系密切、信任度高,或者本来就是跨国公司的内部贸易等。

(二)可流通形式的提单

1. 可流通的来人抬头提单

其抬头人栏内填写的是"来人(to bearer)"。这类提单不须背书,仅凭交付即可转让,若遗失,不易补救,故风险很大,在实务中很少采用。

2. 可流通的指示人抬头提单

其抬头人栏内均有"凭指示(to order)"字样。具体表达有以下三种情况:

(1)以开证行的指示人为抬头人(to order of Issuing Bank)。这种提单经过开证行背书后,即可转让。若开证申请人向开证行付清信用证费用,开证行即可背书后将提单交付给申请人,由其向船公司提货。

(2)以申请人的指示人为抬头人(to order of applicant)。这种提单须经申请人背书后才能凭以提货,若申请人未向开证行交清开立信用证的费用,开证行虽持有提单,仍然无法实际控制和处置有关的商品。因此,银行不愿接受这类提单。

(3)以托运人的指示人为抬头人(to order of beneficiary)。

3. 可流通的记名抬头人提单(Negotiable named consignee B/L)

凭记名抬头提单提货时,提货人要出示身份证明,并交出一份正本提单换取货物。该抬头人也可以自己的名义背书转让提单。

八、提单上对装船情况的记载

货物装运情况是出口商履约的关键之一和进口商关注的焦点之一。因此,提单上对装船情况的记载很重要。通常都要求在提单上要有货物"已装船(On Board)"的记载。《UCP600》第二十三条A款规定,银行将接受符合下列要求的单据,不论其名称如何:

(一)注明货物已装船

(1)提单上印就"货物已装上具名船只(Shipped on board the vessel named above)"字样,在货物装船后,签发提单。提单签发日,就视为货物装运日。这种提单目前已经很少用。

(2)提单上未印就"货物已装船"字样,而是印有"收到货物(Received the goods)"字样。船公司或其代表在收到货物后,即签发提单,而货物尚未装船。因此,这时的提单只能称为"收妥备运(received for shipment)"提单。由于这种提单无法证实货物的实际装运情况,进口商(开证申请人)或开证行都不会接受这类提单。但在有关货物完成实际装船后,提单的签发人将要求出口商将原先签发的收妥备运提单送交船公司,由船公司加注"已装船"字样,并说明装货船名、港口、装船日期等情况。这时,原先的收妥备运提单就转化为已装船提单,而可被开证行和开证申请人所接受。

(3)提单上未印就"已装船"字样,却写有"预期船只(Intended Vessel)"字样,在完成有关货物的实际装船后,在提单上加注"已装船"情况,使提单成为"已装船"提单。

（4）提单上未印就"已装船"字样，而注明的收货地点或货物接受监管的地点与信用证/合同规定的装船地点不同，要在货物实际装船后，完成在提单上的"已装船"批注，才成为开证行/开证申请人所要求和可接受的提单。

（二）提单上没有对货物及/或包装有不良或缺陷情况的条文或批注

这即是指清洁提单要求，这也是国际贸易中进口商和开证行对海运提单的基本要求。所谓"包装不良或缺陷情况"，常见的有"破裂"、"渗漏"、"折断"、"被撬动"、"穿孔"、"撕破"、"被刮擦"、"损坏"、"变形"、"被雨淋"、"遭水浸"、"沾污"、"凹进"、"包装损坏，部分商品外露"等。海运提单上有诸如此类的记载，内装商品的品质就可能受到影响。海运提单上有这类的记载，该提单就成为"不洁提单（Unclean B/L）"或者称为"肮脏提单（Dirty B/L）"。顾及利益可能受损，进口商往往不愿接受这类提单，开证行在信用证中通常都要求受益人必须提交清洁提单。

（三）货物的装、卸港的记载要符合信用证规定

货物的装、卸港必须分别是出口和进口国家的港口，而不能是内陆地点，特别是卸货港应是确定的某港口。对于世界上有同名的，例如美国和埃及各有一个叫做"亚历山大——Alexandria"的港口、英国和加拿大各有一个叫做"利物浦——Liverpool"的港口等，应明确指出是哪一个国家的港口；对于在一个国家也有同名港口的情况，如在美国东北部的缅因州和西北部的俄勒冈州就分别有一个港口称为 Portland 等，则应进一步明确其所在的州（省）情况。

任务三　其他货物运输单据

一、多式运输单据（Multimodal Transport Document）

20 世纪 60 年代以来，以集装箱为代表的货物成组化（unitization）运输迅速发展，逐渐成为现代化货物运输的重要形式。以集装箱为例，成组化运输是将小件包装的货物，在发货地点集中整理装入标准规格的集装箱内，由大型装卸机械和专门的运输工具运至专用码头或目的地。集装箱运输节省了运输包装和刷制唛头的费用，加强了防止盗窃、包装破损和不良的外部因素侵蚀商品的能力，减少了运输途中商品的损耗，提高了装卸和运输效率，降低了运输成本和劳动强度。同一货主运往同一目的地的货物能装满一个集装箱的，称为整箱货（Full Container Load, FCL）。整箱货可运往集装箱堆场（Container Yard, CY）装箱。不足以装满一个集装箱的，须与其他货主运往同一目的地的货物一起拼成一个集装箱的，货主可将货物运往集装箱货运站（Container Freight Station, GFS），与其他货主运往同一目的地的货物一起拼装集装箱，这就称为拼箱货（Less than a Full Container Load, LCL），待装满集装箱，再运往集装箱堆场待运。

根据利用集装箱方式运输订立的运输合同而签发的提单，被称为集装箱提单（Container B/L）。集装箱提单适合海洋运输，也适合多种运输方式的结合，即多式运输方式，例如：公路或铁路的陆上运输——海洋运输——陆上运输，海洋运输——陆上运输——海洋运输，公路运输——铁路运输——公路运输等。从提单上记载的承运人接管货物的地点和卸货地点，可以了解货物运输的途径和方式。多式运输方式是指用两种或两种以上的运输方式前后衔接将货物从出口国的货物接受监管地点运输到进口国的交货地点

或最终目的地。与托运人签订多式运输合约,并履行承运人责任的当事人被称为多式运输经营人(Multimodal Transport Operator,MTO)。其可能是船公司、航空公司、铁路公司、汽车运输公司或者其代理人,也可能是并没有船舶或者其他运输工具的运输行(Freight Forwarder)。其以自己的名义负责安排多式运输的有关事项,即承担了货物全程运输责任,并签发多式运输单据。多式运输单据的英语名称可以是:①Multimodal transport document;②Combined transport document;③Multimodal transport bill of lading;④Intermodal transport bill of lading;⑤Combined transport bill of lading。多式运输经营人对其签发的多式运输单据上所体现的运输全程(自接管所运输的货物起,至在目的地向收货人交付货物为止)负全部责任。

多式运输单据可以作成可流通转让形式的,也可以记名收货人而作成不可转让流通形式。可流通转让形式的多式运输单据如同海运提单一样,具有承运人给托运人的货物收据、承运人与托运人之间的运输合约和所运输货物的所有权的凭证这两项性质。而不可转让流通形式只具有承运人给托运人的货物收据和承运人与托运人之间的运输合约两项性质。当多式运输单据是可流通转让形式时,根据单据上对收货人记载的不同,在向收货人交付货物时的要求也有所不同:①当单据是来人抬头时,货物交付给最先提交了一份正本提单的人,该单据无须背书;②当单据是空白抬头时,货物交付给最先提交一份正本多式运输运输单据的人,该运输单据须有空白背书;③当单据是记名的指定人抬头时,货物交付给提交一份正本多式运输单据并提供能证明其身份的证明的人。若该运输单据又被作成空白背书并转让,则货物交付给最初提交一份正本的多式运输单据并有适当的空白背书的人。当多式运输单据是不可流通转让形式时,货物交付给最初提交载有记名人的单据并能核实其身份的人。

多式运输单据既是所运输货物的所有权凭证,也就如同海运提单,一般都作成正本一式两份或一式三份,只有掌握了全套正本的多式运输单据,才真正掌握了有关货物的所有权。在信用证结算方式下,其份数应符合信用证规定。而且,其他各项记载也都应符合信用证的规定:货物名称、包装方式和状况、发货人、抬头人、被通知人、签发人、运费的交付情况、货物接受承运人监管的地点、货物运输的最终目的地以及装运的时间等。其中对装运时间的判断方法是:①若多式运输单据上已有事先印就的文字,说明货物已装运,则以多式运输单据的签发日期作为装运的完成日期;②若多式运输单据上有印章或其他注明方式,则加盖印章或注明的日期作为装运的完成日期。同时,多式运输单据上不能有受租船合约约束的记载。在信用证接受受益人提交多式运输单据的情况下,即使信用证规定不得转运,也不能限制转运的可能或实际采用。

适用于多式运输单据的贸易条件主要是 FCA、CPT、CIP 等,因为这些贸易条件以托运人将货物交付给承运人接管或监管为双方责任转移的界限,而不像 FOB、CFR、CIF 等贸易条件那样,以货物装上运输船只(在装运港越过船舷)为双方责任的分界线。多式联运提单格式和联运提单格式如图 9-2、图 9-3。

多式联运提单

Shipper			

SINOTRANS

B/L No

中国对外贸易运输总公司

CHINA NATIONAL FOREIGN TRADE
TRANSPORTATION CORP.
COMBINED TRANSPORT
BILL OF LADING

RECEIVED the goods in apparent good order and condition as specified below unless otherwise stated herein. The Carrier in accordance with the provisions contained in this document

(1) undertakes to perform or to procure the performance of the entire transport from the place at which the goods are taken in charge to the place designated for delivery in this documents, and

(2) Assumes liability as prescribed in this document for such transport. One of the Bills of Lading must be surrendered duly indorsed in exchange for the goods or delivery order.

Consignee or Order			
Notify Address			
Pre-carriage by	Place of Receipt		
Ocean Vessel Voy. No.	Port of Loading		
Port of Discharge	Place of Delivery	Freight Payable at	Number of Original B/L
Container, Seal No. or Marks & Nos.	Number and Kind of Packages	Description of Goods	Gross Weight (kgs)	Measurement (m³)

ABOVE PARTICULARS FURNISHED BY SHIPPER

FREIGHT & CHARGES	IN WITNESS where of the number of original Bills of Lading stated above have been signed, one of which being accomplished, the other(s) to be void.
	Place and Date of Issue
	Signed for or on Behalf of the Carrier
	as Agent(s)

SUBJECT TO THE TERMS AND CONDITIONS ON BACK

图 9-2 多式联运提单

托运人 Shipper		B/L NO.
收货人或指示 Consignee or Order		中国对外贸易运输总公司 北京 BEIJING 联运提单 COMBINED TRANSPORT BILL OF LADING
通知地址 Notify Address		RECEIVED the foods in apparent good order and condition as specified below unless otherwise stated herein. The Carrier, in accordance with the provisions contained in this document,
前段运输 Pre-carriage by	收货地点 Place of Receipt	1) undertakes to perform or to procure the performance of the entire transport form the place at which the goods are taken in charge to the place designated for delivery in this document, and 2) assumes liability as prescribed in this
海运船只 Ocean Vessel	装货港 Port of Loading	document for such transport One of the bills of Lading must be surrendered duty indorsed in exchange for the goods or delivery order

卸货港 Port of Discharge	交货地点 Place of Delivery	运费支付地 Freight Payable at	正本提单份数 Number of Original Bs/L

标志和号码 Marks and Nos.	件数和包装种类 Number and Kind of packages	货 名 Description of goods	毛重(公斤) Gross weight(kgs.)	尺 码(立方米) Measurement(m³)

以上细目由托运人提供
ABOVE PARTICULARS FURNISHED BY SHIPPER

运费和费用 Freight and charges	IN WITNESS whereof the number of original bills of Lading stated above have been signed, one of which being accomplished, the other(s) to be void.
	签单地点和日期 Place and date of issue
	代表承运人签字 Signed for or on behalf of the carrier 代 理 as Agents

图9-3 联运提单

二、航空运单(Air Transport Document)

(一)航空运单的概念

航空运单,又被称为空运单据(Airway Bill,AWB),或空运发货单(Air Consignment Note,CAN),是航空货运部门签发给托运人表示接受委托、承担有关货物空运责任的单据。

航空运输具有速度快的特点,要求包装轻便牢靠。在当代国际贸易发展迅速,其中高新技术产品和高附加值产品增长更为迅速的情况下,航空运输方式得到了空前的重视。

（二）空运单据的性质和作用

空运单据的性质和作用包括：①是承运人与托运人之间运输契约的证明；②是承运人收到托运人交付货物的收据（"收据"的性质，如同海运提单，仅仅是运输期间对有关货物的代管权，而不是所有权）；③不是所运输货物的所有权的凭证，是不可流通的单据，不能凭以提取货物；④是承运人提供的运费账单；⑤是进、出口商报关的凭据之一；⑥是承运人内部业务往来的依据。

（三）空运单据必须作成记名收货人形式

航空单据是直交式（straight consigned manner）单据，它不是货物所有权的凭证，不能作成可流通形式。货物运抵目的地后，承运人通知收货人后，只要证实收货人的身份，就可以交付货物，因此，空运单据必须作成记名收货人形式。

鉴于航空运输单据的这一特点，填写航空运输单据上的收货人应多加注意。在信用证结算方式下，若以开证申请人为收货人，则开证行和受益人都无法制约开证申请人付款，因为货物到达目的地后，承运人只要验明开证申请人的身份，就可以向其交货，而不过问其是否已向开证行交清货款和有关费用，开证行也无权干预承运人的交货行为。若以开证行为收货人，则只能在开证申请人向开证行交清了所有费用和款项后，才能得到开证行的许可，向承运人提取货物。国际贸易中以空运方式运送货物，用跟单托收方式结算，若要避免进口商提取货物却不付款的风险，要以银行为空运单据的抬头人，必须事先征得银行的同意。

（四）空运单据的制式

1945年成立的国际航空运输协会（IATA）是由世界上一百多家民用航空公司组成的国际性联合机构，设有北大西洋和北美、南美和加勒比地区、欧洲、亚太地区、非洲和中东六个地区技术处，总部设在瑞士日内瓦。其宗旨是：促进航空安全，建立规章，提供较便宜的航空运输，为国际航空运输合作提供各种便利。其活动内容包括：通过国际空运协会的票据结算所办理成员公司之间的运费结算，解决技术问题，确定运费标准，订立空运合同及条件的国际法，加强记录、信息研究及国际合作。由其制订和发出的整套航空运单包括：正本一式三份和副本一式九份，其具体情况是：

第1张正本，发给承运人（Original 1—For Issuing Carrier）；

第2张正本，发给收货人（Original 2—For Consigneee）；

第3张正本，发给托运人，由其作为信用证所要求的运输单据向银行提交（Original 3—For Shipper）；

第4张副本，作为交货收据（Copy 4—Delivery Receipt）；

第5张副本，发给目的地的航空港（Copy 5—For Airport of Destination）；

第6张副本，发给第三承运人（Copy 6—For Third Carrier）；

第7张副本，发给第二承运人（Copy 7—For Second Carrier）；

第8张副本，发给第一承运人（Copy 8—For First Carrier）；

第9张副本，发给销售代理人（Copy 9—For Sales Agent）；

第10张副本作为额外的副本，备作临时所需（Copy 10—Extra Copy）；

第11张副本作为收取航空运费的收据（Copy 11—Invoice）；

第12张副本由发运地航空港当局收存归档（Copy 12—For Airport of Departure）。

在办理航空货物集中托运时，民用航空货运代理公司签发的该公司的航空运输单据被称为分运单,分运单具有民用航空公司签发的航空运输单据同样的性质和作用。

(五)空运单据的基本内容

(1)空运单据的正面内容。不同的航空公司出具的空运单据形式上存在一些差别,但在运单的正面都有以下基本内容:承运的航空公司名称、航空运输单据名称、所运输货物的托运人和收货人的名称、发运货物的机场和运输目的地机场的名称、所运输货物的名称、数量/重量等情况、运输保险情况、运杂费交纳情况、承运人的签字等。

(2)空运单据的背面内容。空运单据的背面印有航空公司的有关货物运输的规章或条款,主要用于规定承运人和托运人的各自责任、权利和义务等。空运单据如图 9-4 所示。

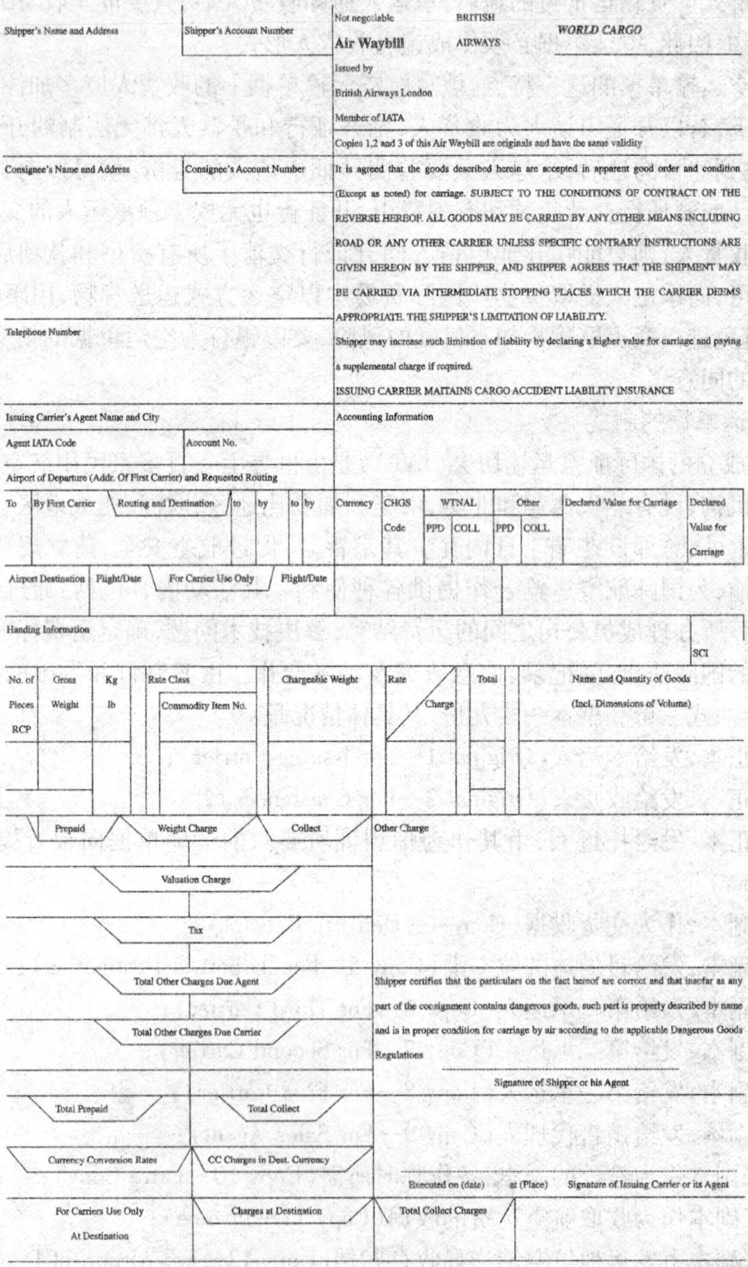
Shipper's Name and Address
Shipper's Account Number
Not negotiable
Air Waybill
BRITISH AIRWAYS
WORLD CARGO
Issued by
British Airways London
Member of IATA
Copies 1,2 and 3 of this Air Waybill are originals and have the same validity
Consignee's Name and Address
Consignee's Account Number
It is agreed that the goods described herein are accepted in apparent good order and condition (Except as noted) for carriage. SUBJECT TO THE CONDITIONS OF CONTRACT ON THE REVERSE HEREOF. ALL GOODS MAY BE CARRIED BY ANY OTHER MEANS INCLUDING ROAD OR ANY OTHER CARRIER UNLESS SPECIFIC CONTRARY INSTRUCTIONS ARE GIVEN HEREON BY THE SHIPPER, AND SHIPPER AGREES THAT THE SHIPMENT MAY BE CARRIED VIA INTERMEDIATE STOPPING PLACES WHICH THE CARRIER DEEMS APPROPRIATE. THE SHIPPER'S LIMITATION OF LIABILITY.
Shipper may increase such limitation of liability by declaring a higher value for carriage and paying a supplemental charge if required.
ISSUING CARRIER MAITAINS CARGO ACCIDENT LIABILITY INSURANCE
Telephone Number
Issuing Carrier's Agent Name and City
Accounting Information
Agent IATA Code
Account No.
Airport of Departure (Addr. Of First Carrier) and Requested Routing
To | By First Carrier | Routing and Destination | to | by | to | by | Currency | CHGS Code | WTNAL PPD COLL | Other PPD COLL | Declared Value for Carriage | Declared Value for Carriage
Airport Destination | Flight/Date | For Carrier Use Only | Flight/Date
Handing Information
SCI
No. of Pieces RCP | Gross Weight | Kg lb | Rate Class Commodity Item No. | Chargeable Weight | Rate Charge | Total | Name and Quantity of Goods (Incl. Dimensions of Volume)
Prepaid | Weight Charge | Collect | Other Charge
Valuation Charge
Tax
Total Other Charges Due Agent
Total Other Charges Due Carrier
Shipper certifies that the particulars on the fact hereof are correct and that insofar as any part of the consignment contains dangerous goods, such part is properly described by name and is in proper condition for carriage by air according to the applicable Dangerous Goods Regulations
Signature of Shipper or his Agent
Total Prepaid | Total Collect
Currency Conversion Rates | CC Charges in Dest. Currency
Executed on (date) | at (Place) | Signature of Issuing Carrier or its Agent
For Carriers Use Only At Destination | Charges at Destination | Total Collect Charges

图 9-4 航空货运单

各航空公司的运单格式可能有某些不同。

（六）空运单据适用的贸易条件

空运单据表明货物已被承运人接受待运（goods have been accepted for carriage），贸易条件为 FCA、CIP、CPT 时，出口商的责任是将货物交给承运人或其代理人，就算完成了交货，风险也已转移给进口商。

三、公路、铁路、内河运输单据

（一）铁路、公路、内河运输的基本情况

铁路运输方式中货物损坏程度低、受季节等自然因素影响小、运输速度也比较快，在国际货物运输中起着重要作用，特别是在亚欧大陆的运输中，更是如此。在 20 世纪 90 年代以前，我国与亚洲的朝鲜、越南、蒙古以及当时的苏联、东欧等国家签订有《国际铁路货物联运协定》（简称《国际货协》），而西欧、北欧和中、南欧的 18 个国家也签订有《国际铁路货物运送公约》（简称《国际货约》）。这就形成了两大片铁路运输网。这两个国际协定都分别规定了，在本片范围内只需在发货站办理一次手续，凭一张运单，就可以把货物运往任何一个车站。以后通过协商，签订跨片的铁路运输也可得到协调安排。这样，亚欧大陆的铁路运输就可以使有关的当事人避免货物绕道海洋运输，特别是对内陆地点之间的货物运输，就更为便捷。冷战结束后，有关的国际条约有一定的变动，但铁路运输对各国的好处，还是得到了各国的认可和接受。

公路运输主要运用于边境相邻的国家之间，内河运输则只是在两国拥有共同界河的情况下，相对而言，其规模和使用影响都较小。

（二）铁路、公路、内河运输单据的基本性质

当国际贸易合同/信用证规定，有关货物以铁路、公路、内河运输方式运输时，进口商/开证行将接受相应的铁路、公路、内河运输单据。但这些单据都只是承运人给托运人的货物收据（"收据"的性质，如同海运提单，仅仅是运输期间对货物的代管权，而不是所有权）及承运人与托运人之间有关货物运输契约的证明，但不是有关货物所有权的凭证。因此，铁路运单一律作成收货人记名抬头。

在托运人将货物交付给铁路方面承运人后，承运人由发货车站签发铁路运单，并加盖当日日戳。我国使用的铁路运单一式两份，正本运单随车、货同行，到达目的地后，由承运人交收货人作为提货通知，副本交托运人作为交货的收据。在托收或信用证结算方式中，托运人凭副本铁路运单向银行办理结算手续以收回货款。在货物到达目的地之前，只要托运人仍持有副本运单，就可以指示承运人停运货物，或将货物运交他人。

（三）单据上注明对货物收妥待运、发运、承运

铁路、公路或内河运输单据上应有对货物收妥待运（received for shipment）、发运（dispatch）或承运（carriage）等说明。但《国际公路货物运输合同公约》和《国际铁路货物运输公约》对公路运单和铁路运单未做相应要求。国际商会第 511 号出版物指出，由于上述的国际公约已经明确了承运人的全部责任，因此，虽无上述文句，仍然可以接受。对所交来的运单，均可当作正本单据接受。

（四）铁路、公路或内河运输适用的贸易条件

国际商会规定的多种贸易条件都适用于上述三种情况，如：EXW、FCA、CIP、CPT、DAF、DDU、DDP 等。

在我国内地以铁路运输方式向中国香港、澳门地区出口货物时,通常由中国对外贸易运输公司承办。承运人在货物装上运输工具后,即向托运人签发承运货物收据(Cargo Receipt)。托运人在委托承运人运输货物时,要填写委托书,承运货物收据就在托运人填写委托书时一并套制,并由承运人确认收妥货物及装上运输工具后,填上运编号码并签章。这样套制的运输单据一式八份,其中背面印有"承运简章"的一份是承运货物的正本收据,其余为副本收据。正、副本收据的运编号码是一样的。正本收据连同三份副本交付给托运人,托运人可凭该正本承运货物收据向当地银行办理结算手续,收货人则凭该正本收据在运输的目的地领取货物。托运人接受了正本收据,就表明接受了其背面印就的"承运简章",因此,正本收据也就成为了承运人与托运人之间有关货物的运输合同。

四、邮政收据和快邮专递

(一) 邮政收据(Post Receipt)的概念

万国邮政联盟(Universal Postal Union,UPU),简称为万国邮联,是为了调整各国之间的邮政服务,实现邮政业务现代化和使用最好的方法为各国运送邮件而建立的政府间组织,是联合国的一个专门机构。其前身是 1875 年成立的邮政总联盟,总部设在瑞士首都伯尔尼。此外,一些国家之间,根据双方交往的需要,也签订了双边邮政协定。总重量不超过 20 公斤的小件物品在这些国家之间传递,不值得采用上述的海洋、航空、铁路或公路运输方式时,可选择邮政寄送方式,向邮政部门办理。由寄件人填写邮局印就的空白邮政收据后,经邮政部门核实、收费并签发给客户,表明受理客户邮寄包裹业务的书面凭证,就是邮政收据,也称为邮寄证书(Certificate of Posting),或邮包收据(Postal Parcel Receipt,PPR)。邮政收据开立一式两份,一份随所寄物品一并发往目的地,由目的地邮局向收件人据以发出取件通知书,另一份交给寄件人作为办理结算的凭证。由于邮局的业务机构分布较广,收寄手续也比较简便,因此,少量、小件物品的传递,以邮政运输最为方便。根据具体的传递手段的不同,邮政传递可分为普通邮政包裹和航空邮政包裹两种。

相关手续通常是由寄件人将所要邮寄的包裹,在邮局营业时间送到邮局柜台办理。

(二) 快邮专递收据(Courier or Expedited delivery Service Receipt, CSR/Courier Receipt)的概念

快邮专递机构在受理客户以快邮专递包裹时,签发给客户的书面凭证就称为快邮专递收据。由于具体经办的机构不同,其名称也有所不同,最常见的是:Express Mail Service (EMS),DHL Forwarder Airbill,Shipment Air Waybill 等。快邮专递实行的是"桌至桌"服务,即发件人可以要求快邮专递机构派人上门收取要传递的邮件,并负责将所传递的邮件直接送到收件人的住所或办公室,而不像邮政包裹的传递,一般要求收件人凭通知和有关身份证件到邮局领取。因此,快邮专递的传递速度要比邮政包裹快,且更方便客户,收费标准也相应更高些。

最初的快邮专递服务是传递文件、单据。较早受理快邮专递业务的机构是中外运敦豪(DHL)。这是三名美国人于 1969 年创建的从旧金山到火奴鲁鲁的船运快递公司,以后逐步发展成跨国快邮专递公司,现由德国邮政 100%控股。其办理的快邮专递业务是为客户提供"桌至桌服务(Desk to Desk Service)",即可以到寄件人的办公室桌前收取要邮寄的邮件,并负责将邮件送至收件人办公室的桌前。办理快邮专递业务的机构,常见的还有美国的快件公司(UNITED PARCEL SERVICE OF AMERICA,UPS)和中国邮政办

理的快递服务公司(EMS)。

(三)邮政收据和快邮专递收据的性质

邮政收据和专递或快邮机构收据都是运输单据,但都只是货物的收据和运输合同的证明,而不是物权凭证,不可转让流通。这些运输单据的收货人都要作成记名抬头,有关货物直接交给收货人。在信用证业务中,若开证行要有效地控制开证申请人向开证行偿付,一般都要求作成开证行抬头;若开证申请人在申请开立信用证时,已经交足了信用证保证金和开证手续费,则也可以允许以开证申请人为邮政收据或快邮专递收据的抬头人。

(四)邮政收据或快邮专递收据的主要内容

邮政收据或快邮专递收据除了事先印就的"邮政收据"或"快邮专递收据"名称以及邮局或快邮专递机构有关收寄和收件人领取的规定注意事项外,寄件人应填写寄件人和收件人的全称、详细地址,邮寄物品的名称、价值等内容,经邮局或快邮专递机构验核后填写邮寄物品重量及向寄件人收费金额,经办人签章,并盖上收寄邮局或专递机构当日日戳。寄件人接受该邮政收据或快邮专递收据,就表明接受收据上所印就的规定注意事项,这些事项的规定,就成为双方的合约内容。

五、审核运输单据的要点

(1)运输单据种类必须符合信用证规定。

(2)必须包括全套正本单据以及副本的份数(若有),必须符合信用证规定,正本单据上有承运人或其代理人的签章,并盖有其印章。

(3)运输单据上显示的装运地、运输目的地、转运地(若有)必须符合信用证规定。

(4)装运日期/运输单据签发日期必须符合信用证规定,即不晚于信用证规定的最迟装运日期。

(5)海运提单上的收货人应作成"开证行的指定人"或者如信用证所规定,如"To order"或"To order of shipper",而开证申请人则被作成"被通知人",同时应有被通知人的详细地址,该地址应与信用证上开证申请人地址一致,以便卸货港口当局在货物到港后及时通知被通知人;航空运单、铁路运单和公路运单等都不是物权凭证,这些运单上的收货人应是信用证的开证申请人,其名称和地址等都必须与信用证上所记载的一致。

(6)商品名称可以使用统称,但必须与商业发票上的表述一致或不矛盾。

(7)"运费已付"或"运费待收"的表述应与信用证上的价格条件相吻合,如 CFR 或 CIF 等价格条件下,出口商向进口商收取的款项中包括了运费,因此,在海运提单上应显示"运费已收(Freight Prepaid)"或类似文句;若信用证显示交易双方以 FAS 或 FOB 等价格条件成交,该由进口商负责联系船公司办理到装运港接货,则海运提单上应记载为"运费待收(Freight to be collected)"或类似文句。

(8)运输单据上有无对商品外包装的不良批注。

(9)运输单据上对商品包装件数的描述应与发票及其他单据上关于商品包装件数的描述一致。

(10)唛头应与符合信用证规定的一致。

(11)应加背书的运输单据是否都正确地加上了背书,在信用证未另做规定情况下,通常为空白背书。

任务四 保险单据

一、保险单据的概念与作用

(一)保险单据的概念

保险公司接受投保人的投保申请后,认为可以接受的,便根据投保单的内容缮制保险单,作为保险合同成立的书面凭证。投保人则需参照信用证、贸易合同及发票等单据对保险单进行审核,以保证单证一致、单单一致,并和合同的规定相符。保险单一式若干份,保险公司留存一份,其余交给投保人,作为其议付的单据之一,同时保险单也是被保险人向保险人索赔的依据。

(二)保险单据的作用

(1)承保人给被保险人的承保证明。

(2)承保人与被保险人之间保险契约的证明。

(3)在发生保险标的灭失的情况下,被保险人向承保人索赔的依据和承保人理赔的依据;但此时被保险人应能证明自己是所灭失标的的所有者,即被保险人在提出索赔时,应能同时提交相应的物权凭证(如正本海运提单等)。

(4)在 CIF、CIP 等应由出口商办理货物运输保险手续的价格条件下,保险单据是出口商履约的证明之一。

(三)保险单据的签发人

保险单必须由保险公司或保险商或其授权的代理人签发。有些贸易中,进、出口商委托保险经纪人(Insurance broker)代办保险。英国保险法允许劳合社(Lloyd's Institute)的成员以其个人名义办理保险业务,则劳合社的成员也可以成为保险单据的签发人。

二、保险单据的内容

(一)承保人名称及地址

承保人,又称为承保商,他应是保险公司或保险商等保险业务的经营者。在具体业务中,保险单据应由保险公司或保险商或其代理人签发。

(二)商业发票的号码和保险单据的号码

在保险单据上写明保险单据和商业发票的号码,便于在随后的业务办理中进行核对。

(三)投保人(被保险人)

在 FOB、CFR 等价格条件下,由进口商自行向承保人办理保险手续,保险单据上的投保人是进口商,出口商向银行提交的单据中,没有保险单据。在 CIF、CIP 等价格条件下,应由出口商向承保人办理货物运输保险,并随后在向银行提交的单据中包括保险单据。这时的投保人应体现为出口商(信用证项下,即受益人)。

(四)货物描述、唛头和件数

保险单据上对货物的描述可用统称,但必须与信用证规定以及发票上对货物的描述一致,或者不矛盾,对货物的数量的描述也必须与发票一致,并符合信用证的规定。对于运输标志(唛头),应符合信用证规定,与运输单据、发票一致,也可以"Shipping mark as per B/L No. XXXXX"方式,以保证与相关的海运提单保持一致。

（五）装载货物工具名称、装运的起讫地点及开航日期

保险单据上必须填写装载货物的工具名称,由投保手续时在货物装运之前办理,因此,保险单据上所填写的其实是预期的装运工具。投保人在得到保险单据后,应注意货物实际装运是否发生变化。装运的起讫地点应按信用证规定填写。同样,鉴于在需要出口商提交保险单据的 CIF、CIP 等价格条件下,保险手续的办理应先于货物装运,因此,在保险单据的开航日期栏内,难以准确填写实际开航日期,通常以"as per B/L"表达。

（六）承保货币与保险金额

保险单据上应以文字大写和数字小写两种方式体现承保的货币与保险金额,两者的表达应是一致的。《UCP600》第二十八条 f 款 i 项规定,保险单据必须表明投保金额,并用与信用证相同的货币表示。保险金额是承保人承诺,在保险有效期间,若发生保险责任范围内的货物全损,承保人将按保险金额向持有保险单据、货物所有权单据和有效的货物损失证明文件的当事人理赔;若货物只是部分损失,则承保人将在保险金额的范围内,根据损失的程度,给予相应的赔付。

《UCP600》第二十八条 f 款 ii 项规定:信用证对于投保金额为货物价值、发票金额或类似金额的某一比例的要求,将被视为对最低保额的要求。如果信用证对投保金额未做规定,投保金额须至少为货物的 CIF 价或 CIP 价格的110%。

上述在 CIF 或 CIP 价格基础上增加的10%被称为"保险加成",是进口商对该笔交易的预期毛利润。在货物运输途中,若没有发生货物损失事项,进口商可以按预期情况,收取并销售货物,以争取获得相应的利润;若货物遭受损失,则进口商仍然可以凭保险单据、货物所有权凭证以及货物损失程度的有关证实文件,向承保人索赔,并获得相应的赔付。这样,通过货物运输保险,进出口商就可以较小的金额、有限而且可以事先准确控制的保险费用支出,规避难以事先准确预测的货物运输风险及损失,而保障可预期的经营收益。在实务中,保险加成有时也有20%的,但较多的还是10%。

《UCP600》第二十八条 f 款 ii 项还规定:如果从单据中不能确定 CIF 或者 CIP 价格,投保金额必须基于承付或议付的金额,或者基于发票上显示的货物总值来计算,两者之中取金额较高者。这是因为,在大型成套设备等商品的交易中,出口商常常要求进口商在交易合同签订后,先支付一定比例(例如20%)的预付款作为定金或保证金。在这种情况下,信用证及信用证项下的发票、汇票所显示的金额都只是整个合同金额的其余部分(例如80%)。但对有关货物运输的保险则必须覆盖全部货物,因此,要"基于承付或议付的金额,或者基于发票上显示的货物总值来计算,两者之中取金额较高者"。

（七）保费与保险费率

保费,又称为保险费、营业保险费、毛保费、总保费等,是承保人为了承担一定的保险责任而向投保人收取的费用,换言之,保险费是投保人根据保险合同的有关规定,为被保险人在承保人保险责任范围内发生货物灭失情况下,获得经济补偿的权利,而付给承保人的代价。

保险费率,又称为毛费率,是承保人按照保险金额向投保人收取保险费的比率。通常以百分比(%)或千分比(‰)表示。保险费率是承保人根据保险标的的危险程度、发生损失的概率、保险责任的范围、保险期限的长短以及经营的成本等情况,进行确定的。其计算公式是:

291

保险费＝保险金额×保险费率。

在实际业务中,保险单据上的这两栏,通常填写为"AS ARRANGED",这主要是因为保险企业之间存在既要互相协作又有互相竞争的一面,在确保自己在经营中有所赢利的前提下,适当降低费率是争取客户的重要手段之一。不在保险单据上具体载明保险费和保险费率,就可以在一定程度上保持自己的经营策略。

（八）承保险别

承保险别（Condition）是指承保人所承担的保险责任的范围,对被保险人权利而言,则称为投保险别。在信用证业务中,保险单据上注明的承保险别应符合信用证的规定。若信用证未明确规定投保险别,或者规定投保含义不明确的一般险（Usual Risks）或惯常险（Customary Risks）,银行接受所提交的保险单据填列的险别,对未经投保的任何险别不予负责。

《UCP600》第二十八条 g 款规定:信用证应规定所需投保的险别及附加险（若有）。如果信用证使用诸如"通常风险"或"惯常风险"等含义不确切的用语,则无论是否有漏保之风险,保险单据将被照样接受。h 款规定:当信用证规定投保"一切险"时,如保险单据载有任何"一切险"批注或条款,无论是否有"一切险"标题,均将被接受。即使其声明任何风险除外。

（九）理赔代理人和检验理赔地点

在 CIF 价或 CIP 价条件下,出口商按合同约定办理国际货物运输保险后,要将保险单据连同其他单据通过银行向进口商（在信用证业务中,则是向开证行或保兑行,或开证行指定的付款行）要求付款。若在运输途中发生保险责任范围内的事项,造成货物全部或部分灭失,将由进口商向承保人提出索赔。由于出口商往往是向本国的保险公司办理投保手续,若进口商向出口国的保险公司索赔,或出口国的保险公司到进口国理赔,均不太方便。于是,为了便于就近及时索赔和理赔,保险公司在自己的业务办理中就需要在国外建立广泛的代理关系网络,并在开立保险单据时,根据业务情况,在保险单据上指定其在进口国或其附近国家（地区）的有代理关系的同业作为理赔代理人,并将检验理赔地点指定为有关货物运输的目的地。

（十）保险单据出具时间和地点

保险单据的出具时间既表明投保人投报时间,也是双方达成保险契约关系的时间。在 CIF 价或 CIP 价条件下,正常的交易程序应是出口商先办理货物运输保险手续,后办理装运手续,即保险单据的签发日期应不晚于提单签发日期。《UCP600》第二十八条 e 款规定:保险单据日期不得晚于发运日期,除非保险单据表明保险责任不迟于发运日生效。在信用证业务中,运输单据的签发日期若早于保险单据的签发日期,将被认为是"单证不符"。

出单地点,即出具保险单据的承保人的所在地点,它涉及法律适用问题。一般而言,保险单据以出单地点所在国的法律为准。

（十一）注明"正本（Original）"或"副本（Copy）"

保险单据上必须注明是"正本"或"副本",其中正本保险单据才能作为索赔、理赔的依据,而副本只能说明办理了有关货物的投保手续,不能成为索赔权利的凭证。考虑到单据传递过程中的可能风险,正本保险单据通常都有复本。正本保险单据上应注明复本的份数。信用证业务中,复本的份数应符合信用证规定。在传递保险单据时,应注意只有掌握了全套正本保险单据,连同相应的物权凭证,才能有效地控制有关的货物及向承保人索赔的权利。

(十二)附加保险条款

在某些业务中,承保人可能在保险单据上粘贴附加条款,或加盖印戳以补充某些条款。凡有这类情况,这些附加或补充的条款应被视为该单据的组成部分。

《UCP600》第二十八条 i 款规定:保险单据可以援引任何除外条款。j 款规定:保险单据可以注明受免赔率或免赔额(减除额)的约束。

(十三)保险公司签章

保险单据通常由承保人或其代理人签章,但是,英国保险法允许保险公司在出具海洋运输保险单据时,以盖章代替签名。

保险单正面除了上述内容外,往往还印有其他一些文字,说明保险单是承保人与被保险人双方的保险合同等情况。保险单的背面印有货物运输条款,表明承保的基本险别条款内容。保险单背面有时还粘贴附加条款,表明承保的附加险别条款内容。保险单的正文、货物运输条款、附加条款三者的关系是:货物运输条款、附加条款与正文矛盾时,以货物运输条款为准;货物运输条款与附加条款矛盾时,以附加条款为准。

不同的保险公司所设计的保险单据格式可能有某些不同,但基本内容都应具备。

三、保险单据的种类

(一)保险单(Insurance Policy)

这是承保人就承保一个指定航程内某一批货物运输的保险责任,开立给投保人的书面凭证,俗称为"大保单"。保险单的正面是上述有关货物运输保险情况的记载,背面是承保人事先印就的保险条款,包括承保人的保险责任范围、该保险合同双方的权利和义务、免责条款、解决争议的条款、时效条款等事项。虽然保险条款是事先印就的,但若投保人接受了保险单,就表明接受了保险单背面所印就的保险条款,即该保险条款连同正面记载的货物运输保险情况就成为双方的保险合同的内容。

在各种保险单据中,保险单的内容最完整。因此,在信用证允许接受保险凭证或保险声明或联合凭证时,都可以保险单取代;但信用证若规定受益人必须提交保险单时,则其他形式的保险单据不可接受。保险单样本如图9-5所示。

(二)保险凭证(Insurance Certificate)

这是承保人开立给投保人的简化了的书面凭证,其正面内容与保险单完全一样,与保险单具有同等效力,但所使用的纸张较薄,背面就没有印相应的保险条款,俗称为"小保单"。由于使用的纸张较薄,在邮寄单据时的邮费就可以相对省些。在发生索赔、理赔事项时,以保险单背面的保险条款为双方处理的依据。但在信用证规定必须提交保险单时,受益人不能提交保险凭证。通常,保险凭证多用于近海贸易、小额贸易以及双方已保持长期贸易关系的交易等情况。

(三)保险声明(Insurance Declaration)

在进出口商之间保持着长期或者经常性交易的情况下,为了简化投保的手续,投保人与承保人订立了预约保险合同。凡在预约保险合同中规定范围内的货物,均由承保人自动承保,被保险人应根据其业务活动的实际情况,定期向承保人申报,以便承保人逐笔签发保险单据。承保人将预约保险单的详细内容事先印在经承保人签署的空白保险凭

293

中保财产保险股份有限公司

The People's Insurance（Property）Of China，Ltd.

海 洋 货 物 运 输 保 险 单

MARINE CARGO TRANSPORTATION INSURANCE POLICY

被保险人			
Insured: HANGZHOU GARDEN ENTERPRISE			

中保财产保险有限公司（以下简称本公司）根据被保险人的要求，及其所缴纳约定的保险费，按照本保险单承担的险别和背面所载条款与下列特别条款承保下列货物运输保险，特签发本保险单。

This Policy of Insurance witnesses that the people's insurance（property）company of China，ltd.，at the request of the insured and in consideration of the agreed premium paid by the insured，undertakes to insure the under mentioned goods in transportation subject to the conditions of Policy as per the clauses printed overleaf and other special clauses attached hereon.

保险货物项目	包装 单位 数量		保险金额
Descriptions of Goods	Parking Unit Quantity		Amount Insured
LADIES JACKET	502 CTNS		USD 54,216.00
THE DATE OF L/C：FEB. 25, 2008			
THE NAME OF ISSUING BANK:			
EMIRATES BANK INTERNATIONAL，			
DUBAI			

承保险别	货物标记
Condition	Marks of Goods
COVERING ALL RISKS OF CIC OF PICC（1/1/1981）INCL. WAREHOUSE TO WAREHOUSE AND I.O.P	J.B. ZJJY0739 L357/ L358 DUBAI, UAE C/No.： 1-502

总保险金额
Total amount insured: SAY U.S. DOLLARS FIFTY FOUR THOUSAND TWO HUNDRED AND SIXTEEN ONLY

保费	运输工具	开航日期
Premium as arranged ... Per conveyance S. S QING YUN HE, VOY, No. 132S .... Slg. On or abt APR. 17, 2008		

启运港	目的港
FROM SHANGHAI .... TO DUBAI, UAE	

所保货物，如发生本保险单项下可能引起索赔的损失或损坏，应立即通知本公司下述代理人勘察。如有索赔，应向本公司提交保险单正本（本保险共有 2 份正本）及有关文件。如一份正本已用于索赔，其余正本则自动失效。

In the event of loss or damage which may result in a claim under this policy, immediate notice must be given to the company's agent as mentioned hereunder. Claims, if any, one of the original policy which has been issued in two original（s） together with the relevant documents shall be surrendered to the company, if one of the original policy has been accomplished, the others to be void.

赔款偿付地点	中保财产保险股份有限公司 The People's
Claim payable at DUBAI IN USD	Insurance（Property）Of China，Ltd.
日期 在	
Date .... APR. 19, 2014 .... at ...... SHANGHAI ...... General Manager.	

图 9-5 保险单

证上，由被保险人在每批货物启运前填写船舶名称、航程、起航日期等内容，并加上副署，将保险凭证的副本送交给承保人，可代替启运通知书，作为根据预约保险单向承保人作出的申请。这份由被保险人根据预约保险合同和货物出运情况签署的单据经承保人确认后,就成为保险声明。

(四)联合凭证(Combined Certificate)

联合凭证又称为承保证明(Risk Note)或联合发票。它是由保险公司以印戳方式,将承保险别、保险金额,以及保险编号等内容,加盖在商业发票的空白处,作为保险公司承保的证明。这是保险单据与商业发票相结合的一种形式,是最简单的保险单据。

(五)暂保单(Cover Note)

保险经纪人不是具有独立经营资格的保险法人,他向进、出口商提供的单据只能称为"暂保单(Broker's Cover Note)",而不是正式的保险单,在国际结算中,银行不接受暂保单。《UCP600》第二十八条 c 款明确规定了这一点。

四、保险单据的背书转让

在以 CIF 价或 CIP 价等贸易条件成交的交易中,出口商向银行交单时,鉴于在 CIF、CIP 等价格条件下,所实行的是"象征性交货",保险手续应在货物装运前就办妥,货物在装运地装上运载工具后,有关的风险和责任就转移到进口商方面,倘若货物在运输途中发生保险责任范围之内的灭失,将由进口商以提单和保险单据为凭据,向承保人提出索赔。因此,出口商在交单时,应对以自己为投保人的保险单据进行背书转让。在信用证项下,开证银行为了能有效地控制有关货物的所有权,即使未在信用证中明确规定保险单据要背书,受益人也应对保险单据背书。否则,银行将不予接受。根据信用证规定和被保险人的不同情况,保险单据的背书可以有以下几种:

(一)空白背书

若信用证规定了"Insurance policy(endorsed in blank)/(in negotiable form)"等,则受益人在向银行交单时,就必须在保险单据的背面签章和署明背书日期,而不写明被背书人的名称。在空白背书的情况下,持有保险单据者,就成为被保险人。

(二)记名背书

若信用证规定"Insurance policy endorsed to the order of MMM Bank,place",则受益人应在保险单据上背书"To the order of MMM Bank,place",并签章和署明背书日期。在记名背书的情况下,被背书人就成为被保险人。

若信用证规定"Insurance policy endorsed to the order and benefit of our Bank(Issuing Bank)",则受益人在保险单据上记名背书为"To the order and benefit of(Issuing Bank)",并签章和署明背书日期。开证银行就成为被保险人。

若信用证规定:以议付行为被保险人,则议付行在向开证行寄单时,应将保险单据记名背书给开证行"To the order of Issuing Bank",并签章和署明背书日期。

在开证行成为保险单据的被背书人的情况下,一旦进口商向开证行付款赎单,开证行就可以记名背书保险单据给进口商。

(三)若保险单据上以进口商为被保险人,则出口商向银行提交保险单据时,无须对保险单据背书

但实践中,这种情况很少见,因为在进口商未付清货款时,就将被保险人定为进口商,有可能使出口商和开证银行陷于被动。

在被保险人是第三方、中性名称或 bearer,赔付地点定为"Claim payable at(place) to

bearer or holder"情况下,在转让时,无须背书。

在 FOB 价、CFR 价等价格条件下,由进口商自办保险,出口商没有向银行提交保险单据的责任,自然也就没有对保险单据背书的问题。

五、审核保险单据的要点

(1)保险单据从表面上看,必须是保险公司或承保人或其代理人或代表出具并签署的。若是代理人或代表签署,则该签署必须表明其系代表保险公司或承保人签字。

(2)保险单据的种类应符合信用证的规定。若信用证要求受益人提交保险单,则受益人不能提交保险凭证或联合凭证;若信用证要求允许提交保险凭证,则受益人提交保险凭证或保险单都可接受,但不能提交联合凭证;若信用证允许提交联合凭证或未明确规定提交保险单据的种类,则提交保险单、保险凭证或联合凭证都可接受;但暂保单则绝对不能接受。

(3)无论信用证有无明确规定受益人要提交全套正本保险单据,都必须提交按保险单据上所注明的正本单据的份数,提交全套正本保险单据。若信用证未规定要提交全套正本保险单据,而保险单据上也没有说明全套正本保险单据的份数,则受益人可以只交一份正本保险单据,其余各份为副本。

(4)保险单据的签发日期或保险单据上记载的承保的保险公司的保险责任生效日期应不晚于货物装运日期。

(5)保险单据上的被保险人如果不是开证行或保兑行或买方,则应有出口商的适当背书表明"过户"。

(6)保险单据上记载的货物名称、唛头、装运地点、运输目的地、装运日期、运输工具名称等应于运输单据上的记载保持一致。由于事实上保险单据签发在先,货物装运发生在后,签发保险单据时未必能准确填写上随后实际的装运日期和运输工具等事项,因此,为了能满足上述要求,保险单据上往往对上述事项的记载采取"As per B/L"方式解决。

(7)保险单据上记载的保险金额以及投保加成,均应当符合信用证的规定,并使用与信用证相同的货币。若信用证未具体规定,则应按照前述的《UCP600》第二十八条 f 款的规定。

(8)保险单据上记载的承保的险别应当符合信用证的规定。如果信用证使用了"通常风险"或"惯常险种"等含义不确切的词语,则无论保险单据上记载承保的是什么险种,银行均可以接受。若信用证规定投保"一切险",则只要保险单据上有关于"一切险"的批注或条款,均可接受。

(9)保险单据表明的承保的风险区间应至少涵盖了从信用证规定的货物接管地或发运地开始到卸货地或最终目的地为止。

(10)保险单据上注明的赔款偿付地点应符合信用证的规定,若信用证未明确对此的规定,则应当以货物运输的目的地或卸货地点为准。

(11)保险单据上注明的赔款偿付的代理人应是承保的保险公司在运输目的地的代理人,保险单据上应有代理人的完整名称和详细的地址。

任务五　其他商业单据

一、产地证明书

(一)产地证明书的概念

产地证明书(Certificate of Origin),也称为来源证书、原产地证书,或简称为"产地证",是证明出口货物原产地或制造地点的文件。

(二)产地证明书的作用

(1)作为进口国海关实施差别关税的依据。世界各国根据本国对外交往的需要,对来自不同国家的进口商品实行差别关税,原产地证书为此提供了依据。

(2)提供进口国海关统计依据。世界各国都需要统计本国进口商品的来源分布情况,作为分析本国对外贸易的发展状况和制订对外贸易政策的依据。原产地证书可作为该项统计的凭据。

(3)进口国实行进口配额限制的依据。各国根据本国产业结构情况和保护国内相关产业的需要,对于某些可能对国内产业、行业或企业形成较大竞争压力的进口商品,以法规方式规定在一定时期内允许进口的限额,即进口配额,超过限额部分,或不允许进口,或必须交纳较高税率的进口税后才能进口。在实施中,可以直接将配额分配给各国,即实行进口国别配额。这时,根据原产地证书分别统计来自不同国家的进口商品的数量或金额,就成为必要的措施。

(4)进口国保障进口商品符合卫生要求。加强对进口商品的检疫是世界各国普遍实行的保护本国利益的措施。在某些国家或地区发生严重疫情等情况时,其他国家通常还要在一段时间内严格暂停从发生疫情的国家或地区进口有关的产品,直至疫情确实消除一段时间后。因此,要求出口商提供原产地证书,以证实产品并非来自疫区,符合对进口商品的卫生标准,方可准予进口,是各国的普遍要求。

(5)证明进口商品品质。一些产品的品质受产地的气候、土壤、地质条件以及加工、装配技术等因素影响较大,因此,某产地的产品可能具有其他产地同类产品所难以达到的水准。在这种情况下,交易双方往往也将这些产品的原产地证书作为产品品质的证明。出于这项考虑而要求的原产地证书通常不仅要求证明出口国家名称,还要具体说明产品的具体生产地名称;而出于其余各项考虑所要求的产品原产地证书则往往证明了产品的原产国家名称即可。

(三)原产地证书的主要内容

原产地证书的主要内容如下:①标明"原产地证书"或相当意思的字样以及编号;②出口商的名称和地址;③收货人的名称和地址;④货物运输的装、卸地点及运输方式;⑤有关货物的描述,包括货物的名称、数量、重量、包装方式、包装或运输标志,在信用证业务中,货物名称等各项内容的记载都应与信用证规定一致或不矛盾;⑥有关的商业发票的号码;⑦出口商的声明文句,如"兹声明上述表述详情正确无误,所有商品都在中国生产,符合中华人民共和国原产地规则"并由签署人签名、注明签署的日期和出口商签章;⑧原产地证书签发机构声明,如"兹证明出口商的声明正确无误并由签发人签名、注明签署日期、签发地点和签发机构签章。原产地证书样本如图9-6所示。

1. Goods consigned from (Exporter's business name, address, country)				Reference No. GENERALISED SYSTEM OF PREFERENCES CERTIFICATE OF ORIGIN (Combined declaration and certificate) Issued in......(country) see Notes overleaf		
2. Goods consigned to (Consignee's name, address, country)				4. For official use		
3. Means of transport and route (as far as known)						
5. Item Number	6. Marks and numbers of packages	7. Numbers and kinds of packages, description of goods	8. Origin criterion (see Notes overleaf)	9. Gross weight and other quantity	10. Number and date of invoices	
11. Certification It is thereby certified, on the base of control carried out, that the declaration by the exporter is correct. Place and date, signature and Stamp of certifying authority			12. Declaration by the exporter The undersigned hereby declares that the above details and statements are correct; that all the goods were produced in .... (country) and that they comply with the origin requirements specified for those goods in the Generalized System of Preferences for goods exported to ......(importing country). Place and date, signature and Stamp of authorized signatory			

图 9-6　原产地证书

（四）原产地证书的签发人

原产地证书的签发人由进、出口双方在洽商贸易合同时确定，一般情况下，可以是出口商本身、出口商所在地的同业公会、商会、商品检验机构等。在信用证业务中，若没有具体规定，则上述任何人出具的原产地证书都可接受；若要求受益人或厂商出具，而受益人提供了商会或商品检验机构出具的原产地证书，也可以接受；若要求由商会或商品检验机构出具原产地证书，则不能提交受益人出具的原产地证书来取代。我国的规定是，一般的出口商品原产地证书（不包括普遍优惠制原产地证书），由商品检验机构或中国国际贸易促进委员会负责签发；一般对出口商品证明中国生产或中国加工制造，国外需要证明具体产地的，经核实后，也予以证明。

（五）产地证的审核要点

（1）产地证的签发机构必须符合信用证的规定。如果信用证只是笼统地要求"主管当局（Competent Authority）"签发产地证，则由商品检验局或中国国际贸易促进委员会或商会签发的产地证都可接受；如果信用证没有具体要求，则受益人自己出具的产地证也可以被接受。

（2）产地证上的签字、公证人证实或签证等都必须符合信用证的要求。

（3）产地证上的进口商、货物种类或名称、件数等内容均应符合信用证的规定，并与商业发票及其他相关单据的记载一致或不矛盾。

（4）产地证上记载的产地必须符合信用证规定。

（5）产地证的签发日期必须不晚于运输单据的签发日期。

（6）除非信用证明确允许，否则产地证只能是单独签发，而不能与其他内容的单据合在同一份单据上。但如信用证没有明确要求提供产地证,而只要求证明出运的货物产自中国,则可以在商业发票上加列证明文句:兹证明装运货物原产地是中国(We hereby certify that the goods shipped are of Chinese Origin.)。这样,商业发票同时也承担了原产地证明的作用。

二、普遍优惠制原产地证书(General System of Preference Certificate of Origin,GSP Certificate of Origin)

(一)普遍优惠制的概念

根据 1968 年联合国贸易与发展会议第二届会议的决议,发达国家从发展中国家(地区)进口工业制成品和半制成品时普遍给予的优惠关税待遇的一种制度。通过减少发达国家进口商从发展中国家进口制成品、半制成品的关税负担,增加其从发展中国家进口制成品和半制成品的积极性。1970 年联合国第 25 届大会采纳了这个提案,并确定了当时的 18 个发达国家制订其本国的普遍优惠制计划,到 1987 年已有 28 个发达国家实行普遍优惠制。

但是,在实际运用中,各给惠国的给惠方案之间存在一定的差别和限制,受惠国家和地区的范围、受惠商品范围、减税幅度、进口商品数量限额以及产品的原产地的要求等各不相同,例如,长期以来,最大的发达国家美国就对社会主义国家、石油输出国组织成员国以及被美国指为对美国"不友好"的国家不实行普遍优惠制,欧盟和日本仅对某些商品在一定配额内提供普遍优惠制关税待遇。在实施中,不同国家的要求也有一定的差别,这些就使发展中国家享受普遍优惠制待遇受到不利的影响。但设立普遍优惠制毕竟是发展中国家在国际贸易领域开展长期斗争的胜利,实施这项制度对发展中国家发展自己的对外贸易是有利的。

(二)普遍优惠制的三项基本原则

(1)普遍的。即发达国家应给予发展中国家和地区出口的制成品和半制成品普遍的减免关税的优惠待遇。

(2)非歧视的。即发达国家应使所有的发展中国家和地区都不被歧视地无例外地享受普遍优惠制的待遇。

(3)非互惠的。即发达国家应单方面给予发展中国家和地区关税上的优惠,而不能要求发展中国家和地区提供反方向优惠。

(三)实行普遍优惠制的目的

通过发达国家对发展中国家和地区出口制成品和半制成品进口关税的优惠,扩大发展中国家和地区制成品与半制成品的出口,可以增加发展中国家和地区的出口收益,促进发展中国家和地区的工业化,加速发展中国家经济增长率的提高。

(四)普遍优惠制产地证书 A 格式(Generalised System of Prefernce Certificate of Origin Form A,GSP FORM A)

这是发展中国家的原产品出口到实施普遍优惠制关税的国家,要享受给惠国减、免进口关税的优惠待遇,必须提供的官方凭证。这是由联合国贸易与发展会议优惠问题特别委员会一致通过的"格式 A(GSP Form A)"。这是针对性比较广泛的一种普惠制项下的证书。所有实施普遍优惠制的给惠国家都接受"格式 A"。在具体填写时,须按照各给惠国的有关规定办理。普遍优惠制原产地证与一般的原产地证书内容不同,可向各地的商品检验局购买,由出口商填写后,连同一份申请书和商业发票送商品检验局审核。经商品检验局审核并签章后,即成为有效的普遍优惠制产地证书。全套普遍优惠制产地证书包括一份正本和两份副本,正本可用于办理结算和议付融资事宜,副本则只供寄单参考和留存备查。普遍优惠制证书样本如图9-7所示。

Goods Consigned from (Exporter's Business Name, address, country)				Reference No.	
Goods consigned to (Consigner's name, address, country)				GENERALIZED SYSTEM OF PREFERENCES CERTIFICATE OF ORIGIN FORM A Issued in THE PEOPLE'S REPUBLIC OF CHINA	
Means of transport and route (as far as known)				For official use	
Item No.	Marks and numbers of packages	Description of Goods	Origin criterion	gross weight or other Quantity	number and date of invoice
Certification: It is hereby certified, on the basis of control carried out, that the declaration by the exporter is correct.				Declaration by the exporter: The undersigned hereby declares that the above details and statements are correct, that all goods were produced in_____CHINA_____ (country) and that they comply with the origin requirements specified for those goods in the Generalized Systme of Preferences for goods exported to.	
Place and date, signature and stamp of certifying authority				Place and date, signature and stamp of authorized signatory	

图9-7　普遍优惠制证书样本

也有个别的给惠发达国家不要求发展中国家向其出口制成品或半制成品时,一定要提交普遍优惠制产地证书A格式,而可以使用其他形式的原产地证书,如新西兰可以接受该国规定的简化格式"59A";澳大利亚可以接受由出口商签发的简化格式A证书,或出口商在普通商业发票上申报的简易原产地证书,即在商业发票上加注以下声明文句,如"(a)that the final process of manufacure of the goods for which special rates are claimed has been performers in China and (b)that not less than one-half of the factory cost of the goods is represented by the value of labour and manterials of China."。

此外,一些发达国家根据自身情况和进口商品的情况,还提出一些其他产地证书的要求。例如,美国对向其出口商品要求的原产地声明书有三种类型:格式A是单一国家声明书(Single Country Decaration),声明商品的原产地只有一个国家;格式B是多国家产地声明书(Multiple Country Declaration),声明商品的原材料是由几个国家生产的;格式C

是否定式声明书(Negative Declaration)，凡向美国出口纺织品，其主要价值或主要重量属于麻或丝的原料，或其中所含羊毛量不超过17%，可使用这一格式。2004年12月31日以前，许多国家对进口纺织品实行配额制。当时欧洲经济共同体(欧洲联盟)对向其出口配额以内的纺织品，要求提供出口许可证和EEC纺织品产地证。这是针对品种配额和类别而设计的。根据世界贸易组织的决定，2005年1月1日起取消对纺织品进口的配额，于是，欧洲经济共同体(欧洲联盟)的上述原产地证书也就成为了过去。普遍优惠制产地证书申请书如图9-8所示。

普遍优惠制产地证书申请书

申请人郑重声明：　　　　　　　　　　　FORM A　NO ＿＿＿＿＿＿＿＿

本人是正式授权代表出口单位办理和签署本声明的：

本项商品系在中国生产，最终销售国为＿＿＿＿＿＿＿，完全符合该给惠国给惠方案和国家商检局的有关规定，其原产地情况符合以下第＿＿＿＿＿＿条：

(1)"P"(完全自产，不含任何进口成分)；

(2)"W"其CCCN税则号为＿＿＿＿＿＿；

(3)"F"(对加拿大出口产品，其进口成分不超过产品出厂价值40%)。

本批商品的发票号为＿＿＿＿＿＿；FOB-＿＿＿＿＿＿美元；

毛重或其他数量为＿＿＿＿＿＿；

现提交商业发票副本一份，FORM A原产地证书一正二副，及＿＿＿＿＿＿份，请审核签证。

本申请书及格式A的全部内容正确，如发现开虚作假，冒充格式A所列货物，自愿接受签证机构的处罚及负法律责任。

进口商特殊要求或申请人备注

申请人（签名）：　　　　　　　　　申请单位（盖章）

电话：

日期：　　　　　　年　　月　　日

注：(1)凡含有进口成分的商品，必须按要求提交（含进口成份受惠成本明细单）；(2)如因签证或给惠国要求查询，需要有关证件、资料时，申报单位要负责提供；(3)凡进口商有特殊要求的，应提供合同、信用证、来往函电及有关单据。

图9-8　普遍优惠制产地证明书申请书

301

三、商品检验证书(Inspection Certificate)

(一)商品检验证书的概念

在国际贸易中,进、出口双方为了维护自身利益以及国内的安全,都将在合同中商定对交易商品的各方面要求,并进行相应的检验工作。将检验的结果由检验机构出具相应的文件予以证实,这些文件就是商品检验证书。为了体现进、出口商的平等地位,有利于商品进出口的顺利进行和结算工作的及时办理,在国际贸易中通常采用以下方式安排检验:以出口商提交的商品检验证书作为结算的凭证,同时,允许进口商在收到商品后,对商品进行复验。进口商检验进口商品后,若证实所进口的商品符合合同或信用证的规定,就只是收存这些出口商提交的商品检验证书而已;出口商所提交的出口商品检验证书则成为出口商履约、交货的凭证。但若进口商检验结果,认为所进口的商品不符合合同或信用证的规定,则势必以有关的商品检验证书为依据要求出口商、承运人或保险人给予赔付。

长期严格的出口商品检验及其证书,则成为出口国维护本国和企业的国际信誉和商品竞争力的有力工具。

(二)签发检验证书的机构

这些机构有:①出口国政府设立的专业商品检验机构。②出口国的同业公会所设立的商品检验机构。③制造厂商的检验机构。④外国的商品检验机构。⑤进口商或其指定人。

一般认为,上述几类检验证书的签发人中,由政府设立的专业商品检验机构具有最高的专业权威。根据《UCP600》第十四条 f 款规定,"如果信用证要求提示运输单据、保险单据和商业发票以外的单据,但未规定该单据由何人出具或单据的内容,只要所提交单据的内容看来满足其功能,且其他方面与十四条 d 款相符,银行将接受所提示的单据"。据此,若信用证未具体要求检验证书的签发人,或者只要求制造厂商提供商品检验证书,而出口商则提供了专业商品检验机构出具的商品检验证书,应被认为是可以接受的;而若信用证要求受益人提交受益人自己出具的商品检验证书,受益人提交的是专业商品检验机构出具的商品检验证书,应被认为是可以接受的。

(三)常见的商品检验证书

常见的商品检验证书主要有以下这些:①品质检验证书(Inspection Certificate of Quality);②分析检验证书(Inspection Certificate of Analysis);③健康检验证书(Inspection Certificate of Health);④卫生检验证书(Inspection Certificate of Sanitary);⑤黄曲霉素检验证书(Inspection Certificate of Nonaflatoxin);⑥数量检验证书(Inspection Certificate of Quantity);⑦重量检验证书(Inspection Certificate of Weight);⑧公量检验证书(Inspection Certificate of Conditioned Weight);⑨产地检验证书(Inspection Certificate of Origin);⑩兽医检验证书(Inspection Certificate of Veterinary);⑪植物检验证书(Inspection Certifiicate of Plant Quarantine);⑫消毒检验证书(Inspection Certificate of Disinfection);⑬熏蒸检验证书(Inspection Certificate of Fumigation);⑭温度检验证书(Inspection Certificate of Temperature);⑮价值检验证书(Inspection Certificate of Value);⑯验残检验证书等(Inspection Certificate of Damaged Cargo)。部分检验证书如图9-9、图 9-10、图 9-11、图 9-12 所示。

中华人民共和国出入境检验检疫
ENTRY–EXIT INSPECTION AND QUARANTINE
OF THE PEOPLE'S REPUBLIC OF CHINA

编号 No.：

品质检验证书
QUALITY CERTIFICATE

发货人 Consignor			
收货人 Consignee			
品名 Description of Goods			标记及号码 Mark & No.
报验数量/重量 Quantity/Weight Declared			
包装种类及数量 Number and Type of Packages			
运输工具 Means of Conveyance			

RESULTS OF INSPECTION：
　　我们已尽所知和最大能力实施上述检验,不能因我们签发本证书而免除卖方或其他方面根据合同和法律所承担的产品质量责任和其他责任。
　　All inspections are carried out conscientiously to the best of our knowledge and ability. This certificate does not in any respect absolve the seller and other related parties from his contractual and legal obligations especially when product quality is concerned.
　　Official Stamp Place of issue：

Date of issue：
Authorized officer：
Signature：

图 9-9　品质检验证书

中华人民共和国出入境检验检疫
ENTRY–EXIT INSPECTION AND QUARANTINE
OF THE PEOPLE'S REPUBLIC OF CHINA

编号 No.：

数量检验证书
QUATITY CERTIFICATE

发货人 Consignor		
收货人 Consignee		
品名 Description of Goods		标记及号码 Mark & No.
报验数量/重量 Quantity/Weight Declared		
包装种类及数量 Number and Type of Packages		
运输工具 Means of Conveyance		

RESULTS OF INSPECTION：
　　我们已尽所知和最大能力实施上述检验,不能因我们签发本证书而免除卖方或其他方面根据合同和法律所承担的产品数量责任和其他责任。
　　All inspections are carried out conscientiously to the best of our knowledge and ability. This certificate does not in any respect absolve the seller and other related parties from his contractual and legal obligations especially when product quatity is concerned.
　　Official Stamp Place of issue：

Date of issue：
Authorized officer：
Signature：

图 9-10　数量检验证书

中华人民共和国出入境检验检疫

ENTRY–EXIT INSPECTION AND QUARANTINE

OF THE PEOPLE'S REPUBLIC OF CHINA

植物检验证书

PHYTOSANITARY CERTIFICATE

编号 No.：

发货人名称及地址 Name and Address of Consignor		
收货人名称及地址 Name and Address of Consignee		
品名 Name of Product	植物学名 Botanical Name of Plants	
报检数量 Quantity Declared		标记及号码 Mark & No
包装种类及数量 Number and Type of Packages		
产地 Place of Origin		
到达口岸 Port of Destination		
运输工具 Means of Conveyance	检验日期 Date of Inspection	

兹证明上述植物、之物产品或其他检疫物已经按照规定程序进行检查和//或检验,被认为不带有输入国或地区规定的检疫性有害生物,并且基本不带有其他的有害生物,因而符合输入国或地区现行的植物检疫要求。

This is to certify that plants, plant products or other regulated articles described above have been inspected and/ or tested according to appropriate procedures and are considered to be free from quarantine pests specified by the importing country/ region, and practically free from other injurious pests; and that they are considered to conform with the current phytosanitary requirements of the importing country/ region.

杀虫和/ 或灭菌处理 DISINFESTATION AND/ OR DISINFECTION TREATMENT

日期 Date		药剂及浓度 Chemical and Concentration	
处理方法 Treatment		持续时间及温度 Duration and Temperature	

附加声明 ADDITIONAL DECLARATION

签章 Official Stamp _____ 签证地点 Place of Issue _____ 签证日期 Date of Issue

授权签字人 Authorized Officer _____ 签 名 Signature _____

中华人民共和国出入境检验检疫机关及官员或代表不承担签发本证书的任何财经责任。

No financial liability with respect to this certificate shall attach to the entry–exit inspection and quarantine authorities of the P.R. of China or any of its officers or representatives.

图 9-11 植物检验证书

304

国际汇兑与结算

中华人民共和国出入境检验检疫

ENTRY-EXIT INSPECTION AND QUARANTINE

OF THE PEOPLE'S REPUBLIC OF CHINA

健康检验证书　　　　　　　　　　　编号 No.：

HEALTH CERTIFICATE

发货人名称及地址：Name and Address of Consignor _____

收货人名称及地址：Name and Address of Consignee _____

品名：Description of Goods _____

加工种类或状态 State or Type of Processing _____

标记及号码 Mark & No.： _____

报验数量/重量 Quantity/Weight Declared： _____

包装种类及数量：Number and Type of Packages _____

储藏和运输温度：Temperature during storage and Transport _____

加工厂名称、地址及编号（如果适用）：

　　Name，AddressAND Approval No. of the

　　Approval Establishment（if applicable） _____

启运地：Place of Despatch _____ 到达国家及地点：Country and Place of Desination _____

运输工具：Means of Conveyance _____ 发货日期：Date of Despatch _____

中华人民共和国出入境检验检机关及官员或代表不承担签发本证书的任何财经责任。

No financial liability with respect to this certificate shall attach to the entry-exit inspection and quarantine

authorities of the P.R. of China or any of its officers or representatives.

图 9-12　健康检验证书

305

以上这些商品检验证书视交易商品的种类和实际需要，以及进出口国的有关规定，由进出口商双方在洽商交易时选择确定，而并非每一项交易都需要提交多种检验证书。如验残检验证书，一般只在进口商收到货物并发现货损后，才要求商品检验机构在检验后提出，而不会在商品出运时，由出口商提供。

四、包装单（Packing List）、重量单（Weight List）和尺码单（Measurement List）

包装单、重量单和尺码单都属于商品包装单据，由进、出口商商定，使用于不同的商品交易。除非信用证另有规定，这些单据通常由出口商填制。它们比商业发票更进一步地详细说明了出运商品包装和数量的具体情况，以便在商品到达目的地后，供进口国海关检查和核对商品，以及进口商验收商品时所用。这三种单据的号码应与同一票货物的商业发票的号码一致，以利于业务办理；若这三种单据要注明签发日期，则该日期应与商业发票签发日期一致或者略晚些。

（一）包装单

包装单又称为"装箱单"，在同一批货物交易中，若涉及规格品种多样，势必会出现不同的包装物中的内装货物不同，或者每一件包装物含有多种规格、品种的货物。为了让进口国海关和进口商能较方便地查验和核对所进口的商品，包装单应详细列明其所包装或放置的货物品种、规格、式样及其各自的数量或重量，即包装单应是所包装货物的明细清单,同时还要说明包装材料和包装方式。根据包装材料、方式以及所包装货物的种类,包装单还可能被称为装箱单、商品规格明细单等,但无论采用哪一种名称,都应将所采用的名称印在单据的正上方。

在同一批货物中只有一种规格品种,但需要分装成若干个包装箱,也可以使用装箱单的名称。这时,除了在单据的正上方印明"装箱单"名称外,应在单据上说明每一个包装箱中所包装的商品的数量。装箱单样本如图9-13所示。

PACKING LIST (I)

L/C No.＿＿＿＿＿＿＿＿　No. :＿＿＿＿＿＿＿＿＿

Invoice No.＿＿＿＿＿＿＿＿　Date :＿＿＿＿＿＿＿＿＿

Contract No.＿＿＿＿＿＿＿＿　Marks&Nos. :＿＿＿＿＿＿＿

Packing list of ＿＿＿＿＿＿＿

PACKING LIST (II)

TO :＿＿＿＿＿＿＿＿　INVOICE NO :＿＿＿＿＿＿＿＿＿

INVOICE DATE :＿＿＿＿＿＿＿

S/C NO :＿＿＿＿＿＿＿

FROM :＿＿＿＿＿＿＿　TO :＿＿＿＿＿＿＿＿

LETTER OF CREDIT NO. :＿＿＿＿＿＿＿＿　DATE OF SHIPMENT :＿＿＿＿＿＿＿

MARKS & NUMBERS	DESCRIPTION OF GOODS	QUANTITY	PACKAGE	G.W.	N.W.	MEAS.

TOTAL AMOUNT : SAY ＊＊＊＊＊＊ONLY

图9-13　装箱单样本

（二）重量单

重量单又称为"货物重量证明书(Inspection Certificate on Cargo Weight)",若同一批货物的规格单一,且以重量为交货的计量单位,则这时包装单据记载的是这批货物分装成若干袋(箱、包等),以及每一袋(箱、包等)所包装的重量。这种单据就是重量单。重量单应记载每一件包装物的毛重、皮重、净重,其记载的毛重、皮重和净重应与实际情况一致,其中净重应与发票、产地证记载一致。重量单也被称为重量证明书。

（三）尺码单

尺码单又称为"体积证明书(Measurement List)",用以表示每一个包装单位的体积或者容积,其表示方法有两种:或以包装单位的长、宽、高的连乘式表示,或以按上式计算后的体积数(立方米)来表示。承运人在按重量或体积计算运费时,通常选择其中运费较高者收费,同时根据体积和重量情况,考虑安排舱位。

除了上述单据外,根据进口国的规定和进口商的要求,出口商有时还要提交以下单据:受益人声明(Beneficiary Statement)、保险声明书(Insurance Declaration)或保险回执(Insurance Acknowlegement)、轮船公司证明(Shipping Company Certificate)、船长收据(Captain's Receipt)、出口许可证副本(Copy of Export Licence)等单据。

（四）审核包装单据的要点

（1）包装单据的种类名称和份数应符合信用证的规定。

（2）除非信用证另有规定，否则包装单据应是独立的单据，而不能与其他单据联合使用，即不能将商品的包装情况记录在其他单据上，而不出具信用证规定的包装单据。

（3）包装单据上有关商品的名称、规格、数量、重量、尺码、包装件数等内容，应符合信用证规定，并与商业发票及其他商业单据上的相关记载一致或不矛盾。

（4）包装单据应经制单人员签字。

应知考核

主要概念

商业发票　形式发票　海关发票　领事发票　制造商发票　海运提单　已装船提单　收货待运提单　清洁提单　不清洁提单　记名提单　不记名提单　指示提单　多式联运提单　直达提单　转船提单　多式运输单据　航空运单　保险单　保险凭证　联合凭证　暂保单　保险声明　产地证明书

基础训练

一、单选题

1. 下列不属于海运提单性质和作用的是（　　　）。

    A.承运货物的收据   B.货物投保的凭证

    C.货物所有权凭证   D.运输合同的声明

2. 目前在实际业务中，使用最多的海运提单是（　　　）。

    A.记名提单   B.不记名提单

    C.空白抬头、空白背书提单   D.空白抬头、记名背书提单

3. 按提单收货人抬头分类，在国际贸易中被广泛使用的提单有（　　　）。

    A.记名提单   B.不记名提单

    C.指示提单   D.班轮提单

4. 多式联运提单的签发人应（　　　）。

    A.对运输全程负责

    B.对第一程运输负责

    C.接受第二程运输承运人的委托向原货主负责

    D.对第二程运输负责

5. 海运提单日期应理解为（　　　）。

    A.货物开始装船的日期   B.货物装船过程中任何一天

    C.货物装船完毕的日期   D.签订运输合同的日期

6. 海运提单的抬头是指提单的（　　　）。

    A.SHIPPER   B.CONSIGNEE

    C.NOTIFY PARTY   D.VOYAGE NO.

7. 航空公司签发的运单为（　　　）。

    A.航空主运单   B.航空分运单

    C.提单   D.承运合同

8. 航空分运单的合同当事人包括（　　　）。

A.航空货运代理公司和航空公司

B.航空货运代理公司和发货人

C.航空公司和发货人

D.航空公司和提货人

9. 必须经背书才能进行转让的提单是(　　)。

　　A.记名提单　　　　　　　　　　B.不记名提单

　　C.指示提单　　　　　　　　　　D.海运单

10 海运提单的抬头是指提单的(　　)。

　　A. Shipper　　　　　　　　　　B. Consignee

　　C. Notify Party　　　　　　　　D. Carrier

二、多选题

1. 海运提单做成指示抬头,CONSIGNEE 一栏可以填成(　　)。

　　A.TO ORDER　　　　　　　　　B.TO ORDER OF SHIPPER

　　C.CONSIGNED TO　　　　　　　D.TO ORDER OF ISSUING BANK

2. 根据《UCP 600》的分类,保险单据包括(　　)。

　　A.保险单　　　　　　　　　　　B.保险凭证

　　C.预约保险单　　　　　　　　　D.投保声明

　　E.保费收据

3. 以下关于保险凭证的说法正确的是(　　)。

　　A.俗称"小保单",是一种简约化的保险单

　　B.即有正面内容,又有背面内容

　　C.与保险单具有同等效力

　　D.在实务中,保险单可以代替保险凭证

4. 商业发票是货主准备全套出口文件时,首先要缮制的单据。在出口货物装运前的

(　　)环节要使用商业发票。

　　A.托运订舱　　　　　　　　　　B.商品报检

　　C.出口报关　　　　　　　　　　D. 办理投保

5. 不是物权凭证的运输单据是(　　)。

　　A.铁路运单　　　　　　　　　　B.空运单据

　　C.快递收据　　　　　　　　　　D.不可转让海运单

三、简答题

1. 简述审核商业发票的要点。

2. 简述海运提单的性质和作用。

3. 简述审核运输单据的要点。

4. 简述审核保险单据的要点。

5. 简述商业发票的主要内容及缮制中需要注意的事项。

应会考核

■ 技能案例

【案例背景】

一加拿大商人打算购买我国某商品,向我国某进出口公司报价:每公吨 5 000 加元 CIF 魁北克,1 月份装运,即期不可撤销信用证付款。并要求我方提供已装船、清洁的记名提单。

【技能思考】

请问此条件我方应如何考虑并答复?

■ 实践训练

【实训项目】

缮制商业单据

【实训情境设计】

出口商(托运人):DAYU CUTTING TOOLS I/E CORP
　　　　　　　 774 DONG FENG EAST ROAD,TIANJIN,CHINA
进口商(收货人):FAR EASTERN TRADING COMPANY LIMITED
　　　　　　　 336 LONG STREET NEW YORK
发票日期:2011 年 5 月 15 日
发票号:X118
合同号:MK007
信用证号:4I-19-03
装运港:TIANJIN
中转港:HONGKONG
目的港:NEWYORK
运输标志:FETC
　　　　 MK007
　　　　 NEW YORK
　　　　 C/No.1-UP
货名:CUTTING TOOLS
数量:1500 SETS
包装:纸箱装,每箱 3 SETS
单价:CIF NEW YORK USD 128/SET
原产地证书号:IBO12345678
商品编码:1297 0400

保险单号:ABX999

保险单日期:2011 年 5 月 18 日

保险加成率:10%

提单日期:2011 年 5 月 20 日

船名航次:HONGXING V.777

险别:COVERING ICC(A)AS PER INSTITUTE CARGO CLAUSE OF 1982

赔付地点:NEW YORK IN USD

1. 商业发票

COMMERCIAL INVOICE

TO:(1)				INV. NO.	(2)
				DATE:	(3)
				S/C NO.	(4)
				L/C NO.	(5)
FROM	(6)T	VIA	(7)	TO (8)	BY (9)

MARKS & NUMBERS	DESCRIPTION OF GOODS	QUANTITY	UNIT PRICE	AMOUNT
(10)	(11)	(12)	(13)	(14)
TOTAL AMOUNT	(15)			

DAYU CUTTING TOOLS I/E CORP.

王焱

【实训任务】

根据所给资料结合本项目的内容,缮制商业发票、原产地证明和保险单。

参考文献

1. 杨军,闫冰.国际金融[M].北京:清华大学出版社,2014.

2. 杨峰,贾宪军.国际金融实务[M].北京:清华大学出版社,2014.

3. 方壮志.国际金融[M].北京:清华大学出版社,2014.

4. 安辉,谷宇.国际金融[M].北京:清华大学出版社,2014.

5. 侯高岚.国际金融[M].北京:清华大学出版社,2013.

6. 阙澄宇.国际金融[M].大连:东北财经大学出版社,2014.

7. 刘玉操,曹华.国际金融实务[M].大连:东北财经大学出版社,2013.

8. 陈雨露.国际金融[M].北京:中国人民大学出版社,2011.

9. 王倩.国际金融[M].北京:清华大学出版社,2012.

10. 刘舒年,温晓芳.国际金融[M].北京:对外经济贸易大学出版社,2010.

11. 姜波克.国际金融新编(第5版)[M].上海:复旦大学出版社,2012.

12. 马君潞,陈平.国际金融[M].北京:高等教育出版社,2011.

13. 杨胜刚,姚小义.国际金融(第3版)[M].北京:高等教育出版社,2013.

14. 奚君羊.国际金融学(第2版)[M].上海:上海财经大学出版社,2013.

15. 吕随启,王曙光,宋芳秀.国际金融教程(第3版)[M].北京:北京大学出版社,2013.

16. 于研.国际金融(第4版)[M].上海:上海财经大学出版社,2011.

17. 裴平.国际金融学(第4版)[M].南京:南京大学出版社,2013.

18. 刘园.国际金融(第2版)[M].北京:北京大学出版社,2012.

19. 徐立新,马润平.国际金融[M].北京:北京大学出版社,2012.

20. 付强,龙玉国.国际金融[M].北京:经济科学出版社,2011.

21. 邵学言,肖鹞飞.国际金融(第3版)[M].广州:中山大学出版社,2010.

22. 贺瑛.国际金融[M].北京:高等教育出版社,2014.

23. 都红雯.国际金融[M].北京:高等教育出版社,2013.

24. 李贺,冯晓玲,赵昂.国际金融(理论·实务·案例·实训)[M].上海:上海财经大学出版社,2015.

25. 苏宗祥,徐捷.国际结算(第5版)[M].北京:中国金融出版社,2010.

26. 王洪海,高洁.国际结算实务[M].北京:北京邮电大学出版社,2014.

27. 林俐,马媛.国际结算[M].上海:立信会计出版社,2010.

国际汇兑与结算

28. 苏宗祥,徐捷.国际结算[M].北京:中国金融出版社,2010.

29. 许南,张雅.国际结算[M].北京:中国人民大学出版社,2013.

30. 华坚,侯方淼.国际结算[M].北京:电子工业出版社,2012.

31. 庞红.国际结算[M].北京:中国人民大学出版社,2012.

32. 韩宝庆.国际结算[M].北京:清华大学出版社,2012.

33. 姜学军.国际结算[M].大连:东北财经大学出版社,2012.

34. 刘卫红,尹晓波.国际结算[M].大连:东北财经大学出版社,2012.

35. 张晓明.国际结算[M].北京:清华大学出版社,2013.

36. 张东祥,高小红.国际结算[M].武汉:武汉大学出版社,2011.

37. 姚新超.国际结算[M].北京:对外经济贸易大学出版社,2008.

38. 潘天芹.国际结算[M].杭州:浙江大学出版社,2014.

39. 应诚敏,习德霖.国际结算[M].上海:立信会计出版社,2006.

40. 张晓芬.国际结算[M].北京:北京大学出版社,2011.

41. 杨丽花.国际结算[M].北京:中国发展出版社,2009.

42. 吴国新.国际结算[M].北京:清华大学出版社,2008.

43. 高洁,罗立彬.国际结算[M].北京:中国人民大学出版社,2012.

44. 王学龙.国际结算[M].北京:北京交通大学出版社,2012.

45. 蒋继涛,寇凤梅.国际结算[M].北京:中国铁道出版社,2011.

46. 徐立平.国际结算[M].杭州:浙江大学出版社,2009.

47. 刘欣敏.国际结算[M].北京:清华大学出版社,2010.

48. 周箫.国际结算[M].北京:科学出版社,2010.

49. 彭月嫦.国际结算[M].广州:暨南大学出版社,2010.

50. 温晓芳,李志群.国际结算[M].北京:对外经济贸易大学出版社,2009.

51. 苏宗祥,徐捷.国际结算[M].北京:中国金融出版社,2009.

52. 高洁,罗立彬.国际结算[M].北京:中国人民大学出版社,2008.

53. 刘震.国际结算[M].北京:中国人民大学出版社,2014.

54. 梁志坚.国际结算[M].北京:科学出版社,2008.

55. 张宗英.国际结算[M].北京:对外经济贸易大学出版社,2011.

56. 姜学军.国际结算[M].北京:首都经济贸易大学出版社,2011.

57. 胡波.国际结算[M].北京:机械工业出版社,2009.

58. 冷丽莲.国际汇兑与结算[M].大连:东北财经大学出版社,2013.

59. 李贺.外贸单证实务[M].上海:上海财经大学出版社,2013.

60. 李贺.国际贸易实务[M].成都:西南财经大学出版社,2014.

61. 李华根.国际结算与贸易融资实务[M].北京:中国海关出版社,2012.